はじめに

『介護福祉士国家試験模擬問題集』は、筆記試験対策のための模擬問題を集めた問題集です。出題基準と過去の出題傾向の分析に基づいて、国家試験に合格するための知識を身につけるために選び抜いた模擬問題を375問収載しています。

第35回から新出題基準となった国家試験では、以下のような出題がより一層求められています。

---

①単に制度や知識を問うだけでなく、**設問の情報の理解・解釈、応用**によって答えを求める問題

②短文事例問題や総合問題は、介護過程の展開を踏まえ、**介護現場で必要な理解力・判断力を問い、求められる介護福祉士像を想起**させる問題

本書に収載された375問はこのような特徴を踏まえて作成されており、事例問題も充実しています。合格するための知識を身につけるため、解答編では丁寧でわかりやすい解説をつけています。また、模擬問題編・解答編ともに、すべての漢字にふりがなをつけ、さらに読みやすくなっています。

本書が介護福祉士を目指す多くの方々に有効に活用され、1人でも多くの方が合格を勝ち取られることを心より願っています。

2024年4月
中央法規介護福祉士受験対策研究会

「模擬問」を活用するための

STEP 1

試験について知ろう！

受験申し込みから合格後の登録までの流れを確認しよう！
全125問の試験科目ごとの出題数のほか，過去の合格点を理解しよう！

申し込みから登録
までの流れを確認
しておこう！

過去5年間の合格
率と合格点を把握
しておこう！

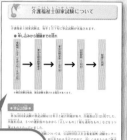

● 申し込みから登録までの流れ

受験申し込み（8月上旬～9月上旬） → 筆記試験受験票発送 → 筆記試験実施（1月下旬） → 合格発表（3月末） → 登録の申請

	第32回	第33回	第34回	第35回	第36回
	84,032	84,483	83,082	79,151	74,595
	58,745	59,975	60,099	66,711	61,747
合格点	77点	75点	78点	75点	67点
得点率	61.6%	60.0%	62.4%	60.0%	53.6%

STEP 2

問題に挑戦！

過去の出題傾向から
よく問われるテーマを
押さえました

解いた問題を
チェック！

外国人名、疾病名、
英語に原語をもつ
カタカナには英語を併記

息抜きに...

**ワンポイント
アドバイス**

見出しを見れば、
問題のテーマが
ひと目でわかる

模擬問題　こころとからだのしくみ

◆こころのしくみの理解

問題 55 マズローの欲求階層説

Aさん（82歳，男性）は以前会社役員をしていた。1か月前に介護老人保健施設に入所し，集団レクリエーションにも積極的に参加している。集団レクリエーションでAさんは，その場を盛り上げるなど中心的な役割をしていた。しかし，自分の希望したことが通らないと不機嫌になり，参加を拒否することもあった。

Aさんの行動を表すマズロー（Maslow, A. H.）の欲求階層説として，最も適切なものを選びなさい。

1　生理的欲求
2　自己実現欲求
3　所属・愛情欲求
4　承認欲求
5　安全欲求

問題 56 聴覚野が存在する大脳の部位

次のうち，聴覚野が存在する大脳の部位として，適切なものを1つ選びなさい。

1　前頭葉
2　後頭葉
3　側頭葉
4　脳幹
5　頭頂葉

ワン！ポイント

からだのしくみについては，特に「全身への影響の大きいもの」「加齢の影響があるもの」「高齢者に多い病気」などは，必ず押さえておこう。また，日常生活への影響と留意点，予防のポイントも併せて確認する。

3つのSTEP

解答編は、とりはずして使うと便利！

STEP 3

解説をじっくり読み込む！

解答番号を示しました。解答一覧を見れば、答え合わせも簡単！

解答のポイント、キーワードは色文字になっています。しっかり覚えよう！

すべての漢字にふりがなつき

○×を見ればひと目で正誤がわかる！

丁寧な解説だから誤りのポイント、理由、正しい答えがわかりやすい！

解答解説 こころとからだのしくみ

55 解説 　　　　　　　　　　　　　解答－4

1＝× 生理的欲求は、食べ物、水、空気、睡眠などを欲することで、生命を維持するために身につけた本能的な欲求のことである。人間を含めた動物すべてがもつ基本的な欲求の1つである。

2＝× 自己実現欲求は社会的欲求の1つであり、「こうなりたい」「こうしたい」などといった願望を抱き、それをなし得ようとする欲求のことである。人の生きがいは、自己実現欲求の充足によってもたらされる。

3＝× 所属・愛情欲求は、家族や会社、地域といった集団に帰属したい、愛情に包まれたいという欲求のことである。人は精神的な安定を得たいために、家族や仲間をつくり、集団の一員になろうとする。人は1人では生きられない動物である。

4＝○ 承認欲求とは、集団に所属し従うだけではなく、その集団のなかで賞賛されたい、尊敬されたいと願い、集団の一員であることを認められたい欲求である。Aさんの行動は、先に入所している参加者に認められるため、中心的な役割を担ったが、自分が希望したことが通らないと欲求が満たされず疎外感を感じ、排除された感覚に陥ってしまったことによるものである。

5＝× 安全欲求は、生きるための生理的欲求が満たされた後に、こころの安心や身体の安全を守ろうとする欲求のことである。基本的欲求の1つであり、身体を寒さから守るために衣服を着たり、安心して生活や休息できる住居などを求めたりすることをいう。

▶図表4－1　マズローの欲求階層説　覚えておこう！

重要なテーマは次の3パターンで整理！

覚えておこう！　必ず問われる基礎知識はきちんと理解しておこう

整理しておこう！　複雑な内容、細かい内容は整理して覚えよう

違いを押さえよう！　間違えやすい内容は違いを比較して押さえよう

自己実現欲求	成長欲求
承認欲求	
所属・愛情欲求	
安全欲求	
生理的欲求	

1回分の問題（125問）が解けるマークシートをプレゼント！

ここからダウンロード

本書を用いたオススメ勉強法は次ページで！

間違えた問題・わからなかった問題は、テキストで復習して知識の定着を図ろう！

本書を用いたオススメ勉強法

ここから始める

繰り返し解いて、得点力をつける！

模擬問題集
3回分の模擬問題で実力をつける

本格的な試験勉強を始める前に

スタートブック
介護福祉士国家試験受験のための入門書

出題傾向をつかむ！

過去問解説集
第34回から第36回試験を完全解説！

苦手科目対策！

合格ドリル
書き込み式問題でオリジナル参考書にカスタマイズ

よくでる問題 総まとめ
めざせ！10点UP

テキストでしっかり確認！

合格テキスト
出題実績から試験に必要十分な知識を網羅

ワークブック 上・下
科目ごとに要点をまとめた受験対策の教科書

国試ナビ
出題ポイントを図表やイラストで解説

スキマ時間を活用しよう

一問一答 ポケットブック
即答力をゲット！

らくらく 暗記マスター
忘れない！暗記術

いまの実力を知るために「模擬試験」で力試し！

成績表つき

中央法規

介護
福祉士
国家試験

模擬
問題集
2025

中央法規介護福祉士受験対策研究会／編集

中央法規

目次

模擬問題編

模擬問題
解答編

※模擬問題解答編については，本体から取りはずしてご使用になれます。

介護福祉士国家試験について

介護福祉士国家試験は，毎年1月下旬に筆記試験が実施されます。

● 申し込みから登録までの流れ

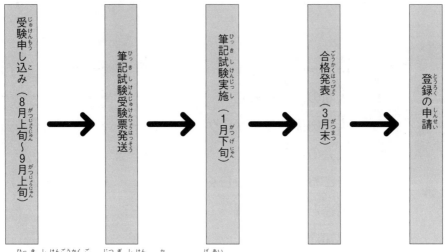

受験申し込み（8月上旬〜9月上旬）→ 筆記試験受験票発送 → 筆記試験実施（1月下旬）→ 合格発表（3月末）→ 登録の申請

※筆記試験合格後，実技試験を課される場合があります。

● 筆記試験

　第36回国家試験の筆記試験は12科目と総合問題があり，出題数は全125問でした。出題形式は，5つの選択肢のなかから「正しいもの」「最も適切なもの」などを1つ選ぶものとなっていました。

　第37回国家試験の筆記試験については，公益財団法人社会福祉振興・試験センターのホームページに「出題基準」が公表される予定ですので，詳しくはそちらをご確認ください。

（参考）第36回国家試験【筆記試験】の科目，出題数，試験時間

領域		試験科目	出題数	科目群	試験時間
人間と社会	1	人間の尊厳と自立	2	❶	10：00 ～ 11：40 （100分）
	2	人間関係とコミュニケーション	4	❷	
	3	社会の理解	12	❸	
こころとからだの しくみ	4	こころとからだのしくみ	12	❻	
	5	発達と老化の理解	8	❼	
	6	認知症の理解	10	❽	
	7	障害の理解	10	❾	
医療的ケア	8	医療的ケア	5	❿	
介護	9	介護の基本	10	❶	13：35 ～ 15：35 （120分）
	10	コミュニケーション技術	6	❷	
	11	生活支援技術	26	❹	
	12	介護過程	8	❺	
総合問題			12	⓫	
合　計			125	11群	220分

＊総合問題は1事例につき3問の出題
＊科目群については，p. 6の「筆記試験の合格基準」を参照

●実技試験●

　筆記試験に合格したうえで，実技試験の受験が課される場合があります（「実務者研修」等を修了した人は免除されます）。この試験は，介護等に関する専門的技能を問うものです。

● 過去 5 回の試験の結果 ●

過去 5 回の受験者および合格者数は，以下のとおりです。

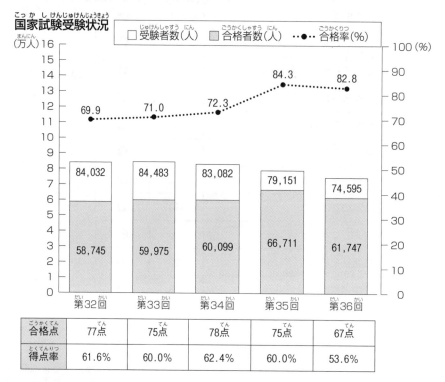

国家試験受験状況

	第32回	第33回	第34回	第35回	第36回
合格点	77点	75点	78点	75点	67点
得点率	61.6%	60.0%	62.4%	60.0%	53.6%

● 合格基準 ●

[筆記試験の合格基準]

次の 2 つの条件を満たした者が筆記試験の合格者とされます。

① 総得点 125 点に対し，60 ％程度以上の得点の者（割合は問題の難易度で補正されます。配点は 1 問 1 点です）。

② ①を満たした者のうち，以下の「11 科目群」すべてにおいて得点があった者。

❶人間の尊厳と自立，介護の基本

❷人間関係とコミュニケーション，コミュニケーション技術　❸社会の理解

❹生活支援技術　❺介護過程　❻こころとからだのしくみ

❼発達と老化の理解　❽認知症の理解　❾障害の理解

❿医療的ケア　⓫総合問題

6

[実技試験の合格基準]

　筆記試験の合格者のうち，課題の総得点の 60 ％程度以上の得点の者（割合は課題の難易度で補正されます）が実技試験の合格者とされます。

●受験手続きについて●

　試験の実施に関する事務は，指定試験機関である公益財団法人社会福祉振興・試験センターが行います。受験者は，試験センターから「受験の手引」を取り寄せ，8 月上旬〜9 月上旬の間に受験の申し込みを行います。第 37 回介護福祉士国家試験の受験申し込み手続きの詳細は，2024 年（令和 6 年）7 月上旬頃に下記のホームページで案内される予定となっています。申し込み忘れがないよう早めにご確認ください。

公益財団法人社会福祉振興・試験センター

〒 150-0002　東京都渋谷区渋谷 1 丁目 5 番 6 号　SEMPOS（センポス）ビル

TEL 03-3486-7559（国家試験情報専用電話案内）

ホームページ https://www.sssc.or.jp/

試験当日の心構え

▶▶▶ 時間に余裕をもつ

事前に交通機関と所要時間を確認し，試験当日は余裕をもって会場に到着するようにします。時間があれば受験会場の下見をしておきましょう。

▶▶▶ ふだんのリズムを大切に

試験前夜から試験当日は，緊張のピークに達することでしょう。できるだけふだんの生活のリズムを維持し，体調をベスト・コンディションに保つようにしましょう。

▶▶▶ 会場の環境に備える

大学の教室等の会場の場合，時計がなかったり，机の位置により暖房の効き具合が異なる場合があります。時計を持っていくこと，寒暖を調整でき，必要に応じて重ね着できる服装で行くことをお勧めします。

マークシートについて

実際の国家試験では，以下のような注意事項が示されています。

注　意　事　項

1　試験時間等

　　試験時間は，受験票のとおりです。

　　午前の試験問題数は 63 問です。

2　解答用紙への氏名の記入

　　解答用紙には，すでに「受験番号（●塗りつぶし含む）」「カナ」氏名が印刷され
ています。「受験番号」と「カナ」氏名が正しいかどうか確認して，「氏名」欄に，
受験票に印刷されている氏名を記入してください。

（例）　受験番号　Ｋ０１０－２３４５６　の場合

介護福祉士国家試験
（午前）解答用紙

会　場	福祉大学
1	第1教室

カ　ナ	フクシ　タロウ
氏　名	

	K	0	1	0	－	2	3	4	5	6
受験番号	●	●	⓪	●	●	⓪	⓪	⓪	⓪	⓪
		①	●	①		①	①	①	①	①
		②	②	②		●	②	②	②	②
		③	③	③		③	●	③	③	③
		④	④	④		④	④	●	④	④
		⑤	⑤	⑤		⑤	⑤	⑤	●	⑤
		⑥	⑥	⑥		⑥	⑥	⑥	⑥	●
		⑦	⑦	⑦		⑦	⑦	⑦	⑦	⑦
		⑧	⑧	⑧		⑧	⑧	⑧	⑧	⑧
		⑨	⑨	⑨		⑨	⑨	⑨	⑨	⑨

3　解答方法

⑴　各問題には 1 から 5 まで 5 つの答えがありますので，そのうち，問題に対応し
た答えを 1 つ選び，次の例にならって解答用紙に解答してください。

〔例〕　**問題 201**　県庁所在地として，正しいものを 1 つ選びなさい。

　　　　1　函館市

　　　　2　郡山市

　　　　3　横浜市

　　　　4　米子市

　　　　5　北九州市

❗マークシートの記入は確実に

　マークシート方式の解答は，解答用紙に鉛筆またはシャープペンシルで確実に該当箇所をマークします。鉛筆は3～4本，シャープペンシルは替え芯を用意しておくと安心です。解答を訂正する場合には，消しゴムで確実に消した後，新しい選択肢番号をマークします。鉛筆が薄かったり，マークする部分にムラがあると，本来正解であったとしても機械が正確に読み取れず，点数がつかないことも考えられます。また，マークする記入欄の番号がずれている場合も，機械は容赦してくれません。必ず問題番号を確認し，該当部分を確実にマークするように注意してください。

　　　　正答は「3」ですので，解答用紙の

　　　　問題201 ① ② ③ ④ ⑤ のうち，③ を塗りつぶして，

　　　　問題201 ① ② ● ④ ⑤ としてください。

(2)　採点は，光学式読取装置によって行います。解答は，鉛筆又はシャープペンシルを使用し，〇の外に，はみださないように濃く塗りつぶしてください。ボールペンは使用できません。また，塗りつぶしが薄い場合は，正答であっても正しく読み取れないため，注意してください。

　　　良い解答の例…………●

　　　悪い解答の例…………⦸ ⦻ ⦸ 〇 ⊙ ◐ ◯ （解答したことになりません）
　　　　　　　　　　　　　　レ点 塗り残し 線 なぞる 中黒 はみ出し 薄い
　　　　　　　　　　　　　　　　　　　　　　　　　　　　　（ずれ）

(3)　一度解答したところを訂正する場合は，消しゴムで消し残りのないように完全に消してください。鉛筆の跡が残ったり，⊠のような消し方などをした場合は，訂正したことになりませんので注意してください。

(4)　1問に2つ以上解答したときは，誤りになります。

(5)　解答用紙は，折り曲げたり，チェックやメモなどで汚したりしないように特に注意してください。

4　その他の注意事項

(1)　印刷不良やページが抜けている場合は，手を挙げて試験監督員に連絡してください。

(2)　問題の内容についての質問には，一切お答えできません。

問題の中で使用している英語および振り仮名に関する注意事項

1　英字略語の一部には英語での正式名称を併記し，疾病名には英語を併記していますが，それらが正しいか否かを問う問題ではありません。

2　英語に原語をもつカタカナの一部に英語を併記していますが，それらが正しいか否かを問う問題ではありません。

3　振り仮名については，それらが正しいか否かを問う問題ではありません。

人間の尊厳と自立

◆人間の尊厳と人権・福祉理念

問題 1 人権や福祉の考え方に影響を与えた人物 □□□

人権や福祉の考え方に影響を与えた人物に関する次の記述のうち，正しいものを1つ選びなさい。

1 リッチモンド（Richmond, M.）は，『種の起源』をまとめ，後の「優生思想」につながった。

2 ダーウィン（Darwin, C.）は，人間の無意識の研究を行って，『精神分析学入門』をまとめた。

3 フロイト（Freud, S.）は，『ソーシャル・ケース・ワークとは何か』をまとめ，現在の社会福祉，介護福祉に影響を及ぼした。

4 ヘレン・ケラー（Keller, H.）は，『看護覚え書』の中で「療養上の世話」を看護の役割として示した。

5 マルサス（Malthus, T.）は，『人口論』の中で貧困原因を個人の人格（パーソナリティ）の問題とした。

問題 2 人権思想と福祉理念の歴史的変遷

人権思想と福祉理念の歴史的変遷に関する次の記述のうち，**正しいもの**を1つ選びなさい。

1 糸賀一雄は，『資本論』の中で，貧困原因を個人の人格の問題としてとらえ，道徳的な助言こそが最善の慈善であることを説いた。

2 1919年に制定されたドイツのワイマール憲法では，第二次世界大戦の戦禍を踏まえて，「5つの巨人悪」への対応を明らかにした。

3 1942年のイギリスのベバリッジ報告では，初めて「生存権」が規定された。

4 児童の権利に関する条約は，社会的包摂，社会的包容力を求めて，すべての人がともに支え合う条約として採択された。

5 バンク-ミケルセン（Bank-Mikkelsen, N.）は，「知的障害者の親の会」と協力して，ノーマライゼーション（normalization）の概念を提唱した。

問題 3 介護福祉職の対応

Aさん（27歳，女性，障害支援区分3）は，網膜色素変性症（retinitis pigmentosa）で，移動と外出先での排泄時に介助が必要である。同行援護を利用しながら，自宅で母親と暮らしている。アイドルが好きなAさんは，同行援護を利用しながらコンサートに出かけることを楽しみにしている。

近所で好きなアイドルのコンサートが行われることになった。同行援護を担当する介護福祉職は，Aさんから，「コンサートに行きたいが，初めて行く場所だし，いつも人が多いので不安である」と相談を受けた。

介護福祉職のAさんへの対応として，**最も適切なもの**を1つ選びなさい。

1 コンサートに行くことを諦めるように促す。

2 コンサート会場への移動の支援を友人に頼むように話す。

3 一緒に交通経路や会場内外で休める場所などを確認する。

4 コンサートに行くことは，母親の判断に従うように促す。

5 行動援護のサービスの利用を提案する。

☐☐☐

　自宅で生活しているBさん(85歳, 男性, 要介護3)は, 3年前に脳梗塞(cerebral infarction)により右片麻痺となり, 訪問介護(ホームヘルプサービス)を利用していた。Bさんは食事を楽しみにしていたが, 最近, 食事中にむせることが多くなり, 誤嚥を繰り返すようになった。医師はキーパーソンである息子に, 「今後も自宅での生活を続けるならば, 胃ろうを勧める」と話した。息子は, 胃ろう造設に納得した。しかし, Bさんの妻は, 昔からのBさんの食事に対する楽しみを大切にしたいという思いから, 胃ろう造設に反対であった。そこで, 息子から訪問介護員(ホームヘルパー)に対してどうしたらよいか相談があった。

　介護福祉職の職業倫理に基づく対応として, **最も適切なもの**を1つ選びなさい。

1　「医師の意見には反対です。胃ろうを造設しなくても自宅で生活できる方法を探しましょう」

2　「息子さんのご意見に賛成です。私からお母さんに相談してみますね」

3　「キーパーソンである息子さんのご意見が優先です」

4　「お母さんと一緒に医師の話を聞きに行ってみたらどうでしょうか」

5　「Bさんのご意見は聞かれましたか」

ワン！ポイント

事例問題で利用者の尊厳を問う問題では, 「利用者を1人の人間としてとらえる」「個人として尊重する」「人権を意識する」ことに注意しながら問題を解こう。

◆自立の概念

問題 5 権利侵害に対する訪問介護員の対応 □□□

　Cさん（80歳，女性，要介護1）は，理解力の低下がみられ，訪問介護（ホームヘルプサービス）を利用している。息子（50歳，無職）とともに暮らしており，訪問介護（ホームヘルプサービス）を利用していない日は，息子に頼って生活をしている。

　ある日，Cさんは訪問介護員（ホームヘルパー）に，息子がCさんの年金を勝手に持って出かけることが多くなり，年金が日々減っていることを相談した。Cさんは，「息子には苦労をかけているから仕方がないの。このことは息子には言わないでね」と話した。

　訪問介護員（ホームヘルパー）の対応に関する次の記述のうち，**最も適切なもの**を1つ選びなさい。

1　息子の経済的虐待を疑い，上司に相談し，市町村に通報する。

2　息子の仕事が見つかるように，ハローワークを紹介する。

3　Cさんの気持ちを大切にして，何も言わない。

4　息子に事実確認をし，Cさんの年金を返すよう伝える。

5　息子の行動が窃盗にあたると判断し，警察に通報する。

問題 6 利用者の意思を代弁することを表す用語 □□□

　利用者の意思を代弁することを表す用語として，**最も適切なもの**を1つ選びなさい。

1　エンパワメント（empowerment）

2　ノーマライゼーション（normalization）

3　ソーシャルインクルージョン（social inclusion）

4　アドボカシー（advocacy）

5　インフォームドコンセント（informed consent）

模擬問題

人間関係とコミュニケーション

◆人間関係の形成とコミュニケーションの基礎

問題 7　自己覚知　□□□

自己覚知に関する次の記述のうち，**最も適切なもの**を1つ選びなさい。

1　介護福祉職が自分についての情報を，利用者にありのままに伝えることである。
2　介護福祉職が利用者と築く信頼関係のことである。
3　介護福祉職が自己の行動を主観的に分析することである。
4　介護福祉職が，自分の性格の偏り，感情の揺れ，行動の傾向，意欲の増減などを振り返り，理解しておくことである。
5　介護福祉職が自己の価値観に基づいて行動することである。

問題 8　自己開示　□□□

自己開示に関する次の記述のうち，**最も適切なもの**を1つ選びなさい。

1　相手に自分のことをよく思ってもらうために行う。
2　初対面の人には，できるだけ多くの情報を開示しながら行う。
3　良好な人間関係を築くために行う。
4　ジョハリの窓（Johari Window）の「開放の窓」を狭くするために行う。
5　相手の情報を強制的に引き出すために行う。

人間関係とコミュニケーション

問題 9 高齢者とのコミュニケーションにおける配慮 □□□

高齢者とのコミュニケーションにおける配慮として，**最も**適切なものを1つ選びなさい。

1 大勢の人がいる，にぎやかな場所で話す。
2 相手の表情があまり見えない薄暗い場所で話す。
3 相手には座ってもらい，自分は立ったまま話す。
4 相手と視線が合わせられる位置で話す。
5 初対面のときから相手と密着した距離で話す。

問題 10 ストレス対処行動としてのコーピング □□□

ストレス対処行動の1つである問題焦点型コーピングに当てはまる行動として，**適**切なものを1つ選びなさい。

1 スポーツをして，ストレスを発散する。
2 ヨガをして，リラックスする。
3 「人生経験になる」と自分の考え方を変える。
4 話し合うことで解決しようとする。
5 自分の好きなことをして気分転換する。

> **ワン！ポイント**
>
> 適切なコミュニケーションを促す技法を理解しよう。言語的コミュニケーション・非言語的コミュニケーション，対人距離，自己覚知，ラポールについても整理しておこう。

Aさん（80歳，女性）は，訪問介護（ホームヘルプサービス）を利用しながら，自宅で夫（83歳）と暮らしている。ある日，訪問介護員（ホームヘルパー）が訪問した際，Aさんの左目にあざがあることを確認した。訪問介護員（ホームヘルパー）がAさんにあざの理由を聞くと，Aさんは「大丈夫」と小さい声で答え，目を伏せた。夫に聞くと，「転んだんだ！」と語気を強めて答えた。訪問介護員（ホームヘルパー）はAさんに，「どこで転んで，目にけがをされたのですか？」と尋ねたが，Aさんは目を伏せたまま，「大丈夫です」と，おびえたように返事をした。

Aさんの様子から推察されるメッセージに関する次の記述のうち，**最も適切なもの**を1つ選びなさい。

1　言語メッセージと同じ内容を，非言語メッセージで伝えようとしている。
2　言語メッセージで伝えた内容を，非言語メッセージで強調している。
3　言語メッセージで気持ちを伝えているので，非言語メッセージは使っていない。
4　言語メッセージと矛盾する内容が，非言語メッセージに表れている。
5　言語メッセージを用いて，非言語メッセージを補強している。

B介護福祉職は，職場を異動する前任者から引き継ぎを行うこととなった。今日は，Cさん（84歳，男性）と初めて顔合わせをする日であり，初対面のCさんと信頼関係の構築に取り組んだ。

B介護福祉職のCさんへの対応として，**最も適切なもの**を1つ選びなさい。

1　自分の詳細なプライバシーを開示した。
2　密接距離で話した。
3　受容の態度を心がけた。
4　親しみを込めて，Cさんを「おじいさん」と呼んだ。
5　身体接触を多くした。

人間関係とコミュニケーション

問題 13 共感的態度 ☐☐☐

　介護福祉職はＤさんから，「認知症（dementia）の父に話が通じず，いつもイライラしてしまう。もう疲れた」と相談を受けた。介護福祉職はＤさんの相談に対して，「認知症（dementia）の方には，よくあることですよ。ほかのご家庭でも，みな同じように悩みながら，介護をしている人がたくさんいますよ」と話した。後日，介護福祉職は，Ｄさんに対する言葉かけを振り返り，不適切だったと反省した。

　介護福祉職はＤさんに対してどのような返答をすればよかったのか，**最も適切なもの**を１つ選びなさい。

1　「話が通じないとイライラして，疲れてしまいますよね」
2　「もう少し，頑張ってみませんか」
3　「お父さんのできないところばかりに目を向けず，できているところも見てください」
4　「私も同じようなことで悩んでいたので，よくわかります」
5　「お父さんには，施設に入ってもらうのも，１つの方法だと思います」

◆チームマネジメント

問題 14 介護サービスの特性 ☐☐☐

　介護サービスの特性に関する次の記述のうち，**最も適切なもの**を１つ選びなさい。

1　サービスには物質的な「かたち」がある。
2　提供されたサービスそのもののやり直しがきく。
3　サービスの提供の質は常に同じである。
4　サービスは必要時に生産して提供する。
5　サービスの評価が容易である。

介護サービスを提供する組織の機能と役割 □□□

介護サービスを提供する組織の機能と役割に関する次の記述のうち，**最も適切なも**のを1つ選びなさい。

1 経営基盤を安定させる責任と役割は，中間管理部門にある。

2 経営・管理部門には，法令を遵守し，健全な組織運営を行う役割と責任がある。

3 日常場面での理念や運営方針の共有は，現場部門がその役割と責任を担う。

4 教育・研修計画の作成は，現場部門の役割である。

5 介護福祉職の実践力の向上は，現場部門の役割のため，経営・管理部門のサポートを得ないようにする。

問題 16 チーム運営の基本 □□□

チーム運営の基本に関する次の記述のうち，**最も適切なものを1つ選びなさい。**

1 チームワークは，メンバーの活動がチーム全体に影響を与え，チームの活動がメンバーに影響を与えるというグループ・ダイナミクスの関係にはない。

2 フォロワーシップは，指導力や統率力等，チームをまとめる力，目標へと導く力がその中心的な機能である。

3 リーダーシップとは，チームの目標達成のためにフォロワーがリーダーを支える機能のことである。

4 チームマネジメントでは，フォロワーシップよりリーダーシップを高めることを重視する。

5 サーバントリーダーシップでは，「相手に奉仕する」という姿勢が，「互いに支え合う」というチームの行動力を高め，目標達成に大きな影響を与える。

問題 17 PDCA サイクル □□□

E介護老人福祉施設では，年間季節行事を計画し，毎年，春にはお花見会を開催している。このお花見会の目的は，利用者とその家族，地域住民等との交流である。

今年のお花見会では，飲食をする来客者がおり，「ごみを持ち帰らず，地域のごみ置き場に捨てている」という苦情が，近隣住民から寄せられた。そこで，来年のお花見会の運営に関して，職員間で話し合い，対応案を検討した。

次の対応案のうち，PDCA サイクルのアクション（Action）に当たるものとして，**最も適切なもの**を1つ選びなさい。

1 地域のごみ置き場の場所を調べる
2 お花見会用のごみ置き場を確保する。
3 苦情を寄せた住民に話を聞きに行く。
4 お花見会の感想を，利用者とその家族から聞く。
5 ごみの不法投棄の影響について調査する。

問題 18 介護福祉職に行う Off-JT □□□

F介護福祉職は，利用者の相談に対してうまく話が聴けず，傾聴の技術向上を望んでいる。

次のうち，F介護福祉職に行う Off-JT（off-the-job-training）として，**最も適切な**ものを1つ選びなさい。

1 業務中に先輩がやってみせる。
2 外部で開催している研修を受けてみるように勧める。
3 業務について上司から定期的かつ継続的に指導や援助を受ける。
4 自己研鑽のための研修費を支給する。
5 施設外の専門家に相談してもらう。

社会の理解

◆**社会と生活のしくみ**

問題 19 ライフスタイルの変化 □□□

ライフスタイル（lifestyle）の変化に関する次の記述のうち，**適切なものを1つ選**びなさい。

1　2019年（令和元年）時点の日本における平均寿命と健康寿命の差は，男性が約4年，女性が約6年である。

2　日本は，2007年（平成19年）に高齢社会になった。

3　ワーク・ライフ・バランスの考え方としては，休暇の取りやすさよりも働くことが優先される。

4　「働き方改革」として，正規雇用労働者と非正規雇用労働者の間の不合理な待遇の差をなくすための施策が推進されている。

5　日本の雇用における非正規雇用の割合は，2分の1を上回っている。

（注）　ここでいう「働き方改革」とは，「働き方改革を推進するための関係法律の整備に関する法律」に基づく諸施策の実施のことである。

社会の理解

問題 20　日本の世帯 □□□

2022 年（令和 4 年）の日本の世帯に関する記述のうち，正しいものを 1 つ選びなさい。

1　平均世帯人員は，3 人を超えている。

2　「夫婦と未婚の子のみの世帯」は，2013 年（平成 25 年）以降増加傾向にある。

3　全世帯に占める「65 歳以上の者のいる世帯」は，約 3 割である。

4　「65 歳以上の者のいる世帯」において，最も割合が高い世帯構造は「親と未婚の子のみの世帯」である。

5　「高齢者世帯」において，最も割合が高い世帯構造は「単独世帯」である。

問題 21　社会福祉法人 □□□

社会福祉法人に関する次の記述のうち，正しいものを 1 つ選びなさい。

1　設立にあたっては，所在地の市長が厚生労働大臣に届出を行う。

2　収益事業を行うことは，禁止されている。

3　財務諸表の公表は任意である。

4　評議員は，理事，監事またはその法人の職員を兼ねることができる。

5　他の社会福祉法人と合併することができる。

問題 22　地域福祉の推進を図ることを目的とする団体 □□□

社会福祉法に基づく，都道府県や市町村において地域福祉の推進を図ることを目的とする団体として，正しいものを 1 つ選びなさい。

1　地域活動支援センター

2　地域包括支援センター

3　社会福祉協議会

4　特別養護老人ホーム

5　特定非営利活動法人（NPO 法人）

◆地域共生社会の実現に向けた制度や施策

問題 23　地域共生社会をめぐる動向 ☐☐☐

今日における地域共生社会をめぐる動向に関する次の記述のうち，正しいものを1つ選びなさい。

1　地域共生社会の実現に向けて，社会的孤立（ソーシャルエクスクルージョン（social exclusion））を推進することが目指されている。

2　地域共生社会では，専門職主導による地域住民の管理が目指されている。

3　地域共生社会において専門職は，待ちの姿勢が求められる。

4　地域共生社会においては，国の役割は求められていない。

5　地域共生社会においては，「支え手」「受け手」が固定されない，多様な参加の場，働く場の創造が求められている。

問題 24　自助・互助・共助・公助 ☐☐☐

地域包括ケアシステムにおける自助・互助・共助・公助に関する次の記述のうち，最も適切なものを1つ選びなさい。

1　自助には，市場サービスの購入は含まれない。

2　互助には，介護保険制度による介護サービスが含まれる。

3　互助には，ボランティア活動は含まれない。

4　共助には，生活保護制度による給付が含まれる。

5　公助には，虐待対策が含まれる。

◆社会保障制度

問題 25 社会保障　□□□

社会保障に関する次の記述のうち，**最も適切なもの**を1つ選びなさい。

1　社会保障とは，低所得者のみを対象にした生活保障のことである。

2　社会保険は，社会保障に含まれる。

3　社会手当では，サービスが現物給付される。

4　生活保護制度は，すべて金銭給付で行われる。

5　社会福祉は，生活困窮者の所得保障を目的としている。

問題 26 社会保障制度の歩み　□□□

社会保障制度の歩みに関する次の記述のうち，**正しいもの**を1つ選びなさい。

1　1960年代に現行の生活保護法が制定され，福祉六法体制が確立した。

2　1982年（昭和57年）に老人保健法が制定され，老人医療費の無料化が実施された。

3　1985年（昭和60年）に国民皆年金が実現した。

4　1997年（平成9年）に，障害者自立支援法が制定された。

5　2000年（平成12年）に社会福祉事業法が社会福祉法に改正された。

問題 27 年金保険制度　□□□

日本の年金保険制度に関する次の記述のうち，**正しいもの**を1つ選びなさい。

1　国民年金の第3号被保険者は，第1号被保険者によって扶養されている配偶者である。

2　国民年金の保険料は，加入者個人のリスクに見合った額になる。

3　国籍にかかわらず，要件を満たせば国民年金の被保険者となる。

4　国民年金の加入は任意である。

5　厚生年金の被保険者である者は，国民年金の被保険者にはなれない。

国民健康保険

都道府県が市町村とともに行う国民健康保険に関する次の記述のうち，正しいもの を1つ選びなさい。

1　いわゆるサラリーマンや公務員は，被保険者となる。
2　都道府県が財政運営について中心的な役割を果たす。
3　日本国籍があれば，住所がなくても被保険者になる。
4　傷病手当金の支給が義務づけられている。
5　生活保護を現に受けている者も，被保険者となる。

医療保険

Aさん（64歳，男性）は，4年前に企業を退職して無職であり，専業主婦の妻と 2人で年金生活をしている。ほかの家族の医療保険の被扶養者ではない。ある日，A さんは，自宅の庭掃除をしているときに転倒して，大腿骨を骨折（fracture）した。 そのため病院で手術をすることになった。

次の制度のうち，医療費の支払いに適用できるものとして，正しいものを1つ選び なさい。

1　市町村国民健康保険
2　健康保険
3　後期高齢者医療制度
4　共済組合保険
5　国民健康保険組合

問題 30　労働保険　☐☐☐

労働保険に関する次の記述のうち，正しいものを1つ選びなさい。

1　雇用保険とは，業務上の事由または通勤による労働者の傷病などに対して必要な保険給付を行う制度である。

2　雇用保険の保険料は，雇用主がすべて負担する。

3　雇用保険は，政府が管掌する制度である。

4　労働者災害補償保険では，パートやアルバイトは保険給付の対象とならない。

5　労働者災害補償保険の保険料は，労働者がすべて負担する。

問題 31　社会保障給付費　☐☐☐

2021年度（令和3年度）の社会保障給付費に関する次の記述のうち，正しいものを1つ選びなさい。

1　社会保障給付費の総額は130兆円を超えている。

2　国民1人あたりの社会保障給付費は，100万円を超えていない。

3　社会保障給付費を部門別にみると，「医療」の割合が最も大きい。

4　社会保障給付費を機能別にみると，「家族」の割合が最も大きい。

5　社会保障財源の内訳は，公費負担の占める割合が最も大きい。

◆高齢者福祉と介護保険制度

問題 32　介護保険制度の改正　□□□

介護保険制度の改正に関する次の記述のうち，正しいものを1つ選びなさい。

1　2006年（平成18年）より，介護医療院が創設された。

2　2012年（平成24年）より，地域支援事業が創設された。

3　2015年（平成27年）より，市町村が地域支援事業を実施するにあたり，介護保険等関連情報を活用することが努力義務となった。

4　2018年（平成30年）より，一定以上の所得のある利用者の自己負担割合が2割とされた。

5　2021年（令和3年）より，介護保険事業計画の記載事項として，介護人材確保と業務効率化の取り組みが追加された。

問題 33　国・都道府県・市町村の役割　□□□

介護保険制度における国・都道府県・市町村の役割に関する次の記述のうち，正しいものを1つ選びなさい。

1　被保険者の資格管理は，国が行う。

2　要介護認定の取消しは，都道府県が行う。

3　要介護認定の基準は，都道府県が設定する。

4　居宅サービス事業者の指定は，市町村が行う。

5　地域密着型サービス事業者の指定は，市町村が行う。

問題 34 介護保険制度のしくみ ☐☐☐

介護保険制度のしくみに関する次の記述のうち，**正しいもの**を1つ選びなさい。

1 介護保険の保険者は，国である。

2 第1号被保険者は，65歳以上の者である。

3 50歳以上65歳未満の医療保険加入者が，第2号被保険者になる。

4 第1号被保険者の保険料は，市町村が直接徴収する特別徴収と年金からの天引きによる普通徴収がある。

5 保険給付に関する事務は，都道府県の役割である。

問題 35 介護保険制度のしくみ ☐☐☐

介護保険制度のしくみに関する次の記述のうち，**正しいもの**を1つ選びなさい。

1 介護給付に必要な費用は，利用者負担を除いて，公費と保険料で負担することとなっている。

2 介護保険サービスを利用するには，都道府県に要介護認定の申請をしなければならない。

3 要介護認定の審査および判定は，介護保険審査会によって行われる。

4 介護保険サービスの利用契約の際に利用者または家族に行う重要事項の説明は，電話で行うことができる。

5 介護保険サービスの利用者負担は，原則として2割である。

介護予防・日常生活支援総合事業 □□□

介護予防・日常生活支援総合事業に含まれる事業として，**適切なもの**を１つ選びな

さい。

1　総合相談支援業務
2　介護給付等費用適正化事業
3　認知症総合支援事業
4　第一号訪問事業（訪問型サービス）
5　家族介護支援事業

介護支援専門員 □□□

介護支援専門員（ケアマネジャー）に関する次の記述のうち，**正しいもの**を１つ選

びなさい。

1　介護支援専門員実務研修受講試験は，厚生労働大臣が実施する。
2　介護福祉士登録をすれば，実務経験３年で介護支援専門員実務研修受講試験を受
　　験できる。
3　秘密保持義務は，老人福祉法に規定されている。
4　介護支援専門員証の有効期間は３年である。
5　介護老人福祉施設への配置が義務づけられている。

問題 38 認知症対応型共同生活介護 □□□

Bさん（76歳，女性，要介護2）は，認知症（dementia）があり，認知症対応型通所介護を利用しながら，夫と二人暮らしをしていた。しかし，ある日夫が脳梗塞（cerebral infarction）で倒れて，そのまま亡くなってしまった。唯一の家族である長男は，遠方で暮らしているためBさんの介護は難しく，施設への入所を検討し，Bさんは，ちょうど空きがあったC認知症高齢者グループホーム（認知症対応型共同生活介護事業所）に入居することになった。

C認知症高齢者グループホームの介護支援専門員（ケアマネジャー）が行うこととして，**最も適切なもの**を1つ選びなさい。

1　今まで利用してきた認知症対応型通所介護を継続して利用できないか検討していく。

2　訪問介護（ホームヘルプサービス）の利用を検討していく。

3　ケアプランの作成を地域の居宅介護支援事業所に依頼する。

4　具体的なサービスの内容等を記載した認知症対応型共同生活介護計画を作成する。

5　Bさんは認知症（dementia）であるため，認知症対応型共同生活介護計画の内容の説明と同意を省略する。

◆障害者福祉と障害者保健福祉制度

問題 39　合理的配慮　□□□

　Dさん（21歳，男性，身体障害者手帳1級）は先天性の視覚障害があり全盲である。Dさんは点字の教科書を用いることでふだんの授業を受講している。Dさんは，筆記による定期試験を受けることとなり，試験実施にかかわる合理的配慮を大学に申し出た。

　次の記述のうち，Dさんの申し出を踏まえた合理的配慮として，**最も適切なもの**を1つ選びなさい。

1　試験問題を事前に伝える。
2　点字の問題を作成し，試験時間を延長する。
3　テキストの持ち込みを許可する。
4　周囲の状況を伝えるボランティアを依頼し，試験に同席してもらう。
5　試験問題の文字を拡大する。

問題 40　障害者基本法　□□□

　障害者基本法の2011年（平成23年）の改正において，「障害がある者にとって日常生活又は社会生活を営む上で障壁となるような社会における事物，制度，慣行，観念その他一切のもの」として定義されたものとして，**適切なもの**を1つ選びなさい。

1　社会的障壁
2　社会的慣習
3　バリアフリー
4　ノーマライゼーション（normalization）
5　社会的孤立

障害者総合支援法における障害者の定義

「障害者総合支援法」の障害者の定義に関する次の記述のうち，**適切なもの**を１つ選びなさい。

1　18歳未満の者は含まれない。

2　65歳以上の者は含まれない。

3　難病患者は含まれない。

4　自閉症（autism）のある者は含まれない。

5　統合失調症（schizophrenia）のある者は含まれない。

（注）「障害者総合支援法」とは，「障害者の日常生活及び社会生活を総合的に支援するための法律」のことである。

障害者総合支援法

「障害者総合支援法」に関する次の記述のうち，**正しいもの**を１つ選びなさい。

1　障害者または障害児の保護者は，都道府県に支給決定の申請をする。

2　障害支援区分の審査・判定は，基幹相談支援センターが行う。

3　手すりは，補装具の種目である。

4　利用者負担は，応能負担である。

5　地域活動支援センターは，障害者の医学的・心理学的判定を行う。

（注）「障害者総合支援法」とは，「障害者の日常生活及び社会生活を総合的に支援するための法律」のことである。

問題 43 共生型サービス

知的障害のあるEさん（64歳, 男性, 障害支援区分3）は, F生活介護事業所に10年近く通っている。F生活介護事業所は, 共生型サービスの指定を受けている。

Eさんは誕生日を半年後に控えており, 65歳以降も同じ生活介護事業所に通えるか心配になって, 事業所の生活支援員に相談をした。

生活支援員の対応として, **最も適切なもの**を1つ選びなさい。

1　65歳になると利用できるサービスがないことを伝える。

2　65歳になったら別の施設で介護保険制度の通所介護（デイサービス）を利用するように伝える。

3　65歳になってもF生活介護事業所の利用が可能であることを伝える。

4　65歳になったら施設に入所することを勧める。

5　65歳になったら生活保護制度の受給を申請するように伝える。

問題 44 障害者総合支援法における相談支援

Gさん（35歳, 男性）は, 車の運転中に交通事故に遭った。脊髄を損傷し, 対麻痺の状態になり, 車いすで移動する生活になった。「障害者総合支援法」に基づく障害福祉サービスを利用するため, サービス等利用計画を作成することになった。

Gさんのサービス等利用計画を作成する機関として, **最も適切なもの**を1つ選びなさい。

1　身体障害者福祉センター

2　地域包括支援センター

3　一般相談支援事業者

4　特定相談支援事業者

5　居宅介護支援事業者

（注）「障害者総合支援法」とは, 「障害者の日常生活及び社会生活を総合的に支援するための法律」のことである。

問題 45 介護福祉職の助言

　精神障害のHさん（27歳，女性）は，大学時代にうつ病（depression）を発症し，大学卒業後はアルバイト生活を送っている。Hさんの母親（66歳）は統合失調症（schizophrenia）であり，Hさんは幼いころから母親の介護を続けてきた。最近，Hさんの母親には認知症（dementia）の症状がみられるが，これからも共に暮らしていきたいと考えたHさんは，相談支援事業所の介護福祉職に相談した。

　Hさんに対する介護福祉職の助言として，**最も適切なもの**を1つ選びなさい。

1　母親に，精神科病院への入院を勧める。
2　母親にセカンドオピニオンを勧める。
3　うつ病（depression）の状態を確認するため，クリニックを受診するように勧める。
4　仕事を辞めるように助言する。
5　地域包括支援センターにて，介護保険サービスに関する情報を得るように勧める。

◆介護実践に関連する諸制度

問題 46 個人情報保護法

　「個人情報保護法」に関する次の記述のうち，**最も適切なもの**を1つ選びなさい。

1　免許証番号は，個人情報には含まれない。
2　音声や動作は，個人情報には含まれない。
3　個人情報を第三者に提供する場合には，いかなる場合であっても本人の同意は必要ない。
4　学生の実習への協力のために，利用者の個人情報を明示することは禁じられている。
5　サービス担当者会議において個人情報を出すことは禁じられている。
（注）「個人情報保護法」とは，「個人情報の保護に関する法律」のことである。

成年後見制度に関する次の記述のうち，**適切なもの**を1つ選びなさい。

1 任意後見制度では，候補者のなかから家庭裁判所が成年後見人を選任する。

2 法定後見制度の類型は，「後見」「保佐」の2つである。

3 「2023年（令和5年）の全国統計」によれば，成年後見関係事件における申立人は，「本人」が最も多い。

4 成年後見人には，福祉関係の公益法人などの法人も選ばれることがある。

5 法定後見の申し立てをすることができるのは，本人と配偶者に限られている。

(注)　「2023年（令和5年）の全国統計」とは，「成年後見関係事件の概況（令和5年1月～12月）」（令和6年3月最高裁判所事務総局家庭局）のことである。

「障害者虐待防止法」に関する次の記述のうち，**正しいもの**を1つ選びなさい。

1 障害者虐待は，養護者による障害者虐待，障害者福祉施設従事者等による障害者虐待に限られる。

2 市町村は，虐待に対応するために地域包括支援センターを設置する。

3 対象となる虐待の範囲は，身体的虐待，性的虐待，心理的虐待，経済的虐待の4種類である。

4 障害者福祉施設従事者等による障害者虐待を受けたと思われる障害者を発見した場合は，警察に通報する。

5 国民は，障害者虐待の防止，養護者に対する支援等のための施策に協力するように努めなければならない。

(注)　「障害者虐待防止法」とは，「障害者虐待の防止，障害者の養護者に対する支援等に関する法律」のことである。

問題 49 高齢者虐待防止法 □□□

「高齢者虐待防止法」に関する次の記述のうち，**適切なもの**を１つ選びなさい。

1　高齢者虐待は，養護者の行う行為のみが対象である。

2　「高齢者虐待防止法」における高齢者は，75歳以上である。

3　高齢者虐待を受けたと思われる高齢者を発見したときは，警察署に通報しなければならない。

4　市町村長は，養護者による虐待により高齢者の生命や身体に重大な危険が生じているおそれがあると認めるときは，地域包括支援センターの職員などに立入調査をさせることができる。

5　高齢者虐待の類型は，身体的虐待，心理的虐待，介護等放棄（ネグレクト），性的虐待の４つである。

（注）「高齢者虐待防止法」とは，「高齢者虐待の防止，高齢者の養護者に対する支援等に関する法律」のことである。

社会の理解

問題 50 日常生活自立支援事業 □□□

日常生活自立支援事業に関する次の記述のうち，**適切なもの**を１つ選びなさい。

1　対象者は，認知症高齢者などのうち判断能力が不十分で契約能力を喪失した者である。

2　実施主体は，都道府県社会福祉協議会または指定都市社会福祉協議会である。

3　専門員は，利用者に代わって福祉サービスの利用契約を締結することができる。

4　生活支援員は，クーリング・オフ制度の利用手続きに関する援助を行うことができない。

5　生活支援員は，利用者に代わって家賃収入の管理を行うことができる。

問題 51 保健医療福祉の施策 □□□

保健医療福祉の施策に関する次の記述のうち，正しいものを1つ選びなさい。

1　保健所は，地域保健法に基づいて市町村に設置される。

2　市町村保健センターは，住民に対し，健康相談，保健指導および健康診査その他地域保健に関し必要な事業を行う。

3　特定健康診査の対象は，65歳以上の者である。

4　「精神保健福祉法」における任意入院とは，精神保健指定医から入院が必要と判断された場合に，家族等の同意に基づいて行われる入院である。

5　医療法において，診療所は29人以下の入院施設を有するものと規定されている。

（注）　「精神保健福祉法」とは，「精神保健及び精神障害者福祉に関する法律」のことである。

問題 52 行政計画 □□□

行政計画に関する次の記述のうち，正しいものを1つ選びなさい。

1　市町村老人福祉計画は，市町村介護保険事業計画と調和が保たれたものとして作成されなければならない。

2　市町村障害者計画の策定は，努力義務である。

3　市町村介護保険事業計画は，5年に一度見直す。

4　市町村障害福祉計画の策定は，努力義務である。

5　市町村地域福祉計画は，社会福祉法に基づいて策定される。

問題 53 生活保護制度 ☐☐☐

生活保護制度に関する次の記述のうち，**正しいもの**を１つ選びなさい。

1 生活保護は，ほかの制度による給付よりも優先される。

2 生活保護の申請は，民生委員が本人に代わって申請することができる。

3 生活保護の要否と程度は，原則として世帯を単位として定められる。

4 生活扶助は，現物給付が原則である。

5 介護扶助は，金銭給付が原則である。

社会の理解

問題 54 生活困窮者自立支援法 ☐☐☐

生活困窮者自立支援法に関する次の記述のうち，**適切なもの**を１つ選びなさい。

1 1950 年（昭和 25 年）に制定された。

2 生活保護に至る前の段階における自立支援を目指している。

3 実施主体は，すべての自治体である。

4 「子どもの学習・生活支援事業」は必須事業である。

5 「自立相談支援事業」は任意事業である。

ワン！ポイント

頻出テーマである，「高齢者福祉と介護保険制度」と「障害者福祉と障害者保健福祉制度」については，介護保険制度や障害者総合支援法のしくみなどを押さえておこう。また，最近の福祉の主要テーマである「地域共生社会の実現に向けた制度や施策」についても理解しておこう。

こころとからだのしくみ

◆こころのしくみの理解（りかい）

問題（もんだい） 55 マズローの欲求階層説（よっきゅうかいそうせつ）

☐☐☐

Ａさん（82歳（さい）, 男性（だんせい））は以前（いぜん）会社役員（かいしゃやくいん）をしていた。1か月前（げつまえ）に介護老人保健施設（かいごろうじんほけんしせつ）に入所（にゅうしょ）し，集団（しゅうだん）レクリエーションにも積極的（せっきょくてき）に参加（さんか）している。集団（しゅうだん）レクリエーションでＡさんは，その場（ば）を盛（も）り上（あ）げるなど中心的（ちゅうしんてき）な役割（やくわり）をしていた。しかし，自分（じぶん）の希望（きぼう）したことが通（とお）らないと不機嫌（ふきげん）になり，参加（さんか）を拒否（きょひ）することもあった。

Ａさんの行動（こうどう）を表（あらわ）すマズロー（Maslow, A. H.）の欲求階層説（よっきゅうかいそうせつ）として，**最（もっと）も適切（てきせつ）なも**のを1つ選（えら）びなさい。

1 生理的欲求（せいりてきよっきゅう）
2 自己実現欲求（じこじつげんよっきゅう）
3 所属（しょぞく）・愛情欲求（あいじょうよっきゅう）
4 承認欲求（しょうにんよっきゅう）
5 安全欲求（あんぜんよっきゅう）

問題（もんだい） 56 聴覚野（ちょうかくや）が存在（そんざい）する大脳（だいのう）の部位（ぶい）

☐☐☐

次（つぎ）のうち，聴覚野（ちょうかくや）が存在（そんざい）する大脳（だいのう）の部位（ぶい）として，**適切（てきせつ）なもの**を1つ選（えら）びなさい。

1 前頭葉（ぜんとうよう）
2 後頭葉（こうとうよう）
3 側頭葉（そくとうよう）
4 脳幹（のうかん）
5 頭頂葉（とうちょうよう）

問題 57 記憶　　　　　　　　　　　　　　　　　　□□□

記憶の種類と特徴に関する次の記述のうち，**正しいもの**を1つ選びなさい。

1　短期記憶は，過去の出来事や経験に関する記憶である。

2　エピソード記憶は，一般的な知識や情報に関する記憶である。

3　意味記憶は，ごくわずかな時間保持される記憶である。

4　プライミングとは，意識的に情報を保持する記憶である。

5　手続き記憶は，からだの動きで覚えている記憶である。

問題 58 適応機制（防衛機制）　　　　　　　　　　　□□□

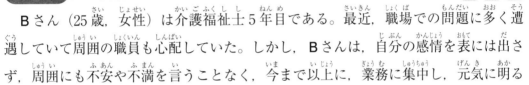

　Bさん（25歳，女性）は介護福祉士5年目である。最近，職場での問題に多く遭遇していて周囲の職員も心配していた。しかし，Bさんは，自分の感情を表には出さず，周囲にも不安や不満を言うことなく，今まで以上に，業務に集中し，元気に明るく業務を遂行している様子だった。

　Bさんの行動が示す適応機制（防衛機制）として，**最も適切なもの**を1つ選びなさい。

1　昇華

2　抑圧

3　逃避

4　反動形成

5　合理化

適応のしくみに関する次の記述のうち，**最も適切なもの**を１つ選びなさい。

1　欲求不満をやわらげ，こころの安定を保つはたらきを，欲動という。

2　ライチャード（Reichard, S.）による高齢者の人格の分類のうち，自己防衛（装甲）型は不適応に分類される。

3　ヴァイラント（Vaillant, G.E.）は，代表的な防衛機制を４つに分類した。

4　適応障害は，明らかなストレスとなる要因に反応して，１か月以内に出現する。

5　心的外傷後ストレス障害（posttraumatic stress disorder：PTSD）は，１か月以内に症状がおさまる。

　Ｃさん（72歳，男性）は小学校の校長をしていた。今は，妻と二人暮らしである。最近，孫から教えてもらった動画サイトにはまっており，妻の勧めでパソコン教室へも通いだした。講師に何度も同じことを質問し，「頑張りますね」とねぎらわれながら動画作成に取り組んでいる。スムーズに操作はできないものの，動画の完成後，妻と孫は笑ってほめてくれたので満足した。

　ライチャード（Reichard, S.）による老齢期の性格類型のうち，Ｃさんに相当するものとして，**最も適切なもの**を１つ選びなさい。

1　円熟型

2　安楽椅子（ロッキングチェアー）型

3　自己防衛（装甲）型

4　外罰（憤慨）型

5　内罰（自責）型

◆からだのしくみの理解

問題 61 平衡感覚の維持に関係している脳の部位 ☐☐☐

　図は脳の構造図である。からだの平衡感覚の維持や身体各部と協調的な運動を行うことに関係している，脳の部位として，**最も適切なもの**を1つ選びなさい。

1　A
2　B
3　C
4　D
5　E

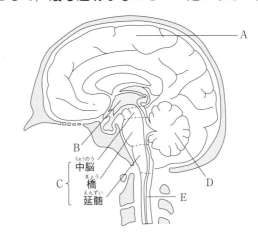

中脳
橋
延髄

問題 62 関節運動と主動作筋 ☐☐☐

　関節運動とその主動作筋（主としてはたらく筋肉）の組み合わせとして，**正しいもの**を1つ選びなさい。

1　肩関節の外転 —— 三角筋
2　肘関節の屈曲 —— 上腕三頭筋
3　股関節の屈曲 —— 大殿筋
4　膝関節の屈曲 —— 大腿四頭筋
5　足関節の背屈 —— 下腿三頭筋

こころとからだのしくみ

副交感神経

副交感神経のはたらきとして，正しいものを1つ選びなさい。

1　唾液の分泌低下
2　心拍数の減少
3　発汗の増加
4　血管の収縮
5　瞳孔の散大

血管系

血管系に関する次の記述のうち，正しいものを1つ選びなさい。

1　下肢の静脈は体表から拍動を触れる。
2　左心室から出た血液は大静脈へ流れる。
3　リンパ管には血液が流れている。
4　肺動脈には静脈血が流れている。
5　末梢動脈には逆流を予防するための弁がある。

臓器とその機能

臓器とその機能の組み合わせとして，正しいものを1つ選びなさい。

1　小脳 —— 呼吸中枢
2　副腎 —— インスリン（insulin）の分泌
3　心臓 —— 血管の収縮・拡張
4　膀胱 —— 尿の濃縮
5　肝臓 —— グリコーゲン（glycogen）の貯蔵

問題 66 骨　□□□

骨に関する次の記述のうち，**正しいもの**を１つ選びなさい。

1　骨髄には，造血作用がある。

2　骨は運動による負荷がかかると弱くなる。

3　骨は骨芽細胞によって壊される。

4　骨のカルシウム（Ca）は老化に伴い増える。

5　骨のカルシウム（Ca）はビタミンＡ（vitamin A）によって吸収が促進される。

問題 67 体温　□□□

体温に関する次の記述のうち，**最も適切なもの**を１つ選びなさい。

1　口腔内の体温は腋窩体温より低い。

2　健康であっても日内変動がある。

3　体温の調節には脳下垂体が関与している。

4　発汗は体温の恒常性とは関係しない。

5　成人と比較して高齢者の体温は高い。

◆移動に関連したこころとからだのしくみ

問題 68 姿勢の維持・変換に必要な筋肉　□□□

姿勢の維持・変換と関係の深い筋肉の組み合わせのうち，**最も適切なもの**を１つ選びなさい。

1　寝返り――――――――前脛骨筋

2　立位保持――――――――脊柱起立筋

3　歩行――――――――――三角筋

4　起き上がり――――――――腓腹筋

5　車いすのハンドリム操作――腸腰筋

問題 69 廃用症候群

廃用症候群（disuse syndrome）で起こる可能性のある病態変化とその対策の組み合わせとして，**最も適切なもの**を1つ選びなさい。

1 褥瘡 ——————————————————— 同一体位
2 関節拘縮 ————————————————— 安静臥床
3 夜間せん妄 ———————————————— 入院
4 筋萎縮 ——————————————————— 日光浴
5 深部静脈血栓症（deep vein thrombosis）—— 早期離床

問題 70 高齢者の大腿骨頸部骨折

高齢者の大腿骨頸部骨折（femoral neck fracture）に関する次の記述のうち，**最も適切なもの**を1つ選びなさい。

1 予後は良好である。
2 転落によって生じることが最も多い。
3 リハビリテーションを早期に開始する。
4 骨折（fracture）の直後は無症状である。
5 保存的治療を行う。

問題 71 褥瘡

褥瘡の発生に関する次の記述のうち，**適切なもの**を1つ選びなさい。

1 仰臥位（背臥位）での頭部の好発部位は，後頭部である。
2 仰臥位（背臥位）では，脊柱部に発生する頻度が最も高い。
3 側臥位での好発部位は，仙骨部である。
4 仰臥位（背臥位）での足の好発部位は，足関節外果部である。
5 半座位（ファーラー位）での好発部位は，耳介部である。

◆身じたくに関連したこころとからだのしくみ

問題 72 口腔内の機能 □□□

口腔内の機能に関する次の記述のうち，**最も適切なもの**を1つ選びなさい。

1 高齢者になっても，味蕾の数は変化しない。

2 唾液が分泌される大唾液腺は，顎下腺の1か所である。

3 高齢者になると，唾液分泌量が増加する。

4 唾液には，でんぷんを分解する消化酵素が含まれている。

5 唾液は，1日に3ℓ以上分泌される。

問題 73 口臭 □□□

口臭に関する次の記述のうち，**最も適切なもの**を1つ選びなさい。

1 歯がない場合に起こりやすい。

2 歯周病（periodontal disease）により生じる。

3 食事量が増加した場合に起こりやすい。

4 ウイルス感染の原因になることがある。

5 唾液量が多いと生じる。

問題 74 義歯の影響 □□□

義歯を使用したときの影響として，**適切なもの**を1つ選びなさい。

1 咀嚼力が低下する。

2 味覚が低下する。

3 話す言葉が明瞭になる。

4 口の周りのしわが増える。

5 舌の動きが悪くなる。

こころとからだのしくみ

爪の変化

爪の変化とその原因の組み合わせのうち，**正しいもの**を１つ選びなさい。

1 陥入爪————白癬菌

2 スプーン爪——低栄養

3 ばち状爪————心疾患（heart disease）

4 白濁・肥厚——重症の貧血

5 全体に白い——老化

◆食事に関連したこころとからだのしくみ

問題 76 栄養素

栄養素に関する次の記述のうち，**正しいもの**を１つ選びなさい。

1 ビタミンＣ（vitamin C）を過剰に摂取すると，体内に蓄積される。

2 カリウム（K）は，血圧を上げる。

3 炭水化物は，細胞質の主成分となる。

4 たんぱく質は，エネルギー源とならない。

5 ビタミンＤ（vitamin D）は，日光浴によっても生成される。

問題 77 嚥下のしくみ

嚥下のしくみに関する次の記述のうち，**最も適切なもの**を１つ選びなさい。

1 先行期（認知期）では，食物の形やにおいなどを想像しても唾液の分泌はされない。

2 準備期（咀嚼期）には，捕食，咀嚼，食塊形成，食塊の移送の４段階がある。

3 食塊を口腔から咽頭へ移送する際に舌は関与しない。

4 咽頭期では，喉頭の入り口を閉鎖し，嚥下反射が無意識に行われる。

5 食道期では，食塊が食道に入り込むと，蠕動運動は停止し，重力によって運ばれる。

◆入浴・清潔保持に関連したこころとからだのしくみ

問題 78 皮膚のはたらき

☐☐☐

皮膚のはたらきに関する次の記述のうち，正しいものを1つ選びなさい。

1　発汗作用により，体温を低下させる。
2　表皮に汗腺がある。
3　エクリン腺は，体臭の原因となる。
4　寒さを感じると，体表近くの血流は多くなる。
5　皮膚の表面は中性に保たれている。

問題 79 入浴・清潔の保持

☐☐☐

入浴・清潔の保持に関する次の記述のうち，最も適切なものを1つ選びなさい。

1　胃ろうを造設している場合は，入浴ができない。
2　麻痺がある場合は，入浴ができない。
3　食事の直後の入浴は，消化を促進する。
4　膀胱留置カテーテルを使用している場合でも，入浴は可能である。
5　心臓に疾患がある場合は，全身浴がよい。

問題 80 中温浴の効果

☐☐☐

入浴（中温浴，38～41℃）の効果に関する次の記述のうち，正しいものを1つ選びなさい。

1　筋肉が収縮する。
2　脳が興奮する。
3　腎臓のはたらきを促進する。
4　心拍数が増加する。
5　腸のはたらきを抑制する。

◆排泄に関連したこころとからだのしくみ

問題 81 正常な尿 □□□

正常な尿に関する次の記述のうち，**適切なもの**を1つ選びなさい。

1 1日に約5gのたんぱく質が排出される。

2 排尿直後にはアンモニア臭がする。

3 1日に約10gのブドウ糖が排出される。

4 体内にある尿の中には雑菌が多く含まれている。

5 排尿直後は淡黄色で透明である。

問題 82 排便のしくみ □□□

排便のしくみに関する次の記述のうち，**最も適切なもの**を1つ選びなさい。

1 内容物は，横行結腸の前に上行結腸を通過する。

2 食事を摂取した後は，大腸の動きが低下する。

3 交感神経が亢進すると，便意を促す。

4 排便時は，直腸が弛緩する。

5 直腸に便があると，便意が低下する。

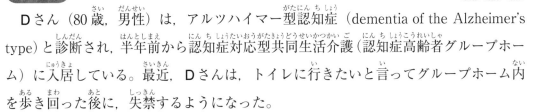

問題 83 利用者の排泄の状態

Dさん（80歳，男性）は，アルツハイマー型認知症（dementia of the Alzheimer's type）と診断され，半年前から認知症対応型共同生活介護（認知症高齢者グループホーム）に入居している。最近，Dさんは，トイレに行きたいと言ってグループホーム内を歩き回った後に，失禁するようになった。

Dさんの排泄の状態として，**最も適切なもの**を1つ選びなさい。

1　溢流性尿失禁
2　切迫性尿失禁
3　反射性尿失禁
4　腹圧性尿失禁
5　機能性尿失禁

こころとからだのしくみ

問題 84 弛緩性便秘の原因

弛緩性便秘の原因として，**正しいもの**を1つ選びなさい。

1　大腸の蠕動運動の低下
2　大腸がん（colorectal cancer）
3　排便を我慢する習慣
4　過敏性腸症候群（irritable bowel syndrome）
5　腹筋の筋力低下

◆休息・睡眠に関連したこころとからだのしくみ

問題 85 睡眠

☐☐☐

睡眠に関する次の記述のうち，**正しいもの**を1つ選びなさい。

1 メラトニン（melatonin）の分泌が抑制されると眠くなる。

2 体内時計は，太陽光によって調整される。

3 加齢に伴い，睡眠は深く長くなる。

4 睡眠周期は約60分である。

5 ノンレム睡眠のときに夢をみる。

問題 86 睡眠障害

☐☐☐

睡眠障害に関する次の記述のうち，**正しいもの**を1つ選びなさい。

1 眠るときは交感神経がはたらく。

2 高齢者は中途覚醒が多くなる。

3 高齢者は早朝覚醒が少なくなる。

4 レストレスレッグス症候群（restless legs syndrome）は，不眠の原因とならない。

5 カフェイン（caffeine）には，睡眠を促す作用がある。

問題 87 日常生活で改善する必要があるもの ☐☐☐

Eさん（65歳，女性）は，最近，熟睡できないと訴えている。Eさんの日常生活は，毎日6時に起床し，カーテンを開けて朝日を部屋の中に取り入れている。午前中は家事を行い，14時から20分の昼寝をし，16時から30分の散歩をしている。食事は朝食7時，昼食12時，夕食18時にとり，21時に趣味である好きな音楽を聞きながら，夜食を満腹になる程度に食べ，21時30分に就寝している。

Eさんの訴えに対して，日常生活で改善する必要があるものとして，**最も適切なもの**を1つ選びなさい。

1　朝日を浴びること
2　音楽を聞くこと
3　散歩
4　昼寝
5　就寝前の夜食

◆人生の最終段階のケアに関連したこころとからだのしくみ

問題 88 利用者が希望する死を表す用語 ☐☐☐

Fさん（76歳，女性）は自宅で一人暮らしをしている。病気はなく散歩が日課である。胃がん（gastric cancer）の夫を長年介護し，1日でも長く生きてほしいと願い，胃ろうを造設し，経管栄養を行い，数か月前に自宅で看取った。Fさんは，死期が近づく夫が疼痛に耐えながら徐々にやせ細り，身体的・精神的苦痛を抱える姿を見ながら日々介護していた。Fさんはその体験から，がん（cancer）になった場合は，死期の迫った段階では延命治療は受けずに，自然な最期を迎えたいと願っている。

Fさんが希望する死を表す用語として，**最も適切なもの**を1つ選びなさい。

1　積極的安楽死
2　脳死
3　尊厳死
4　突然死
5　心臓死

問題 89 終末期にある人の心理

　Gさん（65歳，男性）は，3年前に胃がん（gastric cancer）の手術を受けた。最近，病院を受診した結果，「胃がん（gastric cancer）の再発が広範囲で転移もあり，手術ができない」と医師に診断された。3年前から漠然と死を意識していたが，やはり現実のこととなると気分の落ち込む日々を過ごしている。

　キューブラー・ロス（Kübler-Ross, E.）が示した終末期にある人の心理過程のうち，Gさんの今の心情に該当するものとして，**最も適切なものを1つ選びなさい**。

1　否認
2　怒り
3　取引
4　抑うつ
5　受容

問題 90 死亡直前にみられる身体の変化

　死亡直前にみられる身体の変化として，**最も適切なものを1つ選びなさい**。

1　角膜の混濁
2　尿量の減少
3　皮膚の死斑
4　筋肉の硬直
5　関節の硬直

ワン！ポイント

からだのしくみについては，特に「全身への影響の大きいもの」「加齢の影響があるもの」「高齢者に多い病気」などは，必ず押さえておこう。また，日常生活への影響と留意点，予防のポイントも併せて確認する。

発達と老化の理解

◆人間の成長と発達の基礎的知識

問題 91　ピアジェの発達段階説 ☐☐☐

ピアジェ（Piaget, J.）の発達段階説に関する次の記述のうち，**適切なものを1つ選**びなさい。

1　感覚運動期に，抽象的な概念の理解ができるようになる。
2　形式的操作期は，他者の行為を模倣する「ごっこ遊び」が盛んになる。
3　前操作期は直観的な思考が主であり，物の認識が見かけの変化に左右されがちである。
4　シェマ（schema）とは，前操作期に特有の認識パターンで，知能の発達とともに消失していく。
5　具体的操作期は，視覚や触覚等の感覚器官を通して外界を認識していく。

問題 92　エリクソンの発達段階説 ☐☐☐

エリクソン（Erikson, E.）の発達段階説における各発達段階と発達課題の組み合わせとして，**最も適切なものを1つ選びなさい。**

1　幼児前期 —— 信頼感の獲得
2　学童期 —— 勤勉性の獲得
3　青年期 —— 自発性の獲得
4　成人期 —— 親密性の獲得
5　老年期 —— 生殖性の獲得

問題 93 乳幼児期の言語発達

乳幼児期の言語発達に関する次の記述のうち，**最も適切なもの**を1つ選びなさい。

1 出生直後にクーイングがみられる。

2 生後3か月頃に初語を発する。

3 1歳頃に喃語を発するようになる。

4 2歳頃から助詞も使えるようになってくる。

5 3歳頃に語彙爆発が起きる。

> **問題 94** 乳幼児期の社会性の発達

Aちゃん（9か月）は，母親に抱かれて公園のベンチで休んでいた。そこに母親の友人が通りがかり母親にあいさつした後，花壇に咲いている花を眺めながら「お花きれいだね」とAちゃんに言葉をかけた。Aちゃんは母親の友人の顔を見て，それから花壇の花にも視線を向けた。

Aちゃんの様子を説明する用語として，**最も適切なもの**を1つ選びなさい。

1 人見知り

2 三項関係

3 延滞模倣

4 社会的参照

5 社会的微笑

ワン！ポイント

人間が生まれてから老年期に至るまでの，発達段階や発達課題を整理しておこう。乳幼児期〜青年期に関する知識も，障害者や高齢者を生涯発達理論によって理解するうえで欠かせない。

問題 95 コールバーグによる道徳性判断

コールバーグ（Kohlberg, L.）による道徳性判断に関する次の記述のうち，**適切な**ものを1つ選びなさい。

1　3水準9段階の発達段階がある。

2　多数意見を重視して判断するのは，最も高い発達の段階である。

3　慣習的水準では，罰を回避して権威に服従する。

4　前慣習的水準では，規則や社会的秩序を守ることを重視する。

5　脱慣習的水準では，人間の権利や平等性などの倫理に従って判断する。

◆発達段階別にみた特徴的な疾病や障害

問題 96 発達段階別にみた特徴的な疾病や障害

発達段階別にみた特徴的な疾病や障害に関する次の記述のうち，**最も適切なものを**1つ選びなさい。

1　幼児期には，発達障害（developmental disorder）の特性が表面化し，その程度も明らかになる。

2　学童期には，運動機能の障害である脳性麻痺（cerebral palsy）が生じやすい。

3　思春期には，活動性が向上し，事故等による外傷の危険性が高まる。

4　青年期には，生活リズムが不規則になりがちで，生活習慣病（life-style related disease）の発症率が高まる。

5　成人期には，仕事上のストレス増大等により，うつ病（depression）のリスクが高まる。

発達と老化の理解

◆老年期の基礎的理解

問題 97 高齢者の年齢規定 ☐☐☐

高齢者の年齢規定に関する次の記述のうち，**正しいもの**を1つ選びなさい。

1 高年齢者等の雇用の安定等に関する法律では，高年齢者を75歳以上としている。

2 介護保険法では，60歳以上から第1号被保険者になる。

3 「高齢者虐待防止法」では，65歳以上の者を施策の対象としている。

4 道路交通法では，免許証の更新の特例がある高齢運転者を60歳以上としている。

5 老人福祉法では，原則として60歳以上の者を施策の対象としている。

(注) 「高齢者虐待防止法」とは，「高齢者虐待の防止，高齢者の養護者に対する支援等に関する法律」のことである。

問題 98 老年期の喪失体験と悲嘆 ☐☐☐

老年期の喪失体験と悲嘆に関する次の記述のうち，**最も適切なもの**を1つ選びなさい。

1 喪失体験とは，加齢に伴う認知機能低下のことである。

2 悲嘆過程とは，高齢期特有の精神疾患（mental disease）の1つである。

3 キューブラー・ロス（Kübler-Ross, E.）によれば，悲嘆からの回復に順序はない。

4 退職は喪失体験となりやすいライフイベントの1つで，退職後の意欲低下などがみられることもある。

5 死別した人に対する葬儀等の儀式は，残された者の悲嘆をより深くする。

問題 99　回復志向のコーピング

　ストローブ（Stroebe, M. S.）とシュト（Schut, H.）による死別へのコーピングに関する二重過程モデルにおいて，回復志向のコーピングとして，**適切なものを1つ選び**なさい。

1　侵入的悲嘆

2　グリーフワーク

3　愛着や絆の崩壊

4　悲嘆の回避や否認

5　回復変化の否認や回避

発達と老化の理解

◆老化に伴う身体的・心理的・社会的変化と生活

問題 100　身体機能の変化

　加齢に伴う身体機能の変化として，**適切なものを1つ選びなさい。**

1　味覚の感受性が高まる。

2　低い音から聞こえにくくなる。

3　唾液の分泌量が減少する。

4　血中ヘモグロビン量が増加する。

5　皮膚表面が湿潤化する。

高齢者の転倒に関する次の記述のうち，**最も適切なもの**を1つ選びなさい。

1　脊椎圧迫骨折（compression fracture of spine）は，手をついて転倒した際に起こりやすい。

2　ヒッププロテクターには，転倒した際の大腿骨頸部骨折（femoral neck fracture）を予防する効果がある。

3　転倒に服用中の薬剤の影響が考えられたとしても，薬剤の減量や変更は行わない。

4　転倒の場所は，屋内では階段が最も多い。

5　一度転倒すると身を守る意識がはたらき，再度転倒する可能性は低くなる。

老年期の記憶と注意機能に関する次の記述のうち，**最も適切なもの**を1つ選びなさい。

1　意味記憶は，加齢によって低下する。

2　エピソード記憶は，加齢の影響を受けにくい。

3　手続き記憶は，加齢によって低下する。

4　加齢に伴い，不要な情報の抑制が難しくなる。

5　分散的注意の機能は，加齢によって高まる。

流動性知能と結晶性知能に関する次の記述のうち，**適切なもの**を1つ選びなさい。

1　流動性知能は，70歳頃に発達のピークを迎える。

2　流動性知能は，新しい場面に適応する問題解決能力である。

3　流動性知能は，生活習慣や訓練によって維持することが可能である。

4　結晶性知能は，教育や職業の影響を受けにくい。

5　流動性知能よりも結晶性知能のほうが，加齢とともに低下しやすい。

問題 104 老年期の適応

Bさん（70歳，女性）は，昔読んだ小説をもう一度読むことを楽しみにしている。今，改めて読み返すと，物語の伏線や登場人物の感情など，深いところまでみえておもしろい。若い頃はよくわからずにただ読んでいただけとも思える。体力や新しいことを覚える力が衰えてきたことは否めないが，だからこそわかることが増えたと感じている。Bさんは，自分が何か新しい別の力を身につけているような気がしている。

Bさんの現在の生活への適応状況を説明する理論として，**最も適切なものを1つ選**びなさい。

1 愛着理論
2 離脱理論
3 活動理論
4 社会情動的選択理論
5 生涯発達理論

発達と老化の理解

問題 105 寿命と死因

我が国の寿命と死因に関する次の記述のうち，**正しいものを1つ選**びなさい。

1 平均寿命と健康寿命の差は，年々拡大している。
2 2022年（令和4年）における平均寿命は，男女とも80歳以上である。
3 2022年（令和4年）における人口全体の死因順位は，心疾患（heart disease）が悪性新生物より上位である。
4 2022年（令和4年）における人口全体の死因で最も多いのは，老衰である。
5 2022年（令和4年）における90歳女性の平均余命は，3年以内である。

◆高齢者に多い症状・疾患の特徴と生活上の留意点

問題 106 高齢者の疾患の特徴

高齢者の疾患の特徴に関する次の記述のうち，**適切なもの**を1つ選びなさい。

1 複数の疾患を合併していることは珍しい。

2 症状が定型的である。

3 個人差が大きい。

4 高齢になると薬の副作用が出にくい。

5 免疫細胞の機能は加齢とともに向上する。

問題 107 老化に伴う腎・泌尿器系の機能の変化

老化に伴う腎・泌尿器系の機能の変化に関する次の記述のうち，**最も適切なもの**を
1つ選びなさい。

1 膀胱容量が増え，1日の排尿回数は減少する。

2 下部尿路感染症（lower urinary tract infections）では，発熱がみられる。

3 薬物の排出力は低下する。

4 腎血流量は増加する。

5 前立腺肥大症（prostatic hypertrophy）では，排尿時痛を伴う。

問題 108　老年期の精神疾患

老年期の精神疾患（mental disease）に関する次の記述のうち，**適切なもの**を1つ選びなさい。

1　アルツハイマー型認知症（dementia of the Alzheimer's type）では，脳の器質的変化を伴わない。

2　老年期うつ病（senile depression）は，若年者のうつ病（depression）と比べて抑うつ気分が重い。

3　うつ病（depression）等によって高齢者が死に至る率は，若年者と比べて低い。

4　老年期の統合失調症（schizophrenia）では，無関心や意欲の減退が多くみられる。

5　せん妄（delirium）は，明るく周囲の状況がよく見えるところで発生しやすい。

問題 109　脱水時の状態

脱水時の状態として，**正しいもの**を1つ選びなさい。

1　徐脈

2　血圧の上昇

3　皮膚緊張の増加

4　めまい

5　体重の増加

発達と老化の理解

問題 110 高齢者の糖尿病

高齢者の糖尿病（diabetes mellitus）に関する次の記述のうち，**適切なもの**を1つ選びなさい。

1　運動療法を避けたほうがよい。
2　アミラーゼ（amylase）の作用不足が原因である。
3　若年者に比べて高血糖の持続による口渇感が強い。
4　ヘモグロビン A1c（HbA1c）の目標値は，若年者に比べて低めが推奨される。
5　若年者に比べて低血糖の自覚症状に乏しい。

問題 111 変形性膝関節症

変形性膝関節症（knee osteoarthritis）と診断された高齢者の日常生活の留意点として，**最も適切なもの**を1つ選びなさい。

1　体重を増やす。
2　正座をする。
3　膝を冷やす。
4　歩行時に杖を使う。
5　階段昇降の運動をする。

問題 112 高齢者の便秘

高齢者の便秘に関する次の記述のうち，**適切なもの**を1つ選びなさい。

1　大腸がん（colorectal cancer）は，弛緩性便秘の原因となる。
2　痙攣性便秘は，ストレスが原因で起こる。
3　薬剤で，便秘になることはまれである。
4　器質性便秘は，日常生活を見直すことで改善できる。
5　直腸性便秘は，便が直腸に送られてこないために起きる。

問題 113 心不全の症状

高齢者において，心不全（heart failure）が進行したときに現れる症状に関する次の記述のうち，**最も適切なもの**を１つ選びなさい。

1 体重減少がみられる。

2 下肢に限局した浮腫が生じる。

3 安静にすることで速やかに息切れが治まる。

4 口唇にチアノーゼ（cyanosis）が生じる。

5 呼吸苦は，座位より仰臥位（背臥位）のほうが軽減する。

問題 114 高齢者の肺炎

高齢者の肺炎（pneumonia）に関する次の記述のうち，**最も適切なもの**を１つ選びなさい。

1 呼吸数は減少する。

2 発熱がなく肺炎（pneumonia）を生じることがある。

3 誤嚥性肺炎（aspiration pneumonia）を起こすことは，まれである。

4 咳や痰などを伴うことは，まれである。

5 インフルエンザ（influenza）に合併することは，まれである。

発達と老化の理解

認知症の理解

◆認知症ケアの理念

問題 115　パーソン・センタード・ケア　☐☐☐

イギリスの心理学者キットウッド（Kitwood, T.）が提唱した「パーソン・センタード・ケア（person-centred care）」の考え方として，**最も適切なもの**を１つ選びなさい。

1　認知症（dementia）の人を特別な存在として保護すること
2　認知症（dementia）の人の症状を重視すること
3　認知症（dementia）の人のケアマニュアル（care manual）をつくること
4　認知症（dementia）の人の「その人らしさ」を大切にして接すること
5　認知症（dementia）の人の行動・心理症状（BPSD）を抑制すること

問題 116　認知症施策推進大綱　☐☐☐

次のうち，2019年（令和元年）の認知症施策推進大綱の５つの柱に示されているものとして，**適切なもの**を１つ選びなさい。

1　認知症サポート医の養成
2　認知症ケアパスの確立
3　認知症疾患医療センターの整備
4　認知症初期集中支援チームの設置
5　普及啓発・本人発信支援

66

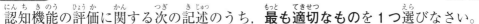

◆認知症の基礎的理解

問題 117 認知機能の評価 □□□

認知機能の評価に関する次の記述のうち，**最も適切なもの**を1つ選びなさい。

1 MMSE（Mini-Mental State Examination）は，「正常」から「高度」までの7段階で評価する観察式の評価尺度である。

2 言語機能が障害されると，認知症（dementia）の重症度評価はできなくなる。

3 長谷川式認知症スケールで20点以下の場合は，認知症（dementia）の疑いがある。

4 CDR（Clinical Dementia Rating）は，血管性認知症（vascular dementia）の検査に特化した評価尺度である。

5 FAST（Functional Assessment Staging）は，11項目で構成される質問式の評価尺度である。

認知症の理解

◆認知症のさまざまな症状

問題 118 認知症の行動・心理症状（BPSD） □□□

認知症（dementia）の行動・心理症状（BPSD）として，**正しいもの**を1つ選びなさい。

1 判断力の低下

2 不安感・焦燥感

3 見当識障害

4 失認

5 遂行機能障害

ワン！ポイント

認知症の人がその人らしく生活するためには，その人がもつ力を最大限に引き出し，適切な環境を整えることが介護福祉士の役割であることを理解しよう。

認知症の行動・心理症状（BPSD） □□□

認知症（dementia）の行動・心理症状（BPSD）に関する次の記述のうち，**最も適**切なものを1つ選びなさい。

1 トイレの場所を見つけることができない。
2 ズボンの履き方がわからない。
3 十分に眠ることができない。
4 簡単なお金の計算ができない。
5 自分の考えを言葉で表現できない。

認知機能障害 □□□

認知機能障害に関する次の記述のうち，**正しいもの**を1つ選びなさい。

1 記憶障害では，初期から手続き記憶が障害される。
2 見当識障害では，人物の認識は障害されない。
3 失行では，洋服をうまく着られなくなる。
4 失認は，視覚や聴覚の障害が原因である。
5 遂行機能の障害では，ADL（Activities of Daily Living：日常生活動作）は障害されない。

認知症による遂行機能障害 □□□

認知症（dementia）による遂行機能障害に関する次の記述のうち，**最も適切なも**のを1つ選びなさい。

1 いつもと違うことがあると混乱して自然な行動ができない。
2 必要な食材を選び，買い物に行く段取りができない。
3 2つ以上のことが重なるとうまく処理できない。
4 おしぼりを食べようと口に入れる。
5 聞いたばかりの話を思い出せなくなる。

◆認知症と間違えられやすい症状・疾患

問題 122 せん妄

□□□

せん妄（delirium）に関する次の記述のうち，**適切なもの**を1つ選びなさい。

1 発症は，緩やかに起こる。
2 薬剤によって生じることはない。
3 症状は，数か月間持続する。
4 高齢者のせん妄（delirium）は，夜間に多くみられる。
5 幻覚を伴うことはない。

問題 123 仮性認知症（うつ病）

□□□

うつ病（depression）に伴って認められる仮性認知症（pseudodementia）の特徴として，**最も適切なもの**を1つ選びなさい。

1 朝方に比べて夕方に悪くなることが多い。
2 身体の不調を訴えることはない。
3 症状が急速に進行することが多い。
4 食欲は保たれていることが多い。
5 治療は抗認知症薬が有効である。

◆認知症の原因疾患と症状

問題 124 アルツハイマー型認知症の，もの盗られ妄想

□□□

アルツハイマー型認知症（dementia of the Alzheimer's type）の，もの盗られ妄想に関する次の記述のうち，**最も適切なもの**を1つ選びなさい。

1 不安感や喪失感から引き起こされやすい。
2 身近な人は，犯人ではないと考える。
3 明確に否定されれば，自分の考えの誤りに気づきやすい。
4 認知症（dementia）の中核症状である。
5 本人1人で探し回ることで，安心感を得やすい。

問題 125 血管性認知症とアルツハイマー型認知症　□□□

　アルツハイマー型認知症（dementia of the Alzheimer's type）と比較して，血管性認知症（vascular dementia）により多くみられる特徴として，**適切なもの**を1つ選びなさい。

1　日本では，アルツハイマー型認知症（dementia of the Alzheimer's type）よりも血管性認知症（vascular dementia）の患者のほうが多い。
2　女性に多くみられる。
3　70歳以上に多くみられる。
4　脳梗塞（cerebral infarction）がみられる。
5　疾患や症状への自覚症状がないことが多い。

問題 126 レビー小体型認知症　□□□

　レビー小体型認知症（dementia with Lewy bodies）の症状として，**適切なもの**を1つ選びなさい。

1　反社会的な行動が目立つ。
2　人格変化がみられる。
3　もの盗られ妄想がある。
4　歩行の障害がある。
5　常同行動がある。

ワン！ポイント

認知症ケアの理念や制度のほか，中核症状とBPSDの違い，原因疾患の特徴，検査と治療などをしっかりと押さえておこう。また，認知症の人のサポート体制，多職種連携，家族へのかかわりについては，頻出かつ重要なテーマなのでしっかり理解しよう。

問題 127　レビー小体型認知症の幻視

　レビー小体型認知症（dementia with Lewy bodies）の幻視の特徴に関する次の記述のうち，**最も適切なもの**を 1 つ選びなさい。

1　しっかりと覚醒しているときのほうがよく見える。
2　実際にはない音や声が聞こえてくる。
3　鮮明で具体的なものが見える。
4　電気をつけ，部屋が明るくなるとはっきり見える。
5　レム睡眠時に出現する。

問題 128　前頭側頭型認知症

　前頭側頭型認知症（frontotemporal dementia）に関する次の記述のうち，**適切なもの**を 1 つ選びなさい。

1　感情の豊かさは保たれる。
2　社会のルールや常識的な規範がわからなくなる。
3　動作が緩慢で動きがぎこちない。
4　エピソード記憶の障害が認められる。
5　発症後 1 年以内に死亡することが多い。

問題 129　慢性硬膜下血腫

　慢性硬膜下血腫（chronic subdural hematoma）に関する次の記述のうち，**最も適切なもの**を 1 つ選びなさい。

1　症状への自覚症状がないため気づきにくい。
2　過活動型せん妄があらわれやすい。
3　一般的な認知症（dementia）より症状の進行は緩徐である。
4　半身麻痺を伴う傾向がある。
5　安静に過ごすことで症状が軽減しやすい。

認知症の理解

問題 130 認知症の原因疾患と症状

認知症（dementia）の原因となる疾患と，特徴的な症状の組み合わせとして，適切なものを1つ選びなさい。

1 レビー小体型認知症（dementia with Lewy bodies）————————痙攣

2 血管性認知症（vascular dementia）————————————人格変化

3 慢性硬膜下血腫（chronic subdural hematoma）————————もの忘れ

4 前頭側頭型認知症（frontotemporal dementia）————————幻視

5 クロイツフェルト・ヤコブ病（Creutzfeldt-Jakob disease）——徘徊

問題 131 Aさんの状態

Aさん（78歳，男性）は，妻と二人暮らしである。3か月ほど前から，歩行が不安定となり，特に家の中の狭いところが歩きづらそうであった。その後，物の置き忘れなどのもの忘れが増え，最近は頻尿になり，トイレに行くまで我慢できずに失禁してしまうこともある。

Aさんの状態として，最も可能性の高いものを1つ選びなさい。

1 アルツハイマー型認知症（dementia of the Alzheimer's type）

2 正常圧水頭症（normal pressure hydrocephalus）

3 前頭側頭型認知症（frontotemporal dementia）

4 血管性認知症（vascular dementia）

5 レビー小体型認知症（dementia with Lewy bodies）

◆若年性認知症

問題 132 若年性認知症 □□□

若年性認知症（dementia with early onset）に関する次の記述のうち，**適切なもの**を1つ選びなさい。

1 40歳未満で発症する認知症（dementia）のことである。
2 家族介護者の負担は少ない。
3 早期発見・早期対応しやすい。
4 高齢者の認知症（dementia）よりも緩やかに進行する。
5 若年性アルツハイマー型認知症（dementia of the Alzheimer's type with early on-set）では神経症状を認めることが多い。

◆認知症の予防・治療

問題 133 軽度認知障害 □□□

軽度認知障害（mild cognitive impairment）に関する次の記述のうち，**適切なもの**を1つ選びなさい。

1 CDR（Clinical Dementia Rating）のスコアが3である。
2 本人や家族からの記憶低下の訴えは少ない。
3 治療には，主に抗うつ薬が用いられる。
4 診断された人の8割がその後半年の間に認知症（dementia）になる。
5 日常生活能力に変化はない。

認知症の理解

認知症の発症リスクの低減 □□□

認知症（dementia）の発症リスクを低減させる行動に関する次の記述のうち，**最も適切なもの**を１つ選びなさい。

1　できる限り安静に過ごす。

2　抗認知症薬を服用する。

3　不飽和脂肪酸を多く含む食事を心がける。

4　集団での交流活動は避ける。

5　睡眠時間を減らす。

アルツハイマー型認知症の薬物療法 □□□

アルツハイマー型認知症（dementia of the Alzheimer's type）の薬物療法に関する次の記述のうち，**最も適切なもの**を１つ選びなさい。

1　進行が進んだ高度のアルツハイマー型認知症（dementia of the Alzheimer's type）に対しては，効果が認められていない。

2　病期によって投与量が変わることはない。

3　病気の進行を完全に止めることができる。

4　副作用として，消化器症状が現れることがある。

5　中核症状に対する効果は認められていない。

◆認知症に伴う生活への影響

問題 136 ひもときシート

認知症ケアにおける「ひもときシート」に関する次の記述のうち，**最も適切なもの**を1つ選びなさい。

1 評価的理解では，認知症（dementia）の人の顕在的なニーズを重視する。
2 分析的理解では，認知症（dementia）の人の言動を8つの要因で分析する。
3 認知症（dementia）の人の言動の背景要因を分析して，介護者のレスパイト（respite）につなげるためのツールである。
4 「ひもときシート」を書き進めていくと，共感的理解から評価的理解へ視点が切り替わる構造である。
5 認知症（dementia）の人の言動を家族側の視点でとらえる。

◆認知症ケアの実際

問題 137 施設で看取る人への対応

Bさん（89歳，女性，要介護5）は，重度のアルツハイマー型認知症（dementia of the Alzheimer's type）である。現在，介護老人福祉施設に入所しており，終末期の状態にある。食事量が減少し，睡眠時間も長くなっている。医師から「余命は数か月である」と伝えられた。

施設で看取ることになっているBさんへの介護福祉職の対応として，**最も適切なもの**を1つ選びなさい。

1 食事の時間は，にぎやかな環境を用意する。
2 誤嚥を避けるため，経管栄養の導入を推奨する。
3 Bさんへの対応は，看取り経験のある介護職員に限定する。
4 定期的な体位変換を行う。
5 アドバンス・ケア・プランニング（advance care planning）を実施する。

認知症（dementia）の人に配慮した施設の生活環境に関する次の記述のうち，**最も適切なもの**を1つ選びなさい。

1　新しい環境に慣れるため，自宅で使用していた物などは，できるだけ持ち込ませない。

2　混乱を避けるため，他者との交流はできるだけ控える。

3　屋内のトイレ，寝室に表示や目印をつける。

4　毎日新しい生活体験をしてもらう。

5　適度な刺激のため，部屋のレイアウトを毎月変える。

◆認知症のある人へのかかわり

認知症（dementia）の非薬物療法に関する次の記述のうち，**正しいもの**を1つ選びなさい。

1　リアリティ・オリエンテーション（reality orientation）は，思い出を語り合うグループワークである。

2　リアリティ・オリエンテーション（reality orientation）は，名前などの基本情報を伝え，現実認識を促す。

3　バリデーション（validation）は，介護福祉職が認知症（dementia）の人のからだに触れて，認知症（dementia）の人の不安を軽減したり，本人を励ましたりする手法である。

4　ユマニチュードは，動物を介在させる療法である。

5　回想法は，記憶力の改善を目的とする。

問題 140 ユマニチュード □□□

認知症ケアの技法であるユマニチュードに関する次の記述のうち，正しいものを1つ選びなさい。

1 「触れる」とは，最初に顔や手に優しく触れることである。

2 「話す」とは，ケアに必要なことをわかりやすく伝えることである。

3 「立つ」とは，介護者が立ってケアを行うことである。

4 「マルチモーダル・ケア」では，ユマニチュードの4つの柱を同時に行わなければならない。

5 「見る」とは，目を合わせて相手に関心を示すことである。

◆地域におけるサポート体制

問題 141 認知症初期集中支援チーム □□□

認知症初期集中支援チームに関する次の記述のうち，適切なものを1つ選びなさい。

1 支援期間は1〜2年である。

2 チーム員には民生委員が含まれる。

3 認知症（dementia）の診断を受けていない人が対象である。

4 チーム員会議を開催してケア方針を決定する。

5 認知症（dementia）の人の家族は支援の対象に含まれない。

認知症の理解

◆多職種連携と協働

問題 142 認知症対応型共同生活介護の介護福祉職と多職種の連携 　☐☐☐

認知症対応型共同生活介護（認知症高齢者グループホーム）で生活している軽度の

アルツハイマー型認知症（dementia of the Alzheimer's type）のCさんは，大腿骨頸

部を骨折（fracture）して入院することになった。

認知症対応型共同生活介護（認知症高齢者グループホーム）の介護福祉職が果たす

役割として，**最も適切なもの**を1つ選びなさい。

1　看護師に，日常生活の状況を伝える。

2　補助人に，治療方法の決定を依頼する。

3　医師に，夜間は騒ぐ可能性があるので睡眠薬の処方を依頼する。

4　理学療法士に，リハビリテーションの指示をしても理解できないと伝える。

5　介護支援専門員（ケアマネジャー）に地域ケア会議の開催を依頼する。

問題 143 認知症ケアパス 　☐☐☐

認知症ケアパスに関する次の記述のうち，**最も適切なもの**を1つ選びなさい。

1　要介護3以上の人が利用できるサービスである。

2　認知症（dementia）の人が通所施設を利用することを促進している。

3　市町村が作成する。

4　介護福祉士が中心になって作成する。

5　パーソン・センタード・ケア（person-centred care）とも呼ばれる。

◆家族への支援

問題 144　家族に対する介護福祉職の助言　　　□□□

　Dさん（75歳，男性）は，1年ほど前に趣味であった車の運転をやめてから，やる気が起こらなくなり自宅に閉じこもりがちになった。そのため，家族の勧めで介護予防教室に参加するようになった。最近，Dさんは怒りっぽく，また，直前の出来事を覚えていないことが増え，心配した家族が介護福祉職に相談した。

　相談を受けた介護福祉職の助言として，**最も適切なもの**を1つ選びなさい。

1　「認知症（dementia）でしょう」
2　「趣味の車の運転を再開するといいでしょう」
3　「老人クラブに参加するといいでしょう」
4　「音楽を流して気分転換するといいでしょう」
5　「かかりつけ医に診てもらうといいでしょう」

認知症の理解

障害の理解

◆障害の概念

問題 145 ICF（国際生活機能分類）　□□□

ICF（International Classification of Functioning, Disability and Health：国際生活機能分類）の社会モデルに関する記述として，**最も適切なもの**を1つ選びなさい。

1　障害は，個人の問題としてとらえる。
2　障害は，病気・外傷などから直接的に生じる。
3　障害は，専門職による個別的な治療で解決する。
4　障害への対処は，環境を整えることが含まれる。
5　障害への対処は，個人のよりよい適応と行動変容が目標とされる。

問題 146 障害者の法的定義　□□□

障害者の法的定義に関する次の記述のうち，**正しいもの**を1つ選びなさい。

1　身体障害者福祉法における身体障害者は，身体障害者手帳の交付を受けたすべての者をいう。
2　知的障害者福祉法における知的障害者は，療育手帳の交付を受けた18歳以上の者をいう。
3　「精神保健福祉法」における精神障害者には，知的障害者が含まれていない。
4　「障害者総合支援法」における障害者には，発達障害者が含まれていない。
5　児童福祉法における障害児には，発達障害児は含まれている。

（注）1　「精神保健福祉法」とは，「精神保健及び精神障害者福祉に関する法律」のことである。

　　　2　「障害者総合支援法」とは，「障害者の日常生活及び社会生活を総合的に支援するための法律」のことである。

◆障害者福祉の基本理念

問題 147 ノーマライゼーション □□□

ノーマライゼーション（normalization）の理念を最初に理論化した人物として，正しいものを１つ選びなさい。

1 糸賀一雄

2 ヴォルフェンスベルガー（Wolfensberger, W.）

3 ニィリエ（Nirje, B.）

4 メイス（Mace, R.）

5 バンク-ミケルセン（Bank-Mikkelsen, N.）

問題 148 ソーシャルインクルージョン □□□

ソーシャルインクルージョン（social inclusion）に関する次の記述のうち，**最も適切**なものを１つ選びなさい。

1 障害者が普通の暮らしをできるように環境を整える。

2 個人の特性や強さを見つけて，それを生かす支援を行う。

3 抑圧された権利や能力を取り戻して，力をつける。

4 すべての人を社会の一員として包み込み，共に支え合う。

5 利用者が再び人間らしく生きることを目指している。

問題 149 自立生活運動（IL 運動） □□□

1960 年代のアメリカにおける自立生活運動（IL 運動）に関する次の記述のうち，**最も適切なものを１つ選びなさい。**

1 日常生活動作の達成を重視している。

2 障害者が普通の生活を送れることを目指す。

3 障害者が自己決定して，生活を送ることである。

4 障害者も共に社会で生きる一員であるとする。

5 障害者の自立生活は，施設や医療機関で実現される。

障害の理解

◆障害者福祉の現状と施策

問題 150 相談支援専門員が行う利用者への意思決定支援　□□□

Ａさん（30歳，男性）は重度の知的障害があり，母親（60歳）と自宅で暮らしている。現在，Ａさんはできるだけ長く自宅で生活したいと思っている。一方，母親はＡさんと一緒に住みたいと思いつつも，自分が死んだ後のことを考えると不安があり，地元の施設入所支援の利用を考えている。そのことが，Ａさんが利用している生活介護事業所の職員から相談支援専門員に報告があった。

相談支援専門員が現時点で行うＡさんへの意思決定支援として，**最も適切なもの**を1つ選びなさい。

1　Ａさんに，自宅での生活について話を聞く。

2　さまざまな選択肢を用意し，Ａさんに選んでもらう。

3　Ａさんが意思決定したときのリスクを考えておく。

4　施設入所支援をＡさんに勧める。

5　母親の意思をＡさんに伝える。

問題 151 障害者虐待防止法　□□□

「障害者虐待防止法」の心理的虐待に関する次の記述のうち，**適切なもの**を1つ選びなさい。

1　正当な理由なく身体を拘束すること。

2　衰弱させるような著しい減食をすること。

3　財産を不当に処分すること。

4　著しい暴言を行うこと。

5　わいせつな行為をすること。

(注)　「障害者虐待防止法」とは，「障害者虐待の防止，障害者の養護者に対する支援等に関する法律」のことである。

問題 152 障害者差別解消法 □□□

「障害者差別解消法」に関する次の記述のうち，**適切なもの**を１つ選びなさい。

1　法の対象者は，身体障害者手帳または精神障害者保健福祉手帳を持っている人である。

2　合理的配慮とは，すべての障害者に同じ配慮をすることである。

3　行政機関に対して，障害者に対する合理的配慮を努力義務としている。

4　共生社会の実現を目指している。

5　都道府県は，障害者差別解消支援地域協議会を設置しなければならない。

（注）　「障害者差別解消法」とは，「障害を理由とする差別の解消の推進に関する法律」のことである。

◆障害のある人の心理

問題 153 糖尿病性網膜症の人の障害受容の状況 □□□

Bさん（56歳，女性）は，糖尿病性網膜症（diabetic retinopathy）に伴う眼底出血を繰り返して，治療を受けていた。医師から失明は避けられないと説明を受けた。その後Bさんは，周囲に怒りをぶつけたり，壁に頭を打ちつけたりという行動がみられるようになった。

このときのBさんの障害受容の状況として，**最も適切なもの**を１つ選びなさい。

1　否認ができず混乱する。

2　自分の障害を認めようとしない。

3　ショックではあるが，比較的穏やかである。

4　障害を受け止め，新たな価値観を見出す。

5　障害に負けずに生きようと努力している。

◆障害の理解

問題 154 痙直型や不随意運動型などの分類がある疾患 □□□

痙直型や不随意運動型（アテトーゼ型（athetosis））などの分類がある疾患として，正しいものを1つ選びなさい。

1　筋ジストロフィー（muscular dystrophy）
2　脊髄損傷（spinal cord injury）
3　脊髄小脳変性症（spinocerebellar degeneration）
4　脳性麻痺（cerebral palsy）
5　脳血管疾患（cerebrovascular disease）

問題 155 脊髄損傷のレベル □□□

脊髄の完全損傷で，プッシュアップが可能となる最上位レベルとして，最も適切なものを1つ選びなさい。

1　頸髄（C1〜C3）
2　頸髄（C7）
3　仙髄
4　胸髄
5　腰髄

問題 156 聴覚障害 ☐☐☐

聴覚障害に関する次の記述のうち，**適切なもの**を1つ選びなさい。

1 伝音性難聴（conductive hearing loss）は，内耳から大脳皮質までの障害によって聴力が低下する。

2 感音性難聴（sensori-neural hearing loss）は，外耳から中耳までの障害によって聴力が低下する。

3 老人性難聴（presbycusis）では，語音明瞭度が低下する。

4 老人性難聴（presbycusis）は，伝音性難聴（conductive hearing loss）であることが多い。

5 老人性難聴（presbycusis）は，低音域に聴覚レベルの低下が認められることが多い。

問題 157 心臓機能障害のある人 ☐☐☐

心臓機能障害のある人に関する記述として，**最も適切なもの**を1つ選びなさい。

1 黄疸がみられる。

2 心拍出量の低下によって，疲労感，脱力感がある。

3 激しい運動を積極的に行う。

4 塩分摂取量は1日15g未満が望ましい。

5 脳血管疾患（cerebrovascular disease）や糖尿病（diabetes mellitus）等の他疾患の合併症は少ない。

問題 158 呼吸機能障害のある人の日常生活上の留意点 □□□

呼吸機能障害のある人の日常生活上の留意点として，**最も適切なもの**を1つ選びなさい。

1　立ち上がるときには，息を止めるようにする。

2　入浴するときは，肩まで湯につかる。

3　食事はカロリーを低く抑えたほうがよい。

4　負担を減らすために，食事回数を減らしたほうがよい。

5　衣服は前開きの着脱しやすいものにしたほうがよい。

問題 159 関節リウマチのある人の日常生活上の留意点 □□□

関節リウマチ（rheumatoid arthritis）のある人の日常生活上の留意点として，**最も適切なもの**を1つ選びなさい。

1　常に安静が必要である。

2　早朝に運動するとよい。

3　便器に補高便座をのせる。

4　ドアの取っ手は丸いものにする。

5　かばんの持ち手を手で握る。

問題 160 知的障害 □□□

知的障害に関する次の記述のうち，**適切なもの**を1つ選びなさい。

1　知的機能の障害が6歳までの幼少期に現れたものをいう。

2　重症心身障害とは，重度の知的障害と重度の肢体不自由が重複した状態をいう。

3　ダウン症候群（Down's syndrome）は，劣性遺伝が原因である。

4　家族の障害受容への支援が最も必要なのは，成人期である。

5　知的障害のある人に物事を伝えるときは，言葉を用いて口頭で伝える。

問題 161 内因性精神障害に分類される疾患　□□□

内因性精神障害に分類される疾患として，正しいものを1つ選びなさい。

1　パニック障害（panic disorder）

2　認知症（dementia）

3　統合失調症（schizophrenia）

4　薬物依存症（drug dependence）

5　甲状腺機能低下症（hypothyroidism）

問題 162 統合失調症の陰性症状　□□□

統合失調症（schizophrenia）の陰性症状に関する次の記述のうち，最も適切なものを1つ選びなさい。

1　記憶力の低下がみられる。

2　状況に応じた柔軟な考えが難しくなる。

3　ひきこもりがちになることがある。

4　幻覚がみられる。

5　させられ体験がある。

問題 163 自閉症スペクトラム障害　□□□

自閉症スペクトラム障害（autism spectrum disorder）に関する次の記述のうち，適切なものを1つ選びなさい。

1　集中力がない。

2　直前のスケジュール変更にも対応ができる。

3　本人の努力不足が原因である。

4　対人関係の形成に障害がある。

5　我慢していても声が出たり動いたりしてしまう。

問題 164　学習障害の特徴 □□□

学習障害の特徴に関する次の記述のうち，**最も適切なもの**を1つ選びなさい。

1　周囲の物事に次々に関心をもつ。

2　感情障害がみられる。

3　脳に機能障害はない。

4　ストレスがかかると，自分のからだを強くたたく。

5　読む，書く，計算する等の習得が難しい。

問題 165　高次脳機能障害の種類と症状 □□□

高次脳機能障害（higher brain dysfunction）の種類と症状に関する次の記述のうち，**適切なもの**を1つ選びなさい。

1　半側空間無視のために，物の置き場所を忘れる。

2　注意障害のために，同時に2つ以上のことをしようとすると混乱する。

3　記憶障害のために，子どもっぽい行動をとる。

4　遂行機能障害のために，無制限にお金を使う。

5　社会的行動障害のために，日常生活を計画的に行えない。

◆難病の理解

問題 166　難病 □□□

難病とその症状の組み合わせとして，**正しいもの**を1つ選びなさい。

1　後縦靱帯骨化症（ossification of posterior longitudinal ligament）
————————————————————運動失調

2　クローン病（Crohn disease）————————四肢麻痺

3　脊髄小脳変性症（spinocerebellar degeneration）————不随意運動

4　潰瘍性大腸炎（ulcerative colitis）————————浮腫

5　筋萎縮性側索硬化症（amyotrophic lateral sclerosis：ALS）
————————————————————嚥下障害

問題 167 パーキンソン病の人の日常生活の留意点 □□□

ホーエン・ヤール重症度分類でステージⅢにあるパーキンソン病（Parkinson disease）の人の日常生活の留意点として，**最も適切なもの**を1つ選びなさい。

1 履物はサンダルを使用する。

2 誤嚥に気をつける。

3 安静にして過ごす。

4 薬を飲み忘れた場合は，次に2回分服用する。

5 食物繊維の多い食べ物は避ける。

◆生活上の課題と支援のあり方

問題 168 就労支援にあたり留意すべきこと □□□

Ｃさん（21歳，女性）は，気分障害（mood disorder）を発症し，興味があることや楽しいことに関心がもてず，疲れやすく気力が出ない状態であったが，外来に通院しながら自宅で生活を送り，病状が改善してきたため，就労を考えるようになってきた。

介護福祉職が就労に向けて支援するにあたり留意すべきこととして，**最も適切なもの**を1つ選びなさい。

1 あいまいな言葉で説明する。

2 介護福祉職が考えるＣさんにとって望ましい姿になるよう支援する。

3 介護福祉職が代理で手続きを進める。

4 Ｃさんが物事を決め，実行できるように支援する。

5 Ｃさんのできないことに着目し，支援を行う。

障害の理解

◆地域におけるサポート体制

問題 169 地域生活支援事業 □□□

「障害者総合支援法」に基づく地域生活支援事業の内容として，**適切なもの**を1つ選びなさい。

1 自宅において入浴，排泄，食事の介護等を行う。
2 自己判断能力が制限されている人の行動を支援する。
3 自立した日常生活を営むことができるように，必要な訓練を行う。
4 日常生活上の便宜を図るため，障害者等に日常生活用具を給付・貸与する。
5 障害者の車いすの修理費用の一部を提供する。

(注)「障害者総合支援法」とは，「障害者の日常生活及び社会生活を総合的に支援するための法律」のことである。

問題 170 協議会 □□□

「障害者総合支援法」で定める協議会に関する次の記述のうち，**最も適切なもの**を1つ選びなさい。

1 市町村は設置しなければならない。
2 医療や福祉などの専門家のみで構成されている。
3 地域における相談支援の中核的な役割を担っている。
4 障害者や障害児，その介護を行う者からの相談に応じる。
5 地域の実情に応じた支援体制の整備について協議を行う。

(注)「障害者総合支援法」とは，「障害者の日常生活及び社会生活を総合的に支援するための法律」のことである。

問題 171 知的障害のある利用者が地域移行するときの社会資源 ☐☐☐

　Dさん（28歳，女性）は重度の知的障害があり，施設入所支援を利用している。

　次のうち，Dさんが地域移行するときの社会資源として，**最も適切なもの**を1つ選

びなさい。

1　就労移行支援

2　同行援護

3　共同生活援助（グループホーム）

4　自立支援医療

5　生活介護

◆多職種連携と協働

問題 172 利用者にかかわる関係者の役割 ☐☐☐

　Eさん（45歳，男性）は，仕事中に脳梗塞（cerebral infarction）を発症し，病院
に運ばれ入院した。退院時に，左片麻痺と高次脳機能障害（higher brain dysfunc-
tion）があり，身体障害者手帳の交付を受けた。本人も家族も仕事に復帰することを
強く希望しており，障害福祉サービスを利用できるように手続きを進めている。

　Eさんにかかわる関係者の役割として，**最も適切なもの**を1つ選びなさい。

1　医師が，サービス等利用計画を作成する。

2　サービス提供事業所のサービス管理責任者等が，個別支援計画を作成する。

3　介護支援専門員（ケアマネジャー）が，介護サービス計画を作成する。

4　地域包括支援センターの職員が，認定調査を行う。

5　基幹相談支援センターの職員が，成年後見制度の利用の準備を行う。

◆家族への支援

問題 173 **障害者の家族に対する介護福祉職の支援** ☐☐☐

　Fさん（43歳，男性）は，交通事故により対麻痺となった。現在，病院に入院中で，移動が車いすでできるように，リハビリテーションを行っている。妻（35歳）はパート勤務で，小学5年生の子どもがいて，将来に不安を感じていた。

　家族に対する介護福祉職の支援として，**最も適切なものを1つ選びなさい。**

1　住宅改修を勧める。
2　Fさん家族が抱えている課題を一緒に整理する。
3　専門職主導で提供するサービスを決める。
4　妻にリハビリテーションを行っているFさんの姿を頻繁に見てもらう。
5　妻の気持ちを最優先して方向性を決める。

問題 174 **レスパイトケア** ☐☐☐

　短期入所の利用におけるレスパイトケア（respite care）の目的として，**最も適切なものを1つ選びなさい。**

1　養護者による障害者虐待から障害者を保護するため
2　介護福祉職が休養をとるため
3　地域で一人暮らしをしている障害者の健康管理のため
4　家族と同居する障害者が自立して地域で一人暮らしをする事前準備のため
5　障害者と同居する家族が旅行に行くため

ワン！ポイント

頻出テーマである「ICF」「高次脳機能障害」「発達障害」については，基礎知識を押さえるとともに，事例問題を解いて慣れておくことが大切。また，「ノーマライゼーション」「ソーシャルインクルージョン」など，障害者福祉の理念については，歴史と併せてしっかり理解しておこう。

医療的ケア

◆医療的ケア実施の基礎

問題 175 喀痰吸引等の制度

□□□

2011年（平成23年）の社会福祉士及び介護福祉士法の改正に基づいて，介護福祉士による実施が可能になった喀痰吸引等の制度に関する次の記述のうち，**正しいもの**を1つ選びなさい。

1 喀痰吸引や経管栄養は，医行為から除外された。
2 喀痰吸引等を行うためには，実地研修を修了する必要がある。
3 介護福祉士は，病院で喀痰吸引を実施できる。
4 介護福祉士は，この制度の基本研修の講師ができる。
5 喀痰吸引等を行うための指示書は，看護師が作成する。

問題 176 スタンダードプリコーション

□□□

次のうち，スタンダードプリコーション（standard precautions：標準予防策）において，**感染する危険性のあるものとして取り扱う対象**を1つ選びなさい。

1 汗
2 未開封の経管栄養剤
3 唾液
4 傷のない皮膚
5 未使用の吸引チューブ

医療的ケア

問題 177 滅菌と消毒

滅菌と消毒に関する次の記述のうち，**正しいもの**を1つ選びなさい。

1 速乾性の手指消毒液は，手指が汚れていても有効である。

2 滅菌とは，すべての微生物を死滅させることである。

3 アルコールは，粘膜の消毒に用いることができる。

4 滅菌物は，使用前に開封されていても使用できる。

5 高圧蒸気は，消毒方法の1つである。

問題 178 成人の正常な呼吸状態

成人の正常な呼吸状態に関する次の記述のうち，**最も適切なもの**を1つ選びなさい。

1 口をすぼめて呼吸している。

2 呼吸の間隔が不規則である。

3 スースーとかすかな音が聞こえる。

4 呼吸数は1分間に30回程度である。

5 パルスオキシメーター（pulse oximeter）で測定した値は，おおよそ80％である。

◆喀痰吸引（基礎的知識・実施手順）

問題 179 呼吸器官の換気とガス交換

呼吸器官の換気とガス交換に関する次の記述のうち，**最も適切なもの**を1つ選びなさい。

1 換気とは，肺胞における空気と血液の間で，酸素や二酸化炭素の受け渡しをするはたらきをいう。

2 呼吸運動は，主として横隔膜や肋間筋によって行われる。

3 気管支喘息（bronchial asthma）では，主にガス交換のはたらきが低下する。

4 ガス交換とは，空気の出し入れのはたらきのことである。

5 1回に吸い込める空気の量は，加齢とともに増加する。

問題 180 喀痰吸引を必要とする利用者に対する生活支援 □□□

喀痰吸引を必要とする利用者に対する生活支援として，**最も適切なもの**を1つ選び

なさい。

1 食後の吸引は避ける。
2 入浴時は，その前後に吸引を行う。
3 口腔内の乾燥を保つ。
4 室内の湿度を30％以下に保つ。
5 仰臥位（背臥位）から側臥位への体位変換を控える。

問題 181 気管カニューレ内部の喀痰吸引に必要な物品の管理 □□□

気管カニューレ内部の喀痰吸引に必要な物品の管理に関する次の記述のうち，**最も**
適切なものを1つ選びなさい。

1 吸引チューブの洗浄水は，少なくとも24時間おきに交換する。
2 浸漬法で用いる消毒液は，少なくとも24時間おきに交換する。
3 吸引チューブ内側の粘液の除去のため，水道水を吸引する。
4 吸引チューブの保管方法のうち，乾燥法では，浸漬法に比べて短時間で細菌が死
滅する。
5 吸引物は，吸引びんにいっぱいになってから廃棄する。

医療的ケア

問題 182 口腔内の喀痰吸引 □□□

口腔内の喀痰吸引に関する次の記述のうち，**最も適切なもの**を1つ選びなさい。

1 上半身を10〜30度挙上した姿勢にして，吸引を行う。
2 痰が取れないときは長時間吸引する。
3 咽頭を超えて吸引チューブを挿入する。
4 痰がたまっていそうなところに吸引チューブをとどめる。
5 子どもの口腔内の喀痰吸引を行う場合は，1回の吸引時間は20〜30秒とする。

問題 183 気管カニューレ内部の喀痰吸引

Ａさん（76歳，女性）は気管カニューレ内部の喀痰吸引が必要である。

喀痰吸引の準備から実施のプロセスにおける介護福祉士の対応として，**最も適切な**ものを1つ選びなさい。

1 気管カニューレの内径の3分の2程度の太さの吸引チューブを使用した。
2 頸部を前屈した姿勢にして，吸引を行った。
3 吸引圧を確認するため，水道水の入った容器に吸引チューブを入れて吸引した。
4 Ａさんが「痰が奥にある」と訴えたので，気管カニューレの長さを超えて吸引した。
5 息苦しいと訴えたので，パルスオキシメーター（pulse oximeter）を用いて確認をした。

問題 184 痰の粘性が強く吸引しにくい場合のケア

痰の粘性が強くて，痰を吸引しにくい場合のケアに関する次の記述のうち，**最も適切なもの**を1つ選びなさい。

1 吸引チューブを太くする。
2 咳を出しやすくする。
3 水分補給をする。
4 口腔ケアをする。
5 体位を変える。

ワン！ポイント

医療的ケアとは何か，介護福祉士が医療的ケアを行えるようになった背景，医療的ケアを安全に実施するための基礎知識を押さえておこう。次に，喀痰吸引（口腔内，鼻腔内，気管カニューレ内部）と経管栄養（胃ろう・腸ろう，経鼻経管栄養）に関する基礎的知識，実施手順とその留意点をしっかり理解しよう。

◆経管栄養（基礎的知識・実施手順）

問題 185 経管栄養　□□□

経管栄養に関する次の記述のうち，**最も適切なもの**を1つ選びなさい。

1　注入速度が原因で下痢を起こしている場合は，滴下速度を速くする。
2　半固形栄養剤は，経鼻経管栄養に適している。
3　注入中は上半身を30〜45度起こして，栄養剤の逆流を防止する。
4　経管栄養で，誤嚥を起こすことはない。
5　冷蔵庫に保管していた栄養剤を低い温度のまま注入すると，便秘を起こしやすい。

問題 186 胃ろうによる経管栄養時の介護福祉士の対応　□□□

Bさん（86歳，男性）は，介護老人福祉施設に入所している。嚥下機能が低下したため，胃ろうによる経管栄養が行われている。担当の介護福祉士は，いつものようにBさんの上半身を45度ほど起こして経管栄養を開始した。15分後に再び訪室すると，Bさんは枕元に嘔吐しており苦しそうな表情をして「気分が悪い」と言った。

介護福祉士の対応として，**最も優先すべきもの**を1つ選びなさい。

1　部屋の窓を開けた。
2　呼吸数を測定した。
3　枕カバーを交換した。
4　栄養剤の注入を中止した。
5　上半身を下げて水平にした。

問題 187 チューブが抜けかけているときの介護福祉士の対応 ☐☐☐

Cさん（80歳，男性）は胃ろうによる経管栄養を行っている。介護福祉士が栄養剤を注入する前に胃ろう栄養チューブを確認すると，チューブが抜けかけていた。

このときの介護福祉士の対応として，**適切なもの**を1つ選びなさい。

1　胃ろう栄養チューブを抜く。

2　そのまま注入を開始する。

3　抜けかけている部分を元に戻す。

4　注入せず，看護職に連絡する。

5　ろう孔を確保する。

問題 188 経管栄養の実施 ☐☐☐

経管栄養の実施に関する次の記述のうち，**最も適切なもの**を1つ選びなさい。

1　経管栄養の準備は，石けんと流水で丁寧に手を洗ってから行う。

2　栄養剤は，有効期限の新しいものから使用する。

3　胃ろうや腸ろう周囲の皮膚は，注入開始前にアルコール消毒を行う。

4　口腔ケアは，数日に1回行う。

5　使用した物品は，消毒用エタノールにつけて消毒をする。

問題 189 介護福祉士が実施できる内容 ☐☐☐

経管栄養の実施において，介護福祉士が実施できる内容に関する次の記述のうち，**最も適切なもの**を1つ選びなさい。

1　栄養剤の種類，量および時間を決定する。

2　実施方法や中止する場合の状態，緊急時の対応などについて説明する。

3　経鼻経管栄養チューブに空気を入れて胃内の音を確認する。

4　注入中の栄養剤の滴下状態を確認する。

5　経鼻経管栄養チューブを固定するテープがはずれていたときに貼り直す。

98

模擬問題 介護の基本

◆介護福祉の基本となる理念

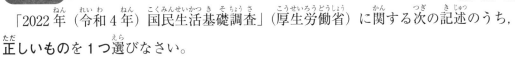

問題 190 国民生活基礎調査

☐☐☐

「2022年（令和4年）国民生活基礎調査」（厚生労働省）に関する次の記述のうち，正しいものを1つ選びなさい。

1　世帯類型の年次推移をみると，「高齢者世帯」は減少傾向にある。

2　65歳以上の者のいる世帯は，全世帯の6割を超えている。

3　65歳以上の者のいる世帯の場合，世帯構造別の構成割合は，「単独世帯」と「夫婦のみの世帯」を合わせると半数以上である。

4　65歳以上の者のいる世帯のうち，「単独世帯」の内訳は，女性よりも男性のほうが多い。

5　65歳以上の者のいる世帯のうち，「三世代世帯」は2割を超えている。

介護の基本

ワン！ポイント

社会福祉士及び介護福祉士法，日本介護福祉士会倫理綱領を熟知し，専門職としての資格取得，職務の範囲，倫理をしっかり理解し，利用者主体，自己決定，自立支援の原則に基づいた考え方を身につけよう。

問題 191 ノーマライゼーションの考え方を踏まえた生活支援 ☐☐☐

　Aさん（80歳, 女性, 要介護3）は, 脳卒中（stroke）の後遺症により左片麻痺があり, からだを思うようにコントロールできず, ふらつきがみられる。以前は, 2週間に一度は美容院で長い髪をセットしてもらい, 俳句教室に行くのを楽しみにしていた。病気になってからは落ち込むことが増え, 介護が必要になったため, 介護老人福祉施設に入所した。

　ノーマライゼーション（normalization）の考え方を踏まえた, Aさんへの生活支援として, **最も適切なもの**を1つ選びなさい。

1　落ち込んでいるため, 居室での生活を中心に過ごしてもらう。

2　おしゃれをして, 施設の俳句クラブに参加するように勧める。

3　洗髪しやすいように, 長い髪のカットを勧める。

4　転倒予防のため, 車いすを使用してもらう。

5　共同生活のため, 夕食は施設の時間に合わせてもらう。

問題 192 生活の質（QOL） ☐☐☐

　利用者の生活の質（QOL）を高めるための介護福祉職のあり方として, **最も適切なもの**を1つ選びなさい。

1　ADL（Activities of Daily Living：日常生活動作）の自立を最終目標に支援する。

2　利用者自身の価値観や生活のスタイルを尊重し, 自己実現が図れるように支援する。

3　施設での生活では, 化粧やアクセサリーは必要ないと説明する。

4　施設での食事は決められた時間のなかで, 配膳された物を残さず食べてもらう。

5　利用者の精神的な側面を考慮する必要はない。

問題 193 人工肛門造設者への訪問介護員の応答 □□□

　Bさん（74歳，男性，要介護3）は，10年前，大腸がん（colorectal cancer）の治療で人工肛門を造設した。訪問介護（ホームヘルプサービス）を利用して在宅で一人暮らしをしていたが，半年前に脳卒中（stroke）を起こして，右片麻痺になった。退院後の生活が不自由で施設への入所を考えた際，「人工肛門があっても，施設で生活できるのだろうか」と，訪問介護員（ホームヘルパー）に相談した。

　訪問介護員（ホームヘルパー）の応答として，**最も適切なもの**を1つ選びなさい。

1　「施設では，排泄のケアはすべて介護職員にまかせてください」
2　「人工肛門があると，施設での生活は難しいです」
3　「周りの人が嫌がるかもしれません」
4　「どんな方法でケアをするか，施設の職員も交えて話し合うことができます」
5　「人工肛門があることは，施設に伝えないほうがよいです」

問題 194 利用者主体の考えに基づいた介護福祉職の対応 □□□

　利用者主体の考えに基づいた介護福祉職の対応に関する次の記述のうち，**最も適切なもの**を1つ選びなさい。

1　施設の生活では，手入れが簡単な短髪がよいと勧める。
2　食事時間や片づけ時間は決まっているので，必ず守ってもらう。
3　利用者の経験談に共感的な姿勢で，しっかりと耳を傾ける。
4　利用者が個別入浴を希望しても，集団生活ではわがままであると拒否する。
5　本人が望まないレクリエーション活動でも，「全員参加ですよ」とはたらきかける。

介護の基本

◆介護福祉士の役割と機能

問題 195 介護福祉士の義務 □□□

社会福祉士及び介護福祉士法に関する次の記述のうち，**正しいもの**を 1 つ選びなさい。

1　介護福祉士は，その資格を有していない限りその業務を実施することができない業務独占の資格である。

2　2007 年（平成 19 年）の社会福祉士及び介護福祉士法の改正により，義務規定に「秘密保持義務」が追加された。

3　義務規定において，介護福祉士は資格を取得した後も知識および技能の向上に努めることが定められている。

4　介護福祉士の義務規定のうち，「誠実義務」に対して罰則が定められている。

5　介護の業務に就いている者は，介護福祉士を名乗ることができる。

問題 196 求められる介護福祉士像 □□□

「求められる介護福祉士像」で示された内容に関する次の記述のうち，**最も適切な**ものを 1 つ選びなさい。

1　施設での生活よりも，在宅における利用者本人が望む生活を支える。

2　関連領域の基本的なことを理解し，多職種協働によるチームケアを実践する。

3　多職種協働を行ううえで，中核的な役割を担う。

4　利用者の心理的な支援よりも，身体的な支援を重視する。

5　介護福祉士として，地域や社会のニーズに対応することは求められていない。

(注)　「求められる介護福祉士像」とは，社会保障審議会福祉部会福祉人材確保専門委員会「介護人材に求められる機能の明確化とキャリアパスの実現に向けて」（2017 年（平成 29 年）10 月 4 日）の中で示されたものを指す。

◆介護福祉士の倫理

問題 197 介護福祉士の職業倫理　□□□

介護福祉士の職業倫理に関する次の記述のうち，**最も適切なもの**を1つ選びなさい。

1　訪問介護（ホームヘルプサービス）の支援で買い物を依頼され，ついでに自分の買い物も行った。

2　介護福祉士は自らの仕事量を軽減するために，ほかの介護福祉士および保健医療福祉関係者と協働する。

3　喀痰の吸引が必要だと感じたので，医師の指示を受けずに実施した。

4　利用者の個人情報については，その取り扱いを明示し，必要に応じて同意を得て使用する。

5　介護福祉士は自らの価値観を最優先して，利用者の自己決定にかかわる助言を行う。

問題 198 身体拘束　□□□

介護保険施設における身体拘束に関する次の記述のうち，**最も適切なもの**を1つ選びなさい。

1　本人の同意なく，やむを得ずおむつを着用させるのは，禁止行為である。

2　自分で降りられないように，ベッドを柵（サイドレール）で囲い込むのは，身体拘束に該当しない。

3　利用者の行動を落ち着かせるために向精神薬を過剰に服用させることは，身体拘束に該当しない。

4　やむを得ず身体拘束をする場合，そのたびに保険者に報告する義務はない。

5　切迫性と非代替性と永続性の3つの要件を満たせば，身体拘束は認められる。

介護の基本

問題 199 高齢者虐待 ☐☐☐

「高齢者虐待調査結果」に関する次の記述のうち，**正しいもの**を１つ選びなさい。

1　養護者による虐待の相談・通報者は，「家族・親族」が最も多く，次いで「介護支援専門員（ケアマネジャー）」である。

2　養護者による虐待では，虐待を行った養護者（虐待者）の続柄は，「妻」が最も多い。

3　被虐待高齢者と虐待を行った養護者（虐待者）との同居・別居の状況は，「虐待者のみと同居」が最も多い。

4　養介護施設従事者等による虐待の事実が認められた施設・事業所の種別は，「有料老人ホーム」が最も多い。

5　虐待の種別では，心理的虐待が最も多い。

(注)　「高齢者虐待調査結果」とは，「令和４年度『高齢者虐待の防止，高齢者の養護者に対する支援等に関する法律』に基づく対応状況等に関する調査結果」（厚生労働省）のことである。

問題 200 施設における利用者の個人情報の安全管理対策 ☐☐☐

施設における利用者の個人情報の安全管理対策として，**最も適切なもの**を１つ選びなさい。

1　利用者が笑顔で楽しんでいたので，施設の行事の写真を利用者に断りなく，ソーシャルメディアに投稿した。

2　共有することが利用者に有益な事柄について，了承を得たのち，関係者間で共有した。

3　個人情報は，死亡した人も対象となる。

4　個人情報取扱事業者は，本人から保有個人データの開示を求められたとしても，開示してはならない。

5　利用者の日々の生活記録は，その場にいる人であれば誰でも自由に閲覧することができる。

◆自立に向けた介護

問題 201 利用者の自立支援　□□□

利用者の自立支援に関する次の記述のうち，**最も適切なもの**を1つ選びなさい。

1　人生最期の迎え方は，家族の考えを最優先する。

2　自立した生活とは，周囲からの支援を全く必要としていない生活のことである。

3　時間をかければ本人ができることは，どのような場合でも介助するべきではない。

4　利用者の思いや希望を聞く前に，まず介護者としての意見を伝える。

5　利用者が自己決定権を活かせるように，十分な説明や選択肢の提示を行う。

問題 202 ICFにおける環境因子　□□□

Cさん（72歳，女性，要介護1）は左の変形性膝関節症（knee osteoarthritis）と診断されており，膝の痛みが強いときには長時間の歩行や階段の上り下りが困難である。一人暮らしであるが，近隣に住んでいる娘は仕事をしながら，車での送迎を含め手助けしてくれている。月2回の絵手紙教室に通うことを楽しみにしているが，娘の都合がつかない場合は交通手段がなく，絵手紙教室に行くことをあきらめなければならない。

Cさんの状況をICF（International Classification of Functioning, Disability and Health：国際生活機能分類）で考えた場合，参加制約の原因になっている環境因子として，**最も適切なもの**を1つ選びなさい。

1　絵手紙教室に通えないこと

2　変形性膝関節症（knee osteoarthritis）と診断されていること

3　交通手段がないこと

4　娘がいること

5　歩行障害があること

高齢者のリハビリテーション ☐☐☐

高齢者のリハビリテーションに関する次の記述のうち，**最も適切なもの**を１つ選び

なさい。

1　リハビリテーションには，集団で行う体操は含まれない。

2　リハビリテーションには，生活行為や動作を通した活動も含まれる。

3　医学的リハビリテーションは，急性期リハビリテーションと回復期リハビリテー

　ションの２つからなる。

4　回復期のリハビリテーションでは，廃用症候群（disuse syndrome）の予防が目

　標となる。

5　介護福祉職は，自らの判断で，関節可動域保持のための他動運動や歩行訓練を行

　う。

◆介護を必要とする人の理解

施設利用者の多様な生活に配慮した対応 ☐☐☐

施設利用者の多様な生活に配慮した介護福祉職の対応として，**最も適切なもの**を１

つ選びなさい。

1　自宅で夜間に入浴していた人に，夕食後に入浴してもらった。

2　夜型の生活習慣がある人に，施設の就寝時刻に合わせてもらった。

3　自宅で畳に布団を敷いて寝ていた人に，ベッドで寝てもらった。

4　本に囲まれた生活をしてきた人に，散乱している本を捨ててもらった。

5　化粧を毎日していた人に，シーツが汚れるため，化粧をやめてもらった。

問題 205 マークが表しているもの

下記のマークが表しているものとして，正しいものを1つ選びなさい。

1　障害者が利用できる建物，施設
2　国の第三者認証機関が品質を保証した福祉用具
3　肢体不自由のある人が運転する自動車
4　視覚障害者に配慮された建物や機器
5　バリアフリー法の認定を受けた建物

問題 206 利用者の家族への助言

　Dさん（77歳，女性，要介護2）は，中等度の認知症（dementia）があり，自宅で夫と2人で生活している。現在，掃除と洗濯の生活援助サービスを利用しており，それ以外の家事は夫が行っている。ある日，訪問介護員（ホームヘルパー）が訪問すると，夫から「妻が毎日朝食の準備をしてくれようとするが，炊飯器の使い方がわからず混乱してしまう。今朝も台所から声が聞こえたので行ってみると，『ご飯の炊き方もわからなくなってしまった』と言って妻が泣いていた。このままだと本人も自信をなくしてしまうだろうし，それを見ているのもつらい」と話があった。

　訪問介護員（ホームヘルパー）の夫への助言として，**最も適切なもの**を1つ選びなさい。

1　「朝食はパンにしてはどうですか」
2　「私から炊飯器の使い方を説明しましょうか」
3　「炊飯器をDさんの目の届かないところにしまっておくとよいですよ」
4　「調理のサービスも利用しますか」
5　「朝食の準備は，お2人でしてみてはいかがですか」

介護の基本

◆介護を必要とする人の生活を支えるしくみ

問題 207 社会資源におけるフォーマルサービス ☐☐☐

社会資源に関する次の記述のうち，フォーマルサービスに該当するものとして，適切なものを1つ選びなさい。

1 訪問介護員（ホームヘルパー）が行う生活援助
2 家族が行う食事介助
3 高校生が行う高齢者宅の除雪ボランティア活動
4 当事者団体が行うピアサポート（peer support）
5 商店街が行う一人暮らし高齢者への見守り活動

問題 208 介護サービス提供の場 ☐☐☐

介護サービス提供の場に関する次の記述のうち，正しいものを1つ選びなさい。

1 地域密着型介護老人福祉施設入所者生活介護は，定員29人以下の特別養護老人ホームで提供されるサービスである。
2 介護医療院に入所できるのは，要介護3以上の者である。
3 介護老人福祉施設は，厚生労働大臣が指定する施設である。
4 介護老人保健施設における入所者1人あたりの床面積は，介護老人福祉施設と同じ基準である。
5 軽費老人ホームは，療養上の管理や看護などが必要な者が入所する施設である。

◆協働する多職種の役割と機能

問題 209 サービス提供責任者の役割

Eさん（88歳，男性，要介護2）は，息子と二人暮らしである。身の回りのことは何とか自分でできるが，料理・掃除などの家事は息子が行っている。1か月前に息子が転職し，以前のようにEさんの昼食，夕食の準備ができなくなったため，訪問介護（ホームヘルプサービス）を利用することになった。

サービス提供責任者の役割として，**最も適切なもの**を1つ選びなさい。

1 Eさんの食事の準備をする。
2 Eさんの居宅サービス計画（ケアプラン）を作成する。
3 Eさんに配食サービスを紹介する。
4 サービス担当者会議を招集する。
5 Eさんの訪問介護計画を作成する。

問題 210 専門職の役割

専門職の役割に関する次の記述のうち，**最も適切なもの**を1つ選びなさい。

1 社会福祉士は，ケアプランの作成を行う。
2 理学療法士は，利用者の日常生活での作業動作の改善や維持を行う。
3 保健師は，利用者の口腔ケアマネジメントを行う。
4 言語聴覚士は，摂食や嚥下に障害がある人の機能回復や維持の訓練を行う。
5 介護支援専門員（ケアマネジャー）は，自立支援のための相談・助言・指導を行う。

介護の基本

問題 211 サービス担当者会議

サービス担当者会議に関する次の記述のうち，**最も適切なもの**を1つ選びなさい。

1　サービス提供者の実践力の向上を主な目的とする。

2　保険者である市町村の職員が開催する。

3　利用者本人とその家族は，サービス担当者会議に参加するのが原則である。

4　個人情報保護の観点から，利用者名は匿名で話し合われる。

5　居宅介護支援事業所で開催することが義務づけられている。

◆介護における安全の確保とリスクマネジメント

問題 212 利用者の危険を回避するための介護福祉職の対応

利用者の危険を回避するための介護福祉職の対応として，**最も適切なもの**を1つ選びなさい。

1　入浴介助中，浴室の床に石けんの泡が落ちていたため，介助後にシャワーで洗い流した。

2　車いすの利用者がフットサポートをまたいで立ち上がろうとしていたので，フットサポートを上げた。

3　食事介助中に利用者のからだが傾いてきたので，急いで残りの食事を食べてもらった。

4　杖歩行の利用者が食後に下膳しているのを目視した。

5　入浴後，車いす上で靴下を履こうとして前傾姿勢になっている利用者を，離れた場所から見守った。

問題 213 リスクマネジメント □□□

介護におけるリスクマネジメントに関する次の記述のうち，**最も適切なもの**を1つ選びなさい。

1　リスクマネジメントは，事故発生の直後にその体制を検討すべきである。

2　ヒヤリ・ハット報告書は，事故の責任を追及するものではない。

3　介護技術が向上すれば，事故は起こらない。

4　事故の発生を利用者の家族に知らせる必要はない。

5　個人の不注意による事故は，個人で対応することが原則である。

問題 214 防災対策や災害時の対応 □□□

防災対策や災害時の対応に関する次の記述のうち，**最も適切なもの**を1つ選びなさい。

1　トイレの数を確保するのが困難であるため，できるだけ水分を控えるように助言する。

2　介護老人福祉施設の施設長は，避難行動要支援者名簿を作成しなければならない。

3　深部静脈血栓症（deep vein thrombosis）（いわゆるエコノミークラス症候群）の予防のため，適度に運動するように勧める。

4　消防法において介護老人福祉施設では，年1回以上の消火・避難訓練を行うことが義務づけられている。

5　夜間の避難訓練は危険を伴うため，実施しない。

介護の基本

問題 215 感染対策

感染対策に関する次の記述のうち，**最も適切なもの**を1つ選びなさい。

1　手洗いは，消毒液に手を浸して行う。

2　ぞうきんやモップは，使わないときは湿らせておく。

3　手洗いは，介護行為ごとに行う。

4　洗面所で使用するタオルは，共用にする。

5　介護老人福祉施設では，感染対策のための委員会を開催することは任意である。

問題 216 疥癬と感染予防

Fさん（75歳，男性）は，介護老人福祉施設に入所している。ある日，施設の介護福祉職がFさんの皮膚に発疹が現れているのを発見し，主治医の診察を受けたところ，疥癬（scabies）と診断され，治療を受けた。介護福祉職はすぐに上司に報告するとともに緊急ケアカンファレンス（care conference）を開催し，施設内の感染対策に取り組むことになった。

疥癬（scabies）とその感染予防に関する次の記述のうち，**最も適切なもの**を1つ選びなさい。

1　Fさんの寝具を日光に当てて干すことは，疥癬（scabies）の発症のリスクを高める。

2　Fさんは，ほかの利用者と同室のままでよい。

3　Fさんの身体介護を行う際は，使い捨て手袋・予防衣を着用する。

4　Fさんの衣類や寝具の洗濯は，ほかの利用者のものと一緒でよい。

5　Fさんの入浴の順番は，できる限り最初にする。

◆介護従事者の安全

問題 217 介護福祉職の労働の安全 □□□

介護福祉職の労働の安全に関する次の記述のうち，正しいものを1つ選びなさい。

1　労働基準法は，労働者の安全と衛生を確保することを目的としている。
2　労働者の介護休業については，労働安全衛生法に定められている。
3　常時 20 人以上の労働者を使用する事業場には，衛生管理者を配置しなければならない。
4　労働者が業務上疾病にかかった場合，使用者は療養に必要な費用を負担しなければならない。
5　労働安全衛生法では，使用者が労働者に1日に8時間，1週間に40時間を超える労働をさせることを禁じている。

問題 218 育児・介護休業法 □□□

「育児・介護休業法」に関する次の記述のうち，正しいものを1つ選びなさい。

1　要介護状態にある家族の通院の付き添いをするために，介護休暇を使うことはできない。
2　対象家族1人につき，介護休業の期間は，通算して 14 日を限度とする。
3　介護休業の対象家族には，別居の祖父母が含まれる。
4　小学校就学前の子の看護休暇は，取得することができない。
5　子の小学校就学前までは，短時間勤務制度を利用することができる。

（注）「育児・介護休業法」とは，「育児休業，介護休業等育児又は家族介護を行う労働者の福祉に関する法律」のことである。

介護の基本

介護福祉職のこころの健康管理に関する次の記述のうち，**最も適切なもの**を 1 つ選びなさい。

1 感情労働とは，利用者の感情や気持ちに耳を傾けて理解しようとすることをいう。

2 ストレスをためないように，利用者に対して自身の感情を表出すべきである。

3 燃え尽き症候群（バーンアウト）の主な特徴として，疲労感や無気力感，無感動がある。

4 利用者やその家族から理不尽な言葉を浴びせられたときは，無視するのがよい。

5 利用者から性的な話題を繰り返し聞かされても，不快を我慢して傾聴する。

コミュニケーション技術

◆介護を必要とする人とのコミュニケーション

問題 220 利用者と信頼関係を形成するためのコミュニケーション技術 □□□

介護福祉職が利用者と信頼関係を形成するためのコミュニケーション技術として，最も適切なものを１つ選びなさい。

1 親しみを込めて，利用者を「○○ちゃん」やあだ名で呼ぶ。

2 介護福祉職自身の感情の動きを自覚しながらかかわる。

3 利用者がどのような発言や行為をしても，正しいこととして認める。

4 介護福祉職自身のことを利用者に話さないようにする。

5 利用者には，介護福祉職がよいと判断したことに従ってもらう。

ワン！ポイント

利用者とコミュニケーションをとるときの基本的な態度や傾聴するときのポイントを整理しておこう。失語症，精神障害，視覚障害，聴覚障害など，利用者の状態に応じたコミュニケーション技術も学習しておこう。

利用者とコミュニケーションをとるときの基本的な態度 ☐☐☐

介護福祉職が利用者とコミュニケーションをとるときの基本的な態度として，**最も**
適切なものを１つ選びなさい。

1　声をかけるときは，視線の高さを合わせる。

2　反応は示さずに，受け身の姿勢で話を聴く。

3　利用者との距離をできる限り近づける。

4　互いに目を見つめたまま会話をする。

5　どの利用者に対しても，大きな声で話しかける。

問題 222　**傾聴の技法** ☐☐☐

傾聴の技法として，**最も適切なもの**を１つ選びなさい。

1　早い動きで軽くうなずきながら聴く。

2　解決策を提示しながら聴く。

3　沈黙を避けるようにする。

4　相手の言葉を繰り返す。

5　事実と異なるときは，すぐに訂正する。

問題 223　**開かれた質問** ☐☐☐

次のうち，開かれた質問として，**適切なもの**を１つ選びなさい。

1　「食事は残さず食べましたか」

2　「お茶かお水，どちらがよいですか」

3　「痛みはありませんか」

4　「この本は好きですか」

5　「今日は何をしたいですか」

◆介護における家族とのコミュニケーション

問題 224 利用者の家族と信頼関係を形成するための留意点

利用者の家族と信頼関係を形成するための留意点として，**最も適切なもの**を1つ選びなさい。

1 利用者の希望より，家族の希望を優先する。
2 家族の介護に対する考え方や気持ちを理解する。
3 家族の介護が間違っているときは，すぐに指導する。
4 家族の悩みや不安には，触れないようにする。
5 家族の話す内容を，介護福祉職の価値観で判断する。

問題 225 共感的な言葉かけ

Ａさん（80歳，女性）は，アルツハイマー型認知症（dementia of the Alzheimer's type）である。要介護認定を受けて通所介護（デイサービス）に通うことになった。介護福祉職は，最初の通所介護（デイサービス）の日に付き添ってきた長男に初めて会った。介護福祉職が，「Ａさんの体調は，どうですか」と問いかけると，長男は「たくさんの人のなかで，母は大丈夫だろうか」とつぶやいた。

長男の発言に対する，介護福祉職の共感的な言葉かけとして，**最も適切なもの**を1つ選びなさい。

1 「大丈夫ですよ」
2 「安心してまかせてください」
3 「なぜ，そんなことを言うのですか？」
4 「Ａさんの体調についてお話ししてください」
5 「Ａさんのことを心配されているのですね」

コミュニケーション技術

利用者と家族の意向の調整 ☐☐☐

利用者と家族の意向が対立する場面で，介護福祉職が両者の意向を調整するときの留意点として，**最も適切なもの**を１つ選びなさい。

1 利用者の意向を優先するように，家族を説得する。

2 利用者と家族の意向が調整できないときは，介護福祉職の経験から判断する。

3 介護する家族の負担の軽減を優先する。

4 両者が話し合いを始めるまで見守る。

5 必要に応じて，介護福祉職がそれぞれの意向を代弁する。

◆障害の特性に応じたコミュニケーション

問題 227 視覚障害のある人とのコミュニケーション ☐☐☐

視覚障害のある人とのコミュニケーションに関する次の記述のうち，**最も適切なも**のを１つ選びなさい。

1 「あっち」「こっち」などの指示語を使って，場所や物の位置を説明する。

2 あいさつをするときは，言葉をかける前に相手の肩をたたく。

3 トイレなどのよく使う場所は，一緒に歩きながら確認する。

4 声の強弱などの準言語の活用は控える。

5 誘導時の声かけは最小限にとどめる。

問題 228 老人性難聴のある利用者とのコミュニケーションの方法

Bさん（70歳，男性）は，中等度の老人性難聴（presbycusis）があり，通常の声の大きさでの聞き取りに不自由を感じている。数人が会話している場所では，大きな声でも聞き取りが困難なときがある。

Bさんとのコミュニケーションの方法として，**最も適切なもの**を1つ選びなさい。

1 耳元で，できるだけ大きな声で話しかける。
2 手話で会話をする。
3 高音域の声を使って話しかける。
4 数人で会話するときは，補聴器の使用を勧める。
5 明るい場所で話す。

問題 229 構音障害のある人とのコミュニケーション

構音障害のある人とのコミュニケーションに関する次の記述のうち，**最も適切なもの**を1つ選びなさい。

1 聞き取れなかった部分を，もう一度言ってもらうことは控える。
2 開かれた質問を活用する。
3 できるだけ長く話してもらうように促す。
4 テンポよく，早く話してもらうように促す。
5 姿勢を安定させて話してもらう。

運動性失語症のある人とのコミュニケーション ☐☐☐

運動性失語症（motor aphasia）のある人とコミュニケーションを図るときの留意点として，**最も適切なもの**を１つ選びなさい。

1 言えないことは文字で書いてもらう。

2 閉じられた質問を使う。

3 子どもに話しかけるような言葉遣いをする。

4 手話を活用する。

5 正しく言えるようになるまで何度も言ってもらう。

認知症のある人とのコミュニケーション ☐☐☐

Cさん（85歳，女性）は，中度の認知症（dementia）がある。夫と二人暮らしであったが，半年前に介護老人福祉施設に入所した。昼食を終えた後Cさんが，介護福祉職に，「夕方，娘が遊びに来るので家に帰ります」と伝えに来た。介護福祉職が，Cさんの居室を訪ねると，「娘を待たせるとかわいそうだから…」と，コートを着ようとしているところであった。

介護福祉職が居室を訪問したときに，最初にとる対応として，**最も適切なもの**を１つ選びなさい。

1 施設に入所したことをCさんが理解するまで，丁寧に説明する。

2 おやつの時間まで居室にいるように，Cさんにお願いする。

3 施設は暖かいので，コートを脱ぐように促す。

4 娘は来ないことを伝える。

5 コートを着る手伝いをしながら，Cさんの行動を観察し，傾聴する。

問題 232　統合失調症のある人とのコミュニケーション

統合失調症（schizophrenia）のある人への介護福祉職の対応として，**最も適切な**ものを１つ選びなさい。

1　妄想が顕著な場合は，内容を詳しく聞き出す。
2　会話の内容が現実離れしていて全く理解できないときには，否定することも必要である。
3　同じ話を何度も繰り返す場合は，開かれた質問で尋ねる。
4　本人が希望しない場合であっても，医師の指示どおりに服薬できるように方法を検討する。
5　介護福祉職の言葉と態度が異なっていても，本人にメッセージの概要が伝わればよい。

問題 233　うつ病のある人とのコミュニケーション

うつ病（depression）のある人とのコミュニケーションに関する次の記述のうち，**最も適切なものを１つ選びなさい**。

1　沈黙をできるだけ避けるために話しかける。
2　訴えに対して，受容的に対応する。
3　開かれた質問で多くの言葉を促す。
4　「つらい」などの発言には，励ましの言葉をかける。
5　にぎやかな場所に誘う。

コミュニケーション技術

◆介護におけるチームのコミュニケーション

問題 234 報告の際の留意点 ☐☐☐

報告の際の留意点に関する次の記述のうち，**最も適切なもの**を1つ選びなさい。

1 報告内容は，結論より経過を優先して報告する。
2 抽象的な言葉で報告する。
3 進捗状況の経過を途中段階で適宜報告する。
4 緊急性があるものは，口頭ではなく，記録などの書面で報告する。
5 主観的情報を優先して報告する。

問題 235 ケアカンファレンスにおける報告の留意点 ☐☐☐

Dさん（85歳，女性，要介護2）は，レビー小体型認知症（dementia with Lewy bodies）があり，介護老人福祉施設に入所している。ある日，介護福祉職がDさんの居室を訪問すると，「ベッドに赤い服を着た子どもが座っている」と言ってきた。介護福祉職には子どもの姿は見えず，部屋の中にいたのはDさんと介護福祉職の二人だけであった。

介護福祉職は，Dさんのケアカンファレンス（care conference）に出席して，この出来事について情報共有することにした。

Dさんの状況に関する報告として，**最も適切なもの**を1つ選びなさい。

1 「Dさんが，変なことを言っていました」
2 「Dさんは，何かを見間違えたみたいです」
3 「Dさんは，認知機能の低下が進んでいます」
4 「Dさんは『ベッドに赤い服を着た子どもが座っている』と私に言ってきました」
5 「Dさんは，お子さんに会いたかったのだと思います」

問題 236 ケアカンファレンス

ケアカンファレンス（care conference）に関する次の記述のうち，**最も適切なもの**を1つ選びなさい。

1　参加者の意見が分かれるときは，多数の意見を尊重する。

2　ケアカンファレンス（care conference）には，各職種の専門性を理解して参加する。

3　参加者の意見が一致しない場合には，職業観や立場の相違としてとらえ，自分の考えによって行動するとよい。

4　議題は司会者だけが把握しておく。

5　支援する関係者が全員参加した場合，議事録を作成する必要はない。

問題 237 介護記録の留意点

介護記録を書くときの留意点として，**最も適切なもの**を1つ選びなさい。

1　客観的事実と主観的情報は区別して書く。

2　勤務時間内に記録できなかったときは，自宅で書く。

3　数日分をまとめて記録する。

4　ほかから得た情報は記録しない。

5　介護福祉職の意見を中心に書く。

コミュニケーション技術

ワン！ポイント

チームのコミュニケーションとしての記録や報告，会議については，意義と目的を正しく理解しよう。また，記録の種類と書き方，ケアカンファレンスの進め方，個人情報の扱いなどの頻出テーマはきちんと整理しておこう。

生活支援技術

◆生活支援の理解

問題 238 レクリエーション活動　□□□

Aさん（79歳，女性，要介護3）は介護老人福祉施設に入所して，1か月が経過した。施設での生活には慣れてきているが，居室でテレビを見て過ごす時間が長くなった。ある時，Aさんが，「気分転換にダイニングスペースで，自分でポーチを作ってみたい」と介護福祉職に話した。

Aさんのレクリエーション活動の計画作成にあたり，介護福祉職が留意すべきこととして，**最も適切なもの**を1つ選びなさい。

1　材料の準備も考え，ポーチのデザインは介護福祉職が選ぶ。
2　どんなポーチがよいかを聞き出し，購入した既製品で納得してもらう。
3　ポーチ作りをきっかけに，施設生活に楽しみがもてるようにする。
4　ポーチ作りは集団で行うようにする。
5　Aさんの居室で行うようにする。

◆自立に向けた居住環境の整備

問題 239 転倒を予防するための環境　□□□

　Bさん（85歳，女性）は，半年前に転倒し，左大腿骨頸部骨折（femoral neck fracture）により3か月間入院していた。入院中にリハビリテーションを行い，立ち上がりや立位保持，座位保持は可能であるが，歩行は不安定である。屋内は，杖や手すりを使用すれば何とか歩行できている。

　Bさんの転倒を予防するための環境として，**最も適切なもの**を1つ選びなさい。

1　廊下には，床面から75～80cmの高さに手すりを設置する。

2　いすにキャスターをつける。

3　弾力性が高い床材を使用する。

4　室内にある3cm以上の段差を改修する。

5　滑り止めが装着されたスリッパを使用する。

問題 240 トイレの環境整備　□□□

　トイレの環境整備として，**最も適切なもの**を1つ選びなさい。

1　L字型手すりの直径は，50mm程度を目安にする。

2　洋式便器で介助が必要な場合，便器側方や前方部に800mm以上の介助スペースを確保する必要がある。

3　排泄では，立ち座りの動作があることから，横手すりを設置する。

4　トイレ内は，まぶしさを感じないように廊下や階段より照度を抑える。

5　利用者に右片麻痺がある場合は，左側に手すりを設置する。

生活支援技術

浴室の環境整備　□□□

浴室の環境整備に関する次の記述のうち，**最も適切なもの**を 1 つ選びなさい。

1　脱衣室と浴室の温度差は大きいほうがよい。
2　浴室の扉は内開きが望ましい。
3　浴室内では，浴槽の側面に手すりを 1 か所設置すればよい。
4　床面は滑りにくい材質がよい。
5　浴槽の形態は，狭くて深めの和式を基本とする。

問題 242　高齢者の住まい　□□□

老化に伴う機能低下のある高齢者の住まいに関する次の記述のうち，**最も適切なも**

のを 1 つ選びなさい。

1　洋式便器の座面は低くする。
2　廊下では天井の照明以外に足元を照らす照明も設置する。
3　トイレは寝室から離れた場所にあるほうが望ましい。
4　シャワーチェアを使用する場合，床から浴槽の縁の高さは 20cm 程度にする。
5　夜間の照明は，部屋全体がはっきり見える明るさにする。

問題 243　安全に配慮した階段　□□□

高齢者の安全な移動に配慮した階段の要件として，**最も適切なもの**を 1 つ選びなさ

い。

1　階段の両側に手すりを設置する。
2　階段の一段の高さは 26cm 以下とする。
3　住宅の階段の勾配は 60 度程度とする。
4　階段の足をのせる板の奥行きは，10cm 以上とする。
5　階段の照明は，蹴こみ板に設置する。

問題 244 居室管理

居室管理に関する次の記述のうち，**最も適切なもの**を1つ選びなさい。

1 窓を開けて換気するときは，1か所の窓を開けるとよい。

2 ダニの繁殖を防ぐため，加湿器で湿度を上げるとよい。

3 高齢者の居室では，照明の光源が直接目に入らないようにするとよい。

4 認知症（dementia）がある場合は，家具の配置を定期的に変えるとよい。

5 皮膚感覚が鈍化している場合は，床暖房を設けるとよい。

問題 245 介護保険の住宅改修

介護保険の給付対象となる住宅改修として，**正しいもの**を1つ選びなさい。

1 和式便器の上に，腰掛便座を設置する。

2 トイレの床を滑りにくい床材に変更する。

3 階段に昇降機を設置する。

4 廊下に取りはずし可能な手すりを設置する。

5 住宅用火災警報器を設置する。

◆自立に向けた移動の介護

問題 246 ボディメカニクスの基本原則

ボディメカニクスを活用した体位変換や移乗の介助について，**適切なもの**を1つ選びなさい。

1 介護者の支持基底面積は，狭くとるほうがからだは安定する。

2 介護者は重心をできるだけ高くする。

3 利用者のからだをベッド上で水平移動する場合は，背部が接する面積を狭くする。

4 腰痛予防のため，介護者は主に腕の筋力を活用する。

5 移乗の介助では，利用者と介護者の重心の距離は離れているほうがよい。

生活支援技術

安定した歩行に関する助言

介護福祉職が利用者にする安定した歩行に関する助言として，**最も適切なもの**を1つ選びなさい。

1 「つま先から足をつけましょう」

2 「膝を高く上げて歩きましょう」

3 「足元だけを気にして歩きましょう」

4 「腕を振らずに歩きましょう」

5 「歩幅を少し大きくして歩きましょう」

杖歩行の介護

杖のつき方と杖歩行の介護として，**適切なもの**を1つ選びなさい。

1 T字杖を用いて歩行する左片麻痺の利用者が溝をまたぐときは，杖をついた後に右足からまたいでもらう。

2 左片麻痺の利用者が階段を下りるときは，介護者は利用者の左前方に立つ。

3 片麻痺の利用者の杖の握り部分を，本人のウエストの高さに合わせた。

4 3動作歩行よりも2動作歩行のほうがバランスは安定しやすい。

5 階段を上るときは，杖，患側，健側の順で歩行するとよい。

車いすを用いた移動の介護

標準型車いすを用いた移動の介護に関する次の記述のうち，**最も適切なもの**を1つ選びなさい。

1 段差を上がるときは，キャスターを斜めに向ける。

2 段差を下がるときは，キャスターから下りる。

3 急な上り坂は，すばやく進む。

4 急な下り坂は，前向きで進む。

5 エレベーターに乗るときは，正面からまっすぐに進む。

問題 250 ベッドから車いすへの移乗介護 □□□

左片麻痺のある利用者を，ベッドから車いすへ移乗介護する際に行うこととして，**最も適切なもの**を1つ選びなさい。

1 車いすは利用者の患側に置く。

2 ベッド上で患側から健側の順に浅く座り直してもらう。

3 立ち上がる際は，介助者は健側に立つ。

4 スライディングボードを使用する場合，車いすの座面をベッドより少し高くする。

5 健側から患側の順にフットサポートに足をのせてもらう。

問題 251 福祉用具や自助具 □□□

福祉用具や自助具の説明として，**適切なもの**を1つ選びなさい。

1 シルバーカーは，自立歩行ができない場合に使用する。

2 前腕支持型杖（プラットホームクラッチ（Platform crutch））は，手首に変形や痛みがある利用者の杖として使用する。

3 前腕固定型杖（ロフストランドクラッチ（Lofstrand crutch））の握りの高さは，肘関節部に合わせる。

4 歩行器型杖（ウォーカーケイン（Walker cane））は，立位のとれない利用者に適している。

5 スクーター型電動三輪車は，第4～6頸髄損傷の人に適している。

生活支援技術

視覚障害のある利用者の外出支援

視覚障害のある利用者の外出支援に関する次の記述のうち，**最も適切なもの**を1つ選びなさい。

1 支援者が利用者の後ろに立って狭い通路を誘導する。

2 点字ブロックの上に立って電車を待つように誘導する。

3 支援者が先にタクシーに乗ってから，利用者をタクシーに乗るように誘導する。

4 階段の直前で止まり，そこから先が階段であることを説明する。

5 通常よりゆっくりとしたペースで歩く。

パーキンソン病の人の歩行介護

ホーエン・ヤール重症度分類でステージⅢにあるパーキンソン病（Parkinson disease）の人の歩行介護に関する次の記述のうち，**最も適切なもの**を1つ選びなさい。

1 1歩目は足を高く上げないように助言する。

2 転倒に注意しなければならないため，すべての移動は車いすを利用するとよい。

3 曲がり角では，直角に曲がってもらう。

4 一度足を後ろに引いてから歩き出してもらう。

5 階段よりスロープを歩いてもらう。

◆自立に向けた身じたくの介護

整容の介護

整容の介護に関する次の記述のうち，**最も適切なもの**を1つ選びなさい。

1 浴室での洗髪は，ドライシャンプーを使う。

2 爪が硬い場合，力を入れて一気に切るようにする。

3 耳垢の除去は，ピンセットを使用する。

4 電気かみそりを使ってひげを剃る場合，電気かみそりを皮膚に対して直角に当てる。

5 目やにを拭き取るときは，目尻から目頭に向かって拭く。

問題 255 爪の手入れの介助 ☐☐☐

Ｃさん（88歳，男性，要介護3）は，糖尿病（diabetes mellitus）であり，訪問介護（ホームヘルプサービス）を週2回利用している。訪問介護員（ホームヘルパー）の訪問時に，「足の爪を切ってほしい」と依頼があった。確認すると，両足の親指の爪が異常に厚く，黄色くなっており，ほかの指の爪も白くなっていた。

状態を確認した訪問介護員（ホームヘルパー）の対応として，**最も適切なものを1つ選びなさい。**

1　親指の爪に保湿用のクリームを塗る。
2　蒸しタオルで爪を柔らかくして，通常の爪切りで切る。
3　親指以外の爪を切る。
4　状態をサービス提供責任者に報告し，その場では爪は切らない。
5　爪が伸びている分だけ，爪やすりをかけて整える。

問題 256 耳の清潔の介助 ☐☐☐

耳の清潔の介助に関する次の記述のうち，**最も適切なものを1つ選びなさい。**

1　耳の穴を塞いでいる硬い耳垢は，蒸しタオルで柔らかくして除去する。
2　中耳より奥にある耳垢は，綿棒を使用して除去する。
3　綿棒で耳垢を優しく拭き取る。
4　利用者がかゆみを訴えたときは，綿棒で強めに耳垢をこすり取る。
5　洗顔時，耳介の内側は避けてタオルで拭く。

生活支援技術

問題 257 口腔ケア

口腔ケアに関する次の記述のうち，**最も適切なもの**を1つ選びなさい。

1　ベッド上で実施する場合，仰臥位（背臥位）で行う。

2　舌の清拭は，手前から奥に向かって行う。

3　うがいができる場合には，ブラッシング前にうがいをする。

4　全部床義歯の場合，上の義歯からはずす。

5　歯ブラシを大きく動かしながらみがく。

問題 258 口腔内が乾燥している人への助言

口腔内が乾燥している人への助言に関する次の記述のうち，**最も適切なもの**を1つ選びなさい。

1　ジェルタイプの保湿剤は，前回塗った上から塗り重ねるように勧める。

2　耳たぶの下あたり，顎の骨の内側や真下を押してマッサージをすることを勧める。

3　唾液の分泌を促すために，辛味の強い食べ物を勧める。

4　枕を使用せずに仰臥位（背臥位）で臥床するように勧める。

5　食前の水分補給は控えるように勧める。

問題 259 着脱介護

着脱介護に関する次の記述のうち，**最も適切なもの**を1つ選びなさい。

1　指先の細かな動作が難しい利用者には，ボタンエイドの使用を勧める。

2　遂行機能障害のある利用者には，着る順番を紙に書いて渡す。

3　片麻痺のある利用者には，介助者が着脱の介助がしやすいように前開きの上着の購入を勧める。

4　視覚障害のある利用者には，ソックスエイドの使用を勧める。

5　寝たきりの利用者の場合，袖ぐりの小さい衣類を勧める。

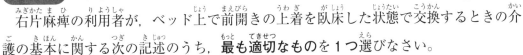

問題 260 ベッド上での着脱介護 □□□

　右片麻痺の利用者が，ベッド上で前開きの上着を臥床した状態で交換するときの介護の基本に関する次の記述のうち，**最も適切なもの**を1つ選びなさい。

1　介護福祉職は利用者の右側に立つ。
2　新しい上着を利用者の右側に置く。
3　右側の袖を脱ぎ，脱いだ上着は丸めて，からだの下に入れる。
4　利用者を右側臥位にして背面を脱がせる。
5　上着をすべて脱ぎ終わるまで，上半身には何もかけない。

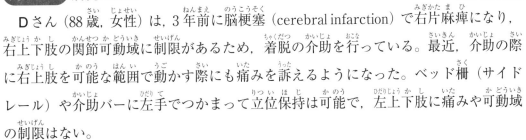

問題 261 着脱の介助 □□□

　Dさん（88歳，女性）は，3年前に脳梗塞（cerebral infarction）で右片麻痺になり，右上下肢の関節可動域に制限があるため，着脱の介助を行っている。最近，介助の際に右上肢を可能な範囲で動かす際にも痛みを訴えるようになった。ベッド柵（サイドレール）や介助バーに左手でつかまって立位保持は可能で，左上下肢に痛みや可動域の制限はない。

　Dさんへの着脱の介助に関する次の記述のうち，**最も適切なもの**を1つ選びなさい。

1　ズボンはベッド上に仰臥位（背臥位）になった状態で，全介助で着替える。
2　介助者が右手首をしっかりつかんで持ち上げて，袖に右肘を通す。
3　介助者がかぶり式の上着を準備する。
4　右肘関節をすばやく伸展させて袖を通す。
5　上着は右上肢から着る。

生活支援技術

問題 262 感覚機能が低下している利用者の介護 ☐☐☐

感覚機能が低下している利用者の介護に関する記述のうち，**最も適切なもの**を 1 つ選びなさい。

1 下肢筋力が低下して，つまずきやすくなった人には，靴底が薄く硬い靴を選ぶ。

2 認知症（dementia）の人が季節はずれの服を着ていたら，鏡を見せて，間違いを指摘する。

3 関節リウマチ（rheumatoid arthritis）によって，肩や肘の動きに制限がある場合は，柄が太く長くなっているブラシを利用することで自分で整髪することができる。

4 片麻痺のある人では，整髪しやすいように頭髪は短くする。

5 歯ブラシは，ブラシの部分が大きく硬いものを選ぶ。

◆自立に向けた食事の介護

問題 263 食事介護 ☐☐☐

いすに座って食事をする利用者の介護の留意点として，**最も適切なもの**を 1 つ選びなさい。

1 テーブルは，肘を楽にのせられる高さのものを用意する。

2 いすには浅めに座ってもらう。

3 車いすを使用している場合は，車いすのフットサポートに足をのせたまま食事をする。

4 食事中は，大きな音でテレビをつけておく。

5 食べるときには，顎をしっかり上げてもらう。

134

問題 264 高齢者の食生活に関する助言

高齢者の食生活に関する助言として，**最も適切なもの**を1つ選びなさい。

1　ドライマウス（dry mouth）の予防のために，柔らかい食物を勧める。

2　逆流性食道炎（reflux esophagitis）の予防のために，食後すぐに横になる。

3　高血圧症（hypertension）の予防のために，大豆・大豆製品の摂取を控える。

4　骨粗鬆症（osteoporosis）の予防のために，ビタミン D（vitamin D）の摂取を勧める。

5　便秘の予防として，みかんやグレープフルーツなどの果物類の摂取を控える。

問題 265 加齢に伴う身体機能の変化に対応した食事

加齢に伴う身体機能の変化に対応した食事として，**適切なもの**を1つ選びなさい。

1　味覚が低下している人には，みそ汁にみそを多く入れる。

2　唾液の分泌が低下している人には，主食をパンにする。

3　口渇感が低下している人には，酸味のある味つけにする。

4　腸の蠕動運動が低下している人には，食物繊維の多い食べ物を提供する。

5　咀嚼力が低下している人には，肉料理を控える。

生活支援技術

問題 266 片麻痺のある人の食事介護

片麻痺のある人の食事介護の基本として，**最も適切なもの**を1つ選びなさい。

1　いすで食事をする場合，利用者の胸の高さにテーブルを合わせる。

2　刻み食にする。

3　スプーンを使うときは，斜め上から口に向けて近づけて，食べ物を入れる。

4　患側の上肢を膝の上にのせる。

5　介護福祉職は，患側の口腔内に食べ物がたまっていないか，観察する。

半側空間無視のある利用者の食事介護 □□□

半側空間無視のある利用者の食事介護として，**最も適切なもの**を１つ選びなさい。

1 クロックポジションに従って配膳する。

2 利用者の患側にトレー（tray）を置く。

3 トレー（tray）には健側に印をつける。

4 利用者の健側にあるラジオをつけておく。

5 食べる様子を観察して適宜食器の位置を変える。

嚥下機能の低下した人の食事介護 □□□

Ｅさん（90歳，女性，要介護5）は，左片麻痺があり，有料老人ホームで生活している。老化による筋力低下があり，座位を保てる時間が短く，食事はベッド上で半座位（ファーラー位）にて全介助で行っている。咀嚼と嚥下に時間がかかり，食事形態はミキサー食で，水分はとろみをつけている。食事の途中から，疲れるとからだが患側の左へ傾きやすく，むせることがある。

Ｅさんに対する介護福祉職の食事介護の方法として，**最も適切なもの**を１つ選びなさい。

1 Ｅさんの上から顔を見るため，立って食事介助をする。

2 食事の後に嚥下体操を行う。

3 ベッドをギャッチアップし，麻痺のある左側にクッションを差し込む。

4 とろみをつけた水分は，飲みにくいため，食事後に提供する。

5 食事後すぐにギャッチアップしたベッドを元に戻し，安楽な仰臥位（背臥位）にする。

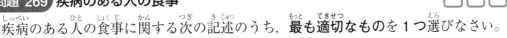

問題 269 疾病のある人の食事

疾病のある人の食事に関する次の記述のうち，**最も適切なもの**を１つ選びなさい。

1　回腸ストーマを造設している人は水分摂取は控えるように助言する。

2　心臓機能障害のある人は，塩分の制限を必要としない。

3　肝臓機能障害のある人には，低たんぱくの食事を勧める。

4　呼吸機能障害のある人は，高カロリーの食事を摂取する。

5　血液透析を受けている人は，魚や肉を使った料理を多くとる。

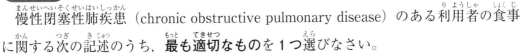

問題 270 慢性閉塞性肺疾患のある利用者の食事

慢性閉塞性肺疾患（chronic obstructive pulmonary disease）のある利用者の食事に関する次の記述のうち，**最も適切なもの**を１つ選びなさい。

1　１回の食事量を多くする。

2　芋類，根菜類を多く食事に取り入れる。

3　たんぱく質を多く摂る。

4　カロリーの摂取量を制限する。

5　水分の摂取量を制限する。

生活支援技術

ワン！ポイント

「生活支援技術」は範囲が広いので，頻出テーマを押さえることが大切。短文事例問題は，利用者の状況・状態を踏まえて，「安全で心地よい技術」「自立につながる技術」「尊厳を支えるかかわり」といった視点で考えてみよう。

慢性腎不全の利用者への食事の提供

　Ｆさん（75歳，女性）は，一人暮らしである。1年前から慢性腎不全（chronic renal failure）になり，週3回，血液透析のために通院し，食事制限を行っている。通院日は，訪問介護員（ホームヘルパー）が調理をし，疲労を軽減している。

　訪問介護員（ホームヘルパー）が提供する，Ｆさんの腎機能に配慮した食事の内容として，**最も適切なもの**を1つ選びなさい。

1　砂糖の使用を控える。

2　サラダ油やマヨネーズの使用を控える。

3　肉や魚の量を控える。

4　乳製品を多く摂るようにする。

5　食後にバナナなど果物を多く摂るようにする。

◆自立に向けた入浴・清潔保持の介護

入浴介護

　入浴介護に関する次の記述のうち，**最も適切なもの**を1つ選びなさい。

1　着替えの衣服は，介護福祉職が選択する。

2　空腹時の入浴は避ける。

3　温度の確認のために肩にお湯をかける。

4　プライバシーを保護するために，皮膚の観察はしない。

5　入浴直前の浴槽の湯は，45℃で保温する。

問題 273 入浴時のヒートショック

入浴時のヒートショックに関する次の記述のうち，**最も適切なもの**を1つ選びなさい。

1 ヒートショック予防として，脱衣所の照明を明るくする。

2 ヒートショック予防として，湯の温度設定は高めにする。

3 低血圧の人は，ヒートショックを起こしやすい。

4 ヒートショックは，温度差が大きい場所で起こりやすい。

5 ヒートショックは，入浴前に起こりやすい。

問題 274 シャワー浴の介護

シャワー浴の介護に関する次の記述のうち，**最も適切なもの**を1つ選びなさい。

1 シャワーをかけるときには，心臓に近い部分から湯をかける。

2 髪を洗うときにはシャンプーを泡立てないようにして洗う。

3 からだの水分を拭き取ってから脱衣室に移動する。

4 シャワー浴は入浴に比べて体力の消耗が大きいので，配慮して介護する。

5 入浴後の保湿剤の塗布は，水分を十分に拭き取り，からだを完全に乾かしてから行う。

問題 275 手浴・足浴

手浴・足浴に関する次の記述のうち，**適切なもの**を1つ選びなさい。

1 手指に拘縮がある場合には，手浴は行わないほうがよい。

2 手浴は，寝た姿勢のままで行うほうがよい。

3 四肢麻痺のある利用者に手浴を行う場合，指間は自然乾燥させる。

4 ベッド上で足浴を行う場合，ベッドの足元をギャッチアップする。

5 足浴には眠気を誘う効果がある。

生活支援技術

問題 276 清拭・清潔保持の介護

清拭・清潔保持の介護に関する次の記述のうち，**適切なもの**を1つ選びなさい。

1 清拭に使用する湯は，40℃程度が適温である。

2 清拭は，からだの末梢から中枢に向かって拭く。

3 目の周りの清拭は，目尻から目頭に向けて拭く。

4 皮膚についた水分は，最後にまとめて拭き取る。

5 背部を拭くときは，患側を下にして拭く。

問題 277 陰部洗浄

陰部洗浄に関する次の記述のうち，**最も適切なもの**を1つ選びなさい。

1 羞恥心に配慮し，両下肢を閉じた状態で洗浄をする。

2 女性の場合，肛門部から洗い，最後に尿道口を洗う。

3 洗浄後は蒸しタオルで水分を拭き取る。

4 本人の希望がなければ，実施しなくてよい。

5 力が入らないように，優しく洗う。

問題 278 洗髪の介護

洗髪の介護に関する次の記述のうち，**最も適切なもの**を1つ選びなさい。

1 ベッド上で行う場合は，利用者の両下肢は，まっすぐに伸ばした状態にする。

2 浴室での洗髪は，ドライシャンプーを優先して使用する。

3 爪を立てマッサージをしながら洗う。

4 ベッド上で行う場合は，すすぐ前にタオルでシャンプーの泡を拭き取る。

5 ベッド上で後頭部を洗う場合は，頭部を前屈させる。

140

問題 279 右片麻痺のある利用者の入浴介助

　Gさん（82歳，男性）は，1年前に脳梗塞（cerebral infarction）で倒れ，右片麻痺が残った。現在，Gさんは，一部介助があれば歩行できるまで回復した。週2回，通所介護（デイサービス）で入浴介助を受けている。

　Gさんに対する入浴介助に関する次の記述のうち，**適切なもの**を1つ選びなさい。

1　浴室内での移動は利用者の左側につき介助する。
2　浴槽に入るときは，右足から浴槽に入り，次に左足を入れるように介助する。
3　シャワーの湯温は，介護福祉職よりも先に利用者が確認する。
4　全介助で入浴介助を行う。
5　浴槽から出るときは，浴槽の縁やバスボードにいったん座る。

問題 280 利用者の状態・状況に応じた入浴介護

　利用者の状態・状況に応じた入浴介護に関する次の記述のうち，**最も適切なもの**を1つ選びなさい。

1　胃ろうを造設している人は，入浴を控える。
2　老人性掻痒症（pruritus senilis）がある人には，皮膚を乾燥させてから保湿剤を塗布する。
3　心疾患（heart disease）のある人は，浴槽内の水位を心臓よりも低くする。
4　酸素療法を行っている利用者の場合，カニューレははずして入浴する。
5　腹水がある人は，洋式タイプの浴槽に横たわった状態で入浴する。

ワン！ポイント

「生活支援技術」では，各介護技術において，「対象者の状態に応じた留意点」がよく出題される。対象者の状態はさまざまであるが，特に杖歩行や階段昇降といった移動の介護，衣服の着脱といった身じたくの介護，浴槽への出入りといった入浴の介護では，「片麻痺」の事例がよく問われるため，確実に覚えておきたい。

生活支援技術

利用者の状態・状況に応じた入浴介護 □□□

　利用者の状態・状況に応じた入浴介護に関する次の記述のうち，**最も適切なもの**を1つ選びなさい。

1　老人性掻痒症（pruritus senilis）がある人の入浴では，かゆみのある部位をブラシでこする。

2　埋め込み式ペースメーカーを装着している人は，シャワー浴にする。

3　血液透析を受けている人は，透析直後の入浴を控える。

4　心疾患（heart disease）がある人の場合，43℃に湯温を設定する。

5　回腸ストーマを造設している人は，食後1時間以内に入浴する。

利用者の状態に応じた清潔の介護 □□□

　利用者の状態に応じた清潔の介護に関する次の記述のうち，**最も適切なもの**を1つ選びなさい。

1　乾燥性皮膚疾患がある場合，42℃以上の湯にして入浴介助を行う。

2　褥瘡がある場合，入浴は中止し全身清拭を行う。

3　浮腫がある場合，石けんをつけたタオルで浮腫のある皮膚をこすって洗う。

4　人工透析をしている場合，入浴・清拭後に保湿剤を塗布してはいけない。

5　糖尿病性神経障害（diabetic neuropathy）がある場合，足の状態を観察して，けがややけどに気をつける。

◆自立に向けた排泄の介護

問題 283 排泄介護

排泄介護に関する次の記述のうち，**最も適切なもの**を1つ選びなさい。

1 腹部マッサージは，上行結腸，横行結腸，下行結腸の順に行うことが有効である。
2 腹圧性尿失禁のある利用者には，腹圧がかかる運動を行った後，時間をおいてからトイレ誘導を行う。
3 前傾した座位姿勢では，排便しづらくなる。
4 トイレにL字型手すりを設置する場合，横手すりは車いすの座面の高さに合わせる。
5 失禁がみられたときには，すぐにおむつを着用する。

問題 284 自己導尿・留置カテーテル

自己導尿・留置カテーテルに関する次の記述のうち，**最も適切なもの**を1つ選びなさい。

1 採尿バッグは腰より高い位置に固定する。
2 尿路感染を防ぐには，尿量を少なくするため水分の摂取は少なくする。
3 留置カテーテルの挿入中には入浴はできない。
4 利用者が自己導尿を行う場合は，介護福祉職も一緒にカテーテルを持ち，挿入する。
5 利用者が自己導尿を行う場合は，座位姿勢を保てるように支援する。

生活支援技術

問題 285 ポータブルトイレの排泄介助 □□□

Hさん（81歳，女性）は，1か月前に脳梗塞（cerebral infarction）で倒れ，右片麻痺がある。転倒防止と不安を訴えるHさんからの要望で，ポータブルトイレを使用している。座位の保持は可能である。ベッドにベッド柵（サイドレール）を設置している。

Hさんがポータブルトイレを使用するときの排泄介助に関する次の記述のうち，最も適切なものを1つ選びなさい。

1 ポータブルトイレは，Hさんの右側の足元に置く。

2 ベッドの高さより，低い座面のポータブルトイレを選ぶ。

3 ポータブルトイレの足元に新聞紙を敷く。

4 排泄が終了したら，立ち上がる前に下着やズボンを大腿部まで上げておく。

5 ポータブルトイレの排泄物は，1日分をまとめて片づける。

問題 286 差し込み便器を使用し，排便するときの介助 □□□

ベッド上で差し込み便器を使用し，排便するときの介助に関する次の記述のうち，最も適切なものを1つ選びなさい。

1 女性は差し込み便器と尿器を併用する。

2 差し込み便器を使用する際は，仙骨部を便器の縁に密着させて当てる。

3 排泄中はベッドサイドで待機する。

4 便器の中にあらかじめトイレットペーパーを敷いておく。

5 便器の位置を確認したらベッドを水平にする。

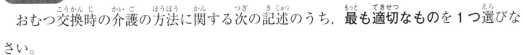

問題 287 おむつ交換時の介護

□□□

おむつ交換時の介護の方法に関する次の記述のうち，**最も適切なもの**を1つ選びなさい。

1 おむつがずり落ちないように，おむつの上端は鼠径部に合わせる。
2 使い捨て手袋を着用する。
3 おむつと腹部の間には，隙間をつくらないようにする。
4 手洗いは，洗面器にためた水で行う。
5 紙おむつの腹部のテープは，下側のテープと上側のテープを平行に留める。

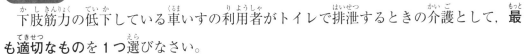

問題 288 車いすの利用者のトイレでの排泄介護

□□□

下肢筋力の低下している車いすの利用者がトイレで排泄するときの介護として，**最も適切なもの**を1つ選びなさい。

1 介護者は，便座の高さを利用者の膝よりも少し低めに調整する。
2 利用者が手すりを持って立ち上がった時点では，気分の確認をする必要はない。
3 便座の位置を確認し，前傾姿勢で着座してもらう。
4 排泄後は，大腿部が車いすの座面の端にくるように腰かけてもらう。
5 便座から車いすに移乗するときは，利用者の腋窩を支える。

生活支援技術

自宅のトイレで排泄を実現するために必要な情報 ☐☐☐

Jさん（78歳，男性，要介護2）は，脳梗塞（cerebral infarction）で入院したが回復し，自宅への退院に向けてリハビリテーションに取り組んでいる。トイレへは杖歩行で移動が可能である。トイレ動作は自立している。退院後も自宅のトイレでの排泄を希望している。

Jさんが自宅のトイレで排泄を実現するために必要な情報として，**最も適切なもの**を1つ選びなさい。

1 麻痺等の機能障害
2 同居家族の有無
3 ふだんの排泄のタイミング
4 居室からトイレまでの移動経路
5 座位保持の筋力

失禁のある要介護高齢者への対応 ☐☐☐

失禁のある要介護高齢者への対応に関する次の記述のうち，**最も適切なもの**を1つ選びなさい。

1 認知症（dementia）の高齢者の場合，排泄パターンに合わせてトイレに誘導する。
2 膀胱内に残尿がたまり，あふれ出るタイプの失禁では，骨盤底筋訓練を行う。
3 失禁による心理的な面でのダメージはほとんどないため，身体的な面での対応を優先する。
4 咳やくしゃみなど，腹圧がかかったときに漏れるタイプの失禁では，薬物治療を行う。
5 急に強い尿意があり，トイレに行くのが間に合わないタイプの失禁では，留置カテーテルを用いる。

問題 291 便秘

便秘に関する次の記述のうち，**最も適切なもの**を 1 つ選びなさい。

1　便秘がちな利用者には，便器に座り，後ろに反るような姿勢での排便を勧める。

2　便秘のときは，すぐに下剤を使用する。

3　適度な運動は，腸に刺激を与えて排便を促す効果がある。

4　便秘のときは，食物繊維の摂取を控えるように勧める。

5　便秘のときは，腹部を冷やすようにする。

問題 292 坐薬（座薬）の挿入

解熱を目的にした坐薬（座薬）の挿入に関する次の記述のうち，**最も適切なもの**を 1 つ選びなさい。

1　挿入時は側臥位にし，軽く上側の膝を曲げる。

2　坐薬（座薬）は，手袋の先端部に潤滑剤をつけて挿入する。

3　挿入時は，腹圧をかけるように声かけをする。

4　坐薬（座薬）は，できるだけ浅く挿入する。

5　坐薬（座薬）の挿入後は，すぐに手袋をはずす。

生活支援技術

問題 293 下痢が続いている利用者への対応

下痢が続いている利用者への対応に関する次の記述のうち，**最も適切なもの**を 1 つ選びなさい。

1　排泄を促すことになるため，下痢が治まるまで腰湯や腹巻でからだを温めることはしない。

2　おむつ使用時には，消毒液や石けんを使った陰部洗浄を頻回に行う。

3　水分摂取は控える。

4　排泄物は感染源として取り扱う。

5　殿部の汚れは，廃棄しやすいトイレットペーパーを使用して清拭する。

◆自立に向けた家事の介護

問題 294 クーリング・オフの手続きを相談する相手　□□□

　Kさん（85歳，女性，要介護1）は，3年前に認知症（dementia）と診断された。一人暮らしで訪問介護（ホームヘルプサービス）を利用している。最近，認知症（dementia）の症状が進み，判断能力が不十分な状態である。

　ある日，訪問介護員（ホームヘルパー）が訪問したときに，物品売買契約書を見つけた。Kさんは，「昨日，訪問販売の業者が来た」「契約書については覚えていない」と話した。

　訪問介護員（ホームヘルパー）から連絡を受けたサービス提供責任者が，迅速にクーリング・オフの手続きを相談する相手として，**最も適切なもの**を1つ選びなさい。

1　司法書士
2　地域活動支援センター
3　家庭裁判所
4　消費生活センター
5　国民生活センター

問題 295 洗濯表示　□□□

図の洗濯表示の記号の意味として，**正しいもの**を1つ選びなさい。

1　日当たりのよい場所での平干し乾燥がよい。
2　ぬれつり干し乾燥がよい。
3　日陰でのつり干し乾燥がよい。
4　日当たりのよい場所でのつり干し乾燥がよい。
5　日陰での平干し乾燥がよい。

問題 296　洗濯や洗剤

洗濯や洗剤に関する次の記述のうち，**最も適切なもの**を１つ選びなさい。

1　汚れがひどい衣類は，表示されている量より洗剤を多く使用して洗濯する。

2　絹100％のブラウスにしみがついていたので，塩素系漂白剤で漂白した。

3　マジックテープは，はずした状態で洗濯する。

4　衣類についた血液のしみを落とすためには，湯よりも水で洗うとよい。

5　汗じみをきれいに落とすためには，ドライクリーニングが適している。

問題 297　ノロウイルスによる感染症の予防

ノロウイルス（Norovirus）による感染症の予防のための介護福祉職の対応として，**最も適切なもの**を１つ選びなさい。

1　嘔吐物を処理する際は，マスク，ガウン，手袋を着用する。

2　嘔吐物は，乾いた後に処理する。

3　利用者のベッド柵（サイドレール）や居室のドアノブは，消毒用アルコールで拭く。

4　嘔吐物のついた衣服は，そのまま洗濯機に入れて洗う。

5　食品は，中心部温度50℃で１分間加熱する。

生活支援技術

問題 298　手縫いの方法

袖口のほつれ直しやズボンの裾上げを行う際に，縫い目が表から目立たない手縫いの方法として，**最も適切なもの**を１つ選びなさい。

1　ぐし縫い

2　まつり縫い

3　半返し縫い

4　本返し縫い

5　コの字縫い（コの字とじ）

食中毒の予防に関する次の記述のうち，**最も適切なもの**を1つ選びなさい。

1　食後の食器や調理器具は水に浸しておけば，長時間置いておいてもよい。

2　一度開封，開栓した食品は，表示されている期限内に使うようにする。

3　肉入りのカレーは，常温保存して翌日加熱調理すれば食中毒は予防できる。

4　残った食品を保存しておくときは，浅い容器に小分けにして，冷蔵庫や冷凍庫で素早く確実に冷やす。

5　手に切り傷があっても，出血していなければ食品を素手で触って調理してもよい。

弱視で物の区別がつきにくい人の買い物と調理の支援に関する次の記述のうち，**最も適切なもの**を1つ選びなさい。

1　買い物は，利用者に購入したい物を聞き，介護福祉職が代わりに購入する。

2　財布は，貨幣や紙幣を同じ場所に収納できるものを勧める。

3　調理中の包丁は，調理台の手前に置くように勧める。

4　よく使う調理器具は，いつも同じ場所に収納するように勧める。

5　ご飯茶碗は，薄い色合いのものを勧める。

次の記述のうち，関節リウマチ（rheumatoid arthritis）のある人が，少ない負担で家事をするための介護福祉職の助言として，**最も適切なもの**を1つ選びなさい。

1　調理の鍋は，片手で持つように勧める。

2　食べ終わった食器は，まとめて運ぶ。

3　食器を洗うときは，水を使うように勧める。

4　部屋の掃除は，朝起きてすぐに取り掛かるように勧める。

5　調理をするときは，高さのある腰掛けいすを利用するように勧める。

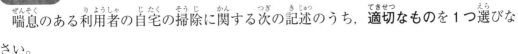

問題 302 喘息のある利用者の自宅の掃除　□□□

喘息のある利用者の自宅の掃除に関する次の記述のうち，**適切なもの**を１つ選びなさい。

1　家具の下から掃除を始める。

2　掃除機をかけてから拭き掃除を始める。

3　掃除は部屋の奥から出入口に向かって進める。

4　布団を干した後は，ダニアレルゲンを除去するためによくたたいておく。

5　浴室を掃除するときは，窓を閉めて行う。

◆休息・睡眠の介護

問題 303 睡眠の環境整備　□□□

睡眠の環境整備に関する次の記述のうち，**適切なもの**を１つ選びなさい。

1　マットレスは，身体が深く沈む柔らかいものを用意する。

2　清潔で乾燥した寝具を整える。

3　施設では，カーテンやブラインドは常に閉めておく。

4　寝室の温度は，１年を通して15℃前後が望ましい。

5　電気毛布は，火事の心配がないため，就寝中は常に通電しておいてよい。

問題 304 ベッドメイキング　□□□

利用者の休息・睡眠環境を整えるためのベッドメイキングに関する次の記述のうち，**最も適切なもの**を１つ選びなさい。

1　シーツにしわやたるみがないように，手のひらでしわを伸ばす。

2　掛け毛布はゆるみをつくらずにシーツの足元に押し込む。

3　枕カバーに枕を入れる際には，ラベルや縫い目，折り返しの部分を中に入れる。

4　シーツをはずすときは，汚れた面を外側にして丸めながらはずす。

5　ベッドメイキングの際もベッドの高さは変えないようにする。

問題 305 安眠のための介護

安眠のための介護に関する次の記述のうち，**最も適切なもの**を1つ選びなさい。

1　就寝直前に入浴するとよい。

2　睡眠中は汗をかきやすいため，寝る前に緑茶や紅茶を勧める。

3　食事の時間は，なるべく遅くするように勧める。

4　起床後は日光に当たるように勧める。

5　昼間の運動を控えるように促す。

問題 306 利用者の状態・状況に応じた睡眠介護

利用者の状態・状況に応じた睡眠介護に関する次の記述のうち，**最も適切なもの**を1つ選びなさい。

1　関節リウマチ（rheumatoid arthritis）の利用者は，頸部前屈位になるような高めの枕を利用するとよい。

2　睡眠薬を服用している場合は，服薬後は早めに床についてもらう。

3　杖歩行をしている利用者は，特殊寝台（介護ベッド）を利用するとよい。

4　認知機能の低下があり，深夜に徘徊している場合は，納得するまで1人で歩いてもらう。

5　呼吸の苦しさを伴う場合は，頭部が少し下がるようにベッドの高さを調整するとよい。

問題 307 ベッドと布団の利点

　ベッドと比較して，畳に布団を敷いて寝る場合の利点について，**最も適切なもの**を1つ選びなさい。

1　床からの音や振動が直接伝わらない。
2　介助者が体位変換を行いやすい。
3　転落の危険性や不安がない。
4　布団に湿気がこもらない。
5　利用者が起き上がりや立ち上がりの動作がしやすい。

問題 308 不眠を訴える利用者への対応

　Lさん（78歳，女性）は1年前に脳梗塞（cerebral infarction）を発症し，後遺症により片麻痺がある。同居家族である一人息子の介護疲れから，3日前から介護老人保健施設の短期入所療養介護（ショートステイ）を利用している。Lさんは片麻痺の影響もあり，日中の活動量も少なく，ベッドで横になっていることが多かった。介護福祉職がLさんに話を聞くと，「夜，眠れなくて困っている」と話してくれた。

　介護福祉職のLさんへの対応として，**最も適切なもの**を1つ選びなさい。

1　自宅での睡眠の状況について詳しく尋ねる。
2　これ以上の会話はせず，とにかく眠るように促す。
3　日中の睡眠の必要性を伝える。
4　カフェイン（caffeine）を多く含む飲み物を勧める。
5　施設の起床時間と消灯時間を書いて，ベッドから見える位置に置く。

生活支援技術

◆人生の最終段階における介護

問題 309 アドバンス・ケア・プランニング □□□

アドバンス・ケア・プランニング（advance care planning）に関する次の記述のうち，**適切なもの**を１つ選びなさい。

1 本人と医療・ケアチームによる話し合いのつど，文書にまとめておく。

2 本人の意思確認ができない場合は，医療・ケアチームの代表である医師が決定する。

3 医師等の医療従事者からの情報提供と説明がなされた後の医療・ケアの方針の決定は，本人のみが行うため，話し合いを行う必要はない。

4 家族等が判断しない場合は，医療・ケアチームは意見書を提出し，家庭裁判所が最終判断をする。

5 気管切開を行う場合や人工呼吸器の使用等の医療処置は，医師が決定する。

問題 310 終末期の家族への支援 □□□

Mさん（83歳，女性）は介護老人福祉施設に入所している。終末期で，「最期はこの施設で迎えたい」という本人の希望があり，家族もそれを望んでいる。昨日から死前喘鳴が出現し，医師から，「あと数日でしょう」と言われた。

「呼吸が苦しそうだ」と言っている家族への介護として，**最も適切なもの**を１つ選びなさい。

1 「痰の吸引をすると楽になるので準備しますね」

2 「Mさんを励ましてください」

3 「Mさんに意識はないので心配いらないですよ」

4 「自然な経過なので体位の工夫をして一緒に見守りましょう」

5 「すぐに救急車を呼びましょう」

問題 311 終末期の介護福祉職の対応

介護老人福祉施設に入所している N さん（92 歳，女性）は，脳梗塞（cerebral infarction）を患って以降，嚥下機能が低下してきており，主治医からは「終末期にある」と言われている。ここ 2 週間ほどで入浴や排泄に介助が必要となり，食欲が低下して嚥下も困難になり，食事介助も行っている状況である。

終末期の介護福祉職の対応として，**最も適切なもの**を 1 つ選びなさい。

1 入浴時は，肩までお湯につかるように勧める。
2 水分を摂取する際は，さらさらとした液体を短時間で摂るように促す。
3 苦痛がある場合は，定期的に体位変換する。
4 N さんが死への恐怖を訴えた場合，それを否定する。
5 居室の窓は終日閉めたままにする。

問題 312 死期が近づいたときの介護

死期が近づいたときの介護に関する次の記述のうち，**最も適切なもの**を 1 つ選びなさい。

1 清拭のケアを行う場合，部分清拭ではなく全身清拭で行うようにする。
2 利用者の苦痛がなく，バイタルサイン（vital signs）も安定していれば入浴できる。
3 口渇がある場合，できるだけ多くの水分補給ができるようにケアを行う。
4 食事量が減少したときは，高カロリーの食事を用意する。
5 プライバシー保護の観点もあり，家族の連絡先を把握する必要はない。

生活支援技術

死期が近づいたときの身体の変化 □□□

○さん（98歳，男性）は，介護老人福祉施設に入所している。高齢による身体機能の衰えがあり，機能低下の状態が続き，1日の大半は目を閉じ，臥床状態が続いている。家族は施設での看取りを希望している。

死期が近づいたときの身体の変化として，**最も適切なもの**を1つ選びなさい。

1 呼吸のリズムや深さが一定になる。

2 体温が高くなることが多い。

3 尿や便の量が増える。

4 血圧は徐々に低下する。

5 ウトウトする時間が長くなるが，意識レベルは低下しない。

死後の対応 □□□

死後の対応に関する次の記述のうち，**最も適切なもの**を1つ選びなさい。

1 死後のケアでは，着物は右前にする。

2 家族に対して，利用者の生前の思い出を話すことは控える。

3 デスカンファレンス（death conference）は，利用者が死に際してのケアを事前に書面に指示しておくことをいう。

4 死後の処置は，死後硬直が起こる時間のことも考え，家族が希望しても職員だけで行う。

5 グリーフケア（grief care）は，利用者の死後，遺族が悲しみや喪失感から立ち直れるように支援することである。

問題 315 福祉用具

利用者の障害や状態に適した福祉用具の選択に関する次の記述のうち，**最も適切な**ものを1つ選びなさい。

1 視覚障害のある利用者には，移動時に段差解消機の使用を勧める。

2 片麻痺のある利用者には，交互型歩行器の使用を勧める。

3 精神障害のある利用者には，重度障害者用意思伝達装置の使用を勧める。

4 握力の低下がある利用者には，ロフストランドクラッチ（Lofstrand crutch）を勧める。

5 知的障害のある利用者には，拡大読書器の使用を勧める。

ワン！ポイント

「生活支援技術」では，第35回試験からの新出題基準に「福祉用具の意義と活用」という大項目が設けられた。制度的な知識と併せて，個別の福祉用具の特徴と，どのような状態の利用者に適しているのかといったポイントを押さえておこう。

介護過程
(かいご かてい)

◆介護過程の意義と基礎的理解
(かいご かてい いぎ きそてきりかい)

介護過程の目的
(かいご かてい もくてき)

□□□

介護過程の目的に関する次の記述のうち，**最も適切なものを1つ選びなさい。**
(かいご かてい もくてき かん つぎ きじゅつ) (もっと てきせつ) (えら)

1　業務をマニュアル化し統一した介護を実践する。
(ぎょうむ) (か とういつ かいご じっせん)

2　利用者の望んでいる，よりよい生活を実現する。
(りようしゃ のぞ) (せいかつ じつげん)

3　介護福祉職の業務負担を軽減する。
(かいごふくししょく ぎょうむふたん けいげん)

4　家族介護者の自己実現を図る。
(かぞくかいごしゃ じこじつげん はか)

5　ケアプランを作成する。
(さくせい)

情報収集
(じょうほうしゅうしゅう)

□□□

介護過程における情報収集に関する次の記述のうち，**最も適切なものを1つ選びな**
(かいご かてい) (じょうほうしゅうしゅう かん つぎ きじゅつ) (もっと てきせつ) (えら)

さい。

1　利用者の日常生活の困難な部分を中心に情報を収集する。
(りようしゃ にちじょうせいかつ こんなん ぶぶん ちゅうしん じょうほう しゅうしゅう)

2　介護福祉職の興味のある情報を収集する。
(かいごふくししょく きょうみ じょうほう しゅうしゅう)

3　利用者の希望や思いを大切にしながら情報を収集する。
(りようしゃ きぼう おも たいせつ じょうほう しゅうしゅう)

4　初対面のときにできる限り多くの情報を収集する。
(しょたいめん かぎ おお じょうほう しゅうしゅう)

5　利用者の主観的情報を中心に情報を収集する。
(りようしゃ しゅかんてきじょうほう ちゅうしん じょうほう しゅうしゅう)

問題 318 アセスメント　□□□

アセスメント（assessment）に関する次の記述のうち，**最も適切なものを1つ選**びなさい。

1 他の専門職が記載した記録は，直接的な情報として扱う。
2 実践したい支援に沿った情報を集める。
3 情報を解釈するときには専門的な知識や経験を活用する。
4 情報は関連づけず，一つひとつ解釈する。
5 今できている活動の分析はしない。

問題 319 アセスメント　□□□

介護過程の展開におけるアセスメント（assessment）の過程で行うこととして，**最も適切なものを1つ選びなさい。**

1 具体的な支援計画を検討すること。
2 達成できる目標を設定すること。
3 支援の経過を評価すること。
4 利用者の生活課題を明確にすること。
5 支援内容を説明して同意を得ること。

介護過程

問題 320 介護過程における生活課題　□□□

介護過程における生活課題に関する次の記述のうち，**最も適切なものを1つ選びな**さい。

1 生活課題とは，利用者が望む生活を実現するために解決すべきことである。
2 顕在化している生活課題を優先する。
3 解決すべき生活課題の優先順位は，本人の希望で決める。
4 介護福祉職が評価しやすい生活課題を優先する。
5 生活課題を明確化するには，生活機能を把握すれば環境因子は把握しなくてもよい。

次の事例を読んで，**問題 321**，**問題 322** について答えなさい。

〔事 例〕

Ａさん（80歳，女性，要介護３）は，右膝の変形性膝関節症（knee osteoarthritis）と診断されている。内服薬と注射によって痛みは軽減し，自宅で息子とともに生活している。

半年ほど前から症状が悪化し，室内ではつたい歩きでゆっくりと移動し，外出時には杖を使用して歩行している。薬の飲み忘れが時々あったため主たる介護者である息子が薬を管理して正しく服薬できている。入浴には介助が必要であるため，通所介護（デイサービス）を週３回利用し，気の合う仲間もできて通所を楽しみにしていた。

最近，通所介護（デイサービス）の職員から息子に，トイレに間に合わないことがあり，パッドを汚してしまうことがあること，午後になると「早く家に帰りたい」と落ち着かない様子になることがあると報告された。

問題 321 **主観的に記録したもの** □□□

介護福祉職がＡさんについて主観的に記録したものとして，**適切なもの**を１つ選びなさい。

1 外出時には杖を使用して歩行している。

2 週３回，通所介護（デイサービス）を利用している。

3 変形性膝関節症（knee osteoarthritis）と診断されている。

4 トイレのことが気になり，早く家に帰りたいと訴えた。

5 トイレに間に合わず，パッドを汚してしまうことがあることを息子に報告した。

その後，息子が入院することとなり，Aさんは短期入所生活介護（ショートステイ）を利用することになった。

次の記述のうち，短期入所生活介護（ショートステイ）におけるAさんの生活課題として，**最も優先すべきもの**を1つ選びなさい。

1 気の合う仲間ができること。
2 トイレに間に合い失敗なく排泄できること。
3 杖がなくても歩行できるようになること。
4 1人で入浴ができること。
5 服薬の管理ができること。

ワン！ポイント

介護過程の意義と目的，各プロセスの内容，留意点は必ず押さえよう。また，問題を解く際には，利用者の自立支援や尊厳の保持，チームアプローチの視点などを常に意識することが大切である。

介護過程における目標に関する次の記述のうち，**最も適切なもの**を１つ選びなさい。

1　短期目標は，長期目標と切り離して設定する。

2　短期目標は，介護福祉職が達成する行動目標とする。

3　長期目標は，実現できるものより，理想を目指すもののほうが，よりよい介護に

つながる。

4　長期目標は，利用者の個別性に配慮したものにする。

5　目標を達成するまでの期間は設定しない。

介護計画を立案する際の留意点として，**最も適切なもの**を１つ選びなさい。

1　利用者の生活習慣は考慮しない。

2　利用者の正しい理解を促すために専門用語を用いる。

3　家族の意向を優先する。

4　計画の内容を見直す時期は定めない。

5　実施方法は具体的に記載する。

問題 325 介護計画の実施

介護計画の実施に関する次の記述のうち，**最も適切なもの**を1つ選びなさい。

1 利用者の反応や変化を観察する。
2 他職種への経過報告は目標の達成後に行う。
3 利用者の満足度よりも目標の達成を優先する。
4 介護福祉職の価値観に沿って実施する。
5 介護計画の援助内容は評価日まで変更しない。

問題 326 介護記録

介護記録に関する次の記述のうち，**最も適切なもの**を1つ選びなさい。

1 SOAP方式の記録では，観察したことはAに該当する。
2 予測できることは事前に記録する。
3 介護福祉職が判断したことは記録しない。
4 他職種とのかかわりも記録する。
5 鉛筆で記録する。

介護過程

次の事例を読んで，**問題 327**，**問題 328** について答えなさい。

〔事 例〕

Bさん（85歳，女性，要介護1）は，認知症対応型共同生活介護（認知症高齢者グループホーム）に入居した。自宅で生活しているときから，時折，夜間失禁があり，自信をなくしていた。入居時も一番の心配はトイレのことだった。家族は「母は，人に迷惑をかけたくないという思いが強く，人に頼ることが苦手だ」と話していた。短期目標を「トイレで安心して排泄ができる」とし，夜間はトイレの場所がわかるように電灯をつけドアを開けておくこととした。

入居後，昼間は失禁もなく経過していたが，夜間は失禁がみられていた。ある夜，介護福祉職がトイレから下を向いて出てくるBさんを見て声をかけると，パジャマのズボンと肌着が濡れていた。Bさんは「恥ずかしいわ，夜はぼんやりしちゃって，脱ぎにくくて，どうせ汚すならおむつをつけたほうがよいのかしら」と話した。

報告を受けたBさんを担当する介護福祉職は，排泄の支援方法について再検討が必要だと考えた。

問題 327 再アセスメント □□□

　Bさんの再アセスメントに関する次の記述のうち，**最も適切なもの**を1つ選びなさい。

1　排尿誘導が必要だと解釈する。
2　切迫性尿失禁があると解釈する。
3　衣服の着脱がうまくできているか分析する。
4　夜間の排泄について本人の思いを聞く。
5　おむつの着用が必要だと解釈する。

問題 328 カンファレンス

カンファレンス（conference）が開かれ，Bさんの排泄支援について検討することになった。Bさんを担当する介護福祉職が提案する内容として，**最も優先すべきもの**を1つ選びなさい。

1　トイレに誘導すること。

2　尿取りパッドを着用すること。

3　夜間ポータブルトイレを使用すること。

4　トイレにわかりやすい表示をつけること。

5　着脱しやすい衣服を検討し着用すること。

問題 329 評価

介護過程の評価に関する次の記述のうち，**最も適切なもの**を1つ選びなさい。

1　利用者や家族の反応は評価の対象に含まれない。

2　支援方法については評価しない。

3　評価の責任者は，介護支援専門員（ケアマネジャー）である。

4　評価は，原則として介護計画に定めた時期に行う。

5　計画を立てたが実施しなかったものは，評価しない。

介護過程

◆介護過程とチームアプローチ

問題 330 居宅サービス計画と訪問介護計画の関係 □□□

次の記述のうち，居宅サービス計画と訪問介護計画の関係として，**最も適切なもの**を1つ選びなさい。

1 介護福祉職が，居宅サービス計画を作成する。

2 居宅サービス計画は，訪問介護計画に基づいて作成する。

3 介護支援専門員（ケアマネジャー）が訪問介護計画を作成し，各サービス事業所へ示す。

4 居宅サービス計画と同じ内容を，訪問介護計画に転記する。

5 居宅サービス計画と訪問介護計画は，共通の目標のもとに作成される。

問題 331 **チームアプローチ** □□□

チームアプローチ（team approach）に関する次の記述のうち，**最も適切なもの**を1つ選びなさい。

1 施設入所者に対して，複数の介護福祉職が介護を行うことである。

2 チームアプローチ（team approach）の中心は，介護福祉職である。

3 ボランティアは，チームの一員にはなれない。

4 他職種と目的などの情報を共有する。

5 チームメンバーの人数は，決まっている。

問題 332 介護福祉職の対応

Cさん（68歳，女性，要介護1）は，1年前に脳梗塞（cerebral infarction）を発症して片麻痺になった。介護老人保健施設に入所してリハビリテーションを行っている。在宅復帰を目標に熱心にリハビリテーションに取り組み，同居する孫が訪れるたびにその成果を話していた。しかし，3日前に孫が訪れてから「腰が痛い」「とても眠い」などとリハビリテーションを休み，食事は半分も食べなくなった。そして，部屋からほとんど出ることがなくなった。傾聴ボランティアがCさんを訪ねると，「リハビリをしても仕方がない」と泣いて話していた。

Cさんに対する介護福祉職の対応として，**最も適切なもの**を1つ選びなさい。

1　医師に腰痛や眠気の改善について相談する。

2　家族にリハビリテーションの成果をわかりやすく伝える。

3　傾聴ボランティアを含めた話し合いのもとで，生活のニーズを抽出する。

4　栄養指導を行い，食事量の増加を目指す。

5　介護福祉職とリハビリテーション担当者でサービス担当者会議を開催する。

ワン！ポイント

利用者を中心にチームアプローチでかかわる専門職種（医師，栄養士，介護支援専門員，作業療法士，理学療法士はよく登場する）とその専門性を押さえよう。チームにおける介護福祉職の役割を踏まえて解答しよう。サービス担当者会議の位置づけを覚えよう。カンファレンスを行うことで期待できる効果を考えながら解答しよう。

◆介護過程の展開の理解

次の事例を読んで，**問題 333**，**問題 334** について答えなさい。

〔事 例〕

Dさん（36歳，男性，障害支援区分5）は，脳性麻痺（cerebral palsy）による四肢麻痺で筋緊張がある。電動車いすを使用し，日常生活全般に介護が必要である。自宅で本人と母親（68歳）とサラリーマンの兄（38歳）と三人暮らしである。

Dさんは軽度の知的障害があるが，母親と介護者に意思を伝えることができる。3年前から重度訪問介護を利用している。相談支援専門員が作成したサービス等利用計画の総合目標は，「外出の機会を増やして生活をより充実させる」とある。外出時のDさんは楽しそうにしている。

訪問時にDさんが，電動車いすサッカーを「おもしろそうだから見てみたい」と介護福祉職に話した。

問題 333 介護福祉職が収集する情報　□□□

次のうち，Dさんの発言から，個別支援計画の立案に向けて介護福祉職が収集する情報として，**最も優先すべきもの**を1つ選びなさい。

1 Dさんの電動車いす操作でボールを扱う動作
2 Dさんと兄のこれまでのサッカー経験
3 Dさんが電動車いすサッカーを見たいと思ったきっかけ
4 電動車いすサッカーの話を聞いた介護福祉職の感想
5 電動車いすサッカーができる近隣の施設

問題 334 介護福祉職の対応

電動車いすサッカーの練習が見学できると決まり，介護福祉職は外出支援に向けて個別支援計画の立案と実施を始めた。

Dさんへの介護福祉職の対応に関する次の記述のうち，**最も適切なもの**を1つ選びなさい。

1 練習に参加できるような訓練を勧める。
2 母親も同席できる日程の調整を行う。
3 相談支援専門員の許可を得るように促す。
4 練習の見学に向けてDさんの希望を聞く。
5 電動車いすサッカーのルールブックを読み，覚えるように勧める。

次の事例を読んで，**問題 335**，**問題 336** について答えなさい。

〔事　例〕

　Eさん（75歳，男性，要介護1）は，脳梗塞（cerebral infarction）の後遺症で右片麻痺になった。2か月前から在宅復帰を目的として介護老人保健施設に入所している。娘は遠方から時々面会に来ているが，息子とは音信不通の状態が続いている。

　Eさんは，「杖で歩けるようになってうれしい」と言い，杖でゆっくり歩行していた。担当の理学療法士から「レクリエーションは楽しそうに参加しているが，歩行状態が安定しない」と報告があった。

　その後，歩行訓練やレクリエーションに参加しなくなり，居室のベッドで寝て過ごすことが多くなった。ほかの入所者と話している姿が見られなくなった。

　Eさんは，「杖で歩いていると転びそうで怖い。歩行訓練は緊張して焦ってしまう。車いすには乗りたくないけど」と担当の介護福祉職に打ち明けた。

問題 335 利用者の介護過程の展開　　　　□□□

　Eさんの介護過程の展開に関する次の記述のうち，**最も適切なもの**を1つ選びなさい。

1　娘と息子から入所前の情報を収集する。
2　退所後の住居環境について優先的に情報収集する。
3　状態の変化に合わせ，介護計画の立案に数か月かける。
4　現状を再アセスメントして，生活課題を抽出する。
5　転倒を前提にした生活課題を抽出する。

問題 336 利用者の短期目標

次の記述のうち，Ｅさんの短期目標として，**最も適切なもの**を１つ選びなさい。

1 ベッドで安静に過ごせる時間を増やす。

2 居室でレクリエーションを行う。

3 歩行訓練の必要性を理解する。

4 車いすの操作方法を習得する。

5 リラックスして歩行訓練に臨む。

介護過程

ワン！ポイント

介護過程の各プロセスの内容と留意点を押さえよう。介護過程の展開は利用者が主体であり，自立支援や尊厳の保持を意識しよう。自身の経験と重ねると視点がずれることがあるので，事例文をよく読んで解答しよう。

次の事例を読んで，**問題 337**，**問題 338** について答えなさい。

〔事 例〕

　F さん（77 歳，女性）は農業を営んでいた。半年前に転倒し，左大腿骨頸部骨折 (femoral neck fracture)で入院した。順調に回復し，三点杖歩行が可能と診断されて，リハビリテーションが進められていた。F さんは痛みを伴うリハビリテーションには消極的で自室で過ごし，トイレなどの移動時のみ，車いすを使用している。「自宅に帰りたい」と下肢の筋力維持・強化を目標に介護老人保健施設に入所した。

　入所して立案した個別サービス計画のリハビリテーション計画をもとにリハビリテーションを開始した。入所後，2 週間が経ったが，ほとんどの時間をベッド上で過ごし，リハビリテーションを休みがちである。介護福祉職がリハビリテーションを勧めると表情が曇る。他者と会話する場面はほとんど見られない。

　面会に訪れた長男は，「母は，農業が好きで，採れた野菜を離れて住む長女に送ることを楽しみにしていた」と話す。また，F さんは，「リハビリテーションをしても歩けるようになるとは思えない」と長男に話した。

問題 337 利用者の長期目標の方向性　□□□

　F さんに対する介護計画の長期目標の方向性として，**最も適切な**ものを 1 つ選びなさい。

1　入所者との交流の機会を増やすこと。
2　再度，農業に携わること。
3　長期間，施設で穏やかに過ごすこと。
4　車いすで，できる趣味を見つけること。
5　リハビリテーションの目標と同じにすること。

利用者の短期目標の支援内容・方法 ☐☐☐

在宅復帰を目指すＦさんに対する介護計画の短期目標を，「外出することができる（１週間）」とした。

短期目標に基づく支援内容として，**最も適切なもの**を１つ選びなさい。

1　痛みの程度を記録するように促す。

2　ベッド上で，できる趣味を提案する。

3　車いすで30分程度過ごす時間を設ける。

4　長男に外出時の洋服を持参するよう伝える。

5　トイレ付き個室への移動を勧める。

事例検討を行う目的 ☐☐☐

介護福祉職が事例検討を行う目的として，**最も適切なもの**を１つ選びなさい。

1　職場環境を改善する。

2　介護福祉職の介護実践能力を批判する。

3　利用者とその家族の生活を断片的にとらえる。

4　よりよい介護実践のために利用者への理解を深める。

5　介護福祉職自身の満足度を充足させる。

介護過程

総合問題
そうごうもんだい

（総合問題１）

次の事例を読んで，**問題340**から**問題342**までについて答えなさい。

〔事例〕

　Aさん（81歳，女性）は，一人暮らしをしている。近所に住む娘が，仕事終わりにAさんの家に行き，夕飯や入浴のときの見守りなどを行っている。Aさんは，夕方に週に2回程度，近所に買い物に出かけている。しかし，最近Aさんは，買い物に行くと道に迷うことがあり，娘が探して連れ帰るようになった。

　娘がAさんを心配して病院に連れて行くと，アルツハイマー型認知症（dementia of the Alzheimer's type）と診断され，要介護3と認定された。その後，Aさんは買い物に出かけて道に迷うことが増え，洋服の前と後ろを逆に着ているときもあった。調理では，途中で次の作業がわからなくなり，中断することが増えた。

　娘は，Aさんに説明し，介護保険サービスを利用することにした。介護支援専門員（ケアマネジャー）とAさん，娘で話し合い，訪問介護（ホームヘルプサービス）を週2回利用し，「Aさんが安全に買い物と調理をすることで，自宅での生活を続けることができる」を長期目標とした。

問題340 利用者の認知症の症状　□□□

　Aさんの調理時の様子について，このような状態に該当するものとして，**適切な**ものを1つ選びなさい。

1　見当識障害
2　遂行機能障害
3　視覚認知障害
4　空間認知障害
5　観念失行

問題 341 短期目標

□□□

Aさんにサービスを提供する訪問介護（ホームヘルプサービス）のサービス担当責任者は，訪問介護計画書を作成することになった。

次の記述のうち，短期目標として，**最も適切なもの**を1つ選びなさい。

1　Aさんのできることを伸ばす支援を行う。

2　地図を使って，1人で買い物に行くことができるようになる。

3　配食サービスを利用して，健康的な食生活を送る。

4　娘がAさんの自宅を訪問する回数を増やす。

5　訪問介護員（ホームヘルパー）と一緒に，調理をすることができるようになる。

問題 342 自動血圧計で行う血圧測定

□□□

Aさんが訪問介護（ホームヘルプサービス）を利用してから1か月後，主治医からAさんの血圧が高いときがあるため，毎日夕方，自宅で計測するように指示があった。娘は介護支援専門員（ケアマネジャー）に連絡し，夕方に自動血圧計で血圧を測定することになった。

自動血圧計で行う血圧測定に関する次の記述のうち，**適切なもの**を1つ選びなさい。

1　手のひらを下に向けて測定する。

2　マンシェットの端は，肘関節の位置にくるように当てる。

3　マンシェットは，指が入らない程度にきつく巻く。

4　緊張しているときは，深呼吸をして落ち着くように促す。

5　自動血圧計で行う血圧測定は医行為にあたるため，訪問介護員（ホームヘルパー）は実施できない。

総合問題

（総合問題２）

次の事例を読んで，**問題343**から**問題345**までについて答えなさい。

〔事　例〕

Ｂさん（45歳，女性，障害支援区分5）は，仮死状態で生まれ，アテトーゼ型（athetosis）の脳性麻痺（cerebral palsy）による四肢・体幹機能障害がある。居宅介護を利用し，入浴の支援を受けながら母親（75歳）と姉（49歳）と暮らしていた。Ｂさんは障害基礎年金1級を受給している。日常生活の介護全般は母親が行っていたが，1年前にＢさんの母親が病気で亡くなり，現在は，日中働いている姉と二人暮らしである。

Ｂさんには言語障害があり，慣れた人でないと言葉が聞き取りにくい。自宅では車いすに乗り，足で床を蹴って移動している。外出や買い物をするのが好きであるが，屋外では介助者を必要とするため，屋外での移動は，姉から全面的に介護を受けて生活している。最近，姉の仕事が忙しくなり，短期入所（ショートステイ）の利用の検討や，日中の移動方法について市の障害福祉課に相談をしていたところ，Ｂさんは風邪から肺炎（pneumonia）になったため，医療的ケアを受けながら医療機関に入院している。病状が回復し，喀痰吸引の必要もなくなってきたので，退院後の生活を検討しているが，仕事をしている姉の介護を受けながら，日中の1人での生活は難しいと思い，施設入所を希望している。

問題 343 脳性麻痺の特徴　□□□

Ｂさんの脳性麻痺（cerebral palsy）の特徴に関する記述のうち，**最も適切なもの**を1つ選びなさい。

1　重度の知的障害がみられる。
2　筋緊張の変動があり，運動コントロールが困難になる。
3　嚥下障害や斜視などの視覚障害を伴うことがある。
4　強い筋緊張から，四肢の突っ張りが強い。
5　両足を広げた不安定な歩行になる。

問題 344 短期目標

Bさんは自宅付近の障害者支援施設に入所できることになり，アセスメント（assessment）が行われた。相談支援専門員は，Bさんの希望やこれまでの生活状況をもとに，「障害者支援施設で施設入所支援と生活介護を利用しながら，将来設計を考えていく。姉とも会える環境を用意する」という方針を立てた。また，長期目標を「適切な支援を受けながら，多様な生活体験を積む」とした。

Bさんの短期目標として，**最も適切なもの**を1つ選びなさい。

1　感染予防のため，できるだけ人との交流を避ける。
2　入浴時に自分でからだを洗えるようになる。
3　日中活動として，多様な世代が集うグループ活動に参加する。
4　施設で経管栄養ができるように胃ろうを造設する。
5　施設内では車いす介助を受けながら安全に移動する。

問題 345 社会福祉協議会が行う金銭管理

施設に入所して3か月が経過し，支援の見直しが行われる時期になった。現在のBさんは施設生活にも慣れ，職員やほかの入所者とのかかわりが増え，買い物にも出かけるようになった。また，BさんにはBさん名義の貯蓄があり，以前は母親と姉が管理していた。最近，「通院や買い物時に自分で金銭管理をしていきたい」と言い，外出時に必要なお金を介護福祉職と一緒に考えるようになった。将来の地域生活を考えて，社会福祉協議会の金銭管理に切り替えることが検討された。

Bさんが活用できる社会福祉協議会が行う金銭管理として，**最も適切なもの**を1つ選びなさい。

1　介護保険制度
2　傷病手当金
3　日常生活自立支援事業
4　生活福祉資金
5　成年後見制度

総合問題

（総合問題３）

次の事例を読んで，**問題346**から**問題348**までについて答えなさい。

〔事例〕

　Ｃさん（73歳，女性）は，自宅で夫（75歳）と二人暮らしをしている。夫の話によると，１年前から時々夜中にベッドにある枕を指して，「猫がいるから外に出して」などと言うことがある。また，ここ３か月で歩くのが遅くなり，何もないところでつまずいて転倒しそうになることがみられるようになった。病院で検査を受けたところ，レビー小体型認知症（dementia with Lewy bodies）と診断された。

　最近は，「目の前に虫がいる」などと興奮して急に立ち上がろうとし，バランスを崩すことがしばしばみられるようになった。夫は，Ｃさんが転倒してけがをするのではないかと心配になり，Ｃさんを家に置いて出かけることができない状況が続いて疲弊している。Ｃさん夫婦は，介護保険サービスを利用しながら自宅での二人暮らしを続けたいと希望し，要介護認定を受けたところ，要介護１と認定された。

問題 346 介護福祉職の助言　☐☐☐

　Ｃさんは，部屋の中には夫以外に誰もいないにもかかわらず，「男の人が入ってきた」と大声で騒ぎ出すことがある。このときの対応について，夫から相談があった。
　夫への介護福祉職の助言として，**最も適切なもの**を１つ選びなさい。

1　騒いだときには，「誰もいない」と大声で伝えるように勧める。
2　興奮しているときは，１人にしておくように勧める。
3　部屋の壁に，洋服などをかけておかないように勧める。
4　部屋の明かりは暗くしておくように勧める。
5　急に立ち上がって転倒するのを防ぐために，からだをいすに押さえつけるように勧める。

問題 347 介護保険サービス

Cさんが利用する介護保険サービスとして，最も適切なものを1つ選びなさい。

1 認知症対応型共同生活介護（認知症高齢者グループホーム）
2 認知症カフェ
3 夜間対応型訪問介護
4 小規模多機能型居宅介護
5 特定施設入居者生活介護

問題 348 レビー小体型認知症の症状

Cさんが発病しているレビー小体型認知症（dementia with Lewy bodies）の症状に関する次の記述のうち，正しいものを1つ選びなさい。

1 もの盗られ妄想が現れる。
2 常同行動が現れる。
3 脱抑制が現れる。
4 感情失禁が現れる。
5 レム睡眠行動障害（REM sleep behavior disorder）がみられる。

次の事例を読んで，**問題 349** から**問題 351** までについて答えなさい。

〔事　例〕

　Dさん（75歳，男性，要介護１）は，自宅で妻（73歳）と二人暮らしである。2か月前に脳梗塞（cerebral infarction）を発症して入院し，退院後は自宅に戻ることができたが，左片麻痺と麻痺性構音障害の後遺症が残った。現在のDさんの状態は，歩行や食事，入浴，排泄，衣服着脱等の日常生活動作に一部介助と見守りが必要である。また，Dさんは妻や周囲の人たちとの意思疎通がうまくいかず，フラストレーションを感じている。介護保険サービスは，訪問介護（ホームヘルプサービス）を週１回利用しているほか，福祉用具として四点杖が貸与されている。

　Dさんはリハビリテーションに対しては意欲的であり，妻に同伴してもらいながら外出や散歩をしたいと考えている。妻は健康で，今のところ介護疲れは特に感じていない様子である。そこで，訪問介護事業所のE介護福祉士は，Dさんのリハビリテーションに対する意欲や，外出，散歩をしたいというニーズ，妻が健康であることなどを踏まえ，杖を使用した歩行機能の維持，改善を介護計画に取り入れた。

問題 349 **利用者とのコミュニケーションにおける留意点**

　Dさんとのコミュニケーションを円滑に行うために留意すべき点に関する次の記述のうち，**最も適切なもの**を１つ選びなさい。

1　五十音表を活用するのが効果的である。

2　「はい」「いいえ」で答えられるような質問は控えたほうがよい。

3　筆談の活用は控えたほうがよい。

4　Dさんの話が聞き取れないときは，わかったふりをする。

5　Dさんに対して大きな声で話すのが効果的である。

問題 350 杖歩行時の留意点 □□□

　Dさんが四点杖を用いて外出や散歩をするときに留意すべき点に関する次の記述のうち，**最も適切なもの**を1つ選びなさい。

1　Dさんは杖を左手で持つ。
2　妻は，Dさんの右後方に立ちながら歩行を見守る。
3　Dさんは杖，左足，右足の順に前に進む。
4　Dさんが階段を上るときは，左足から出す。
5　Dさんが階段を下りるときは，右足から出す。

問題 351 介護計画の立案や見直しにおける留意点 □□□

　数か月後，Dさんは杖歩行による外出や散歩にも慣れ，今後は外出や散歩，屋内での日常生活動作をできるだけ1人で行いたいという意向をもっていることがわかった。そこで，E介護福祉士は介護計画を見直すことにした。
　E介護福祉士が介護計画を見直すにあたって留意すべき点に関する次の記述のうち，**最も適切なもの**を1つ選びなさい。

1　当初の介護目標は，Dさんへの支援が終結するまで変更すべきでない。
2　介護計画は，Dさんが実行可能なものを立案すべきである。
3　介護計画は，E介護福祉士の意向を優先すべきである。
4　Dさんの介護計画の見直し時期は決めるべきでない。
5　Dさんの介護計画の内容は，安全性よりも効果が重視されるべきである。

総合問題

（総合問題5）

次の事例を読んで，**問題352から問題354まで**について答えなさい。

〔事　例〕

Ｆさん（78歳，男性）は，介護老人福祉施設で生活している。糖尿病（diabetes mellitus）があり，インスリン療法を受けている。また，糖尿病性網膜症（diabetic retinopathy）に伴う眼底出血を繰り返しており，眼科に通院している。ある日，介護福祉職が付き添って眼科を受診したところ，診察が長引き，昼食の時間が遅くなってしまった。施設に帰ってきてすぐに介護福祉職が昼食の準備をしていると，Ｆさんは「頭がふらふらする」と訴え，冷や汗もかいているようであった。

問題 352 糖尿病のある利用者への対応　□□□

介護福祉職によるＦさんへの対応として，**最も適切なもの**を１つ選びなさい。

1　様子をみる。

2　昼食を摂らず，すぐにベッドで休んでもらう。

3　すぐにインスリン（insulin）の自己注射をしてもらう。

4　すぐに救急車を呼ぶ。

5　すぐに看護師に血糖値を測定してもらう。

問題 353 糖尿病性網膜症の症状　□□□

Ｆさんが発病している糖尿病性網膜症（diabetic retinopathy）の症状として，**最も適切なもの**を１つ選びなさい。

1　水晶体の白濁

2　眼圧の上昇

3　目やに

4　飛蚊症

5　口内炎（stomatitis）

問題 354 障害受容過程

□□□

眼科の診察で，Ｆさんは医師より失明は避けられないという説明を受けた。その後何日か経った後，Ｆさんは介護福祉職に，「失明などするはずがない」と言った。

このときのＦさんの障害受容の段階として，**最も適切なもの**を１つ選びなさい。

1　ショック期

2　否認期

3　混乱期

4　適応への努力期

5　適応期

ワン！ポイント

総合問題では，介護の総合的な知識を問う問題が多く出題される。自分の経験から導かれる考えと異なる解答が正答となることもあるので，根拠をしっかりと理解しよう。

（総合問題6）

次の事例を読んで，**問題355**から**問題357**までについて答えなさい。

〔事 例〕

Gさん（75歳，女性）は，数年前に夫を亡くし，一人暮らしをしていた。Gさんには，やや遠方に住む息子夫婦がおり，時々帰省をしていたが，1年ほど前から，Gさんのもの忘れが激しくなっていることに気づいた。やかんでお湯を沸かしていることをすっかり忘れて空焚きをしたり，出かけるときに自宅の鍵をかけ忘れるなど，生活上の危険が目立ってきた。息子が心配し，Gさんと一緒にかかりつけ医を受診した結果，アルツハイマー型認知症（dementia of the Alzheimer's type）と診断された。

Gさんは介護保険制度の要介護認定を受け，要介護2と判定された。現在，認知症対応型共同生活介護（認知症高齢者グループホーム）に入居している。息子夫婦は，時々様子をみに訪問している。

Gさんの現在の状況としては，記憶障害のほか，徘徊が増えてきている。先日も，職員が目を離したすきに居室の窓から1人で外出し，近隣住民に保護されるという出来事があった。Gさんは，認知症（dementia）以外には特に疾患はなく，体調も良好である。

問題 355 アルツハイマー型認知症　□□□

Gさんが診断されたアルツハイマー型認知症（dementia of the Alzheimer's type）の特徴に関する次の記述のうち，**正しいもの**を1つ選びなさい。

1　小刻み歩行がみられることが多い。
2　嚥下障害がみられることが多い。
3　改善の可能性がある。
4　男性よりも女性に多くみられる。
5　症状には日内変動がみられることが多い。

184

問題 356 アセスメント

Gさんのアセスメント（assessment）に関する次の記述のうち，**最も適切なもの**を1つ選びなさい。

1 認知症（dementia）以外に疾患がないため，現在の生活が継続できると判断する。
2 息子夫婦の訪問を増やしてもらう必要がある。
3 「居室から出ないこと」を生活課題に設定する。
4 Gさんの徘徊の背景を分析する必要がある。
5 近隣住民に，Gさんの見守りをしてもらう必要がある。

問題 357 徘徊に対する介護福祉職の対応

Gさんの徘徊に対する介護福祉職の対応に関する次の記述のうち，**最も適切なもの**を1つ選びなさい。

1 徘徊が危険だということがわかるようにGさんを説得する。
2 徘徊をしたときは，厳しく注意し，反省を促す。
3 徘徊は危険なので，居室もしくは玄関を施錠する。
4 徘徊は，情緒が不安定なときに起こる行動であるため，精神安定剤を服用させる。
5 徘徊をする理由を理解するように努める。

総合問題

次の事例を読んで，**問題358**から**問題360**までについて答えなさい。

〔事　例〕

　Hさん（20歳，男性）は，通学中に交通事故に遭い，頭部の外傷が原因で高次脳機能障害(higher brain dysfunction)を発症した。入院した病院で手術とリハビリテーションを行い，退院後はリハビリテーションセンターに6か月通った。現在は，一般企業への就労に向けた障害福祉サービスを利用している。

　利用しはじめた当初は，記憶力，注意力の低下から作業を間違えることが続いたが，作業手順書を確認する方法を練習し，ミスが少なくなってきた。しかし，感情が安定せず，イライラするときがあり，感情を爆発させることもある。

問題 358　利用しているサービス □□□

　Hさんが利用しているサービスとして，**最も適切なもの**を1つ選びなさい。

1　自立生活援助
2　自立訓練（機能訓練）
3　就労定着支援
4　就労移行支援
5　就労継続支援A型

問題 359 高次脳機能障害の症状 □□□

　Hさんの，イライラする，感情の爆発を起こす症状として，**最も適切なもの**を1つ選びなさい。

1　記憶障害
2　注意障害
3　遂行機能障害
4　社会的行動障害
5　失語症（aphasia）

問題 360 施設の職員の対応 □□□

　Hさんの作業の途中，職員が完成品を確認すると未完成のものがいくつか混ざっていた。Hさんは，イライラしている様子であったため，いったん作業を中断した。

　このときのHさんへの職員の対応として，**最も適切なもの**を1つ選びなさい。

1　「作業手順書を確認してください」
2　「どうして失敗したのだと思いますか」
3　「仕事への意識が低いのではないですか」
4　「イライラしながら仕事をしたら失敗します」
5　「水分を摂って少しの間休憩しましょう」

総合問題

（総合問題 8 ）

次の事例を読んで，**問題 361** から**問題 363** までについて答えなさい。

〔事　例〕

　Ｊさん（46 歳，男性）は，高校在学中に統合失調症（schizophrenia）を発症した。「いつも監視されている」「組織からの通信が聞こえてくる」などと訴え，興奮して暴れることもあったため，精神科病院に入院して治療を受けた。その後は，入退院を繰り返し，3 か月前に精神保健指定医に入院の必要があると診断され，兄の同意に基づき入院となった。

　現在も入院は続いているが，興奮したりすることはなく，何もする気が起こらなかったり，喜怒哀楽の表現が乏しく，周囲に無関心となる傾向がみられていた。最近になって，「退院して地域で暮らしたい」と希望するようになり，退院に向けて支援が始まった。まずは住むところを見つけ，そこでの暮らしを安定させることを目指すことになった。Ｊさんは，退院後の不安として金銭管理をあげている。また，いずれは仕事に就きたいが，薬の副作用もあり，一般企業への就職は難しいと考えている。

問題 361 統合失調症の陰性症状　　　□□□

　Ｊさんにみられる統合失調症（schizophrenia）の陰性症状として，**最も適切な**ものを 1 つ選びなさい。

1　幻聴
2　被害妄想
3　感情の平板化
4　思考障害
5　見当識障害

問題 362 精神科病院の入院形態

Jさんが3か月前に精神科病院に入院したときの入院形態として，正しいものを1つ選びなさい。

1　任意入院
2　措置入院
3　緊急措置入院
4　医療保護入院
5　応急入院

問題 363 退院後に利用するサービス

Jさんは，障害支援区分2の認定を受けた。退院後にJさんが利用するものとして，最も適切なものを1つ選びなさい。

1　行動援護
2　重度訪問介護
3　就労移行支援
4　日常生活自立支援事業
5　同行援護

総合問題

次の事例を読んで，**問題364**から**問題366**までについて答えなさい。

〔事 例〕

Ｋさん（30歳，女性）は，自閉症スペクトラム障害（autism spectrum disorder）がある。一般企業に勤めていたが，１年前から仕事での強いストレスにより体調を崩し，欠勤が続いたため，仕事を辞めた。

現在はＶ障害者支援施設の就労継続支援事業所に通っており，規則や時間を守ってプログラムに参加をしている。周りの人や物事に関心が向かず，人とのやりとりが難しいためコミュニケーションがとりづらい。予定外の行動や集団行動はとりづらく，作業中に大きな音がする等のハプニングが起こるとパニックになる。複数の作業を同時に行うことは苦手である。ミーティング中でも決まった時刻になると部屋から出ていく等の行動がみられる。一方で，たくさんの資料の数字の入力作業は長時間集中して正確に行うことができる。将来的には再び一般企業での仕事をしたいという気持ちもある。

問題 364 ストレングス ☐☐☐

Ｋさんのストレングス（strength）に関する次の記述のうち，**最も適切なもの**を１つ選びなさい。

1 興味があることには集中できる。
2 コミュニケーション能力が高い。
3 さまざまなことに興味や関心をもてる。
4 複数の作業を同時に行うことができる。
5 想像力がある。

問題 365 利用者に対する声かけ ☐☐☐

　ある日，作業についての打ち合わせの最中に，昼の休憩の開始時間である12時になった。するとKさんは，打ち合わせが終わっていないにもかかわらず，部屋から出て行こうとした。このような様子は，事業所に通い始めてからたびたびみられている。

　このときの介護福祉職のKさんに対する声かけとして，**最も適切なもの**を1つ選びなさい。

1　「終わるまでちゃんとしてください」
2　「12時15分まではこの部屋にいましょう」
3　「部屋にいてと何度言ったらわかるの」
4　「もう少し座っていましょう」
5　「部屋から出てはいけません」

問題 366 利用者の特性を考慮した災害対策 ☐☐☐

　隣の市で土砂災害があったことを受け，V障害者支援施設でも災害に備えることとなった。

　Kさんの特性を考慮した災害対策に関する次の記述のうち，**最も適切なもの**を1つ選びなさい。

1　Kさんの避難訓練を単独で実施する。
2　避難の支援は初対面の人がするように調整する。
3　Kさんの防災リュックに耳栓を入れておく。
4　困っていることをなるべく言葉で伝えてもらう。
5　防災についての話は不安にさせるため控える。

総合問題

(総合問題10)

次の事例を読んで，**問題367**から**問題369**までについて答えなさい。

〔事例〕

Lさん（40歳，男性）は，5歳のとき，知的障害の診断を受け，療育手帳が交付された。日中は，生活介護事業所に通所している。介護福祉職の見守りがあれば，食事および排泄は1人でできる。

家庭では，Lさんのできないことに関しては，母親（70歳）が支援を行っている。しかし，母親と出かけているときに，車道にいきなり飛び出し，交通事故に遭いかけたことがあった。母親が高齢となり，Lさんについていくことが困難になってきている。そのため，Lさんが出かけるときに見守ってもらえる，新たな障害福祉サービスの利用を検討している。

問題367 出かけるときに見守ってもらえる障害福祉サービス □□□

Lさんが出かけるときに見守ってもらえる障害福祉サービスとして，**最も適切な**ものを1つ選びなさい。

1 療養介護
2 行動援護
3 居宅介護
4 短期入所（ショートステイ）
5 自立訓練

問題 368 排泄の支援

介護福祉職が行うLさんの排泄の支援として，**最も適切なもの**を1つ選びなさい。

1　Lさんのお尻を拭く。

2　Lさんが排泄できているかどうかを確認する。

3　Lさんが使用する1回分のトイレットペーパーを切る。

4　Lさんの代わりにズボンの着脱を行う。

5　Lさんの手を一緒に洗う。

問題 369 利用者への支援

Lさんへの支援に関する次の記述のうち，**最も適切なもの**を1つ選びなさい。

1　Lさんと介護福祉職との適切な関係を保つように，「Lさん」と呼ぶ。

2　活動するときは，失敗しないように先回りして指示をする。

3　Lさんの希望にすぐに応えられない場合は，「少しお待ちください」と伝える。

4　途中で食事を止めた場合，完食するように勧める。

5　食器の片づけは，介護福祉職がすべて行う。

総合問題

次の事例を読んで，**問題370**から**問題372**までについて答えなさい。

〔事 例〕

　Mさん（38歳，男性）は，1年前に筋萎縮性側索硬化症（amyotrophic lateral sclerosis：ALS）と診断された。勤めていた会社を半年前に退職し，在宅療養中である。上下肢の筋力が低下し歩行が困難となって車いすを使用しているほか，着替えや整容も困難となっている。また，嚥下障害も出はじめている。現在，障害年金と妻の収入に頼って生活しているが，子どももいるため，在宅でできる仕事を見つけて収入を得たいと考えている。経済的な問題に加え，今後の介護の問題など考えなければならないことが多く，予後の不安もあって精神的に不安定となっている。特に，病状の進行とともに，家族とコミュニケーションがとりにくくなることを心配している。

問題370 筋萎縮性側索硬化症の症状　□□□

　筋萎縮性側索硬化症（amyotrophic lateral sclerosis：ALS）の進行とともに，今後起こり得る状態として，**最も適切なもの**を1つ選びなさい。

1　言語中枢の障害により，会話ができなくなる可能性がある。
2　運動神経の障害により，間欠性跛行の症状が出る可能性がある。
3　知的障害が進行して，判断能力が低下する可能性がある。
4　尿意や便意がなくなり，失禁することが多くなる可能性がある。
5　呼吸筋が麻痺することによる呼吸不全が起こる可能性がある。

問題 371 介護福祉職の対応

□□□

Mさんから今後の日常生活について相談を受けた介護福祉職の対応として，**最も適切なものを1つ選びなさい。**

1　誤嚥による肺炎（pneumonia）を起こす可能性があるので，すぐに流動食にするように勧めた。

2　衣服は脱ぎ着のしやすさを優先して選ぶようにアドバイスした。

3　重度障害者用意思伝達装置について，情報を提供した。

4　家族の介護負担を考え，おむつの使用を勧めた。

5　人工呼吸器の装着を促した。

問題 372 サービスを規定している法律

□□□

現在，Mさんが訪問系サービスを依頼する場合に使用するサービスを規定している法律として，**正しいものを1つ選びなさい。**

1　「難病法」

2　生活保護法

3　「障害者総合支援法」

4　障害者基本法

5　介護保険法

（注）1　「難病法」とは，「難病の患者に対する医療等に関する法律」のことである。

　　　2　「障害者総合支援法」とは，「障害者の日常生活及び社会生活を総合的に支援するための法律」のことである。

総合問題

（総合問題 12）

次の事例を読んで，**問題 373 から問題 375 まで**について答えなさい。

〔事　例〕

　Ｎさん（65 歳，男性）は，妻と二人暮らしである。妻は喘息がある。娘夫婦は，孫２人と近隣に暮らし，共働きである。Ｎさんは，今後のことを考えて３か月前に自宅を全面リフォームしたが，その直後から家の中をうろうろと歩き回り，落ち着きのない様子が目立つようになった。また，妻と買い物に行くと，勝手に商品を持って帰ったり，それを妻が注意すると大声で怒り出すこともあった。そこで，妻は娘夫婦とも話し合い，Ｎさんについて地域の機関に相談することにした。

問題 373 相談する機関　□□□

　妻がＮさんについて相談する機関として，**最も適切なもの**を１つ選びなさい。

1　居宅介護支援事業所
2　認知症介護研究・研修センター
3　福祉事務所
4　地域包括支援センター
5　地域活動支援センター

問題 374 前頭側頭型認知症の症状や特徴　□□□

相談の後で病院を受診した結果，Ｎさんは前頭側頭型認知症（frontotemporal dementia）と診断された。

Ｎさんにみられる症状や特徴に関する次の記述のうち，**最も適切なもの**を１つ選びなさい。

1　いつも同じ行動をする。
2　過度に感情が表れてしまう。
3　もの盗られ妄想がみられる。
4　見当識障害があり，よく道に迷う。
5　現実的で具体的な幻視がある。

問題 375 利用するサービス　□□□

その後，Ｎさんは要介護２と認定され，訪問介護（ホームヘルプサービス）を利用しながら自宅で生活していた。しかし，妻が体調を崩して入院することになったため，今後のことも考えてＮさんは施設等で生活することが検討されている。

Ｎさんが利用するサービスとして，**最も適切なもの**を１つ選びなさい。

1　夜間対応型訪問介護
2　介護医療院
3　認知症対応型共同生活介護（認知症高齢者グループホーム）
4　小規模多機能型居宅介護
5　通所リハビリテーション

総合問題

執筆者一覧 (五十音順)

秋山　昌江　(聖カタリナ大学人間健康福祉学部　教授)

安藤　美樹　(文京学院大学人間学部人間福祉学科　准教授)

大谷　佳子　(NHK 学園社会福祉士養成課程　講師)

小山内智美　(元東京南看護専門学校　専任教員)

北田　信一　(都立城東職業能力開発センター介護福祉用具科　講師)

久保　元二　(NHK 学園社会福祉士養成課程　講師)

倉田あゆ子　(日本女子大学　准教授)

倉田　郁也　(佐久大学信州短期大学部　准教授)

五條　　幸　(保育・介護・ビジネス名古屋専門学校介護福祉学科　専任教員)

佐伯久美子　(読売理工医療福祉専門学校介護福祉学科　講師)

椎津　美里　(東京医薬看護専門学校看護学科　教員)

島村真理子　(聖カタリナ大学人間健康福祉学部　助教)

田中　秀和　(静岡福祉大学社会福祉学部福祉心理学科　准教授)

谷村　和秀　(愛知学泉短期大学幼児教育学科　准教授)

林　　雅美　(目白大学人間学部人間福祉学科　講師)

人見　優子　(十文字学園女子大学人間生活学部人間福祉学科　准教授)

古市　孝義　(大妻女子大学人間関係学部人間福祉学科　助教 (実習担当))

益川　順子　(宇都宮短期大学人間福祉学科　教授)

松永　　繁　(岩手県立大学社会福祉学部人間福祉学科　講師)

村上　逸人　(同朋大学社会福祉学部　教授)

森　かおり　(河原医療福祉専門学校　専任教員)

八巻　貴穂　(北翔大学生涯スポーツ学部健康福祉学科　准教授)

横尾惠美子　(元聖隷クリストファー大学社会福祉学部　教授)

吉川　直人　(志學館大学人間関係学部心理臨床学科　講師)

介護福祉士国家試験模擬問題集 2025

2024 年 6 月 5 日　発行

編　集……………中央法規介護福祉士受験対策研究会

発行者……………荘村明彦

発行所……………中央法規出版株式会社

　　　　　　〒 110-0016　東京都台東区台東 3-29-1　中央法規ビル
　　　　　　TEL 03-6387-3196
　　　　　　https://www.chuohoki.co.jp/

印刷・製本………………………………株式会社太洋社

本文デザイン……………………………株式会社ジャパンマテリアル

巻頭カラー・装幀デザイン………………二ノ宮匡（ニクスインク）

装幀キャラクター…………………………坂木浩子

定価はカバーに表示してあります。
ISBN978-4-8243-0039-3

A039

中央法規の受験対策書

ここからはじめる！介護福祉士国家試験スタートブック 2025
- 2024 年 4 月刊行　●中央法規介護福祉士受験対策研究会＝編集
- 定価　本体 1,600 円（税別）／ A5 判／ ISBN978-4-8243-0025-6

試験勉強の最初の 1 冊に最適！試験の基本情報や厳選された重要項目を、キャラクターたちが解説。

全部ふりがな付き

介護福祉士国家試験 過去問解説集 2025
第 34 回－第 36 回全問完全解説
- 2024 年 5 月刊行　●中央法規介護福祉士受験対策研究会＝編集
- 定価　本体 3,200 円（税別）／ B5 判／ ISBN978-4-8243-0029-4

過去 3 年分の国家試験全問題を収載！解答および解答を導く考え方、学習のポイントを丁寧に解説。

解説は全部ふりがな付き

書いて覚える！ 介護福祉士国家試験 合格ドリル 2025
- 2024 年 5 月刊行　●中央法規介護福祉士受験対策研究会＝編集
- 定価　本体 2,000 円（税別）／ B5 判／ ISBN978-4-8243-0026-3

過去問から導き出した重要項目を、穴埋め形式などで掲載する「書き込みタイプ」の受験対策書。

全部ふりがな付き

わかる！受かる！ 介護福祉士国家試験 合格テキスト 2025
- 2024 年 5 月刊行　●中央法規介護福祉士受験対策研究会＝編集
- 定価　本体 2,800 円（税別）／ A5 判／ ISBN978-4-8243-0027-0

合格のための基礎知識をわかりやすくまとめたテキスト。ムリなく、ムダなく合格までをサポート。

介護福祉士国家試験 模擬問題集 2025
- 2024 年 6 月刊行　●中央法規介護福祉士受験対策研究会＝編集
- 定価　本体 3,200 円（税別）／ B5 判／ ISBN978-4-8243-0039-3

最新の動向や過去の出題傾向を徹底分析して作問した模擬問題全 375 問を収載。わかりやすい解説付き。

全部ふりがな付き

介護福祉士国家試験 受験ワークブック 2025 ［上］［下］
- 2024 年 6 月刊行　●中央法規介護福祉士受験対策研究会＝編集
- 定価　本体各 3,100 円（税別）／ B5 判／【上】ISBN978-4-8243-0032-4 ／【下】ISBN978-4-8243-0033-1

受験対策書の決定版！「傾向と対策」「重要項目」「一問一答」で合格に必要な知識を徹底解説。

全部ふりがな付き

らくらく暗記マスター 介護福祉士国家試験 2025
- 2024 年 6 月刊行　●中央法規介護福祉士受験対策研究会＝編集
- 定価　本体 1,600 円（税別）／新書判／ ISBN978-4-8243-0037-9

試験のよく出る項目を図表や暗記術を使ってらくらくマスター！ 直前対策にも最適、ハンディな一冊。

介護福祉士国家試験 2025 一問一答ポケットブック
- 2024 年 7 月刊行　●中央法規介護福祉士受験対策研究会＝編集
- 定価　本体 1,600 円（税別）／新書判／ ISBN978-4-8243-0046-1

「○×方式」のコンパクトな問題集。持ち歩きにも便利で、スキマ時間に効率的に学習できる一冊。

全部ふりがな付き

介護福祉士国家試験 よくでる問題 総まとめ 2025
- 2024 年 7 月刊行　●中央法規介護福祉士受験対策研究会＝編集
- 定価　本体 2,000 円（税別）／ A5 判／ ISBN978-4-8243-0047-8

特によく出題されるテーマに的を絞り、総整理。落としてはいけない問題を確実なものにする一冊。

見て覚える！ 介護福祉士国試ナビ 2025
- 2024 年 8 月刊行　●いとう総研資格取得支援センター＝編集
- 定価　本体 2,600 円（税別）／ AB 判／ ISBN978-4-8243-0042-3

出題範囲をスッキリ整理！イラストや図表で全体像を押さえ、記憶に残る効果的な学習法を指南。

介護福祉士
国家試験模擬問題集
2025

解答編

※この解答編は，本体から取りはずしてご使用になれます。

模擬問題
もぎもんだい
解答編
かいとうへん

解答一覧

人間の尊厳と自立

問題	解答番号
1	5
2	5
3	3
4	5
5	1
6	4

人間関係とコミュニケーション

問題	解答番号
7	4
8	3
9	4
10	4
11	4
12	3
13	1
14	4
15	2
16	5
17	2
18	2

社会の理解

問題	解答番号
19	4
20	5
21	5
22	3
23	5
24	5
25	2
26	5
27	3
28	2
29	1
30	1
31	1
32	5
33	5
34	2
35	1
36	4
37	5
38	4
39	2
40	1
41	1
42	4
43	3
44	4
45	5
46	3
47	4
48	5
49	4
50	2
51	2
52	5
53	3
54	2

こころとからだのしくみ

問題	解答番号
55	4
56	3
57	5
58	2
59	3
60	2
61	4
62	1
63	2
64	4
65	5
66	2
67	2
68	2
69	5
70	3
71	1
72	4
73	2
74	3
75	3
76	5
77	4
78	1
79	4
80	3
81	5
82	1
83	5
84	1
85	2
86	2
87	5
88	3
89	4
90	2
91	3
92	2
93	4
94	2
95	5
96	5
97	3
98	4
99	4
100	3

発達と老化の理解

問題	解答番号
101	2
102	2
103	2
104	5
105	2
106	2
107	3
108	4
109	4
110	5
111	4
112	2
113	4
114	2

認知症の理解

問題	解答番号
115	4
116	4
117	3
118	2
119	3
120	3
121	2
122	4
123	3
124	1
125	4
126	4
127	3
128	2
129	4
130	3
131	5
132	5
133	5
134	3
135	4
136	2
137	4
138	3
139	2
140	5
141	4
142	1
143	3
144	5

障害の理解

問題	解答番号
145	4
146	5
147	5
148	4
149	3
150	1
151	4
152	4
153	1
154	4
155	2
156	3
157	2
158	5
159	3
160	1
161	3
162	3
163	4
164	5
165	2
166	5
167	2
168	4
169	4
170	5
171	3
172	2
173	2
174	5

医療的ケア

問題	解答番号
175	2
176	5
177	2
178	2
179	2
180	2

科目名	問題	解答番号
医療的ケア	181	2
	182	1
	183	5
	184	3
	185	3
	186	4
	187	4
	188	1
	189	4
介護の基本	190	3
	191	2
	192	2
	193	4
	194	3
	195	3
	196	2
	197	4
	198	4
	199	3
	200	2
	201	5
	202	3
	203	2
	204	1
	205	3
	206	5
	207	1
	208	1
	209	5
	210	4
	211	3
	212	2
	213	4
	214	3
	215	2
	216	3
	217	4
	218	3
	219	3

科目名	問題	解答番号
コミュニケーション技術	220	2
	221	1
	222	4
	223	5
	224	2
	225	5
	226	5
	227	3
	228	5
	229	5
	230	2
	231	5
	232	4
	233	2
	234	3
	235	4
	236	2
	237	1
生活支援技術	238	3
	239	1
	240	5
	241	4
	242	2
	243	1
	244	3
	245	2
	246	3
	247	5
	248	2
	249	5
	250	2
	251	2
	252	4
	253	4
	254	4
	255	4
	256	3
	257	3
	258	2

科目名	問題	解答番号
生活支援技術	259	1
	260	2
	261	5
	262	3
	263	1
	264	4
	265	4
	266	5
	267	5
	268	3
	269	4
	270	3
	271	3
	272	2
	273	4
	274	5
	275	5
	276	2
	277	5
	278	4
	279	5
	280	3
	281	3
	282	5
	283	1
	284	5
	285	4
	286	4
	287	2
	288	3
	289	4
	290	1
	291	5
	292	1
	293	4
	294	4
	295	3
	296	4
	297	1

科目名	問題	解答番号
生活支援技術	298	2
	299	4
	300	4
	301	5
	302	3
	303	2
	304	3
	305	4
	306	2
	307	3
	308	1
	309	1
	310	4
	311	3
	312	2
	313	4
	314	5
	315	4
	316	2
	317	3
	318	3
	319	4
	320	1
	321	4
	322	2
	323	4
	324	5
介護過程	325	1
	326	4
	327	3
	328	5
	329	4
	330	5
	331	4
	332	3
	333	3
	334	4
	335	4
	336	5

科目名	問題	解答番号
介護過程	337	2
	338	3
	339	4
	340	2
	341	5
	342	4
	343	2
	344	3
	345	5
	346	3
	347	4
	348	5
	349	1
	350	3
総合問題	351	2
	352	5
	353	4
	354	2
	355	4
	356	4
	357	5
	358	4
	359	4
	360	5
	361	3
	362	4
	363	4
	364	1
	365	2
	366	3
	367	2
	368	2
	369	4
	370	5
	371	3
	372	3
	373	4
	374	1
	375	3

解答解説　人間の尊厳と自立

① 解説

解答−5

1＝✗ リッチモンド（Richmond, M.）は，友愛訪問に熱心に取り組み，「ケースワークの母」と呼ばれた。『種の起源』を著したのは，ダーウィン（Darwin, C.）である。

2＝✗ ダーウィン（Darwin, C.）は，イギリスの自然科学者である。『精神分析学入門』を著したのは，フロイト（Freud, S.）である。

3＝✗ フロイト（Freud, S.）は，オーストリアの精神科医であり，精神分析学の創始者である。『ソーシャル・ケース・ワークとは何か』を著したのは，リッチモンド（Richmond, M.）である。

4＝✗ ヘレン・ケラー（Keller, H.）は，アメリカに生まれた視覚と聴覚の重複障害者である。『看護覚え書』を著したのは，イギリスの「近代看護の母」と呼ばれたナイチンゲール（Nightingale, F.）である。

5＝◯ マルサス（Malthus, T.）は，古典派経済学を代表するイギリスの経済学者である。『人口論』の中で貧困原因を貧困者個人の人格（パーソナリティ）の問題としてとらえた。

▶図表1−1　人権や福祉の考え方に影響を与えた人物　整理しておこう！

人名	著書	特徴
リッチモンド (Richmond, M.)	『社会診断』	「ケースワークの母」と呼ばれ，友愛訪問に熱心に取り組んだ。
ダーウィン (Darwin, C.)	『種の起源』	後の「優生思想」や「優生学」に影響を与えた。
フロイト (Freud, S.)	『精神分析学入門』	人間の無意識の研究を行い，人格論や精神医学，精神分析学が，「パーソナリティの強化とは何か」を考えるために影響を与えた。
ヘレン・ケラー (Keller, H.)		1880年に生まれた視覚と聴覚の重複障害者で，教育者・社会活動家として世界各地を歴訪し，障害者の教育・福祉の発展に尽力した。
マルサス (Malthus, T.)	『人口論』	「貧困は，その時代の食糧生産高より人口が上回ることによって起こる自然現象である」と考え，「貧困者の見通しのない結婚や出産が人口増加の原因であり，貧困者を安易に救済すれば，さらに人口を増やすことになり，貧困はもっと大きくなる」と主張した。

4

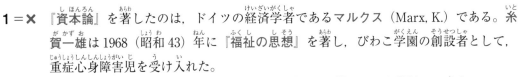

2 解説　　　　　　　　　　　　　　　　　　　　　　　　　　　解答−5

1＝✕　『資本論』を著したのは，ドイツの経済学者であるマルクス（Marx, K.）である。糸賀一雄は 1968（昭和 43）年に『福祉の思想』を著し，びわこ学園の創設者として，重症心身障害児を受け入れた。

2＝✕　1919 年に制定されたドイツのワイマール憲法では，初めて「生存権」が規定された。

3＝✕　1942 年のイギリスのベバリッジ報告では，第二次世界大戦の戦禍を踏まえて，「5 つの巨人悪──貧困・疾病・無知・不潔・無為」の国家的対応が明記された。ワイマール憲法，ベバリッジ報告ともに世界人権宣言に大きな影響を及ぼした。

4＝✕　児童の権利に関する条約（子どもの権利条約）は，1989 年に国際連合で採択され，日本は 1994（平成 6）年に批准した。世界の多くの児童が，今日もなお貧困，飢餓などの困難な状況に置かれていることにかんがみ，世界的な視野から児童の人権の尊重，保護の促進を目指したものである。

5＝◯　バンク－ミケルセン（Bank-Mikkelsen, N.）は，知的障害者の巨大施設への隔離収容が一般的であることに疑問を呈し，「知的障害者の親の会」（親の会）とともに当時の社会大臣へ「ノーマライゼーション」と名付けた要請書を提出している。ノーマライゼーション（normalization）とは，障害のある人たちが地域社会の一員として普通に生活できるように，社会のしくみを変えることであり，環境を重視した考え方である。

3 解説　　　　　　　　　　　　　　　　　　　　　　　　　　　解答−3

　網膜色素変性症（retinitis pigmentosa）は，遺伝性の病気であり，夜盲に始まり，視野狭窄，視力低下が出現する。

1＝✕　アイドルが好きな A さんにとって，コンサートに行くことは楽しみであり，生きがいになっていると考えられる。そのコンサートへの参加を諦めるように促すことは，A さんの意思を否定することにつながる。

2＝✕　同行援護を担当する介護福祉職が移動の支援をほかの人に頼むことは，自身の職務を果たしておらず，適切でない。

3＝◯　事前にコンサート会場への道順や休める場所などを確認しておくことは，初めて行く場所でも安心してコンサートに参加できるための大切な支援である。

4＝✕　コンサートに行くことについて母親の判断に従うように促すことは，A さんの意思を尊重していないため，適切でない。

5＝✕　行動援護は，知的障害や精神障害のために行動することに著しい困難がある障害者（児）に対して，行動する際に生じる危険を回避するために必要な援護や，外出時に

おける移動中の介護，排泄や食事等の介護のほか，行動する際に必要な援助を行う
サービスである。Aさんには知的障害や精神障害はみられないため，適切でない。

4　解説　　　　　　　　　　　　　　　　　　　　　　　　　　解答−5

1＝✗　訪問介護員（ホームヘルパー）は，医師の意見に反対する立場にない。また，Bさん，
　　　Bさんの息子，Bさんの妻の気持ちを確かめずに，訪問介護員が胃ろう造設について
　　　判断すべきではない。

2＝✗　最初からBさんやBさんの妻の意見を聞かず，Bさんの息子の立場となり話を進めて
　　　しまうのは，介護福祉職の職業倫理である日本介護福祉士会倫理綱領における「利用
　　　者本位，自立支援」（図表1−2参照）にそぐわないこととなる。

3＝✗　たとえキーパーソンがBさんの息子であろうと，BさんやBさんの妻の意見を尊重し
　　　ないで話を進めてしまうことは適切でない。

4＝✗　Bさんを除外して，Bさんの息子，Bさんの妻のみで話を進めることは，職業倫理に
　　　おける「利用者本位，自立支援」につながらない。もし，医師に話を聞きに行くこと
　　　が必要であるならば，利用者であるBさん本人も一緒に話を聞きに行く必要がある。

5＝○　職業倫理における「利用者本位，自立支援」により，Bさん自身の意見をBさんの息子，
　　　Bさんの妻に確認してもらうことが最も大切であり，何よりも先行すべき点である。

▶図表1−2　日本介護福祉士会倫理綱領　〔覚えておこう！〕
（1995年（平成7年）11月17日宣言）

前文
①利用者本位，自立支援
②専門的サービスの提供
③プライバシーの保護
④総合的サービスの提供と積極的な連携，協力
⑤利用者ニーズの代弁
⑥地域福祉の推進
⑦後継者の育成

5　解説　　　　　　　　　　　　　　　　　　　　　　　　　　解答−1

　　　高齢者虐待の防止，高齢者の養護者に対する支援等に関する法律（高齢者虐待防止法）では，
高齢者虐待は，身体的虐待，介護等放棄，心理的虐待，性的虐待，経済的虐待をいうとされている。

1＝○　息子の経済的虐待を疑い，上司に相談し，市町村に通報するという対応は適切である。

高齢者虐待防止法第5条では，高齢者の福祉に業務上関係のある団体や養介護施設従事者等は，高齢者虐待の早期発見に努めなければならないとされており，同法第7条では，養護者による高齢者虐待を受けたと思われる高齢者を発見した者は，当該高齢者の生命または身体に重大な危険が生じている場合は，速やかに，これを市町村に通報しなければならない，また，養護者による高齢者虐待を受けたと思われる高齢者を発見した者は，速やかに，これを市町村に通報するよう努めなければならないとされている。

2＝✗ 問題となるのは，息子が無職であることではなく，息子がＣさんの年金を勝手に持って出かけていることである。経済的虐待の可能性があるため，このことについて対応を検討する必要がある。

3＝✗ Ｃさんの気持ちを大切にすることは必要であるが，このままの状態では息子の行動がエスカレートする可能性があるため，対応を検討する必要がある。

4＝✗ 訪問介護員（ホームヘルパー）が直接息子に事実確認をすることで，Ｃさん自身に身の危険が及ぶ可能性もある。家族の関係性などを把握したうえで，事業所としての対応を検討することが適切である。

5＝✗ 訪問介護員が息子の行動を窃盗にあたると判断し警察に通報するのではなく，事業所の上司と相談しながら慎重に対応を検討することが求められる。

---

6 解 説 （解答－4）

1＝✗ エンパワメント（empowerment）とは，権利の侵害や抑圧された状況にある利用者が自分自身の本来の力を取り戻し，その状況を克服していく力（パワー）を獲得していくことである。

2＝✗ ノーマライゼーション（normalization）とは，障害のある人たちが地域社会の一員として普通に生活できるように，社会のしくみを変えることであり，環境を重視した考え方である。デンマークのバンク－ミケルセン（Bank-Mikkelsen, N.）が提唱した。

3＝✗ ソーシャルインクルージョン（social inclusion）とは，社会的包摂・社会的包容力と訳され，障害者や貧困層にとどまらず，子どもや女性，高齢者，移民など，すべての人を社会の一員として包み支え合うという考え方である。

4＝〇 アドボカシー（advocacy）とは，権利擁護を意味する言葉であり，自らの権利やニーズを自分で主張することが困難な人の意思を代弁することである。

5＝✗ インフォームドコンセント（informed consent）とは，「説明に基づく同意」と訳される。医療を必要とする患者もしくはその家族が，医師から医療行為について十分な情報を得ること，およびどのような医療を受けるかを自らが判断することについての両者の同意を指す。

7 解説 解答－4

1＝✕ 選択肢の記述は，自己開示の説明である。自己覚知は，自分の価値観や考え方などを客観的に理解することである。

2＝✕ 選択肢の記述は，ラポールの説明である。自己覚知は，利用者と信頼関係を築くために使われる技術であり，信頼関係を築くことではない。

3＝✕ 自己覚知とは，自己の行動を客観的に分析することである。介護福祉職が利用者との関係において個人的な感情や価値観をもち込んでしまうと，正しい状況認識ができなくなり，信頼関係を築けなくなってしまう。

4＝○ 自分の価値観や先入観で利用者を見ては，偏ったかかわりになり，信頼関係は築けない。よって，自分の性格，感情，行動，意欲などを理解しておく必要がある。

5＝✕ 介護福祉職は，自己覚知を通して，感情や態度を意識的にコントロールし，自己の感情や価値観に左右されない援助を提供することが大切である。

8 解説 解答－3

1＝✕ 相手に自分のことをよく思ってもらうために行う技法は，自己呈示である。自己開示とは，コミュニケーションを通じて，自分の情報を他者に提供することである。

2＝✕ 相手との信頼関係を深めていく際には，かかわりを徐々に進め，適度に自己開示していく必要がある。初対面の段階であまりにも多くの情報を開示してしまうと，相手に負担になることがあるので，人間関係の深さに応じた自己開示が求められる。

3＝○ 自己開示は，良好な人間関係を築くために行うものである。自己開示により自分について話すことは，他者が自分に対して親しみや関心をもち，自分についての理解を深めることにつながり，そのことにより，他者もまた自己開示をしてくれる。その相互の関係によって，互いの理解が深まっていく。

4＝✕ ジョハリの窓（Johari Window）とは，自己覚知を深め，コミュニケーションを円滑にするための分析モデルである（図表2－1参照）。自分自身のこころを1つの窓枠とし，「自分が知っている」「知らない」「他者が知っている」「知らない」という軸で4つに分け，それぞれの窓を①開放の窓，②秘密の窓，③盲点の窓，④未知の窓と呼

ぶ。「開放の窓」とは，自分も相手（他者）もすでに知っている情報のことである。自己開示を進めていく際には，この窓を徐々に広げながら信頼関係を築いていく。

▶図表２－１　ジョハリの窓

主観的な視点

		自分が知っている	自分が知らない
客観的な視点	他者が知っている	① 開放の窓 自分も他者も知っている	③ 盲点の窓 他者は知っているが， 自分は知らない
	他者が知らない	② 秘密の窓 他者は知らないが， 自分は知っている	④ 未知の窓 自分も他者も知らない

出典：介護福祉士養成講座編集委員会編『最新 介護福祉士養成講座①人間の理解（第２版）』中央法規出版, p.91, 2022年

5＝✗　相手の情報を強制的に引き出す技法は尋問である。尋問をしてしまうと，相手は居心地が悪くなってこころを閉ざしてしまうため注意が必要である。

9　解説

解答－4

1＝✗　高齢者とコミュニケーションをとる際は，その人が抱える悩みや苦しみ，つらさなどを自由に表出できる環境が必要である。しかし，人が多い場所ではそのような個人的な感情を打ち明けるのは難しい。また，高齢者は聴覚が低下していることが多く，にぎやかな場所では相手の声が聞き取れない可能性が考えられる。

2＝✗　コミュニケーションをとる際には，表情も大切なメッセージとなるので，相手の表情や動作などが見える程度の範囲にいることや，相手の表情や動作などが見える明るさがある場所で話すことが必要である。

3＝✗　相手は座って，自分は立ったまま話すと，相手を見下ろしてしまうため，相手に威圧感を与えてしまう。コミュニケーションをとる際は，相手と目線の高さを合わせる必要がある。

4＝○　相手と視線が合わせられる位置で話すと，互いが表情を確認でき，相手の意思や感情を把握しやすくなるため，適切である。表情やしぐさ等は非言語的コミュニケーションであり，このほかに態度，身振りも含まれる。これらは，言語的コミュニケーショ

ンとともに，相互理解を深める意味で非常に重要である。

5＝✕　初対面の相手とは心理的距離が遠いので，適度な対人距離をとる必要がある。なれなれしい態度は不快感を与えることがあるため，相手を尊重した言葉づかいや態度を心がけ，その場に応じた対人距離を保つのがよい。

---

10 解説　　　　　　　　　　　　　　　　　　　　　　　　解答－4

　問題焦点型コーピングとは，話し合いをしたり，頼りになる人に相談してトラブルを解決しようとしたりすることで，ストレッサーそのものをなくそうとする対処行動である。

　情動焦点型コーピングとは，運動やダンスなどで身体を動かす，好きな音楽を聴く，ヨガや瞑想などで呼吸を整えるなど，気分転換や気晴らしなどを行うことで，ストレッサーそのものではなく，ストレス反応にはたらきかける対処行動である。また，自分の考え方を変えて，気持ちを変化させることも，情動焦点型コーピングである。

　選択肢4の「話し合うことで解決しようとする」が問題焦点型コーピングであり，それ以外は情動焦点型コーピングである。

　したがって，1＝✕，2＝✕，3＝✕，4＝〇，5＝✕となる。

---

11 解説　　　　　　　　　　　　　　　　　　　　　　　　解答－4

　言語的コミュニケーションとは，言語（話し言葉，書き言葉，手話）を媒介とするコミュニケーションのことである。言語的コミュニケーションでは，メッセージを自由につくることができるが，メッセージの送り手と受け手がそれぞれに違う意味づけをし，両者の間で，認識や理解にずれが生じる可能性を前提とすることが重要となる。一方，非言語的コミュニケーションとは，言語以外の手段によって行われるコミュニケーションのことである。話すときの口調や声の大小・高低などの周辺言語（準言語），表情，姿勢，ジェスチャーなどの身体動作が含まれる。非言語的コミュニケーションは，感情の表現が容易であること，コントロールが難しく，無意識のうちに感情が表れることが特徴である。

　この事例の場合，Aさんの言語メッセージの「大丈夫」という発言と，非言語メッセージの「小さい声」「目を伏せる」「おびえている」という様子から，Aさんの伝えたいことを推察することが必要である。

1＝✕　言語メッセージと非言語メッセージは，同じ内容を伝えていない。

2＝✕　言語メッセージで伝えた内容と，非言語メッセージの内容が一致していない。

3＝✕　言語メッセージで気持ちを伝えているが，無意識のうちに非言語メッセージに感情が表れている。

4 ＝○ 「大丈夫」という言語メッセージと矛盾する内容が,「小さい声」「目を伏せる」「おびえている」という非言語メッセージに表れている。

5 ＝✕ 言語メッセージと非言語メッセージの内容が一致していない。

12 解 説　　　　　　　　　　　　　　　　　　　　　　解答－3

1 ＝✕ 互いが出会って間もない段階で,自分の詳細なプライバシーを明かしても,相手は戸惑ったり,違和感をもったりする場合がある。人間関係の深さに応じて,自己開示していく必要がある。

2 ＝✕ 密接距離とは,当事者間でしか話題にしない個人的な事柄を,ひそひそ声で話す距離のことである。初対面で話す対人距離として適切でない。

3 ＝○ 受容は,対人援助を展開していくために基本となるこころのもちよう(態度)の1つである。援助を求めている人を1人の人格のある人間として受け入れ,その人の周りで起こっている出来事やそれに対するその人の思いや考え方を,ありのままに受け入れる態度である。

4 ＝✕ 援助関係では,利用者一人ひとりを別個の存在としてとらえること(個別化)が大切である。その方法の1つとして,「おじいさん」ではなく,「Cさん」と氏名で呼びかけることで,利用者は「私が呼びかけられている」と自覚し,「この援助者は,自分のことをほかの誰かと同じように扱うのではなく,個人として理解してかかわろうとしている」と感じることができる。

5 ＝✕ 身体接触は,心地よいものとなる場合だけではない。相手との関係性によっては,同じ行為が不快なものとなる場合があるので,初対面の段階から多く行うのは適切でない。

13 解 説　　　　　　　　　　　　　　　　　　　　　　解答－1

　共感とは,相手を基準にして相手の感情を理解することである。相手の抱いている感情を,相手の立場で理解し,その感情に寄り添っていく態度と反応を意味する。対して,同情とは,ある状況におかれた相手を見たときに,自分を基準として相手の感情を理解したと思い,それに反応することである。対人援助においては,共感は援助的人間関係を形成する基本となる。

1 ＝○ 選択肢の言葉かけは,Dさんの抱いている感情を,Dさんの立場で理解しようとしている共感的態度である。

2 ＝✕ 選択肢の言葉かけは,励ましである。Dさんの抱えるつらさに寄り添った言葉かけではない。

3＝✕ 父親のできているところを見るようにすることは大切であるが，父親の介護に対して
つらさを抱えているＤさんに対する言葉かけとしては適切でない。

4＝✕ 選択肢の言葉かけは，同情である。介護福祉職の個人的な経験からＤさんの感情を理
解したと考えているため適切でない。

5＝✕ 選択肢の言葉かけは，助言である。対人援助ではまず相手の感情に寄り添うことが大
切であり，Ｄさんや父親の気持ちを理解しないままアドバイスをするのは適切でない。

14 解説　　　　　　　　　　　　　　　　　　　　　　　　解答－4

　介護を含め，サービスを扱う仕事は，①「かたち」がない（無形性）ために，②生産と消
費を分けることができず（不可分性），③品質が変わっても（品質の変動性）わかりにくく，
④生産品をためておくこともできない（消滅性）の４つの特性が，互いに関連して存在してい
る。

1＝✕ 介護を含め，サービスを扱う仕事は，「かたち」がない。

2＝✕ 介護サービスは，介護福祉職によって生産され，同時に利用者に提供されて消費され
る。そのため提供されたサービスそのもののやり直しはきかない。

3＝✕ 介護サービスは，提供する人によって内容や品質が異なる。また，同じ人でもそのと
きの状況の影響を受けて変動する可能性がある。

4＝○ サービスには「かたち」がないため，サービスそのものを在庫としてためておくこと
はできず，必要時に生産して提供する。

5＝✕ サービスには「かたち」がないため，評価や効果を把握するのは難しい。評価や効果
の測定が行いやすいのは，モノ（製品等）を扱う仕事である。

15 解説　　　　　　　　　　　　　　　　　　　　　　　　解答－2

　法人組織は，大きく分けると，①経営・管理部門，②中間管理部門，③現場部門の３つの部
門に分かれている（図表２－２参照）。この３つの部門がそれぞれの立場で機能と役割に責任
をもつことで，「質の高い介護サービス」が実現する。

1＝✕ 経営基盤を安定させる責任と役割は，経営・管理部門にある。

2＝○ 経営・管理部門には，法令を遵守し，健全な組織運営を行う役割と責任がある。また，
中間管理部門や現場部門の職員にもその内容と重要性を伝え，理解してもらうという
役割と責任がある。

3＝✕ 日常場面での理念や運営方針の共有は，中間管理部門がその役割と責任を担う。ミー
ティングや業務を通じて理念や運営方針の共有がされている。

▶図表 2 − 2　介護サービスを提供する組織の機能と役割

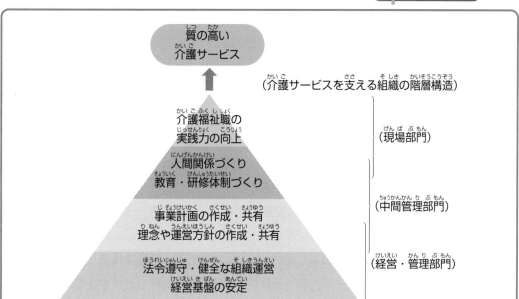

出典：介護福祉士養成講座編集委員会編『最新 介護福祉士養成講座①人間の理解（第 2 版）』中央法規出版，p.261，2022年を一部改変

4 ＝✕　教育・研修計画の作成は，中間管理部門の役割である。教育・研修費用の予算化や資金の確保は，経営・管理部門の役割である。

5 ＝✕　介護福祉職の実践力の向上は，現場部門の役割であるが，その実現には，経営・管理部門と中間管理部門の支えが必要である。

16　解 説　　　　　　　　　　　　　　　　　　　　　解答－5

1 ＝✕　チームワークは，メンバーの活動がチーム全体に影響を与え，チームの活動がメンバーに影響を与えるというグループ・ダイナミクスの関係にある（図表 2 − 3 参照）。グループ・ダイナミクスをはたらかせられるかどうかが，ケアの展開の質に大きくかかわる。

▶図表 2 − 3　グループ・ダイナミクス 覚えておこう！

> グループ・ダイナミクスとは，心理学者のレヴィン（Lewin, K.）によって提唱された集団力学のことである。集団力学とは，人の行動や考え方は，集団によって影響を受け，また，個人の行動や考え方も集団に影響を与えるという特性のことである。

2 ＝✕　選択肢の記述は，リーダーシップの説明である。リーダーシップは，指導力や統率力等，チームをまとめる力，目標へと導く力がその中心的な機能である。

3＝✕ 選択肢の記述は，フォロワーシップの説明である。フォロワーシップは，チームの目標達成のためにフォロワーがリーダーを支える機能のことである。フォロワーシップは，ただ単に「指示に従って動く」ことではなく，チームのために自発的に意見を述べ，自律的に行動をすることを指す。時には，リーダーやチーム全体の誤りを修正することも期待される重要な機能である。

4＝✕ チームにおいて，リーダーシップとフォロワーシップは別々に存在するのではなく，チームワークに必要な一体的な機能として存在する。チームのなかで「リーダーシップとフォロワーシップの双方をどのように効果的に高めていくのか」を考え，実行していくことがチームマネジメントである。

5＝○ グリーンリーフ（Greenleaf, R.）が提唱するサーバントリーダーシップとは，「召し使い（servant）」を意味する「サーバント」と，「リーダーシップ」を統合させた造語である。支え合うことを通してチームワークを育み，目標達成を目指すサーバントリーダーシップは，リーダーがフォロワーへはたらきかけるだけでなく，チームメンバーそれぞれがチームにはたらきかけることの重要性を示している。

---

17 解説 　　　　　　　　　　　　　　　　　　　　　　　　　　　　解答ー**2**

　PDCAサイクルとは，P（Plan：計画）→D（Do：実行）→C（Check：評価）→A（Action：改善）を繰り返すことによって，業務を継続的に改善する手法のことである。

　この問題では，「お花見会」という1つの年間季節行事に関するPDCAサイクルが問われている。この問題におけるPDCAサイクルは図表2－4のようになる。

▶図表2－4　PDCAサイクル 整理しておこう！

Plan（計画）	お花見会を開催する計画を立てる。
Do（実行）	お花見会を開催する。
Check（評価）	お花見会を開催した結果を検証し，課題を明確にする。
Action（改善）	来年のお花見会に向けて，課題を改善する。

　事例の状況は，お花見会を開催した結果，飲食した来客者が「ごみを持ち帰らず，地域のごみ置き場に捨てている」という苦情が近隣住民から寄せられたことを踏まえ，来年のお花見会の運営に関して，職員間で話し合い，対応策を検討した段階であるため，「Check：評価」までが終わっている段階である。よって，「ごみを持ち帰らず，地域のごみ置き場に捨てている」という課題を具体的に改善するための対応策が「Action：改善」に当たる。

　したがって，**1＝✕，2＝○，3＝✕，4＝✕，5＝✕**となる。

1＝✕ 選択肢の記述は，OJT（on-the-job-training）である。日常（にちじょう）の仕事（しごと）を通（つう）じて知識（ちしき）や技術（ぎじゅつ）を伝達（でんたつ）する教育訓練（きょういくくんれん）のことである。

2＝〇 選択肢の記述は，Off-JT（off-the-job-training）である。日常（にちじょう）の仕事（しごと）を離（はな）れた教育訓練（きょういくくんれん）のことである。講義形式（こうぎけいしき），事例研究（じれいけんきゅう）など，目的（もくてき）に合（あ）わせたさまざまな形式（けいしき）で行（おこ）われ，内容（ないよう）も基礎的（きそてき）なものから職位（しょくい）・職務（しょくむ）に応（おう）じて行（おこな）う階層別（かいそうべつ）・職種別研修（しょくしゅべつけんしゅう）まで多様（たよう）である。

3＝✕ 選択肢の記述は，スーパービジョン（supervision）の教育的機能（きょういくてききのう）のことである。スーパービジョンには，図表（ずひょう）2－5のような3つの機能（きのう）がある。

▶図表（ずひょう）2－5 スーパービジョンの機能（きのう）❗違（ちが）いを押（お）さえよう！

機能	ねらい・視点
教育的機能（きょういくてききのう）	介護（かいご）を実践（じっせん）するために必要（ひつよう）な，知識（ちしき）や技術（ぎじゅつ）についての不足（ふそく）や課題（かだい）を発見（はっけん）し，スーパーバイザーである指導者（しどうしゃ）とともに課題解決（かだいかいけつ）に向（む）けていっしょに考（かんが）えていく。
管理的機能（かんりてききのう）	職務（しょくむ）や職責（しょくせき）などに応（おう）じた役割（やくわり）を理解（りかい）し，業務（ぎょうむ）を，みずからが主体的（しゅたいてき）に計画（けいかく）・実行（じっこう）・評価（ひょうか）していく。
支持的機能（しじてききのう）	みずからの課題（かだい）や疑問（ぎもん）をスーパーバイザーに共有（きょうゆう）してもらうことで，介護実践（かいごじっせん）のなかで発生（はっせい），経験（けいけん）するさまざまな不安（ふあん）や葛藤（かっとう）を軽減（けいげん）・解消（かいしょう）していく。

出典（しゅってん）：介護福祉士養成講座編集委員会編（かいごふくししようせいこうざへんしゅういいんかいへん）『最新（さいしん）介護福祉士養成講座（かいごふくししようせいこうざ）①人間（にんげん）の理解（りかい）（第（だい）2版（はん））』中央法規出版（ちゅうおうほうきしゅっぱん），p.241，2022年（ねん）

4＝✕ 選択肢の記述は，SDS（self development system：自己啓発援助制度（じこけいはつえんじょせいど））と呼（よ）ばれる，自己啓発（じこけいはつ）・自己研鑽（じこけんさん）を組織的（そしきてき）に支（ささ）える体制（たいせい）のことである。

5＝✕ 選択肢の記述は，コンサルテーション（consultation）のことである。コンサルテーションとは，人材育成（じんざいいくせい）に限（かぎ）らず，組織体制（そしきたいせい）や事業運営（じぎょううんえい）におよぶ課題（かだい）や問題（もんだい）の解決（かいけつ）にかかわる，専門的（せんもんてき）な相談（そうだん），助言（じょげん）・指導（しどう）やその過程（かてい）のことである。

人間関係（にんげんかんけい）とコミュニケーション

解答解説 社会の理解

19 解 説 　　　　　　　　　　　　　　　　　　　　　解答-4

1 = ✕ 2019 年（令和元年）時点の日本における平均寿命と健康寿命の差は，男性が約 9 年（平均寿命 81.41 歳，健康寿命 72.68 歳），女性が約 12 年（平均寿命 87.45 歳，健康寿命 75.38 歳）である。

2 = ✕ 日本は，1970 年（昭和 45 年）に高齢化率が 7 ％を超え高齢化社会に，1994 年（平成 6 年）に高齢化率が 14 ％を超え高齢社会に，2007 年（平成 19 年）に高齢化率が 21 ％を超え超高齢社会になった。

3 = ✕ ワーク・ライフ・バランスとは，「仕事と生活の調和」のことである。ワーク・ライフ・バランスでは，①就労による経済的自立が可能な社会，②健康で豊かな生活のための時間が確保できる社会，③多様な働き方・生き方が選択できる社会の実現が目指されている。そのため，休暇の取りやすさよりも働くことが優先されるわけではない。

4 = ◯ 「働き方改革」は，働く人々がそれぞれの事情に応じた多様な働き方を選択できる社会を実現するために，長時間労働の是正，多様で柔軟な働き方の実現，雇用形態にかかわらない公正な待遇の確保等のための措置を講じるものである。「働き方改革」は，日本の雇用の多くを担う中小企業や小規模事業者も対象となる。

5 = ✕ 2023 年（令和 5 年）の「労働力調査」（総務省統計局）によると，非正規雇用の割合は，37.0 ％であり，2 分の 1 を上回っていない。

20 解 説 　　　　　　　　　　　　　　　　　　　　　解答-5

1 = ✕ 「国民生活基礎調査」によると，2022 年（令和 4 年）の平均世帯人員は 2.25 人となっている。

2 = ✕ 「国民生活基礎調査」によると，「夫婦と未婚の子のみの世帯」の推移は，2013 年（平成 25 年）が 1489 万 9000 世帯，2022 年（令和 4 年）が 1402 万 2000 世帯と減少傾向にある。

3 = ✕ 「国民生活基礎調査」によると，2022 年（令和 4 年）の世帯総数は 5431 万世帯で，その内「65 歳以上の者のいる世帯」は 2747 万 4000 世帯であり，全世帯の 50.6 ％となっている。

4＝✕ 「国民生活基礎調査」によると，2022年（令和4年）の「65歳以上の者のいる世帯」の世帯構造別の割合は，「夫婦のみの世帯」（882万1000世帯）が32.1％で最も高く，次いで「単独世帯」（873万世帯）で31.8％，「親と未婚の子のみの世帯」（551万4000世帯）で20.1％となっている。

5＝〇 「国民生活基礎調査」によると，2022年（令和4年）の「高齢者世帯」の世帯構造別の割合は，「単独世帯」（873万世帯）が51.6％で最も高く，次いで「夫婦のみの世帯」（756万2000世帯）で44.7％，「その他の世帯」（64万世帯）で3.8％となっている。なお，高齢者世帯とは，65歳以上の者のみで構成するか，またはこれに18歳未満の未婚の者が加わった世帯をいう。

21 解 説 　　　　　　　　　　　　　　　　　　　　　　　　　　　　　解答－5

1＝✕ 社会福祉法人の設立にあたっては，所轄庁の認可を受けることが必要となるが，所轄庁が厚生労働大臣に届出を行う必要はない。なお，国家試験では所轄庁に関する知識も問われるため，図表3－1の所轄庁についても押さえておきたい。

▶**図表3－1　社会福祉法人の所轄庁**　📖整理しておこう！

所轄庁	該当する社会福祉法人
①都道府県知事	②～④以外の社会福祉法人
②市長（特別区の区長を含む）	主たる事務所が市の区域内にある社会福祉法人（③に掲げる社会福祉法人を除く）であってその行う事業が当該市の区域を越えないもの
③指定都市の長	主たる事務所が指定都市の区域内にある社会福祉法人であってその行う事業が1の都道府県の区域内において2以上の市町村の区域にわたるものおよび地区社会福祉協議会である社会福祉法人
④厚生労働大臣	社会福祉法人でその行う事業が2以上の地方厚生局の管轄区域にわたるものであって，厚生労働省令で定めるもの

2＝✕ 社会福祉法第26条第1項において，社会福祉法人は，経営する社会福祉事業に支障がない限り，公益事業と収益事業を行うことができると規定されている。

3＝✕ 2016年（平成28年）の社会福祉法の改正により，2017年（平成29年）から運営の透明性の向上を目的に財務諸表の公表が義務づけられている。

4＝✕ 社会福祉法第40条において，評議員は，監事や理事などの役員又は当該社会福祉法人の職員を兼ねることができないと規定されている。

5＝〇 社会福祉法第48条において，社会福祉法人は，他の社会福祉法人と合併することができると規定されている。また，同法第46条第1項において，社会福祉法人は評議

員会の決議などの事由がある場合には，解散すると規定されていることも押さえておきたい。

22 解 説

解答－3

1＝✕　地域活動支援センターは，障害者の日常生活及び社会生活を総合的に支援するための法律（障害者総合支援法）に基づく，障害者等を通わせ，創作的活動又は生産活動の機会の提供，社会との交流の促進などの便宜を供与することを目的とする施設である。

2＝✕　地域包括支援センターは，介護保険法に基づく，地域住民の心身の健康の保持及び生活の安定のために必要な援助を行うことにより，その保健医療の向上及び福祉の増進を包括的に支援することを目的とする施設である。2005年（平成17年）の介護保険制度改正により創設された。

3＝○　社会福祉協議会は，社会福祉法に基づく，社会福祉に関する事業・活動を行うことにより「地域福祉の推進を図ることを目的とする団体」である。

4＝✕　特別養護老人ホームは，老人福祉法に基づく，一定の要件に該当する65歳以上の者を入所させ，養護することを目的とする施設である。一定の要件とは，「身体上又は精神上著しい障害があるために常時の介護を必要とし，かつ，居宅においてこれを受けることが困難なものが，やむを得ない事由により介護保険法に規定する地域密着型介護老人福祉施設又は介護老人福祉施設に入所することが著しく困難であると認められる場合」などである。

5＝✕　特定非営利活動法人（NPO法人）は，特定非営利活動促進法に基づく，不特定かつ多数のものの利益の増進に寄与することを目的とする特定非営利活動を行うことを主たる目的とする法人である。

23 解 説

解答－5

1＝✕　地域共生社会では，社会的排除（ソーシャルエクスクルージョン（social exclusion：社会的つながりから阻害された状態））をなくし，社会的包摂（ソーシャルインクルージョン（social inclusion：すべての人が社会に参加している状態））を目指すことが望まれている。

2＝✕　地域共生社会では，専門職による多職種連携ならびに，地域住民等との協働による地域連携が求められている。

3＝✕　地域共生社会において専門職に求められるのは，「待ち」の姿勢ではなく，「予防」の視点に基づく，早期発見，早期支援である。

18

4＝✖ 地域共生社会の実現に向けては，国や都道府県，市町村に対し，それぞれ支援体制の構築や技術的助言，財源の確保などの役割が求められている。

5＝◯ 地域共生社会では，地域住民が共に支え合いながら取り組みを進めていくことが求められている。

24 解説 　　　　　　　　　　　　　　　　　　　　　解答－5

1＝✖ 自助には，自分のことを自分ですることに加えて，自らの負担で市場サービスを購入して生活を支えることも含まれる。その他，自助には自分で健康管理をすることも含まれる。

2＝✖ 互助は，社会保険のように制度化された支え合いを含むものではない。互助とは，自発的な相互の支え合いのことである。

3＝✖ 互助には，ボランティア活動や近隣住民の助け合いなどがある。都市部では互助に期待することが難しい一方，都市部以外の地域では互助の機能が期待されている。

4＝✖ 共助は，介護保険制度などの社会保険のように制度化された相互の支え合いのことである。介護保険制度などの社会保険は，被保険者の保険料の負担によりリスクを共有する。生活保護制度は，保険料を出し合って相互に支え合う共助ではなく，公費（税金）の負担による支援であるため公助である。

5＝◯ 公助は，公費（税金）の負担による支援のことである。高齢者に対する高齢者福祉事業や生活困窮者に対する生活保護制度のほかに人権擁護や虐待対策も含まれる。

25 解説 　　　　　　　　　　　　　　　　　　　　　解答－2

1＝✖ 社会保障は，低所得者に限らず，すべての国民を対象にした生活の安定・保障を目的とする制度である（図表3－2参照）。

▶図表3－2 社会保障の範囲（内容別分類）  覚えておこう！

所得保障	生活保護，年金保険，雇用保険など
医療保障	医療保険，医療制度など
社会福祉	児童福祉，障害者福祉，高齢者福祉など

2＝◯ 社会保障制度は，保険料を財源とする社会保険と公費（税金）を財源とする社会扶助に大別される（図表3－3参照）。

▶図表3－3　社会保険と社会扶助　整理しておこう！

社会保険	医療保険，年金保険，雇用保険，労働者災害補償保険，介護保険
社会扶助	公的扶助（生活保護），社会福祉（児童福祉，障害者福祉，高齢者福祉など），社会手当（児童手当，児童扶養手当など）

3＝✕　社会手当には児童手当や児童扶養手当などがある。原則として，現物給付ではなく現金給付である。

4＝✕　生活保護制度のうち，医療扶助と介護扶助は現物給付で行われる。
※扶助の給付の方法・種類については，p.40 の図表3－24 参照。

5＝✕　社会福祉は，一般的に児童，高齢者，障害者など，ハンディキャップ（不利な状態）を負った人に対して，福祉サービスの提供や手当の支給により生活を支援することを目的としている。個人の自己責任による解決が困難な生活上の問題について，サービスの提供を通じて生活の安定・自己実現を支援する。

26　解　説　　　　　　　　　　　　　　　解答－5

1＝✕　戦後すぐの 1940 年代に，戦争による生活困窮者，戦争で親を亡くした子ども，戦争で障害を負った軍人を支援するために，生活保護法，児童福祉法，身体障害者福祉法が制定され福祉三法体制が確立し，1960 年代に精神薄弱者福祉法（現・知的障害者福祉法），老人福祉法，母子福祉法（現・母子及び父子並びに寡婦福祉法）が制定され，福祉六法体制が確立した。なお，現行の生活保護法は，日本国憲法の公布・施行により 1950 年（昭和 25 年）に大改正されたものである。

2＝✕　1973 年（昭和 48 年）から 70 歳以上の老人医療費の無料化が実施されていた。それにより医療財政が圧迫されたため，1982 年（昭和 57 年）に老人保健法（現・高齢者の医療の確保に関する法律）が制定され，70 歳以上の高齢者等の一部負担金が導入された。

3＝✕　1961 年（昭和 36 年）に国民皆年金が実現した。また，同じ年に国民皆保険も実現した。

4＝✕　障害者自立支援法（現・障害者の日常生活及び社会生活を総合的に支援するための法律（障害者総合支援法））は，2005 年（平成 17 年）に制定され，2006 年（平成 18 年）に施行された。1997 年（平成 9 年）に制定されたのは介護保険法である（施行は 2000 年（平成 12 年））。

5＝〇　1951 年（昭和 26 年）に制定された社会福祉事業法が，社会福祉基礎構造改革により，2000 年（平成 12 年）に大幅に改正され，法の名称も社会福祉法になった。

27 解説

1 ＝✕　国民年金の第3号被保険者は，第2号被保険者によって扶養されている配偶者である（図表3－4参照）。

2 ＝✕　国民年金の保険料は，一律の額になる。なお，厚生年金の保険料は，標準報酬月額および標準賞与額にそれぞれ保険料率を乗じて得た額となるため，所得に応じた額となる。

3 ＝○　国籍にかかわらず，要件を満たせば国民年金の被保険者となる。例えば，日本国籍でなくても，日本国内に住所を有する20歳以上60歳未満の者は，国民年金の第1号被保険者となる（ただし，厚生年金の被保険者である場合には，国民年金の第2号被保険者，第2号被保険者の被扶養配偶者である場合には，第3号被保険者となる）（図表3－4参照）。

4 ＝✕　日本では，すべての国民が国民年金に強制的に加入する国民皆年金のしくみをとっている。

5 ＝✕　厚生年金の被保険者は，国民年金の第2号被保険者となる（図表3－4参照）。

▶**図表3－4　国民年金の被保険者**　整理しておこう！

第1号被保険者	日本国内に住所を有する20歳以上60歳未満の非被用者	自営業者，パート労働者など
第2号被保険者	厚生年金の被保険者	サラリーマン，公務員など
第3号被保険者	厚生年金の被保険者の被扶養配偶者（日本国内に住所を有する者または日本国内に住所を有しないが事情を考慮して日本国内に生活の基礎があると認められる者）で20歳以上60歳未満の者	専業主婦など

28 解説

1 ＝✕　いわゆるサラリーマンは健康保険の被保険者，公務員は共済組合の被保険者となる。都道府県が市町村とともに行う国民健康保険（市町村国民健康保険）の被保険者となるのは，自営業者やパート労働者などの非被用者である。

2 ＝○　国民健康保険法の改正により，2018年（平成30年）4月1日から都道府県が市町村とともに国民健康保険を行う保険者となり，財政運営については都道府県が中心的な役割を果たすこととなった。

3 ＝✕　都道府県が市町村とともに行う国民健康保険の被保険者は，都道府県の区域内に住所を有する者である。

4 ＝✕　傷病手当金の支給は義務づけられていない。市町村は，条例または規約の定めるとこ

ろにより，傷病手当金の支給を行うことができるとされている。傷病手当金とは，被保険者が療養のため就労不能となり，十分な給与等が得られない場合に支給されるものである。

5＝✕　生活保護を受けている世帯（その保護を停止されている世帯を除く）に属する者は，国民健康保険の被保険者とならない。そのため，医療費は生活保護の医療扶助での負担となる。なお，生活保護を受ける場合でも，健康保険などはそのまま加入し続けることができる場合もあるため，違いを整理しておきたい（図表3－5参照）。また，関連するポイントとして，生活保護を受けることによって医療保険の加入者でなくなった場合，介護保険の第2号被保険者でなくなる点についても押さえておきたい。

▶図表3－5　生活保護と医療保険の関係  整理しておこう！

| 国民健康保険 | 生活保護を受けると，国民健康保険から脱退しなくてはならない。 |
| 健康保険など | 生活保護を受けても，健康保険などに加入し続けることができる場合もある。 |

29 解説　　　　　　　　　　　　　　　　　　　　　　解答－1

1＝○　都道府県および市町村が保険者となる市町村国民健康保険は，自営業，無職の人（定年後を含む）など，被用者保険に加入していない人が加入する医療保険である。

2＝✕　健康保険は，企業に雇われている従業員が加入する医療保険である。被保険者本人のほかに，被保険者により生計を維持されている3親等以内の被扶養者も健康保険の対象となる。

3＝✕　後期高齢者医療制度は，75歳以上（65歳以上75歳未満の一定の障害がある者を含む）の後期高齢者を対象にした医療保険である。

4＝✕　共済組合保険は，国家公務員，地方公務員，私立学校の教職員が加入する医療保険である。組合員（加入者）本人のほかに，組合員（加入者）により生計を維持されている3親等以内の被扶養者も共済組合の対象となる。

5＝✕　国民健康保険組合は，企業や官公庁に雇われている人が加入する被用者保険に加入していない人で，医師，歯科医師，弁護士，税理士など業種ごとに組織される国民健康保険である。

30 解説　　　　　　　　　　　　　　　　　　　　　　解答－3

1＝✕　雇用保険とは，労働者が失業した場合や雇用の継続が難しい場合などに必要な保険給付を行う制度である。選択肢の記述は，労働者災害補償保険のことである。

2 =✕ 雇用保険の保険料は，雇用主と労働者が半分ずつ負担する。ただし，雇用保険における雇用対策となる雇用保険二事業（雇用安定事業と能力開発事業）については，雇用主が全額保険料を負担する。

3 =○ 労働保険である雇用保険と労働者災害補償保険については，どちらも政府が管掌する制度である。

4 =✕ 労働者災害補償保険は，パートやアルバイトなどの雇用形態に関係なく，原則としてすべての労働者が対象となる。

5 =✕ 労働者災害補償保険の保険料は，原則として雇用主がすべて負担することになっており，労働者が保険料を負担することはない。

---

31 解 説　　　　　　　　　　　　　　　　　　　　　　　　　　解答－1

1 =○ 2021年度（令和3年度）の社会保障給付費の総額は，138兆7433億円であり，130兆円を超えている。

2 =✕ 2021年度（令和3年度）の国民1人あたりの社会保障給付費は110万5500円であり，100万円を超えている。

3 =✕ 社会保障給付費を部門別でみると，「医療」が47兆4205億円（34.2％），「年金」が55兆8151億円（40.2％），「福祉その他」が35兆5076億円（25.6％）となっており，「年金」の割合が最も大きい。

4 =✕ 社会保障給付費を機能別でみると，上位から順に，「高齢」が58兆7204億円（42.3％），「保健医療」が45兆8954億円（33.1％），「家族」が13兆513億円（9.4％）となっており，「高齢」の割合が最も大きい。

5 =✕ 社会保障財源は総額163兆4388億円となった。内訳は，社会保険料が75兆5227億円（46.2％），公費負担が66兆1080億円（40.4％），資産収入が14兆4605億円（8.8％），その他が7兆3477億円（4.5％）となっており，社会保険料の割合が最も大きい。なお，社会保障財源の総額には，給付費に加えて，管理費および施設整備費等の財源も含まれる。

---

32 解 説　　　　　　　　　　　　　　　　　　　　　　　　　　解答－5

1 =✕ 介護医療院は，2018年（平成30年）に創設された（図表3－6参照）。

2 =✕ 地域支援事業は，2006年（平成18年）に創設された（図表3－6参照）。

3 =✕ 2021年（令和3年）に施行された介護保険法により，市町村は地域支援事業を実施するにあたり，介護保険等関連情報その他必要な情報を活用し，適切かつ有効に実施

▶図表3－6　介護保険制度の主な改正内容　整理しておこう！

改正年	施行年	改正内容
2005年 （平成17年）	2006年 （平成18年）	・予防給付の創設 ・地域支援事業の創設 ・施設の居住費と食費の見直し（原則，利用者負担に）※2005年（平成17年）施行 ・地域密着型サービスの創設 ・地域包括支援センターの創設
2008年 （平成20年）	2009年 （平成21年）	・法令遵守等の業務管理体制整備の義務づけ ・事業者の本部等に対する立入検査権の創設
2011年 （平成23年）	2012年 （平成24年）	・定期巡回・随時対応型訪問介護看護の創設 ・複合型サービス（看護小規模多機能型居宅介護）の創設 ・介護予防・日常生活支援総合事業の創設
2014年 （平成26年）	2015年 （平成27年）	・予防給付であった訪問介護（ホームヘルプサービス）と通所介護（デイサービス）を地域支援事業へ移行※2015年（平成27年）4月から2017年（平成29年）3月末までに各市町村で実施 ・新しい介護予防・日常生活支援総合事業の創設※2015年（平成27年）4月から2018年（平成30年）3月末までに各市町村で実施 ・介護老人福祉施設の新規入所者が原則として要介護3以上に ・低所得者の保険料の軽減割合を拡大 ・一定以上の所得のある第1号被保険者の自己負担を2割に引き上げ ・低所得の施設利用者の居住費と食費を補う補足給付の対象者を縮小※一部は2016年（平成28年）施行
2017年 （平成29年）	2018年 （平成30年）	・介護医療院の創設 ・共生型サービスの創設 ・2割負担の第1号被保険者のうち特に所得の高い利用者の自己負担を3割に引き上げ ・介護納付金への総報酬割の導入※2017年（平成29年）施行
2020年 （令和2年）	2021年 （令和3年）	・認知症施策の地域社会における総合的な推進に向けた国と地方公共団体の努力義務を規定 ・市町村の地域支援事業における介護保険等関連情報その他必要な情報の活用の努力義務を規定 ・介護保険事業（支援）計画の記載事項として，介護人材確保と業務効率化の取り組みを追加
2023年 （令和5年）	2024年 （令和6年）	・介護情報基盤の整備 ・介護サービス事業者の財務状況等の見える化 ・介護サービス事業所等における生産性の向上に資する取り組みにかかる努力義務 ・看護小規模多機能型居宅介護のサービス内容の明確化 ・地域包括支援センターの体制整備等

するよう努めるものとされた（図表3－6参照）。

4＝✕　一定以上の所得のある第1号被保険者の自己負担割合が2割とされたのは，2015年（平成27年）である。さらに，2018年（平成30年）より，2割負担の第1号被保険者のなかで特に所得の高い利用者の自己負担割合が3割とされた（図表3－6参照）。

5＝○　2021年（令和3年）に施行された介護保険法により，介護保険事業（支援）計画の記載事項に介護人材確保と業務効率化の取り組みが追加された（図表3－6参照）。

33 解説　　　　　　　　　　　　　　　　　　　　　　　　　　解答－5

1＝✕　被保険者の資格管理は，保険者である市町村および特別区が行う。

2＝✕　要介護認定の取消しは，市町村が行う。要介護認定を取り消すことができるのは，要介護者に該当しなくなったと認めるときや，要介護認定の調査に応じないとき等である。

3＝✕　要介護認定の基準は，全国一律の基準として国が設定する。

4＝✕　居宅サービス事業者の指定は，都道府県が行う（図表3－7参照）。

5＝○　地域密着型サービス事業者の指定は，市町村が行う（図表3－7参照）。

▶図表3－7　事業者の指定　📖整理しておこう！

都道府県知事が指定	市町村長が指定
・居宅サービス事業者 ・介護保険施設※ ・介護予防サービス事業者	・地域密着型サービス事業者 ・地域密着型介護予防サービス事業者 ・居宅介護支援事業者 ・介護予防支援事業者

※：介護老人福祉施設は「指定」だが，介護老人保健施設と介護医療院は「許可」。

34 解説　　　　　　　　　　　　　　　　　　　　　　　　　　解答－2

1＝✕　介護保険の保険者は，市町村および特別区である。なお，小規模な市町村については，近隣の市町村が共同で保険者となる広域連合や一部事務組合などの形態もある。

2＝○　第1号被保険者は，市町村の区域内に住所を有する65歳以上の者である。

3＝✕　第2号被保険者は，市町村の区域内に住所を有する40歳以上65歳未満の医療保険加入者である。医療保険への加入は，第2号被保険者のみの要件である。

4＝✕　第1号被保険者の保険料は，市町村が直接徴収する普通徴収と年金からの天引きによる特別徴収がある。なお，第2号被保険者の保険料は，医療保険者が徴収する。

5＝✕　保険給付に関する事務は，保険者である市町村および特別区の役割である。

35 解 説　　　　　　　　　　　　　　　　　　　　　　　　　　　解答－1

1＝〇　介護給付に必要な費用は，利用者負担を除いて，公費 50％と保険料 50％で負担することとなっている。公費は国，都道府県，市町村で負担の割合が異なる。第 1 号被保険者と第 2 号被保険者の負担割合は，国によって 3 年ごとに定められている。

▶図表 3 － 8　介護保険の財源構成(2024 年度(令和 6 年度)～2026 年度(令和 8 年度))　　整理しておこう！

	国	都道府県	市町村	保険料（1号）	保険料（2号）
介護給付費	25.0％※	12.5％	12.5％	23.0％	27.0％
施設等給付費	20.0％※	17.5％	12.5％	23.0％	27.0％

※：調整交付金を含む。

2＝✕　介護保険サービスを利用するには，保険者である市町村に要介護認定の申請をしなければならない。

3＝✕　要介護認定の審査および判定は，市町村に設置される介護認定審査会によって行われる。介護保険審査会は，都道府県に設置され，保険給付に関する処分（要介護認定に関する処分を含む）または保険料に関する処分に不服がある場合に審査請求を受理し，審理・裁決を行う機関である。

4＝✕　介護保険サービスの利用契約の際に利用者または家族に行う重要事項の説明は，文書または出力して文書を作成することができる方法で行わなければならない（図表 3 － 9 参照）。電話は文書を作成することができる方法ではないため，誤りである。

5＝✕　介護保険サービスの利用者負担は，原則として 1 割である。ただし，2015 年（平成 27 年）に施行された介護保険制度の改正により，一定以上の所得のある第 1 号被保険者の負担が 2 割とされ，さらに 2018 年（平成 30 年）に施行された介護保険制度の改正により，一定以上の所得のある第 1 号被保険者のうちより所得の高い利用者の負担が 3 割とされた。

▶図表 3 － 9　介護保険サービスの利用契約のポイント　覚えておこう！

①事前に利用申込者または家族に対し，重要事項説明書を交付して説明を行うこと
②サービス提供の開始について利用申込者の同意を得なければならないこと（認知症（dementia）などのため，利用申込者の判断能力が不十分な状態になっている場合には，成年後見制度などを活用する必要がある）
③文書での交付以外に，メールでの送信や CD-ROM などで重要事項説明書を提供することができるが，その場合，利用申込者または家族が出力して文書を作成することができるものでなければならないこと

36 解説　　　　　　　　　　　　　　　　　　　　解答－4

　介護予防・日常生活支援総合事業は，市町村が主体となって実施する地域支援事業の1つである。その他にも，地域包括支援センター等が行う「包括的支援事業」，市町村の判断により行う「任意事業」がある。

1＝✕　総合相談支援業務は，包括的支援事業である。高齢者やその家族からの相談を総合的に受け止めて，地域の適切なサービスや機関または制度につなげていく事業である。

2＝✕　介護給付等費用適正化事業は，任意事業である。不要なサービスが提供されていないかを検証し，利用者に適切なサービスが提供されるよう整備するとともに，介護給付等の費用の適正化を行う事業である。

3＝✕　認知症総合支援事業は，包括的支援事業である。認知症になっても，できる限り住み慣れた地域で暮らしていくために，認知症初期集中チームや認知症地域支援推進員を配置する事業である。

4＝○　第一号訪問事業（訪問型サービス）は，介護予防・日常生活支援総合事業である。要支援者，事業対象者，継続利用要介護者を対象に掃除，洗濯等の日常生活の支援を提供するサービスである。

5＝✕　家族介護支援事業は，任意事業である。家族介護者を対象にした介護教室の開催や認知症高齢者見守り体制の構築のほか，家族の負担軽減を目的とした事業を実施する。

▶図表3－10　地域支援事業　　整理しておこう！

①介護予防・日常生活支援総合事業（総合事業）

●介護予防・生活支援サービス事業（第一号事業）
　・第一号訪問事業（訪問型サービス）　・第一号生活支援事業（その他生活支援サービス）
　・第一号通所事業（通所型サービス）　・第一号介護予防支援事業（介護予防ケアマネジメント）※1
●一般介護予防事業

②包括的支援事業

●地域包括支援センターの運営として行われる事業
　・第一号介護予防支援事業（介護予防ケアマネジメント）※2
　・総合相談支援業務　・権利擁護業務　・包括的・継続的ケアマネジメント支援業務
●社会保障を充実させるための事業
　・在宅医療・介護連携推進事業　・認知症総合支援事業
　・生活支援体制整備事業　　　　・地域ケア会議推進事業

③任意事業

　・介護給付等費用適正化事業　・家族介護支援事業　・その他の事業

※1：要支援1・2，基本チェックリスト該当者を対象としている。
※2：基本チェックリスト該当者を対象としている。

解 説

1＝✕　介護支援専門員実務研修受講試験は，都道府県知事が実施する。

2＝✕　介護福祉士の場合，介護支援専門員実務研修受講試験を受験するためには，登録日以降に，当該資格にかかわる業務に従事した期間が通算して5年以上，かつ，従事した日数が900日以上必要となる。

3＝✕　名義貸しの禁止，信用失墜行為の禁止，秘密保持義務などの介護支援専門員（ケアマネジャー）の義務は，介護保険法に規定されている。

4＝✕　介護支援専門員証の有効期間は5年である。

5＝○　介護保険施設（介護老人福祉施設・介護老人保健施設・介護医療院）には，介護支援専門員の配置が義務づけられている。介護保険施設の介護支援専門員は，施設サービス計画（ケアプラン）の作成を担当する。

38 **解 説**

解答－4

1＝✕　認知症対応型共同生活介護（認知症高齢者グループホーム）を受給している場合は，居宅療養管理指導以外のサービスを利用することができないため，認知症対応型通所介護は利用できない。

2＝✕　選択肢1のとおり，居宅療養管理指導以外のサービスを利用することができないため，訪問介護（ホームヘルプサービス）を利用することはできない。

3＝✕　認知症高齢者グループホームに入居する場合は，認知症高齢者グループホームの計画作成担当者が認知症対応型共同生活介護計画を作成することになっており，地域の居宅介護支援事業所にケアプランの作成を依頼することはない。

4＝○　選択肢3のとおり，認知症高齢者グループホームの計画作成担当者が，認知症対応型共同生活介護計画を作成する。計画作成担当者のうち1人以上は介護支援専門員（ケアマネジャー）でなければならない。

5＝✕　認知症対応型共同生活介護計画の作成にあたっては，その内容について利用者またはその家族に対して説明し，利用者の同意を得ることとされている。

39 **解 説**

解答－2

　「合理的配慮」については，障害を理由とする差別の解消の推進に関する法律（障害者差別解消法）において，「障害者から現に社会的障壁の除去を必要としている旨の意思の表明があった場合において，その実施に伴う負担が過重でないときは，障害者の権利利益を侵害すること

とならないよう，当該障害者の性別，年齢及び障害の状態に応じて，社会的障壁の除去の実施について必要かつ合理的な配慮をしなければならない」と規定されている。

　事例の記述から，Dさんの状態は，「全盲であること」「点字の教科書を用いることでふだんの授業を受講していること」が読み取れる。そのため，Dさんの状態に応じた合理的配慮としては，「点字の問題を作成すること」が適切である。また，点字を読み取ることには時間が必要となるため，「試験時間を延長すること」も必要かつ合理的な配慮といえる。

　したがって，1 ＝ ✕，2 ＝ ◯，3 ＝ ✕，4 ＝ ✕，5 ＝ ✕ となる。

---

40 解説 　　　　　　　　　　　　　　　　　　　　　　　　　　　　解答－1

1 ＝◯　障害者基本法の 2011 年（平成 23 年）の改正において，「障害がある者にとって日常生活又は社会生活を営む上で障壁となるような社会における事物，制度，慣行，観念その他一切のもの」として第 2 条第 2 号において，社会的障壁が定義された。

2 ＝✕　社会的慣習とは，ある社会において代々受け継がれてきたルールや礼儀を指す。

3 ＝✕　バリアフリーとは，障害者等が社会生活を営む上で支障となる物理的，精神的な障壁を取り除くことで，誰もが快適に暮らせるようにしようとする考え方である。

4 ＝✕　ノーマライゼーション（normalization）とは，日本語では「正常化」と訳されるもので，障害者が地域社会の一員として，障害のない人と同じような普通の生活が送れるように，環境条件を整えるべきであるとする考え方である。

5 ＝✕　社会的孤立とは，家族や地域社会との接点が希薄で，社会的な安定性をもたない状態を指す。

---

41 解説 　　　　　　　　　　　　　　　　　　　　　　　　　　　　解答－1

　障害者の日常生活及び社会生活を総合的に支援するための法律（障害者総合支援法）の障害者の定義は，身体障害者・知的障害者・精神障害者（発達障害者を含む）・難病患者等であって，18 歳以上の者である。各法律における障害者の具体的な規定についても問われるため，図表 3 - 11 で整理しておきたい。

1 ＝◯　障害者は，18 歳以上の者と規定されているため，18 歳未満の者は障害者の定義に含まれない。児童福祉法において，18 歳未満の者は障害児と規定されている。

2 ＝✕　年齢の上限は定められていないため，65 歳以上の者も障害者の定義に含まれる。

3 ＝✕　難病患者も，障害者の定義に含まれる。

4 ＝✕　自閉症（autism）のある者は，発達障害者支援法に規定されている発達障害者であるため，障害者の定義に含まれる。

5＝✕　統合失調症（schizophrenia）のある者は，精神保健及び精神障害者福祉に関する法律（精神保健福祉法）に規定されている精神障害者であるため，障害者の定義に含まれる。

▶図表 3 − 11　障害者の具体的な規定　覚えておこう！

身体障害者	・都道府県知事から身体障害者手帳の交付を受けたもの
精神障害者	・統合失調症のある者 ・精神作用物質による急性中毒又はその依存症のある者 ・その他の精神疾患のある者
発達障害者	・自閉症のある者 ・アスペルガー症候群のある者 ・広汎性発達障害のある者 ・学習障害のある者 ・注意欠陥多動性障害のある者　など

42 解説　　　　　　　　　　　　　　　　　解答−4

1＝✕　障害者の日常生活及び社会生活を総合的に支援するための法律（障害者総合支援法）のサービスを利用する場合，障害者または障害児の保護者は，市町村に支給決定の申請をする。

2＝✕　障害支援区分の審査・判定は，市町村審査会が行う。審査・判定を行うにあたって必要があると認めるときは，その対象となる障害者等，その家族，医師その他の関係者の意見を聴くことができる。基幹相談支援センターは，地域における相談支援の中核的な役割を担う機関であり，市町村が設置する。

3＝✕　手すりは，介護保険法で規定される福祉用具貸与の種目である。障害者総合支援法で規定される補装具と介護保険法で規定される福祉用具については，混同しないように整理しておきたい（図表 3 − 12 参照）。

4＝○　利用者負担は，家計の負担能力に応じて上限額が定められており，応能負担である。ただし，その上限額が同一の月に受けたサービスの費用の 1 割を超える場合には，利用者負担は 1 割となる。法律の成立当初は応益負担であったが，2010 年（平成 22 年）の法改正により 2012 年（平成 24 年）から応能負担に改められた（図表 3 − 13 参照）。

5＝✕　地域活動支援センターは，障害者に創作的活動・生産活動の機会を提供することにより，社会との交流を促進し，自立した生活を支援する施設である。障害者の医学的・心理学的判定を行うのは，都道府県の機関である身体障害者更生相談所と知的障害者

更生相談所である。

▶図表3−12 補装具と福祉用具　整理しておこう！

補装具	①義肢，②装具，③座位保持装置，④視覚障害者安全つえ，⑤義眼，⑥眼鏡，⑦補聴器，⑧人工内耳（人工内耳用音声信号処理装置の修理に限る），⑨車いす，⑩電動車いす，⑪座位保持いす，⑫起立保持具，⑬歩行器，⑭頭部保持具，⑮排便補助具，⑯歩行補助つえ，⑰重度障害者用意思伝達装置
福祉用具	【福祉用具貸与】 ①車いす，②車いす付属品，③特殊寝台，④特殊寝台付属品，⑤床ずれ防止用具，⑥体位変換器，⑦手すり，⑧スロープ，⑨歩行器，⑩歩行補助つえ，⑪認知症老人徘徊感知機器，⑫移動用リフト（つり具の部分を除く），⑬自動排泄処理装置 【特定福祉用具販売】 ①腰掛便座，②自動排泄処理装置の交換可能部品，③排泄予測支援機器，④入浴補助用具，⑤簡易浴槽，⑥移動用リフトのつり具の部分，⑦スロープ※，⑧歩行器（歩行車を除く）※，⑨歩行補助つえ（松葉づえを除く）※

※：2024年（令和6年）4月から福祉用具の貸与と販売の選択制が導入され，特定福祉用具販売の種目に⑦⑧⑨が追加された。

▶図表3−13 応能負担と応益負担　整理しておこう！

応能負担	支払い能力に応じた負担
応益負担	受益の程度（サービスの利用量）に応じた負担

---

43 解説　　　　　　　　　　　　　　　　　　　解答−3

　F生活介護事業所は，共生型サービスの指定を受けている。共生型サービスとは，2017年（平成29年）の介護保険法の改正で2018年（平成30年）に創設されたもので，高齢者と障害児・障害者が同一事業所でサービスを受けやすくするために，介護保険制度と障害福祉制度にまたがるサービスとして創設された（図表3−14参照）。F生活介護事業所は，共生型サービスの指定を受けているため，65歳以降も引き続き同一事業所でサービスを利用できる。

　したがって，1＝✕，2＝✕，3＝○，4＝✕，5＝✕となる。

社会の理解

▶図表3－14　共生型サービス　📖整理しておこう！

	介護保険サービス		障害福祉サービス等
ホームヘルプサービス	訪問介護	⇔	居宅介護 重度訪問介護
デイサービス	通所介護 （地域密着型を含む）	⇔	生活介護※1 自立訓練（機能訓練・生活訓練） 児童発達支援※2 放課後等デイサービス※2
ショートステイ	短期入所生活介護 （予防を含む）	⇔	短期入所

※1：主として重症心身障害者を通わせる事業所を除く。
※2：主として重症心身障害児を通わせる事業所を除く。

44　解説　　　　　　　　　　　　　　　　　　　解答－4

1＝✕　身体障害者福祉センターは，身体障害者福祉法に基づく施設であり，無料または低額な料金で，身体障害者に関する各種の相談に応じ，身体障害者に対し，機能訓練，教養の向上，社会との交流の促進およびレクリエーションのための便宜を総合的に供与する施設であるため，適切でない。

2＝✕　地域包括支援センターは，介護保険法に基づく施設であり，包括的支援事業などの事業を実施し，地域住民の心身の健康の保持および生活の安定のために必要な援助を行うことにより，その保健医療の向上および福祉の増進を包括的に支援することを目的とする施設であるため，適切でない。

3＝✕　一般相談支援事業者は，障害者の日常生活及び社会生活を総合的に支援するための法律（障害者総合支援法）に基づく事業者であるが，基本相談支援と地域相談支援を提供する事業者であるため，適切でない（図表3－15参照）。

4＝○　特定相談支援事業者は，障害者総合支援法に基づく事業者であり，基本相談支援と計画相談支援を行う事業者である。計画相談支援として，障害福祉サービスなどの種類や内容を記載したサービス等利用計画を作成する「サービス利用支援」を提供する事業者であるため，Gさんのサービス等利用計画を作成する機関として適切である（図表3－15参照）。

5＝✕　居宅介護支援事業者は，介護保険法に基づく事業者であり，居宅サービス等の種類や内容などを定めた居宅サービス計画を作成する「居宅介護支援」を提供する事業者であるため，適切でない。

▶図表3-15　障害者の地域生活を支援する主な機関　整理しておこう!

特定相談支援事業者	基本相談支援	・相談,情報の提供,助言 ・障害福祉サービス事業者等との連絡調整(サービス利用支援以外)
	計画相談支援	・サービス等利用計画の作成(サービス利用支援)
一般相談支援事業者	基本相談支援	・特定相談支援事業者の「基本相談支援」と同じ
	地域相談支援	・地域移行支援 ・地域定着支援
協議会		・困難事例への対応のあり方に関する協議,調整 ・地域の関係機関によるネットワーク構築
基幹相談支援センター		・地域における相談支援の中核的な役割を担う機関 ・障害者相談支援事業 ・成年後見制度利用支援事業 ・福祉に関する必要な情報の提供 ・相談,助言
各障害福祉サービス事業者		・個別支援計画の作成 ・各サービスの提供

45 解説　　　　　　　　　　　　解答-5

1=✕　Hさんの母親の病状がはっきりとわからないなかで,介護福祉職が入院を勧めることは望ましくない。また,入院を勧めるのは,「これからも共に暮らしていきたい」というHさんの希望を無視した提案である。

2=✕　セカンドオピニオンを勧めることは,Hさんの母親の病状がわからないなかで行うべきではない。

3=✕　この場面はHさんがこれからも母親と共に暮らしていくためにどのようにすればよいか検討するのが最優先である。Hさんにクリニックを受診するように勧めることは適切でない。

4=✕　Hさんの仕事が現在どのような状況にあるかわからないなかで,問題文のような助言を行うことは望ましくない。

5=○　地域包括支援センターでは,保健・福祉・医療などさまざまな分野から高齢者の生活の支援を行っている。Hさんに地域包括支援センターという社会資源を紹介し,これからの生活を考えるうえで,介護保険サービスに関する情報を得るように助言を行うことは,今後の在宅生活の可能性を広げることにつながる。

46 解 説

解答－3

1＝✕ 個人情報の保護に関する法律（個人情報保護法）における個人情報は，図表 3 － 16 のように定義されている。免許証番号は，図表 3 － 16 の②にあたるため，個人情報に含まれる。

2＝✕ 音声や動作は，図表 3 － 16 の①にあたるため，個人情報に含まれる。

▶**図表 3 － 16　個人情報保護法における個人情報の定義**　　覚えておこう！

「個人情報」とは，生存する個人に関する情報であって，次の①②のいずれかに該当するものをいう。
① 氏名・生年月日その他の記述等（文書・図画・電磁的記録に記載・記録され，または音声・動作その他の方法を用いて表された一切の事項）により特定の個人を識別することができるもの
② 個人識別符号（DNA・指紋・免許証番号・マイナンバーなど）が含まれるもの

3＝○ 個人情報を第三者に提供する場合には，原則として本人の同意が必要である。しかし，人の生命，身体または財産の保護のために必要がある場合であって，本人の同意を得ることが困難であるときなどは本人の同意を得なくともよい。

4＝✕ 学生の実習への協力のために，利用者の個人情報を明示することは禁じられていない。

5＝✕ サービス担当者会議において個人情報を出すことは禁じられていない。介護関係事業者の通常の業務で想定される利用目的の 1 つである。

47 解 説

解答－4

1＝✕ 成年後見制度には，法定後見制度と任意後見制度がある（図表 3 － 17 参照）。家庭裁判所が成年後見人を選任するのは，法定後見制度である。任意後見制度は，本人に十分な判断能力があるときに，あらかじめ，本人が任意後見人となる人やその人に代理権を付与する事務の内容を定めておく制度である。

2＝✕ 法定後見制度の類型は，「後見」「保佐」「補助」の 3 つである。

3＝✕ 「成年後見関係事件の概況（令和 5 年 1 月～12 月）」によると，成年後見関係事件における申立人は，市区町村長 9607 件（23.6％），本人 9033 件（22.2％），本人の子 8132 件（20.0％）で，市区町村長が最も多い。

4＝○ 成年後見人には，本人の親族以外にも，法律や福祉の専門家，福祉関係の公益法人などの法人も選ばれることがある（図表 3 － 18 参照）。

5＝✕ 法定後見の申し立てをすることができるのは，本人，配偶者，四親等内の親族，検察官，市区町村長などである（図表 3 － 18 参照）。

▶図表3－17　成年後見制度　覚えておこう！

成年後見制度とは，認知症高齢者，知的障害者，精神障害者など，判断能力が不十分であるために法律行為の意思決定が不十分または困難な人を後見人などが保護する制度である。

```
                        ┌─ 法定後見制度　本人の判断能力が低下した後に利用する
成年後見制度 ───────┤
                        └─ 任意後見制度　本人の判断能力が低下する前に，本人が後見人や
                                          契約内容を決めて契約する
```

▶図表3－18　法定後見制度の概要　整理しておこう！

	後見	保佐	補助
対象者	判断能力が欠けているのが通常の状態の人（成年被後見人）	判断能力が著しく不十分な人（被保佐人）	判断能力が不十分な人（被補助人）
申立人	本人，配偶者，四親等内の親族，検察官，市区町村長など		
申し立て先	家庭裁判所		
成年後見人等（成年後見人・保佐人・補助人）に選任される者	配偶者，親族，社会福祉士，弁護士などの個人 社会福祉協議会等の社会福祉法人，株式会社などの法人		
代理権の範囲	財産に関するすべての法律行為	申し立ての範囲内で家庭裁判所が審判で定める「特定の法律行為」	

48　解説

解答－5

1＝✘　障害者虐待の防止，障害者の養護者に対する支援等に関する法律（障害者虐待防止法）でいう障害者虐待とは，養護者による障害者虐待，障害者福祉施設従事者等による障害者虐待，使用者による障害者虐待を指す。

2＝✘　市町村は，虐待に対応するために市町村障害者虐待防止センターを設置する。また，都道府県は，虐待に対応するために都道府県障害者権利擁護センターを設置する。

3＝✘　障害者虐待防止法の対象となる虐待の範囲は，身体的虐待，性的虐待，心理的虐待，経済的虐待，放置等による虐待の5種類である。

4＝✘　障害者虐待防止法では，「障害者福祉施設従事者等による障害者虐待を受けたと思われる障害者を発見した者は，速やかに，これを市町村に通報しなければならない」と規定されている（図表3－19参照）。

▶図表3－19　障害者虐待を発見した場合の通報先　📖 整理しておこう！

養護者による障害者虐待	市町村
障害者福祉施設従事者等による障害者虐待	市町村
使用者による障害者虐待	市町村または都道府県

5＝○ 国民は，障害者虐待の防止，養護者に対する支援等の重要性に関する理解を深めるとともに，国または地方公共団体が講ずる障害者虐待の防止，養護者に対する支援等のための施策に協力するように努めなければならない。

---

49 解説　　解答－4

1＝✕ 高齢者虐待の防止，高齢者の養護者に対する支援等に関する法律（高齢者虐待防止法）第2条第3項において，養護者および養介護施設従事者等による虐待を高齢者虐待としている。

2＝✕ 高齢者虐待防止法第2条第1項において，65歳以上を高齢者としている。

3＝✕ 高齢者虐待防止法第7条第1項（養護者に対する条文）および第21条第1項（養介護施設従事者等に対する条文）において，通報先は市町村であることが規定されている。

4＝○ 高齢者虐待防止法第11条第1項において，地域包括支援センターの職員などに立入調査をさせることができることが規定されている。また，その際，市町村長は必要があると認める場合に警察署長に対し援助を求めることができる。

5＝✕ 高齢者虐待防止法第2条第4項第1号において，身体的虐待，心理的虐待，介護等放棄（ネグレクト），性的虐待が，第2号において経済的虐待が規定されており，5類型となる。

---

50 解説　　解答－2

1＝✕ 日常生活自立支援事業の対象者は，認知症高齢者，知的障害者，精神障害者等であって，日常生活を営むのに必要なサービスを利用するための情報の入手，理解，判断，意思表示を本人のみでは適切に行うことが困難な者で，判断能力が不十分ではあるが，契約内容について判断できる能力がある者である。

2＝○ 実施主体は，都道府県社会福祉協議会または指定都市社会福祉協議会である。

3＝✕ 専門員は，日常生活自立支援事業自体の契約の締結に関する業務を行うが，利用者に代わって福祉サービスの利用契約を締結することはできない（図表3－20参照）。利用者に代わって福祉サービスの利用契約や財産処分などを行うことができるのは，成

年後見人などである。

4 ＝✕　生活支援員は，クーリング・オフ制度の利用手続きなど，日常生活上の消費契約に関する援助を行うことができる（図表3－20参照）。

5 ＝✕　生活支援員は，預金の払い戻しや預け入れなどの日常的金銭管理を行うことができるが，家賃収入などの財産管理を行うことはできない（図表3－20参照）。利用者に代わって財産管理を行うことができるのは，成年後見人などである。

▶図表3－20　専門員と生活支援員の業務　覚えておこう！

専門員	・申請者の実態把握および日常生活自立支援事業の対象者であることの確認業務 ・支援計画の作成および日常生活自立支援事業の契約の締結に関する業務 ・生活支援員の指導および監督の業務
生活支援員	・具体的な援助（福祉サービスの利用援助や苦情解決制度の利用援助，住宅改造・居住家屋の賃借・日常生活上の消費契約・住民票の届出等の行政手続きに関する援助，日常的金銭管理など）を提供する業務 ・専門員が行う実態把握等についての補助的業務

51 解 説　解答－2

1 ＝✕　保健所は，地域保健法に基づいて，都道府県，指定都市，中核市，特別区などに設置される。市町村は，地域保健法に基づいて，市町村保健センターを設置することができる。

2 ＝〇　選択肢の記述のとおりである。保健所がより広域的・専門的・技術的拠点であるのに対して，市町村保健センターは市町村レベルの地域住民に身近で頻度の高い保健サービスを行う拠点である。

3 ＝✕　特定健康診査の対象は，40歳以上74歳以下の者である。腹囲の測定など，メタボリックシンドローム（metabolic syndrome）に着目した診査が行われ，その結果により特定保健指導が行われる。

4 ＝✕　精神保健及び精神障害者福祉に関する法律（精神保健福祉法）における任意入院とは，本人の同意に基づいて行われる入院である（図表3－21参照）。

5 ＝✕　医療法において，診療所は「患者を入院させるための施設を有しないもの又は19人以下の患者を入院させるための施設を有するもの」と規定されている。また，病院は「20人以上の患者を入院させるための施設を有するもの」と規定されている。

社会の理解

▶図表 3－21　精神障害者の入院形態　📖整理しておこう!

任意入院	本人の同意に基づいて行われる入院
措置入院	2名以上の精神保健指定医の診察結果の一致により，自傷他害のおそれが認められる場合に，都道府県知事により行われる入院
緊急措置入院	急速を要し，通常の措置入院の手続きを踏むことができない場合，1名の精神保健指定医の診察を経て，72時間を限度に都道府県知事により行われる入院
医療保護入院	精神保健指定医が入院の必要を認め，家族等が同意した場合に行われる入院※
応急入院	家族等の同意をすぐに得られず，急を要する場合に精神保健指定医等による診察を経て，72時間を限度に精神科病院の管理者により行われる入院

※医療保護入院については，2022年（令和4年）12月の精神保健福祉法の改正により，家族等がない場合または家族等の全員が意思表示できない場合に加えて，家族等が同意・不同意の意思表示を行わない場合にも，市町村長の同意により医療保護入院を行うことが可能となるほか，入院期間を定めるなどの見直しが行われた。

---

52 解説　　　　　　　　　　　　　　　　　　　　　解答－5

1 ＝✕　市町村老人福祉計画は，市町村介護保険事業計画と一体のものとして作成されなければならない。調和が保たれたものでなければならないのは，市町村地域福祉計画などである。

2 ＝✕　市町村障害者計画の策定は，義務である。市町村障害者計画は，障害者施策の基本計画として，施策を総合的かつ計画的に推進し，障害者の自立と社会参加を促進するために策定されるものである。

3 ＝✕　市町村介護保険事業計画は，3年に一度見直す。この計画に定められた介護給付等対象サービスの種類ごとの量の見込みが保険料算定の基礎となる。

4 ＝✕　市町村障害福祉計画の策定は，義務である。市町村障害福祉計画は，主務大臣（内閣総理大臣および厚生労働大臣）が定める基本的な指針（基本指針）に即して，障害福祉サービスなどの提供体制の確保にかかる目標や，障害福祉サービスなどの必要な量の見込みなどを定めるものである。また，市町村障害福祉計画は，市町村障害児福祉計画と一体のものとして作成することができる。

5 ＝○　市町村地域福祉計画は，社会福祉法に基づいて策定される。策定は努力義務である。

53 解説　　　　　　　　　　　　　　　　　　　　　　　　　解答−3

1 ＝✗　生活保護法第4条「保護の補足性」では，保護は利用し得る資産，能力その他あらゆるものを最低限度の生活の維持のために活用することを要件として行われるとしている。そのため，ほかの制度による給付は，生活保護よりも優先される（図表3−22参照）。

▶**図表3−22　生活保護の4つの原理**　🎓 覚えておこう！

原理	規定条文	内容
①国家責任の原理	第1条	国がその責任において生活保護を行うという原理
②無差別平等の原理	第2条	すべての国民は，法に定める要件を満たす限り，無差別平等に保護を受けることができるという原理
③最低生活保障の原理	第3条	最低限度の生活とは，健康で文化的な生活水準を維持することができるものでなければならないという原理
④補足性の原理	第4条	保護は利用し得る資産，能力その他あらゆるものを活用することが前提であり，あくまでその「補足」であるという原理

2 ＝✗　生活保護法第7条「申請保護の原則」では，要保護者（現に保護を受けているといないとにかかわらず，保護を必要とする状態にある者），扶養義務者，同居の親族の申請に基づいて保護を開始すると定められている。ただし，急迫した状況にあるときは，申請がなくても，必要な保護を行うことができる（図表3−23参照）。

3 ＝○　生活保護法第10条「世帯単位の原則」では，原則として世帯を単位として生活保護の要否および程度を定めるとしている。ただし，これによりがたいときは，個人を単位として定めることができる（図表3−23参照）。

▶**図表3−23　生活保護の4つの原則**　🎓 覚えておこう！

原則	規定条文	内容
①申請保護の原則	第7条	要保護者，扶養義務者，同居の親族の申請に基づいて保護を開始する。
②基準および程度の原則	第8条	厚生労働大臣の定める保護基準により測定した要保護者の需要をもとに，その不足分を補う程度に保護を行う。
③必要即応の原則	第9条	個人または世帯の実際の必要に応じて保護を行う。
④世帯単位の原則	第10条	世帯を単位として保護の要否および程度を定める。ただし，これによりがたいときは，個人を単位として定めることができる。

4 ＝✕　生活扶助は，金銭給付が原則である（図表3－24参照）。

5 ＝✕　介護扶助は，現物給付が原則である。なお，介護サービスは，介護扶助として現物給付となるが，介護保険料については，生活扶助として金銭給付となる（図表3－24参照）。

▶図表3－24　扶助の給付の方法・種類　覚えておこう！

給付の方法	扶助の種類
金銭給付	生活扶助 教育扶助 住宅扶助 出産扶助 生業扶助 葬祭扶助
現物給付	医療扶助 介護扶助

54　解説　　　　解答－2

1 ＝✕　2013年（平成25年）に制定され，2015年（平成27年）に施行された。

2 ＝○　生活困窮者自立支援法が目指しているのは，生活保護に至る前の段階における支援（いわゆる第2のセーフティネット）の強化である。

3 ＝✕　実施主体は，福祉事務所設置自治体（都道府県，市，福祉事務所を設置する町村）である。

4 ＝✕　「子どもの学習・生活支援事業」は，任意事業である（図表3－25参照）。

5 ＝✕　「自立相談支援事業」は，必須事業である（図表3－25参照）。

▶図表3－25　生活困窮者自立支援法の必須事業と任意事業　整理しておこう！

必須事業	自立相談支援事業　／　住居確保給付金
任意事業	就労準備支援事業　／　家計改善支援事業　／　一時生活支援事業　／　子どもの学習・生活支援事業

こころとからだのしくみ

55 解 説　　　　　　　　　　　　　　　　　　　　　　　　解答－4

1 ＝✕ 生理的欲求は，食べ物，水，空気，睡眠などを欲することで，生命を維持するために身につけた本能的な欲求のことである。人間を含めた動物すべてがもつ基本的欲求の1つである。

2 ＝✕ 自己実現欲求は社会的欲求の1つであり，「こうなりたい」「こうしたい」などといった願望を抱き，それをなし得ようとする欲求のことである。人の生きがいは，自己実現欲求の充足によってもたらされる。

3 ＝✕ 所属・愛情欲求は，家族や会社，地域といった集団に帰属したい，愛情に包まれたいという欲求のことである。人は精神的な安定を得たいために，家族や仲間をつくり，集団の一員になろうとする。人は1人では生きられない動物である。

4 ＝○ 承認欲求とは，集団に所属し従うだけではなく，その集団のなかで賞賛されたい，尊敬されたいと願い，集団の一員であることを認められたい欲求である。Aさんの行動は，先に入所している参加者に認められるため，中心的な役割を担ったが，自分が希望したことが通らないと欲求が満たされず疎外感を感じ，排除された感覚に陥ってしまったことによるものである。

5 ＝✕ 安全欲求は，生きるための生理的欲求が満たされた後に，こころの安心や身体の安全を守ろうとする欲求のことである。基本的欲求の1つであり，身体を寒さから守るために衣服を着たり，安心して生活や休息できる住居などを求めたりすることをいう。

▶図表4－1　マズローの欲求階層説

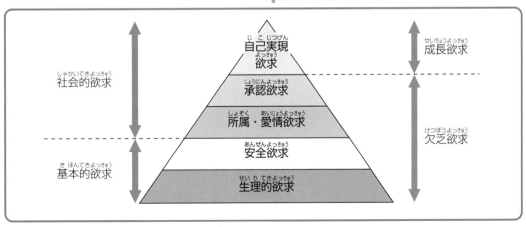

56 解説　　　　　　　　　　　　　　　　　　　　　解答−3

1＝✗　前頭葉には，前頭連合野があり，思考や判断などを担っている。

2＝✗　後頭葉には，視覚連合野や視覚野があり，視覚情報の認識を担っている。

3＝○　側頭葉には，側頭連合野や感覚性言語野（ウェルニッケ野）や聴覚野があり，言語の理解や記憶，聴覚，情動などの機能を有している。

4＝✗　脳幹は，大脳の部位ではない。生命維持に関する機能を担っており，脊髄・小脳・大脳半球と連結している。

5＝✗　頭頂葉には，頭頂連合野があり，感覚情報の統合を担っている。

▶**図表 4 − 2　大脳の機能局在**　覚えておこう!

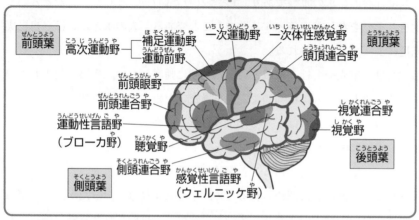

57 解説　　　　　　　　　　　　　　　　　　　　　解答−5

1＝✗　過去の出来事や経験に関する記憶は，長期記憶である。短期記憶は，その瞬間は覚えていても何もしなければすぐに忘れてしまう記憶である。例えば，そのときは電話番号を覚えても使わなければ忘れてしまうことなどがある（図表 4 − 3 参照）。

2＝✗　一般的な知識や学習した記憶，情報などは，意味記憶である。エピソード記憶は，自分に起こったことや経験して印象に深い出来事を後々まで覚えている記憶である（図表 4 − 4 参照）。

3＝✗　ごくわずかな時間保持される記憶は，短期記憶である。そのときは覚えていてもすぐに忘れてしまう記憶である。意味記憶は，過去に学習したことや一般的な知識に関することを忘れずに，長期間覚えている記憶である（図表 4 − 3 ，図表 4 − 4 参照）。

4＝✗　プライミングとは，一度経験したことのある情報を無意識にとどめておくことにより，次に経験した際に，すばやく対応を可能にするための記憶のことである。例えば，

バナナの写真や言葉が提示された後,「黄色い」や「栄養価が高い」など,関連する
イメージが連想されやすくなり,情報への対応が迅速になる記憶のことである。

5＝○　手続き記憶は,自分のからだで経験した動きが身についている記憶である。一度身に
ついた手続き記憶があれば,次回はスムーズに行うことができる。例えば,自転車の
乗り方をからだが覚えていることなどがある(図表4-4参照)。

▶図表4-3　記憶の分類　📖整理しておこう!

❶感覚記憶	意識されないが,感覚器官で瞬間的に保持される記憶
❷短期記憶	知らない電話番号など,短い間は覚えていても,何もしなければ忘れてしまう記憶
❸長期記憶	昔の経験や歴史的事実など,一定の時間が経った後でも想起することができる記憶

▶図表4-4　長期記憶の分類　📖整理しておこう!

陳述記憶 (言葉で表現できる記憶)	エピソード記憶	自分に起こった出来事に関する記憶
	意味記憶	概念や一般的な知識に関する記憶
非陳述記憶 (言葉で表現できない記憶)	手続き記憶	からだの動きで覚えている記憶
	プライミング	認知・行為が,後に続く認知・行為に影響を及ぼし再現されやすくなること

58　解　説　　解答-2

1＝✕　昇華とは,社会的に承認されない欲求や衝動(性的・攻撃的)を,社会的に認められ
る形で満たそうとすることである。例えば,人を殴りたいという衝動(欲求)を,ゲー
ムに置き換えて満たすなどのことをいう。昇華は,置き換えの一形態でもある。

2＝○　抑圧とは,容認しがたい欲求や感情を意識の表面に現れないようにこころのなかに抑
えつけ,意識に上らせないようにすることである。Bさんは,多くの問題に遭遇して
いても自分の感情は表には出さず,周囲に不安や不満を言うことなく,今まで以上に,
集中して業務を遂行している点から,Bさんの行動を示す適応機制(防衛機制)は,
抑圧であると考えられる。

3＝✕　逃避とは,今ある問題(不安・緊張・葛藤など)から逃げ出してしまうことによって,
自己の安定を求めることである。

4＝✕　反動形成とは,知られたくない欲求や感情と正反対の行動をとることによって,本当
の自分を隠そうとすることである。

5＝✕　合理化とは,自分に都合がいいように理屈づけをし,言い訳をすることで,自分の失

敗や欠点を正当化することである。

▶図表4−5 代表的な適応機制 📖整理しておこう！

抑圧	容認し難い欲求や感情を意識の表面に現れないように抑えつけ，意識に上らせないように（無意識のうちに忘れてしまう等）する機制
補償	ある一面での劣等感情を，ほかの面での優越感情で補おうとする機制
置き換え	ある対象に向けられた欲求や感情（愛情・憎しみなど）を，ほかの対象に向けて表現する機制
昇華	社会的に承認されない欲求や衝動（性的・攻撃的）を，社会的に認められる形で満たそうとする機制。「置き換え」の一形態でもある
投射（投影）	自分の容認し難い欲求や感情を他者のなかにあると考えて，それを指摘・非難する機制
反動形成	知られたくない欲求や感情と正反対の行動をとることによって，本当の自分を隠そうとする機制
逃避	不安，緊張，葛藤などから（白昼夢・空想や疾病などに）逃げ出してしまうことによって，自己の安定を求める機制
退行	より以前の発達段階に逆戻りして，甘えるなどの未熟な行動をとる機制
代償	本来の目的が得られないとき，獲得しやすい代わりのものに欲求を移して我慢する機制
合理化	自分に都合のよい理屈づけ・言い訳をすることで，自分の失敗や欠点を正当化する機制
同一化（同一視）	満たせない願望を実現している他者と自分とを同一化することにより，あたかも自分自身のことのように代理的に満足する機制

出典：介護福祉士養成講座編集委員会編『新・介護福祉士養成講座⑭こころとからだのしくみ（第3版）』中央法規出版，p.30，2014年

---

59 解説

解答−3

1＝✕ 欲求不満をやわらげ，こころの安定を保つはたらきを，主に適応という。欲動とは，生理的欲求などから自発的に発生する衝動のことである。

2＝✕ 自己防衛（装甲）型は適応に分類される。不適応に分類されるのは，外罰（憤慨）型と内罰（自責）型である。

3＝○ ヴァイラント（Vaillant, G. E.）は防衛機制を病的なものから成熟したものまで大きく4つ（精神病的防衛，未熟な防衛，神経症的防衛，成熟した防衛）に分類した。

4＝✕ 適応障害とは，明らかなストレスとなる要因に反応して3か月以内に出現し，ほかの精神障害が除外された情動的な反応のことである。

5＝✕ 日常的なストレスをはるかに超えて，こころに強い影響を与えた出来事に遭遇した

後，精神症状を発症することがある。数日以内に発症して1か月以内におさまるものを急性ストレス反応と呼び，長期に持続するものを心的外傷後ストレス障害（post-traumatic stress disorder：PTSD）と呼ぶ。

60 解説　　　　　　　　　　　　　　　　　　　　解答−2

ライチャード（Reichard, S.）は，引退後の男性を対象として，サクセスフルエイジング（successful aging）ができている人とそうでない人の人格の傾向について，円熟型，安楽椅子（ロッキングチェアー）型，自己防衛（装甲）型，外罰（憤慨）型，内罰（自責）型の5つにまとめている。円熟型，安楽椅子（ロッキングチェアー）型，自己防衛（装甲）型は老年期に適応的なタイプであり，外罰（憤慨）型，内罰（自責）型は不適応的なタイプである。

1＝✕　円熟型とは，年をとった自分をありのままに受容し，人生に建設的な態度や積極的な社会活動などを維持し，それらに満足を見出すタイプである。

2＝○　安楽椅子（ロッキングチェアー）型とは，責任から解放され，受け身的に生き，ねぎらわれる状況に満足を見出すタイプである。Cさんは，校長だったという責務から解放されてから，自発的な活動は特に行わず，周囲に勧められたことを行う生活を送っている。そして，思うようにパソコン操作ができなくても，周囲にねぎらわれたりほめられることで満足した生活を送っていると考えられるため，適切である。

3＝✕　自己防衛（装甲）型とは，老化に対する不安と拒否があり，その反動として積極的な生活を維持し，それが若さの証として満足を見出すタイプである。

4＝✕　外罰（憤慨）型とは，挫折や失敗の責任を他者に求め，老化への適応が難しいタイプである。

5＝✕　内罰（自責）型とは，挫折や失敗について自分を責め，老化への適応が難しいタイプである。

61 解説　　　　　　　　　　　　　　　　　　　　解答−4

1＝✕　Aは大脳半球である。大脳半球は，学習，思考，記憶，知能などの高次脳機能を担っている。

2＝✕　Bは間脳である。間脳は，自律神経中枢，体温中枢，摂食中枢，ホルモン分泌など内部環境を整える。間脳は，主に視床と視床下部に分かれる。下垂体は，間脳の視床下部に下垂しており，前葉，中間部，後葉に分かれている。それぞれの部位から各種ホルモンの分泌がなされている。

3＝✕　Cは脳幹である。脳幹（中脳，橋，延髄）は生命維持の重要な機能を担っている。延

こころとからだのしくみ

髄には多くの脳神経の核があり，呼吸運動，唾液分泌など多くの機能を有している。

4＝○ Dは小脳である。小脳は，大脳の後方下部に位置している。小脳は，内耳や大脳皮質の運動野と連結している。筋肉，腱，関節の神経線維とつながっていて，からだの平衡感覚の維持や身体各部と協調的な運動を行うことに関係している。

5＝✕ Eは脊髄である。脊髄は，脊髄管より発生し，脊柱管内にあり，直径約1～1.5cmの白く細長い円柱状となっている。上方は大後頭孔（頭蓋腔と脊柱管とを結ぶ孔）の高さで延髄に連なっている。

---

62 解 説　　　　　　　　　　　　　　　　　　　　　　解答－1

1＝○ 肩関節は，体軸より離す外転，体軸に近づける内転の動きをする。肩関節を外転させる場合は，肩関節にかぶさっている三角筋が収縮して肩関節や上肢全体を持ち上げる運動となる。反対に内転させる場合は，大胸筋が収縮する動きとなる(図表4－6参照)。

2＝✕ 肘関節の屈曲は，腕を曲げる動きとなる。腕を曲げて力こぶをつくった場合に現れるのが上腕二頭筋の収縮である。反対に腕を伸ばした場合は，上腕二頭筋が伸展し，上腕三頭筋が収縮する（図表4－6参照）。

3＝✕ 股関節の動きとして大腿部を身体に近づけるのが屈曲であり，腸腰筋が収縮し大腿部を曲げる動作となる。反対に股関節を伸展させる場合は，殿部にある大殿筋が収縮

▶**図表4－6　関節運動と主動作筋**　📖 整理しておこう！

関節運動		主動作筋
手関節	背屈	長橈側手根伸筋，尺側手根伸筋
	掌屈	橈側手根屈筋，尺側手根屈筋
肘関節	伸展	上腕三頭筋
	屈曲	上腕二頭筋，上腕筋
肩関節	外転	三角筋
	内転	大胸筋，広背筋
股関節	伸展	大殿筋
	屈曲	腸腰筋
膝関節	伸展	大腿四頭筋
	屈曲	大腿二頭筋
足関節	背屈	前脛骨筋
	底屈	下腿三頭筋

て下肢を伸ばす動作となる（図表4－6参照）。

4＝✗　膝関節を動かす筋肉は身体の前面にある大腿四頭筋とその後ろにある大腿二頭筋の動きによる。膝関節を屈曲させる場合は下腿を後ろに動かすので，大腿二頭筋が収縮する。膝関節を伸ばし下肢をまっすぐにする場合は，大腿四頭筋が収縮し大腿二頭筋が伸展する（図表4－6参照）。

5＝✗　足関節の運動には底屈と背屈の動きがある。足関節の背屈は，前脛骨筋の収縮と下腿三頭筋の伸展によって起こる。足関節の底屈は下腿三頭筋の収縮と前脛骨筋の伸展によって起こる（図表4－6参照）。

63　解 説　　　　　　　　　　　　　　　　　　　解答－2

1＝✗　副交感神経は，内臓のはたらきを高める神経である。唾液の分泌は，内臓の消化管作用と結びついている。食物が口腔内に入ると，副交感神経のはたらきで唾液の分泌が増加して，消化が始まる（図表4－7参照）。

2＝○　副交感神経がはたらくと，からだがゆったりと弛緩するため，心拍数が減少する。一方，交感神経はからだを活動・緊張させるため，心拍数および脈拍数が増加する（図表4－7参照）。

3＝✗　緊張を強いられると交感神経が高まり，発汗などが起こる。興奮して手に汗が出るのも，交感神経亢進の表れである。副交感神経が亢進した場合は，からだが落ち着いているため，発汗が増加することはない（図表4－7参照）。

▶図表4－7　交感神経・副交感神経のはたらき　覚えておこう！

作用する対象	交感神経	副交感神経
血管	収縮	拡張
心拍数（脈拍）	増加	減少
血糖値	上昇	下降
筋肉	収縮	弛緩
発汗	増加	－
瞳孔	散大	収縮
唾液	減少	増加
気道	弛緩	収縮
消化	抑制	促進
利尿作用	抑制	促進

4＝✕　血管の収縮や拡張は，交感神経と副交感神経の拮抗作用を受ける。からだが緊張した場合，交感神経の作用として，全身の血管が収縮する。副交感神経はからだの緊張を低下させるため，血管は拡張し，ゆったりする（図表4－7参照）。

5＝✕　瞳孔は，虹彩の中央にあり，光の量を調節する。瞳孔の散大・収縮の調節は，毛様体の筋肉組織を伸縮させて行う。光が虹彩に入ると副交感神経がはたらいて，毛様体の筋肉組織が収縮し，瞳孔が収縮する（図表4－7参照）。

---

64 解説　　　　　　　　　　　　　　　　　　　　　　　解答－4

1＝✕　下肢の体表から拍動を触れるのは，動脈である。下肢に酸素を含んだ血液を運ぶ動脈は，圧力をかけて血液を運ぶため，拍動が必要となる。静脈から拍動を触れることはない。

2＝✕　心臓に血液を運ぶ血管を静脈といい，心臓からからだの各部へ血液を運ぶ血管を動脈という。心臓の拍動によって左心室から出た血液が流れるのは大動脈であり，全身へ血液が運ばれる。

3＝✕　リンパ管にはリンパ液が流れている。循環器系は，血液を全身に送る心臓と血液を流す血管系，リンパ液を流すリンパ系からなる。

4＝○　肺動脈は右心室から肺につながる血管である。右心室には全身の末梢から戻った静脈血が流れているので，肺動脈に流れる血液は静脈血である。

5＝✕　血液は心臓の拍動によって動脈から全身に運ばれ，末梢から静脈血となって戻ってくる。静脈は，末梢から心臓へ送り返される血液の流れが弱いため，逆流を防ぐための弁があるが，動脈は，心臓から送り出される血液に勢いがあるため，弁はない。

---

65 解説　　　　　　　　　　　　　　　　　　　　　　　解答－5

1＝✕　呼吸中枢は延髄にあり，血液中の二酸化炭素の量を感知して呼吸を調整する。小脳は，平衡機能や身体の運動機能に関与している。また，眼から得た情報を統合するはたらきがある。

2＝✕　インスリン（insulin）は膵臓から分泌されるホルモン（hormone）であり，血糖値を低下させるはたらきがある。副腎から分泌されるホルモンには，糖質コルチコイドと鉱質コルチコイドがある。

3＝✕　心臓は上大静脈，下大静脈から心臓に入った血液を，ポンプ作用の拍動によって，小循環（肺循環）と大動脈から全身に血液を送る大循環（体循環）として送る。心臓のはたらきは，血圧や脈拍によって測定される。全身の血管の収縮や拡張は，交感神経

と副交感神経の拮抗したはたらきによる。

4＝✕　膀胱は，尿を貯留する器官である。尿の濃縮を行うのは，腎臓である。腎臓で生成された尿は尿管を通って膀胱にたまる。膀胱に一定量たまると尿意を感じて，尿道から体外へ排出される。

5＝◯　食物から摂取した炭水化物はエネルギーとして消費される。しかし，消費されずに残った炭水化物は血管から肝臓に運ばれ，グリコーゲン（glycogen）として貯蔵される。また，エネルギーが不足して必要となったときは，肝臓からグリコーゲンが補充される。

---

66 解説　　　　　　　　　　　　　　　　　　　　　　　　　解答－1

1＝◯　骨の中心にある骨髄には，血液（赤血球・白血球・血小板）をつくるはたらきがある。

2＝✕　骨は常に新陳代謝を繰り返しており，運動による負荷や刺激によって新陳代謝が促進され，強度が増す。また，寝たきりなどで刺激や負荷がない状態では，骨は弱くなる。

3＝✕　骨には新しい骨をつくるはたらきをもつ骨芽細胞と，骨を破壊して吸収する破骨細胞がある。両者がバランスをとりながら骨の新生と破壊を行い，骨の構造を緻密に維持している。

4＝✕　骨のカルシウム量のピークは20代であり，その後老化とともに減少し，骨量の低下が起こる。特に女性では閉経後の女性ホルモンの減少により，減少が著明となる。

5＝✕　小腸においてカルシウム（Ca）の体内への吸収がなされる際に，ビタミンD（vitamin D）と結びつくことにより吸収が促進される。

---

67 解説　　　　　　　　　　　　　　　　　　　　　　　　　解答－2

1＝✕　一般的に口腔内の体温は腋窩体温より高い。口腔内の体温は外部との接触がないので，からだの内部に近い体温の測定ができる。腋窩は体表面の温度を測定するので，寒暖や発汗などの影響を受け，一般的に口腔内より低い値となる。

2＝◯　体温は身体の活動や食事などの影響を受ける。一般的に早朝の活動前が低く，その後活動とともに上がる。1日のうちで夕方と早朝を比べると夕方のほうが高めになる。

3＝✕　体温の調節には視床下部が関与している。体温が高くなったり，低くなったりすると視床下部にある体温中枢が身体の恒常性（ホメオスタシス（homeostasis））を保とうとする。

4＝✕　人の体温は季節や寒暖，身体の活動により変化するが，意識しなくても身体の恒常性（ホメオスタシス）によって元に戻そうとする機能がはたらく。体温が高くなると体

表から発汗して体温を下げるようにはたらく。

5＝✕ 体温は一般的に年齢により平均値が異なる。高齢者では身体内部の活動が低いため体温は低くなる。一方，乳児では身体の新陳代謝が活発なので体温は高い。

---

68 解 説 解答－2

1＝✕ 寝返りには，①下肢の重さを利用して骨盤帯を回旋させ，その動きを脊柱から肩甲帯まで伝える方法や，②体幹の屈曲筋をはたらかせて，からだを回旋させる方法がある。前脛骨筋は下腿前面にある筋肉で，寝返りの際にはそれほど重要とはいえない。

2＝〇 立位保持にはからだを支える多くの筋肉が関係している。特に抗重力筋（脊柱起立筋，大殿筋，大腿四頭筋，下腿三頭筋など）は重要である。脊柱起立筋は脊柱に付随して立位の保持に重要な役割を果たす。

3＝✕ 歩行は，体幹や下肢で立位を保持しながら下肢を交互に前に振り動かす動作となる。また，体幹や下肢の筋力で体重を支える。三角筋は肩関節にある筋肉で，歩行時に特に重要とはいえない。

4＝✕ 起き上がりは，体幹や股関節周囲の筋肉をはたらかせて行う動作である。側臥位からの起き上がりの場合は，体幹や上肢の筋力を使い，股関節周囲の筋肉を屈曲させて上体を起こす。また，仰臥位（背臥位）からの起き上がりは，上肢で支えて，体幹に力を入れて起き上がる。腓腹筋は下肢の背面にある筋肉で，起き上がりにそれほど重要とはいえない。

5＝✕ 車いすのハンドリム操作では，座位を保持しながら上体の筋肉を使用して車輪を前方に押し出す。したがって，前方に駆動するために三角筋や大胸筋などの筋力を必要とする。腸腰筋は股関節周囲にあり，下肢を挙上する際に必要な筋肉である。ハンドリム操作には直接関与しない。

---

69 解 説 解答－5

廃用症候群（disuse syndrome）は，寝たきり状態が長期間続くことにより心身の機能が低下することをいう（図表4－8参照）。

▶**図表4－8 主な廃用症候群** 覚えておこう！

褥瘡，関節拘縮，筋萎縮，骨萎縮，起立性低血圧，静脈血栓症，心肺機能の低下，精神活動の低下

1＝✕ 褥瘡は，同一体位を持続することで血液の循環が悪くなり発生リスクが高まる。やせ

ている人や拘縮等で，骨の突出部分がある場合などはその部位に注意した体位が必要となる。また，栄養状態が悪い場合や皮膚の状態がよくない場合なども，発生リスクは高まる。

2＝✕ 関節拘縮は，同一体位を長時間または長期間とることによって起こるため，安静臥床状態でいることは適切でない。早期離床を促しつつ，ROM（関節可動域）練習を他職種と連携しながら行い予防することが重要である。

3＝✕ 夜間せん妄は，夜間頻繁に現れるせん妄（delirium）のことである。せん妄は，脳が機能不全を起こすことによる軽度の意識障害で，その障害に付随しさまざまな精神症状（見当識障害や幻覚・妄想，集中力の低下など）が起こる。対策は入院することではなく，睡眠リズムを整えたり，日中の活動を促すことが重要である。

4＝✕ 筋萎縮は，筋肉がやせていく状態である。そのため，他職種との連携により，筋力トレーニングなどの機能訓練が必要となる。日光浴が効果的な予防方法となるのは，骨萎縮である。

5＝○ 深部静脈血栓症（deep vein thrombosis）は，足から心臓へと血液を戻す血管（静脈）に血の塊（血栓）ができてしまう病気である。下肢の血液循環が悪い場合や，疾患による場合に起こる。早期離床をして足首や足の指の運動を行うこと，適度な水分補給が予防につながる。

70 解説 〔解答－3〕

1＝✕ 大腿骨頸部骨折（femoral neck fracture）の後は，治癒するまでの間は体重がかけられないため，臥床期間が長くなる。高齢者ではその間に認知機能や身体機能の低下が進み，全身状態への悪影響が出やすく，予後不良となる場合もある。

2＝✕ 高齢者は，骨量の減少や下肢筋力の低下，平衡感覚にかかわる器官の機能低下などにより転びやすくなる。転落よりも，転倒して大腿部を打ちつけ，骨がくびれている大腿骨頸部に負荷がかかって骨折（fracture）することが多い。

3＝○ 骨折の治療を受けた後は，医師の指示のもとに早期にリハビリテーションを開始するのが望ましい。安静が長くなると，関節可動域の低下，筋肉量の低下などにより受傷前の状態に戻るのは時間がかかり，難しい。

4＝✕ 転倒により大腿骨頸部を骨折した場合，直後から激痛を伴う。立ち上がれずそのままの姿勢となる。負傷部を動かさず速やかに搬送する必要がある。

5＝✕ 保存的治療とは，手術療法ではない方法で行われる治療のことをいい，骨折の場合は，骨折部位の自然治癒を待つことである。大腿骨頸部骨折は，自然に治癒することは少ないため，今日では手術によって治療することが一般的である。

こころとからだのしくみ

71 解説 　　　　　　　　　　　　　　　　　　　　　　解答－1

　褥瘡は，圧迫やずれの力の持続による循環障害により皮膚が壊死した状態をいう。骨が突出した部分に生じやすい。発生の原因としては圧迫以外にも，皮膚の湿潤や栄養不足もある。体位により，どこが圧迫されるかを考えて問題を解くとよい。

1 ＝○　仰臥位（背臥位）での頭部の好発部位は，後頭部である（図表4－9参照）。

2 ＝✗　仰臥位（背臥位）では，仙骨部に発生する頻度が最も高い。

3 ＝✗　側臥位での好発部位は，大転子部である。仙骨部は，仰臥位（背臥位）での好発部位である。

4 ＝✗　仰臥位（背臥位）での足の好発部位は，踵骨部である。足関節外果部は，側臥位での好発部位である。

5 ＝✗　半座位（ファーラー位）での好発部位は，後頭部，肩甲骨部，仙骨部，殿部，踵骨部である。耳介部は，側臥位での頭部の好発部位である。なお，半座位とは，仰臥位から上半身を45度起こした状態である。

▶**図表4－9　褥瘡の好発部位**　覚えておこう！

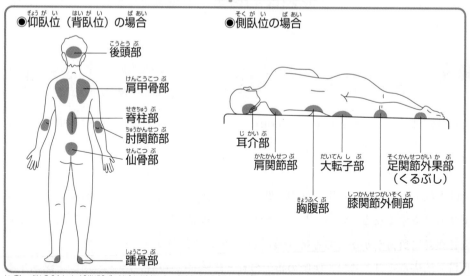

●仰臥位（背臥位）の場合
- 後頭部
- 肩甲骨部
- 脊柱部
- 肘関節部
- 仙骨部
- 踵骨部

●側臥位の場合
- 耳介部
- 肩関節部
- 大転子部
- 足関節外果部（くるぶし）
- 胸腹部
- 膝関節外側部

出典：介護福祉士養成講座編集委員会編『最新　介護福祉士養成講座⑪こころとからだのしくみ（第2版）』中央法規出版，p.109，2022年を一部改変

72 解説 　　　　　　　　　　　　　　　　　　　　　　解答－4

1 ＝✗　老化により口腔内の生理的変化が起こる。味蕾は舌の表面に多く存在しているが，老化により味覚を感じる味蕾の数は減少する（図表4－10参照）。

2 ＝✗　唾液が分泌される唾液腺には，3つの大唾液腺と多数の小唾液腺がある。大唾液腺に

は，顎下腺のほかに，耳下腺，舌下腺がある。それぞれ左右2か所ある。

3＝✕　高齢者になると，唾液腺の萎縮や腺細胞の脂肪変性などのために唾液の分泌量が減り，口腔内が不潔になりやすくなる（図表4－10参照）。

4＝○　唾液には消化酵素のアミラーゼ（amylase）が含まれている。アミラーゼは炭水化物のでんぷんを麦芽糖に分解するはたらきがある。ご飯が口腔内で消化されて甘味を感じるのはこの作用による。

5＝✕　唾液は1日に1～1.5ℓ分泌される。食物が口腔内で消化されると，刺激となって唾液の分泌が活発となる。また，安静時や睡眠時にも分泌される。

▶図表4－10　老化に伴う口腔の変化　覚えておこう！

・歯の数が減る（虫歯や歯周病が関与）。
・不適切な歯みがきで，知覚過敏になりやすい。
・咀嚼力が低下する。
・唾液分泌量が低下する。
・味蕾の数が減る→味覚（特に，苦味や塩味）が低下する。
・顔貌が変化する（歯の有無が関与）。

73　解　説　　　解答－2

1＝✕　口臭は口から吐く息に不快なにおいがあることをいう。口腔内に残った食物残渣や疾患などが原因と考えられる。歯がないことが直接口臭の原因となるとはいえない。

2＝○　口臭には，生理的な口臭，食べ物等による口臭，疾患による口臭などがあるが，その多くの原因は，口腔内にある。歯周病（periodontal disease）により口臭が生じることが多い。

3＝✕　食事後に，口腔内に食物残渣が残らないように，うがい，歯みがきなどをして口腔内を清潔に保つことが口臭の予防となる。食事量の増加が口臭の原因になるとはいえない。

4＝✕　口臭は口腔内に残った食物残渣に細菌が繁殖し，においを発生させる場合が多い。ウイルスは食物残渣では繁殖しないので，原因とはなりにくい。

5＝✕　唾液は常に唾液腺から口腔内に排出され，口腔内の浄化作用を促している。唾液量が多いと浄化作用が進むため，口臭の原因とはならない。唾液分泌量が少ないと口臭が生じる。

74　解　説　　　解答－3

1＝✕　咀嚼力の低下の原因は，口腔内の老化やかむ力の低下，歯の数が減ることなどがある。義歯をつけることにより食物をかみ砕く力が低下せず，咀嚼力が保たれる。

2 ＝ ✕ 味覚を感知するのは，舌の表面にある味蕾である。高齢者では味蕾の数が減少し，味覚が鈍化する傾向にある。義歯によって味覚が低下することはない。

3 ＝ ○ 言葉を発する際は，舌の動きや口腔周囲の動きによって明瞭になったり不明瞭になったりする。義歯を使用することにより，空気のもれが少なくなり，発音が明瞭になるなどして，聞き取りやすくなる。

4 ＝ ✕ 口の周りは，上下の歯や歯肉によって外形をなす。歯が抜けて少なくなると口の周りの張りがなくなり，口唇周囲の皮膚が内側に入るので，しわが目立つようになる。義歯を装着することにより，口の周りのしわも目立たなくなる。

5 ＝ ✕ 口腔内は，上下に歯があり，その間に舌がある。義歯は歯のかわりであり，その間にある舌は正常に動く。よって，義歯装着によって舌の動きが悪くなることはない。

---

75 解 説　　　　　　　　　　　　　　　　　　　　　　　　　　解答－**3**

1 ＝ ✕ 陥入爪は巻き爪ともいわれ，足指の爪の側縁が指に食い込んだ状態を指す。老化や足に合わない靴による足指の締め付けなどが原因で起こる。

2 ＝ ✕ スプーン爪は爪先が反り，内側に凹んでスプーン状になっている状態を指す。重症の貧血が原因で起こる。

3 ＝ ○ ばち状爪は，指先が太鼓をたたくばちのようになった状態を指す。主に呼吸器疾患（respiratory disease）と心疾患（heart disease）が原因で起こる。

4 ＝ ✕ 爪の白濁・肥厚は，水虫の原因となる白癬菌が爪の内部に入り込んだことが原因で起こる。

5 ＝ ✕ 爪の色が全体に白い状態は，肝障害や低栄養により爪に栄養がいかないことが原因で起こる。

---

76 解 説　　　　　　　　　　　　　　　　　　　　　　　　　　解答－**5**

1 ＝ ✕ ビタミンＣ（vitamin C）は，水溶性のビタミン（vitamin）であり，そのはたらきには，体内の酸化防止などがある。ビタミンＣは，使われない余分なものは尿とともに体外に排泄されるため，体内に蓄積されることはない。

2 ＝ ✕ カリウム（K）は，食塩などの摂取により体内に増えたナトリウム（Na）を排除することで，血圧を下げるはたらきや，むくみを取るはたらきがある。血圧を上げるのは，ナトリウムである。

3 ＝ ✕ 細胞質の主成分となるのは，たんぱく質である。炭水化物は小腸から吸収され，さらに肝臓で分解され糖質となる。その多くは血液中の血糖となり，身体のエネルギー源

となる（図表4－11参照）。

4＝✕　たんぱく質は，からだを構成する主な成分である。からだを動かすエネルギーは，日々摂取する炭水化物から生み出される。炭水化物と脂質が主なエネルギー源となり，それらが不足した場合はたんぱく質がエネルギー源となる（図表4－11参照）。

5＝○　ビタミンD（vitamin D）は，脂溶性のビタミンである。ほとんどは食物から摂取するが，日光浴によって皮膚でも生成される。ビタミンDは，小腸からのカルシウム（Ca）の吸収を効率よくするはたらきがある。

※三大栄養素のエネルギー発生量については図表4－12，脂溶性のビタミンと水溶性のビタミンについては図表4－13参照。

▶図表4－11　五大栄養素の主なはたらき　整理しておこう！

	炭水化物	脂質	たんぱく質	無機質	ビタミン
エネルギー源となる	○	○	○	✕	✕
からだの構成成分となる	△	○	○	○	✕
生体機能の調節をする	✕	✕	○	○	○

▶図表4－12　三大栄養素のエネルギー発生量　覚えておこう！

糖質	1gにつき約4 kcal
たんぱく質	1gにつき約4 kcal
脂質	1gにつき約9 kcal

▶図表4－13　脂溶性のビタミンと水溶性のビタミン　整理しておこう！

脂溶性	ビタミンA・D・E・K
水溶性	ビタミンB・C

77　解　説　解答－4

1＝✕　先行期（認知期）では，過去の経験から食物の形，色，においなどを想像することにより，条件反射的に唾液が分泌され，食事の準備が行われる（図表4－14参照）。

2＝✕　準備期（咀嚼期）は，食物を口腔内でとらえる捕食，食物をかみ砕く咀嚼，食物を小さくして食塊を形成する食塊形成までの3段階をいう。食塊を口腔から咽頭へ移送するのは次の口腔期である。口腔内で唾液腺から分泌される消化酵素は一連の咀嚼を補助する役割がある（図表4－14参照）。

3＝✕　口腔期には，舌で食塊を硬口蓋に押しつけながら咽頭へ送り出す。食塊は口腔，咽

頭，食道の順に通過する（図表4 - 14参照）。

4 ＝○ 咽頭期では，食塊が咽頭を通過する際に咽頭で蠕動様運動が起こり，喉頭蓋が反転して喉頭の入り口を閉鎖する。嚥下反射は無意識に行われる（図表4 - 14参照）。

5 ＝✕ 食道期では，食塊が食道に入り込むと食道括約筋が閉鎖し，蠕動運動が起こる。食道下部（胃との境）には下部食道括約筋があり，これが開いて食塊が胃へと移送される。一連の流れは反射的に無意識に行われる（図表4 - 14参照）。

▶図表4 - 14　摂食嚥下の5期モデル（5分類）と内容　　整理しておこう！

先行期 （認知期）	・食物の形や色，においなどを認知する時期。 ・食事を見ながら食物の硬さや味などを過去の経験から想像する。 ・条件反射的に，唾液が分泌され，食事の準備が行われる。
準備期 （咀嚼期）	・食塊を整える時期。 ・捕食，咀嚼，食塊形成の3段階がある。 ・食事の摂り込みには，姿勢や上肢の動き，口唇の力，スプーンや食器，あるいは集中できる環境などの要因が関係する。
口腔期	・食塊が形成され食事の準備ができ，食塊を口腔から咽頭へ移送する時期。 ・移送は主に舌で行われる。 ・舌は食塊を形成したり，咽頭へ送り込むのに重要なはたらきをしている。
咽頭期	・食塊が咽頭を通過する時期。 ・軟口蓋が鼻腔を閉鎖する。 ・食塊が咽頭に入ると，咽頭に蠕動様運動が生じ，喉頭蓋が反転して喉頭の入り口を閉鎖する。
食道期	・食塊が食道入口部から胃へ移送される時期。 ・食塊は食道に入り込むと，蠕動運動，重力，腹腔内圧によって，胃へと移送される。 ・食道下部（胃との境）には，下部食道括約筋があり，胃からの上行への逆流を防止している。

出典：介護福祉士養成講座編集委員会編『最新 介護福祉士養成講座⑪こころとからだのしくみ（第2版）』中央法規出版，p. 158，2022年を一部改変

78 解説　　解答-1

1 ＝○ 暑くなると体表の汗腺から汗をかき，発汗により水分を気化熱として蒸発させ，体温を低下させるはたらきがある。

2 ＝✕ 皮膚の構造は，外側から，表皮，真皮，皮下組織となっている。汗腺は表皮に開口しているが，腺は真皮や皮下組織に位置する。

3 ＝✕ 体臭の原因となる汗腺は，アポクリン腺である。アポクリン腺から出る汗は有機成分を含んでいるので，体臭の原因となる。エクリン腺から出る汗の成分は水と電解質で

あり，においはほとんどない。

4 ＝✗　体表で寒さを感じると，からだの熱を外に出さないようにして，体温の低下を防ぐはたらきがある。そのため，血管を収縮させて，血流を少なくする。

5 ＝✗　皮膚の表面は酸性の皮脂が分泌されているため，弱酸性となっている。ほとんどの細菌は酸に弱いため，皮膚表面には細菌が定着したり繁殖したりしにくい。皮膚における防御作用となっている。

---

79 解説　〔解答－4〕

1 ＝✗　胃ろうを造設している場合であっても，入浴は可能である。胃ろうカテーテルにシャワーの湯がかかっても問題はない。浴槽に入ることも可能である。

2 ＝✗　麻痺がある場合でも，入浴は可能である。必要に応じて福祉用具を使用するなど，安全に配慮して行う。なお，麻痺側に冷感を訴え，長時間の入浴を好む場合が多いが，入浴はからだへの負担が大きく，また麻痺側の皮膚への負担も大きいため，長湯は避けたほうがよい。

3 ＝✗　入浴によりからだが温まると，皮膚の表面の末梢血管に血液が集まる。そのため食事の直後に入浴すると，消化器官に血液が集まらず消化吸収が不良となる。食後1時間は入浴を避けることが望ましい。

4 ＝◯　膀胱留置カテーテルを使用している場合であっても，シャワー浴，浴槽への入浴は可能である。カテーテルをストッパーで止めて行う，陰部を毎日洗浄するなど，感染予防に努めることが重要である。

5 ＝✗　からだが湯につかると，湯につかっている部分の血管が静水圧作用を受けて，心臓に戻る血液量が増える。全身浴では，肩から下肢までの血管が静水圧を受けることになる。そのため，胸から下の半身浴に比べて，心臓に戻る血液量は多くなる。よって，心臓に疾患がある場合は，心臓の負担を減らすために半身浴やシャワーの使用が望ましい。

---

80 解説　〔解答－3〕

1 ＝✗　中温浴（38〜41℃）では，筋肉は弛緩して柔らかくなる。高温浴（42℃以上）では，筋肉は収縮する（図表4－15参照）。

2 ＝✗　中温浴では副交感神経が刺激され，からだがリラックスした状態となる。脳も緊張から解放されて鎮静した状態になる。高温浴では，脳は興奮した状態になる（図表4－15参照）。

3 ＝○　副交感神経は内臓のはたらきを活発にする。そのため，中温浴では腎臓のはたらきも促進される。高温浴では，腎臓のはたらきは抑制される（図表4－15参照）。

4 ＝✕　中温浴では副交感神経がはたらき，心臓の動きが抑制され，心拍数が減少する。高温浴では，心臓の動きが促進され，心拍数が増加する（図表4－15参照）。

5 ＝✕　中温浴では，内臓のはたらきは活発になる。そのため，腸の蠕動運動なども活発になる。高温浴では，腸のはたらきは抑制される（図表4－15参照）。

▶図表4－15　湯の温度がからだに与える影響　違いを押さえよう！

	中温浴　38〜41℃	高温浴　42℃以上
自律神経	副交感神経を刺激	交感神経を刺激
心臓の動き	抑制される	促進される
血圧	低下する	上昇する
腎臓のはたらき	促進される	抑制される
膀胱の動き	排尿が促進される	排尿を抑制する
腸の動き	活発になる	抑制される
筋肉のはたらき	弛緩する	収縮する
脳	鎮静　リラックス	興奮

出典：介護福祉士養成講座編集委員会編『最新　介護福祉士養成講座⑪こころとからだのしくみ（第2版）』中央法規出版，p.208，2022年

81 解説　　　　解答－5

1 ＝✕　尿は腎臓で血液をろ過してつくられる。尿には水分と尿素，ナトリウム（Na），カリウム（K），クレアチニン，尿酸などの老廃物が含まれる。たんぱく質はろ過した尿の中にはわずかな量しか含まれておらず，1日分の尿中に30 mg/dl以上排出された場合は何らかの疾患を疑う。

2 ＝✕　排尿直後の尿はほとんど無臭であるが，空気にふれると細菌によって尿が分解され，アンモニア臭がする。

3 ＝✕　尿の成分には，ブドウ糖はわずかな量しか含まれていないため，検査で糖分が検出された場合は糖尿病（diabetes mellitus）などの疾患が考えられる。糖分が尿中に含まれていると，特有の甘いにおいがする。

4 ＝✕　尿は腎臓でつくられ，尿管を通り，膀胱へ貯留され，一定量になると排泄される。尿が体内にある間は基本的には無菌状態である。

5 ＝○　排尿直後の尿は淡黄色やうすい茶色を呈しており，透明である。水分摂取量や食べた

58

物により尿の色は変化する。水分摂取量が少ないと茶色の濃縮尿などになる。

---

82 解説　　　　　　　　　　　　　　　　　　　　　　　　解答－1

1＝○　内容物は，腸の蠕動運動により，大腸では盲腸，上行結腸，横行結腸，下行結腸，Ｓ状結腸，直腸の順に通過する。

2＝✗　食事を摂取すると，それが刺激となって，消化するために活動が活発になる。消化管全体が活動するために，大腸の動きも亢進する。

3＝✗　交感神経が亢進すると，消化管は緊張状態となり，活動が低下する。大腸，直腸が緊張するため，便意が低下する。

4＝✗　排便時にいきみをかけると，直腸が収縮し，内肛門括約筋・外肛門括約筋が弛緩して便を外へ押し出す。

5＝✗　直腸に便がたまり，その刺激が大脳に伝わると，便意を感じ，排泄行為をする。

---

83 解説　　　　　　　　　　　　　　　　　　　　　　　　解答－5

1＝✗　溢流性尿失禁は，残尿があり，あふれるように漏れる状態である。尿道が開きにくい，または膀胱が収縮しにくいため，尿排出障害によって常に残尿感がある。Ｄさんは残尿感を訴えてはいない。

2＝✗　切迫性尿失禁は，急に強い尿意を感じて我慢できず，トイレに間に合わずに漏れてしまうことである。膀胱が過敏になって，十分に尿がたまっていないのに膀胱が収縮してしまう状態である。Ｄさんは，急な強い尿意を訴えてはいない。

3＝✗　反射性尿失禁は，脊髄損傷（spinal cord injury）などにより排尿抑制ができず，尿意を感じることができない場合など，ある程度の尿が膀胱にたまると反射的に膀胱が収縮して尿を排出してしまうことである。Ｄさんにはこのような既往歴はない。

4＝✗　腹圧性尿失禁は，くしゃみや咳などで腹部に力が入り，腹圧がかかったときに尿が漏れることが多い。女性に多いタイプの尿失禁である。

5＝○　機能性尿失禁は，認知機能または運動機能に問題があり，尿が漏れる排泄行為の障害である。Ｄさんは尿意を感じ，トイレの場所がどこかわからず歩き回る認知機能障害により尿失禁となっている。

---

84 解説　　　　　　　　　　　　　　　　　　　　　　　　解答－1

1＝○　交感神経が亢進すると消化管の動きを抑制し，排便に必要な大腸の蠕動運動が低下

し，便が腸内にとどまる。これは，機能性便秘のうちの弛緩性便秘である。機能性便秘とは，大腸の形態変化，変性を伴わない便秘を指す（図表4－16参照）。

2＝✗ 大腸がん（colorectal cancer）により，大腸の腸管が狭くなり，器質性便秘となる。器質性便秘とは，大腸の病気により大腸そのものが部分的に狭くなり，便が通過しにくい状態を指す（図表4－16参照）。

3＝✗ 排便を我慢する習慣は，機能性便秘のうちの直腸性便秘の原因である。食後に便意の有無にかかわらずトイレに行くというような行動療法により，排便習慣を再確立することが必要である（図表4－16参照）。

4＝✗ 過敏性腸症候群（irritable bowel syndrome）は，自律神経の過緊張により起こるもので，機能性便秘のうちの痙攣性便秘に分類される。原因ははっきりしていないが，精神的ストレスなどが要因であると考えられている。便秘型，下痢型，混合型，分類不能型がある（図表4－16参照）。

5＝✗ 直腸に便が下りてくると，便意を感じ，排便へとつながる。高齢者では便意を感じたにもかかわらず，腹筋の筋力低下により腹圧が弱いため，便が排出困難になる。そして，直腸内に便が停滞したままとなる直腸性便秘となる。機能性便秘の1つである（図表4－16参照）。

▶図表4－16 便秘の種類 📖 整理しておこう！

種類		原因
機能性便秘	弛緩性便秘	運動不足・食物繊維の不足などによる大腸の蠕動運動の低下
	痙攣性便秘	ストレスなど精神的な原因による大腸の痙攣
	直腸性便秘	腹筋の筋力低下，便意を我慢する習慣，便意を感じる神経の障害，排便反射の低下
器質性便秘		大腸の病気による大腸の狭窄

85 解説 　　解答－2

1＝✗ 光の刺激によってメラトニン（melatonin）の分泌が抑制されると，覚醒レベルは上がる。また，朝の強い光を浴びてから14～16時間経つとメラトニンの分泌が増加し，覚醒レベルが低下して睡眠の準備を始める。メラトニンは，脳内の松果体から分泌される。

2＝〇 人は，およそ24時間の活動・休息のリズムをもっており，時刻の手がかりが全くない環境であっても，約24時間の活動と休息のリズムは持続する。この体内時計は，毎日の太陽光線の変化を手がかりとして時刻合わせを行い，環境の変化から大幅に遅れたり進んだりしないように調整されている。

3＝✕　加齢に伴い，睡眠は浅く短くなる。高齢者の睡眠は，若い頃と比べて寝床に入ってから眠りにつくまでの時間が長くなり，眠りも浅くなるのが特徴である。総睡眠時間も短くなり，睡眠中でも何か物音がすると目が覚めて眠れなくなることや，朝早く目覚めてしまうのも特徴である。

4＝✕　眠りには，浅い眠りのレム睡眠と深い眠りのノンレム睡眠がある。レム睡眠では身体の筋肉が弛緩し休息し，ノンレム睡眠では大脳が休息する。この２つの眠りを交互に90〜120分周期で一晩に４〜５回繰り返す。

5＝✕　ノンレム睡眠時ではなく，レム睡眠時に夢をみる。ノンレム睡眠のときは大脳がぐっすり休んでいる。夢をみるのは大脳がはたらいているためである。

86 解説　　　　　　　　　　　　　　　　　　　　　　　　解答－2

1＝✕　眠るときは副交感神経がはたらく。交感神経が活発になると心拍数が増加して，筋肉が緊張し，不眠となる。

2＝○　中途覚醒は眠った後に何度も目が覚める状態である。高齢者では眠りが浅いために夜間何度も中途覚醒となる（図表4－17参照）。

3＝✕　高齢者の睡眠は浅いため，少しの明かりや物音で目が覚めやすくなり，早朝覚醒が多くなる。なお，早朝覚醒はいったん目が覚めてしまうと，それ以降眠れなくなるのが特徴である（図表4－17参照）。

4＝✕　レストレスレッグス症候群（restless legs syndrome）とは，「むずむず脚症候群」とも呼ばれ，不快な異常感覚が下肢を中心に出現する。眠ろうと思って布団に入っても下肢を動かさずにはいられず，不眠の原因となる（図表4－17参照）。

5＝✕　カフェイン（caffeine）の作用として覚醒・興奮・利尿作用がある。入眠前にコーヒー，紅茶などカフェインの入った飲料を摂取すると，興奮作用で入眠が妨げられる。また利尿作用によって尿意を感じて睡眠を妨げられる。

87 解説　　　　　　　　　　　　　　　　　　　　　　　　解答－5

1＝✕　朝，目覚めて自然の光を取り入れ，朝日を浴びることにより，メラトニン（melatonin）の作用を受け，夜の入眠へのつながりとなる。朝の行動として望ましいことである。

2＝✕　Eさんは趣味である好きな音楽を毎日寝る前に聞いている。就寝前に好きな音楽を聞くことは心身のやすらぎになり，寝つきをよくすることにつながる。

3＝✕　日中に屋外に出て外気に触れることは心身のリフレッシュとなる。太陽の光を浴びることにより体内時計も整う。

📖整理しておこう!

不眠症	入眠障害	なかなか寝つけない。
	熟眠障害	眠りが浅く，長い睡眠時間をとっても，よく眠ったという満足感が得られない。
	中途覚醒	夜中に何度も目が覚める。
	早朝覚醒	早朝に目が覚めてしまい，それ以降眠れなくなる。
過眠症		十分眠っても，日中に強い眠気におそわれる。抗ヒスタミン作用のある風邪薬などの副作用でも生じる。
概日リズム障害		概日リズムが乱れて，睡眠と覚醒のリズムに障害が出る。
周期性四肢運動障害		睡眠中に上肢や下肢が勝手にぴくぴくと動き，眠りが浅くなり，中途覚醒を引き起こす。
レストレスレッグス症候群（むずむず脚症候群）		睡眠中に「むずむずする」「痛がゆい」という異常感覚が下肢を中心に起こり，寝つけなかったり，脚を動かしつづけて不眠になる。
レム睡眠行動障害		睡眠中に突然叫んだり，からだを動かしたりする。
睡眠時無呼吸症候群		睡眠中に無呼吸の状態が頻繁に生じ，睡眠不足により日中過剰な眠気におそわれる。肥満の男性に多い。
精神生理性不眠症		眠れない経験を繰り返すと不安になり，不眠への恐怖によって眠れなくなる。

4＝✘　長時間の昼寝は，夜間の睡眠を浅く不安定にすることにつながる。しかし，午後の早い時間帯に30分以内の昼寝をすることは，日中の適度な休息となる。Eさんの昼寝が熟睡における問題となることはない。

5＝〇　寝る直前に食事をすると，食物を消化・吸収するために胃腸が活発となる。そのため寝つきが悪く，熟睡できなくなる。また，摂取した食事のカロリーは消費されず，肥満につながることも考えられる。これらのことから，日常生活で毎日夜食をとることは改善したほうがよいと考えられる。

88 解 説　　　　　　　　　　　解答－3

1＝✘　積極的安楽死とは，死期の迫った状態において，身体的・精神的苦痛から解放する目的で，本人の希望により医師等が薬物等を用いて患者を死に至らせることである。日本において，積極的安楽死は法的に認められておらず，またFさんも自然な最期を望んでいることから，積極的安楽死を望んでいない。

2＝✘　脳死とは，脳幹を含む全脳の機能が不可逆的に停止した状態をいう。臓器の移植に関

する法律によって，本人と家族の臓器提供の意思が認められた場合のみ脳死判定が行われ，脳死を人の死と認めるようになった。Fさんは脳死を希望しているわけではない。

3 ＝○ 尊厳死は，死期の迫った状態での延命だけを目的とした治療は受けず，人としての尊厳を保ちながら自然な状態で死を迎えることをいう。Fさんは長年の夫の介護の経験から，尊厳死を望んでいる。

4 ＝× 突然死は，健康に見える人が急に死を迎えることをいう。Fさんは自然な最期を迎えたいと思っており，突然死を望んではいない。

5 ＝× 心臓死とは，心臓の拍動が停止して，それにより死亡することをいい，脳死と対比して用いられる用語である。Fさんは予測して心臓死を望んでいるわけではない。

89 解説 解答－4

1 ＝× 否認は，余命を知ったときに受け止められない状況を指す（図表4－18参照）。Gさんは3年前に初めて胃がん（gastric cancer）と診断されたときは，事実として認めない，受け入れないという状況であったと考えられる。しかし，今のGさんは再発を認識して気分が落ち込んでおり，診断を否認しているとはいえない。

2 ＝× 怒りは，「なぜ自分が病気になった」と怒りの気持ちが込み上げてくる状態を指す（図表4－18参照）。今のGさんは，死に対して怒りの気持ちが向かうのではなく，自分自身の気持ちが低下している状態であり，怒りではない。

3 ＝× 取引は，病気になったことは事実として受け止めることができるが，「何かすれば病気を回避できるのではないか」と，何かと取引をするかのように考える，まだ希望を捨てていない状況である（図表4－18参照）。Gさんは落ち込んでいる状況であるため，取引ではない。

4 ＝○ 抑うつは「何をしても無駄なのだ」と気持ちが滅入ったうつ状態を指す（図表4－18参照）。Gさんは，3年前から自分の死を考えるようになったが，やはり現実のこととなると気分の落ち込む日々が続く，死を受容する前のうつ状態であるといえる。

▶**図表4－18　キューブラー・ロスの死を受容する過程** 整理しておこう！

第1段階	否認	余命を知り，死の事実を拒否し否定する段階
第2段階	怒り	なぜ自分が死ななければならないのかと強い怒りをもつ段階
第3段階	取引	「病気さえ治れば何でもする」などと何かと取引するかのように奇跡を願う段階
第4段階	抑うつ	取引が無駄であることを知り，気持ちが滅入りうつ状態になる段階
第5段階	受容	死を受容する段階

5＝✕　受容は「いよいよその時期が来たのか」などと死を現実のものとしてとらえ，受け入れるこころの準備ができた状態を指す（図表4－18参照）。うつ状態から身体状態の低下を自覚し，死を現実のものとして受け入れ，平静なこころの状態となる。

90 解説　　　　　　　　　　　　　　　　　　　　　　　　　解答－2

1＝✕　角膜の混濁は，死後に起きる現象である。角膜は透明な膜であるが，死後角膜の内側にある細胞が死んでしまうと白く混濁する。

2＝○　死期が近づくと，水分摂取量が低下する。また，からだ全体の機能低下がみられ，心臓が弱り血液の流れもゆっくりとなる。腎臓では尿を生成する機能が低下し，尿量が減少する。

3＝✕　死後，血液の流れが止まると，重力により血液はからだの低いところにたまる。たまった血液の色が皮膚を通して暗褐色の斑に見えるところを死斑という。

4＝✕　筋肉の変化は死後に起きる。死後2～3時間後から筋肉の硬直が起こる現象を死後硬直という。

5＝✕　関節の硬直は死後に起きる。死後に筋肉の硬直が起こり，関節周囲の筋肉は硬くなり，関節可動域が狭くなる。さらに時間が経過すると，関節の硬直が進む。

▶図表4－19　死が近づいたときの身体の変化　整理しておこう！

意識	意識レベルが低下し，うとうとしている時間が長くなる。
呼吸	リズムや深さが乱れる。 下咽頭に分泌物がたまり，喘鳴が聞かれる。 チェーンストークス呼吸，肩呼吸，下顎呼吸がみられる。
体温	低下し，四肢冷感がみられる。
脈拍	リズムが乱れ微弱となる。 橈骨動脈が触れにくくなる。
血圧	徐々に低下する。
皮膚	四肢末梢が冷たくなる。 チアノーゼが出現する。 背部や四肢に浮腫が生じる。
尿・便	量が減る。 尿道や肛門の括約筋の低下により失禁がみられる。

91 解 説　　　　　　　　　　　　　　　　　　　　　解答－3

1＝✕　「愛」や「平和」など，抽象的な概念の理解が可能になる時期は形式的操作期であり，年齢では12歳頃からである。

2＝✕　「ごっこ遊び」が盛んになるのは2〜6歳頃であり，この時期を前操作期という。

3＝○　前操作期は，保存の概念がまだ十分に発達していないことから，そこにある物を，見る角度が変わっただけで，別の物になったと認識するような傾向がみられる。

4＝✕　シェマ（schema）とは，頭のなかで考え理解する図式である。シェマは0〜2歳頃の感覚運動期にできるものであり，さまざまな情報を自己の知識と同化させたり調節したりして拡大していくもので，知能の発達とともになくなるものではない。

5＝✕　選択肢の記述は，具体的操作期ではなく，感覚運動期の説明である。具体的操作期は6〜12歳頃で，思考が体系化される時期である。

▶**図表5－1　ピアジェの発達段階説**

段階	年齢の目安
①感覚運動期	0〜2歳頃
②前操作期	2〜6歳頃
③具体的操作期	6〜12歳頃
④形式的操作期	12歳頃〜

92 解 説　　　　　　　　　　　　　　　　　　　　　解答－2

1＝✕　幼児前期の発達課題は，自律感の獲得である。基本的なしつけを通して，自分自身のからだをコントロールすることを学習する段階である。

2＝○　学童期は，学校や家庭でのさまざまな活動の課題を達成する努力を通して，勤勉性を獲得する段階である。

3＝✕　青年期の発達課題は，同一性の獲得である。身体的・精神的に自己を統合し，アイデンティティを確立する段階である。

4＝✕　成人期の発達課題は，生殖性の獲得である。家庭での子育てや社会の仕事を通して，

社会に意味や価値のあるものを生み出し，次の世代を育てていく段階である。

5 ＝ ✕ 老年期の発達課題は，統合感の獲得（自我の統合）である。これまでの自分の人生の意味や価値，新たな方向性を見出す段階である。

▶図表5−2 エリクソンの発達段階説 📖 整理しておこう！

段階 （年齢の目安）	発達課題	心理社会的危機
①乳児期 （0〜1歳頃）	信頼感の獲得	「信頼」対「不信」
②幼児前期 （1〜3歳頃）	自律感の獲得	「自律性」対「恥・疑惑」
③遊戯期 （幼児後期） （3〜6歳頃）	自発性の獲得（積極性の獲得）	「積極性」対「罪悪感」
④学童期 （7〜11歳頃）	勤勉性の獲得	「勤勉性」対「劣等感」
⑤青年期 （12〜20歳頃）	同一性の獲得	「同一性」対「同一性拡散」
⑥前成人期 （20〜30歳頃）	親密性の獲得	「親密性」対「孤立」
⑦成人期 （30〜65歳頃）	生殖性の獲得	「生殖性」対「停滞」
⑧老年期 （65歳頃〜）	統合感の獲得（自我の統合）	「自我統合」対「絶望」

93 解 説 （解答−4）

1 ＝ ✕ クーイングとは「あー」「くー」などの音を発することで，生後2か月頃からみられるようになる。出生直後に発するのは，叫喚音（泣く音）のみである。

2 ＝ ✕ 初めて発する単語を初語といい，1歳前後からみられるようになる。日本語の初語は，「まんま」「ぶーぶー」などである。

3 ＝ ✕ 喃語とは「ばーばー」「だーだー」といった明確な音声のことであり，生後6か月頃から発するようになる。

4 ＝ 〇 2歳代では「電車に乗りたい」を「電車が乗りたい」というような誤用もみられるが，助詞を用いた発話ができるようになる。3歳を過ぎるとそのような誤用は少なくなる。

5＝✕ 発声できる単語数の急激な増加を語彙爆発という。初語の出現後，しばらくは発声できる単語は増えないが，1歳半頃から2歳頃に語彙爆発が起こる。

94 解説　　　　　　　　　　　　　　　　　　　　　解答－2

1＝✕ 人見知りとは，知らない人に対して顔をこわばらせたりする反応で，8か月頃になるとみられるが，Aちゃんがその反応をしたかどうかは，問題文から判断できない。

2＝○ 9か月頃になると，自己―他者―対象という三項関係が成立し，他者が見ているものに視線を向ける視線追従がみられるようになる。

3＝✕ 延滞模倣とは，以前見たことや動作をしたことを思い出して真似をすることで，1歳半頃から2歳頃にみられるようになる。

4＝✕ 社会的参照とは，1歳前後の乳幼児が，経験したことのない場面で，親や保育士等の信頼できる大人の表情や反応を見て，その場の状況を判断したり，行動を決めたりすることである。

5＝✕ 社会的微笑とは，養育者など周りの人に微笑むことであり，3か月微笑ともいわれる。生後3か月頃にみられるようになる。

95 解説　　　　　　　　　　　　　　　　　　　　　解答－5

1＝✕ 3水準6段階の発達段階がある（図表5－3参照）。

2＝✕ 多数意見や承認されることを重視した判断をするのは，水準2の段階3である。最も高い発達の段階は，水準3の段階6である。

3＝✕ 罰を回避して権威に服従するのは，前慣習的水準である。

4＝✕ 規則や社会的秩序を守ることを重視するのは，慣習的水準である。

5＝○ 選択肢の記述のとおりである。脱慣習的水準は，現在の社会・集団における規則を越えて，より普遍的な原則に基づいた判断ができ，新たな規範をつくることもできる段階である。

96 解説　　　　　　　　　　　　　　　　　　　　　解答－5

1＝✕ 発達障害（developmental disorder）の傾向がみえてくることもあるが，幼児期には障害の程度まではわからない場合が多い。特性が表面化してくるのは学童期である。

2＝✕ 脳性麻痺（cerebral palsy）は，胎生期から出生4週後までに生じる脳の運動中枢の損傷による運動機能障害である。学童期の特徴ではない。

▶図表５－３　コールバーグによる道徳性判断の発達段階  整理しておこう！

水準１　前慣習的水準
段階１　罰と服従志向
罰を回避し，権威に服従する
段階２　道具主義的相対主義者志向
取引や有効性の観点から判断する

水準２　慣習的水準
段階３　対人関係の調和あるいは「良い子」志向
多数意見や承認されることを重視した判断をする
段階４　「法と秩序」志向
規則や社会的秩序を守ることを重視する

水準３　脱慣習的水準
段階５　社会契約的遵法主義志向
個人の権利や社会全体の価値に従って合意することを重視する
段階６　普遍的な倫理的原理志向
人間の権利や平等性などの倫理に従って判断する。

出典：Kohlberg, L., 'Stage and sequence：the cognitive-development approach to socialization', In Goslin, D. A. Ed., *Handbook of socialization theory and research*, Rand McNally, p. 378, 1969.／介護福祉士養成講座編集委員会編『最新 介護福祉士養成講座⑫発達と老化の理解（第２版）』中央法規出版，p. 64，2022年

3＝✕ 選択肢の記述は幼児期の特徴である。もちろん思春期にも事故のリスクはあるが，同時に身を守る術も身につけていく。

4＝✕ 選択肢の記述は成人期の特徴である。生活習慣病（life-style related disease）には，糖尿病（diabetes mellitus），高血圧症（hypertension），心臓病，脳血管障害（cerebrovascular disorder）などがある。

5＝〇 成人期は，仕事や家庭，地域での責任が重くなり，ストレスが増大する時期である。特に 40〜50 歳代の男性は自殺率が高い傾向にある。

97　解　説　　　　　　　　　　　　　　　　解答－3

1＝✕ 高年齢者等の雇用の安定等に関する法律では，55 歳以上の者を高年齢者と規定している。

2＝✕ 介護保険法では，市町村の区域内に住所を有する 65 歳以上の者を第１号被保険者と規定している。

3＝〇 高齢者虐待の防止，高齢者の養護者に対する支援等に関する法律（高齢者虐待防止法）は，65 歳以上の者を対象としている。

4＝✕ 道路交通法では，免許証の更新の特例として，70 歳以上の者に高齢者講習を受ける

ことを，75歳以上の者に認知機能検査と高齢者講習と運転技能検査（該当者のみ）を受けることを義務づけている。

5＝✕　老人福祉法の施策の対象は，原則として65歳以上の者である。

98 解説　〔解答−4〕

1＝✕　喪失体験とは，愛着のある物，大切な人を失うなどに伴う心理的な喪失のことであり，認知機能の低下ではない。

2＝✕　悲嘆過程とは，喪失体験等によってもたらされる悲しみからこころが平穏な状態に戻り，安定に向かう過程であり，精神疾患（mental disease）ではない。

3＝✕　キューブラー・ロス（Kübler-Ross, E.）は，死の受容は，否認・怒り・取引・抑うつ・受容という過程をたどることを示した。喪失体験に伴う悲嘆からの回復もこの順序に似た過程をたどると考えられる。

4＝◯　選択肢の記述のとおりである。退職や職業生活の引退は人間関係の変化や収入の減少をもたらし，所属や社会的地位を喪失することでもある。

5＝✕　葬儀等の儀式は，亡き人に別れを告げ，その人のいない人生を考える機会となり，残された者の強い悲嘆を和らげる作用をもたらす。

99 解説　〔解答−4〕

ストローブ（Stroebe, M. S.）とシュト（Schut, H.）は，死別体験の後の心理過程について，喪失志向コーピングと回復志向コーピングの二重過程モデルを提唱した。2つのコーピングに含まれるものは，図表5−4のとおりである。

なお，コーピングとは，ストレス反応を低減することを目的として人が行うさまざまな対処のことである。

▶図表5−4　喪失志向コーピングと回復志向コーピング ⚠️違いを押さえよう！

喪失志向コーピング	回復志向コーピング
・グリーフワーク ・侵入的悲嘆 ・愛着や絆の崩壊 ・亡くなった人物の位置づけのし直し ・回復変化の否認や回避	・生活変化への参加 ・新しいことの実行 ・悲嘆からの気そらし ・悲嘆の回避や否認 ・新しい役割やアイデンティティまたは関係性

2つのコーピングについて，今はどちらを重視してコーピングするのか，あるいはコーピング自体を回避してコーピングしないのかは，本人が揺らぎながら決めることができるもので，

揺らぐことがむしろ適応的であるとしている。

したがって，**1 ＝✕，2 ＝✕，3 ＝✕，4 ＝〇，5 ＝✕**となる。

100 解説　　　　　　　　　　　　　　　　　　　　　　解答－3

1 ＝✕ 加齢により，味を感じる味蕾の細胞数や唾液の分泌量が減少したり，認知機能が低下したりするため，味覚の感受性は低下する。

2 ＝✕ 加齢により，高い音から聞こえにくくなる。

3 ＝〇 高齢になると，唾液の分泌量は減少する。唾液の分泌量の減少は，咀嚼・嚥下障害，誤嚥性肺炎(aspiration pneumonia)，歯周病（periodontal disease）などに影響を及ぼす。

4 ＝✕ 加齢により，骨髄の造血作用が低下するため，血中ヘモグロビン量は低下する。

5 ＝✕ 加齢に伴い，発汗や皮脂分泌の機能の低下などにより水分量が減少するため，皮膚は乾燥しやすくなる。

101 解説　　　　　　　　　　　　　　　　　　　　　　解答－2

1 ＝✕ 転倒による脊椎圧迫骨折（compression fracture of spine）は，尻もちをついた際に起こりやすい。手をついての転倒で起こるのは，橈骨遠位端骨折（fracture of lower end of radius）や上腕骨近位端骨折（fracture of upper end of humerus）である。

2 ＝〇 ヒッププロテクターは，パッドがついた防護パンツで，転倒時の殿部への衝撃を吸収し分散して，大腿骨頸部骨折（femoral neck fracture）を予防する。

3 ＝✕ 薬剤を使用することで，身体機能や精神機能に何らかの影響を及ぼすことがある。転倒が薬剤の影響とみられる場合は，薬剤の減量やほかの薬剤への変更を検討し，医師の指示を仰ぐ。

4 ＝✕ 「平成30年版高齢社会白書」（内閣府）によると，65歳以上の高齢者における屋内での事故発生場所で最も多いのは「居室」（45.0％）で，次いで「階段」（18.7％），「台所・食堂」（17.0％），「玄関」（5.2％），「洗面所」（2.9％），「風呂場」（2.5％）の順である。

5 ＝✕ 一度転倒を経験した高齢者は，転倒に対する恐怖心をもち，そのことがさらなる転倒を引き起こすといわれる。

102 解説　　　　　　　　　　　　　　　　　　　　　　解答－4

1 ＝✕ 意味記憶は長期記憶に分類され，言葉の意味や一般的知識に関する記憶で，加齢の影

響を受けにくい。

2 ＝✕　エピソード記憶は長期記憶に分類され，「昨日友人に会った」など個人の出来事に関する記憶で，加齢によって低下する。

3 ＝✕　手続き記憶は長期記憶に分類され，自転車の乗り方など言語によらず覚えたもので，加齢の影響を受けにくい。

4 ＝○　加齢に伴い，物が散乱していたり，騒がしかったりする場面で，周囲の情報に気が散って集中できないことが起きやすくなる。これは不要な情報の抑制が難しくなることによるものと考えられる。

5 ＝✕　分散的注意は，自動車を運転するときのように，複数の対象に注意を分散させる機能で，加齢により低下する。また同時に複数のことを遂行することが難しくなるなど，加齢によってさまざまな注意機能が低下しがちである。

103 解 説　　　　　　　　　　　　　　　　　　　　解答－2

1 ＝✕　流動性知能は，新しいことを覚える等の能力で，40〜50歳代まで上昇し，老年期に大きく低下する。

2 ＝○　新しい場面に適応するときに要求される問題解決能力は，流動性知能の代表的な能力である（図表5－5参照）。

3 ＝✕　流動性知能は，生まれつき備わった能力である。加齢による影響を受けやすいことから，生活習慣や訓練によって維持することは困難である（図表5－5参照）。

4 ＝✕　結晶性知能は，経験によって発達するもので，教育や職業の影響を受けやすい（図表5－5参照）。

5 ＝✕　結晶性知能よりも流動性知能のほうが，加齢とともに低下しやすい（図表5－5参照）。

▶図表5－5　結晶性知能と流動性知能の特性　　違いを押さえよう！

結晶性知能	流動性知能
・人生経験や知識から形成される知能 ・環境の影響を受けやすい ・高齢になっても比較的よく維持される	・生まれながらにもっている知能 ・環境の影響を受けにくい ・加齢とともに低下する ・新しい場面に適応する能力

104 解 説　　　　　　　　　　　　　　　　　　　　解答－5

1 ＝✕　愛着理論は，ボウルビィ（Bowlby, J.）によって提唱された。養育者と子どもの間で，

情緒的絆による密接な関係を形成することを愛着（アタッチメント）と呼び，それが
その後の発達に影響を及ぼすとする考え方である。愛着理論は，乳幼児期の心理を説
明するものであるため，Bさんの適応状況を説明するものとはいえない。

2＝✗ 離脱理論とは，社会的活動の縮小は高齢者自らが選択したもので，ごく自然なことで
あるとする考え方である。新しい別の力を感じているBさんの状況を説明するものと
はいえない。

3＝✗ 活動理論とは，高齢期にも，以前と同じ活動水準や活動内容を保っているほうが，人
生に対する満足度が高いという考え方である。Bさんがそうであるかどうか，問題文
からは判断できない。

4＝✗ 社会情動的選択理論とは，肯定的な感情を得やすい親密な間柄の付き合いを選択し，
逆に否定的な感情を伴う付き合いは避け，このような人間関係の選択によって，幸福
感を維持できるとする理論である。社会情動的選択理論は老年期の心理を説明するも
のであるが，Bさんがそうであるかどうか，問題文からは判断できない。

5＝○ 生涯発達理論は，ハヴィガースト（Havighurst, R.）やエリクソン（Erikson, E.）な
どが提唱した，人は生涯にわたり発達するという考え方である。発達は獲得のみなら
ず喪失体験によってももたらされるとされており，Bさんの現状を表している。

---

105 解 説

解答－2

1＝✗ 平均寿命とは，0歳児の平均余命のことをいう。健康寿命とは，健康上の問題で日常
生活が制限されることなく生活できる期間のことをいう。健康寿命は，平均寿命から
介護期間（自立した生活を含めない）を差し引いたものとして示されている。平均寿
命と健康寿命はどちらも延伸傾向にあり，その差は年々縮小傾向にある。

2＝○ 厚生労働省の「令和4年簡易生命表」によると，2022年（令和4年）における平均
寿命は，男性81.05歳，女性87.09歳であり，男女ともに80歳以上である。

3＝✗ 厚生労働省の「令和4年（2022）人口動態統計（確定数）」では，2022年（令和4
年）における人口全体の死因順位は，1位悪性新生物＜腫瘍＞，2位心疾患（heart
disease）（高血圧性を除く），3位老衰，4位脳血管疾患（cerebrovascular disease），5
位肺炎（pneumonia）となっている。

4＝✗ 選択肢3の解説のとおり，2022年（令和4年）における人口全体の死因で最も多い
のは，悪性新生物＜腫瘍＞である。老衰は死因順位3位である。

5＝✗ 厚生労働省の「令和4年簡易生命表」によると，90歳女性の平均余命は5.47年である。
平均余命とは，各年齢の人が平均してあと何年生きられるかを表した期待値である。

106 **解 説**　　　　　　　　　　　　　　　　　　　　　　　　　　解答－**3**

1＝✖　高齢者の疾患は慢性疾患が多く，複数の疾患を合併していることが多い（図表5－6参照）。

2＝✖　高齢者の場合，症状が非定型的であるため，疾患の発見が遅れ，治療が長引き慢性化する傾向がある（図表5－6参照）。また，再発を繰り返したり，余病を併発しやすい。

3＝○　若い人に比べると，症状や薬の効き方などの個人差は大きくなる（図表5－6参照）。

4＝✖　高齢者では，薬剤に対する反応が若い人とは異なり，薬の副作用が出やすいという特徴がある（図表5－6参照）。高齢者は複数の疾患をもっているため，服用する薬剤の数が多く，副作用の発現する頻度は高くなる。

5＝✖　細菌やウイルスから身を守る免疫細胞の機能は，加齢とともに低下する。免疫力が低下すると，病気にかかりやすく回復に時間がかかる。

▶**図表5－6　高齢者の疾患の特徴**

・複数の慢性疾患を合併していることが多い。
・潜在的な臓器障害が多い。
・完治しにくい慢性疾患が多い。
・症状が非定型的である。
・個人差が大きい。
・薬の副作用が出やすい。
・うつ症状を伴う。
・環境因子の影響を受けやすい。
・生活の質（QOL）への影響が大きい。

107 **解 説**　　　　　　　　　　　　　　　　　　　　　　　　　　解答－**3**

1＝✖　加齢に伴い膀胱容量は少なくなり，膀胱内に十分溜めることができず頻尿が起こる。また，膀胱の収縮力低下により，残尿を起こしやすくなる。

2＝✖　下部尿路感染症（lower urinary tract infections）では，発熱はなく，排尿時痛，残尿感，頻尿，尿混濁や血尿などが主症状となる。症状として発熱がみられるのは，上部尿路感染症（upper urinary tract infections）である。

3＝○　選択肢の記述のとおりである。加齢により腎臓のろ過機能が低下するため，薬物が排出されるまでの時間が長くなる。これにより，薬物が体内に長時間滞留し，血中の薬物濃度が高くなりやすい。

4＝✖　腎血流量とは，腎臓に流れる血液量のことであり，加齢に伴って低下する。腎血流量が低下することにより，体内に老廃物が蓄積されやすい状態となる。

5＝✖　前立腺肥大症（prostatic hypertrophy）は，前立腺が加齢とともに肥大して尿道を圧迫する疾患である。初期症状は，夜間頻尿，排尿困難（尿が排出されにくい状態）で

ある。中期症状は，残尿（30～150ml），排尿困難の進行，後期症状は，残尿150ml以上，尿閉などである。

108 解 説　　　　　　　　　　　　　　　　解答－4

1＝✕　アルツハイマー型認知症（dementia of the Alzheimer's type）では，脳の器質的変化を伴う。脳における異常な変化を認めるようになり，慢性的かつ不可逆的な経過で記憶力や思考力の低下をきたす。

2＝✕　老年期うつ病（senile depression）は，若年者のうつ病（depression）より抑うつ気分が軽い。

3＝✕　うつ病等によって高齢者が死に至る率は，若年者よりも高い。

4＝〇　老年期の統合失調症（schizophrenia）では，幻覚や妄想等の陽性症状は軽減し，無関心や意欲の減退等の陰性症状が主になってくる。

5＝✕　せん妄（delirium）は，暗いところ，周囲の状況がわかりにくいところで発生しやすい。日中よりも夜間，入院等で環境が大きく変わった際に起こりやすい。

109 解 説　　　　　　　　　　　　　　　　解答－4

脱水時の症状は，皮膚や粘膜の乾燥，ふらつき，めまい，活動性の低下，尿量の減少，体重減少，体温上昇などがみられる。

高齢者は体液量が少ないため脱水を起こしやすく，症状も現れにくいため，早めに適切な処置を施さないと生命の危険性が高い病気である。そのため，小さな変化にも気づくことが大切である。

1＝✕　脱水時は血液循環量が減少する。それにより心臓が末梢組織に必要な酸素を供給するため，頻脈になる。

2＝✕　脱水により体液量が減少するため，心拍出量が減少して血圧が低下する。

3＝✕　脱水により体内の水分量が減少し，皮膚細胞の水分量も減少するため，皮膚の緊張は低下する。

4＝〇　脳へ循環する水分が不足して血圧が保てなくなり，めまいを生じる。

5＝✕　脱水により体液量が減少し，体重も減少する。

110 解 説　　　　　　　　　　　　　　　　解答－5

1＝✕　糖尿病（diabetes mellitus）治療の基本には食事療法，運動療法がある。高齢者に多

いⅡ型糖尿病（diabetes mellitus，type 2）の発症原因には，肥満や運動不足など生活習慣の不良があげられる。生活習慣を改善するためには，食事療法はもちろん運動療法を行うことが推奨されている。

2＝✗　膵臓から分泌されるインスリン（insulin）の作用不足が糖尿病の原因である。アミラーゼ（amylase）とは炭水化物を消化する消化酵素であり，膵液や唾液に含まれる。血液や尿中のアミラーゼ値が高い場合，膵炎（pancreatitis），膵がん（pancreatic cancer）などの疾患が疑われる。

3＝✗　高血糖状態になると，多尿により口渇や多飲といった症状が出現する。しかし，加齢に伴い口渇中枢が減退して喉の渇きを感じにくくなるため，高齢者は若年者より口渇感が強いとはいえない。

4＝✗　日本糖尿病学会が示しているヘモグロビンA1c（HbA1c）の最も低い目標値は，成人が6.0％未満，高齢者が7.0％未満である。よって，若年者に比べて低めが推奨されているわけではない。

5＝○　高齢者の場合，低血糖の自覚症状（冷や汗，頻脈，手足の震え等）に気づきにくい傾向がある。気がついたときには重篤な状態になっていることもあるので，若年者よりも注意が必要である。

111 解 説　　　　　　　　　　　　　　　　　　解答－4

1＝✗　体重を増やすと膝に負担がかかるため，肥満を予防する。
2＝✗　正座は膝関節に負担をかけるため，避ける。
3＝✗　冷やすことで，痛みが助長されるため，温めて血行を促す。
4＝○　歩行が不安定になりやすいため，杖を使用する。
5＝✗　階段昇降は膝に負担がかかるため，避ける。

112 解 説　　　　　　　　　　　　　　　　　　解答－2

1＝✗　大腸がん（colorectal cancer）は，器質性便秘の原因となる。弛緩性便秘は，加齢や運動不足により腸の蠕動運動が弱くなって生じる。
2＝○　痙攣性便秘は，ストレスなどにより，腸の蠕動運動が強くなりすぎ，腸が痙攣を起こし，便の輸送に障害をきたして生じる。
3＝✗　薬剤の副作用として，薬剤性便秘が起こることがある。高齢者の場合，さまざまな疾患や症状に関する内服をしている場合もあり，便秘を引き起こすことも多い。
4＝✗　器質性便秘は，胃・小腸・大腸・肛門などに疾患があることが原因で生じる。日常生

活を見直すことで改善できるのは，機能性便秘である。

5 ＝✕　直腸性便秘は，便意を我慢する習慣や神経の障害により便意を感じず，直腸内に便が
とどまってしまうために起こる。

※便秘の種類については，p.60 の図表 4 − 16 参照。

113 解 説　　　　　　　　　　　　　　　　　　　　解答−4

　心不全（heart failure）は，心臓のポンプ機能の障害により，必要な血液量を全身に供給できなくなった状態である。症状は，息切れ，動悸，易疲労感，尿量減少，チアノーゼ（cyanosis），浮腫，体重増加，起座呼吸，頸静脈の怒張などがみられる。

1 ＝✕　全身に水分がたまるため，体重増加がみられる。

2 ＝✕　下肢に限らず，進行すると全身性の浮腫が生じる。

3 ＝✕　進行すると，安静時でも呼吸困難が起こるようになる。

4 ＝〇　進行すると，血液中の酸素が不足して顔面や口唇などにチアノーゼが生じる。

5 ＝✕　座位では，横隔膜が下がり呼吸面積が広がるため，呼吸がしやすくなる。したがって
呼吸苦は，仰臥位（背臥位）より座位のほうが軽減する。

114 解 説　　　　　　　　　　　　　　　　　　　　解答−2

　高齢者の肺炎（pneumonia）では，発熱，咳や痰などの顕著な症状がみられずに，肺炎と気づかずに重症化する危険性がある。そのため，食欲がない，元気がないなど，ふだんと違う様子がみられないか注意する必要がある。

1 ＝✕　呼吸数は増加する。

2 ＝〇　高齢者は，発熱がなく肺炎を生じることもある。

3 ＝✕　高齢者は嚥下機能の低下により誤嚥を生じやすいため，誤嚥性肺炎（aspiration
pneumonia）を起こしやすい。

4 ＝✕　高齢者の場合，咳や痰といった顕著な症状がみられないこともあるが，一般に肺炎で
は咳や痰症状を伴うことが多い。

5 ＝✕　高齢者は，免疫機能が低下しているため，インフルエンザ（influenza）の二次感染
で肺炎を合併しやすい。

115 解説　解答－4

1＝✗　パーソン・センタード・ケア（person-centred care）では，認知症（dementia）の人を特別な存在として保護するのではなく，その人が自分らしくあり続けるために，本人にできる限りの自由を保障することを大切にしている。

2＝✗　パーソン・センタード・ケアでは，認知症の人の症状に注目するのではなく，その人の性格，生活歴，人間関係など，認知症を抱えて生きる「その人全体」をみてかかわる。

3＝✗　パーソン・センタード・ケアでは，一律にケアマニュアル（care manual）をつくるのではなく，一人ひとりの個性に応じてケアを行うことが重要である。

4＝○　パーソン・センタード・ケアでは，認知症の人の「その人らしさ」を大切にする。その人の立場に立って考え，ケアを行おうとすることが重要である。

5＝✗　パーソン・センタード・ケアは，認知症の人の行動・心理症状（BPSD）を抑制するのではなく，BPSDが生じている原因を「人」に焦点を当てて考えることにより，介護のヒントを見出すという考え方である。

116 解説　解答－5

「認知症施策推進総合戦略（新オレンジプラン）」（2015年（平成27年）策定，2017年（平成29年）改訂）では，認知症（dementia）になっても住み慣れた地域で自分らしく暮らし続けられる社会の実現を目指している。2019年（令和元年）にとりまとめられた「認知症施策推進大綱」では，認知症の人や家族の視点を重視しながら「共生」と「予防」を両輪として施策を推進している。施策を推進する5つの柱は，①普及啓発・本人発信支援，②予防，③医療・ケア・介護サービス・介護者への支援，④認知症バリアフリーの推進・若年性認知症の人への支援・社会参加支援，⑤研究開発・産業促進・国際展開である。

1＝✗　認知症サポート医の養成は，「認知症施策推進大綱」の3つ目の柱に示されている具体的な施策である。柱として示されているものではないため，適切でない。

2＝✗　認知症ケアパスの確立は，「新オレンジプラン」の2つ目の柱「2．認知症の容態に応じた適時・適切な医療・介護等の提供」に示されている具体的な施策である。「認

知症施策推進大綱」の３つ目の柱では，具体的な施策として，約６割の市町村で認知症ケアパスが作成されていることから，未作成市町村における作成を促すとされている。

3＝✕　認知症疾患医療センターの整備は，「認知症施策推進大綱」の３つ目の柱に示されている具体的な施策である。柱として示されているものではないため，適切でない。

4＝✕　認知症初期集中支援チームの設置は，「新オレンジプラン」の２つ目の柱「２. 認知症の容態に応じた適時・適切な医療・介護等の提供」に示されている具体的な施策である。「認知症施策推進大綱」の３つ目の柱では，ほぼすべての市町村に設置された認知症初期集中支援チームの質の評価や向上のための方策について検討するとされている。

5＝○　普及啓発・本人発信支援は，「認知症施策推進大綱」の１つ目の柱である。具体的な施策として，認知症サポーターの養成，認知症ケアパスの積極的な活用，ピアサポーターによる早期からの支援などが行われている。

117 解説　　　　　　　　　　　　　　　　　　　　解答－3

1＝✕　MMSE（Mini-Mental State Examination）は，日付や計算など11項目から構成される認知症（dementia）の簡易スクリーニング検査であり，質問式の評価尺度である。選択肢の記述は，FAST（Functional Assessment Staging）の説明である。

2＝✕　CDR（Clinical Dementia Rating），FAST，認知症高齢者の日常生活自立度判定基準などの観察式の評価尺度を用いる場合，言語機能が障害されても認知症の重症度評価が可能である。

3＝○　長谷川式認知症スケールは，9つの設問で構成される30点満点の質問式の評価尺度であり，20点以下の場合は認知症の疑いがある。施行時間は約5分間である。

4＝✕　CDR は，血管性認知症（vascular dementia）の検査に特化したものではない。記憶や見当識など6項目について，周囲の人が観察した情報で評価し，認知症の重症度を5段階で評価する観察式の評価尺度である。

5＝✕　FAST は，アルツハイマー型認知症（dementia of the Alzheimer's type）の症状ステージを，「正常」から「高度」までの7段階で評価する観察式の評価尺度である。

118 解説　　　　　　　　　　　　　　　　　　　　解答－2

認知症（dementia）の症状には，中核症状と行動・心理症状（BPSD）がある（図表6－1参照）。中核症状は，多少の差はあるものの，認知症になると誰にでも認められる症状である。脳の認知機能の障害が原因とされ，記憶障害，見当識障害，失語・失行・失認，計算力の低下，判断力の低下，遂行機能障害などがある。BPSD は，中核症状に健康状態や物理的な環

境，介護者のかかわりなどが影響して起こる症状である。異食や徘徊などの行動症状や幻覚，妄想などの心理症状が生じることがある。

1＝✕　判断力の低下は，認知症の中核症状の1つである。記憶・判断力といった知的機能に障害が起きると，ものを考えること自体に障害が起きたり，考えるスピードが遅くなったりする。

2＝〇　不安感・焦燥感は，認知症のBPSDの1つである。認知症による混乱の継続により，さまざまな要因が重なることで漠然とした不安感・焦燥感につながる。

3＝✕　自分のおかれた状況がわかることを見当識という。見当識障害は，認知症の中核症状の1つである。①時間，②場所，③人物等の見当識に分けられ，進行に伴い，この順番に障害される。

4＝✕　失認は，認知症の中核症状の1つである。目に見えているものでも，正確なものとして認識することができない状態をいう。立体感を認識しづらい空間失認等がある。

5＝✕　作業の段取りを考え，効率よく作業する能力を遂行機能という。遂行機能障害は，認知症の中核症状の1つである。物事を計画的かつ効率的に遂行することが困難な状態をいう。

▶図表6-1　認知症の中核症状と行動・心理症状（BPSD）(!)違いを押さえよう！

中核症状	行動・心理症状（BPSD）	
・記憶障害	・不安感・焦燥感	・徘徊・帰宅行動
・見当識障害	・強迫症状	・暴言・暴力
・失語・失行・失認	・抑うつ状態	・不潔行為
・計算力の低下	・幻覚	・異食行為
・判断力の低下	・妄想	・昼夜逆転
・遂行機能障害	・睡眠障害	

119　解説　　　　　　　　　　　　　　　　　　　　　解答-3

1＝✕　トイレの場所を見つけることができなくなるのは，見当識障害である。今いる場所がわからないなど，自分のおかれた状況を理解できないことがある。認知症（dementia）の中核症状である。

2＝✕　ズボンの履き方がわからなくなるのは，着衣失行である。運動機能に障害がないにもかかわらず，目的に適した行動をとることができないことを失行という。認知症の中核症状である。

3＝〇　十分に眠ることができなくなるのは，睡眠障害である。不安や昼夜逆転，夜間せん妄などから良質な睡眠をとることができなくなる。認知症の行動・心理症状（BPSD）

認知症の理解

である。

4＝✕ 簡単なお金の計算ができなくなるのは，認知機能の低下により，認知症の初期からみられる計算能力障害である。そのため，金銭管理など生活面への支障が生じる。認知症の中核症状である。

5＝✕ 自分の考えを言葉で表現できなくなるのは，失語である。認知症が進行すると言語野がダメージを受け，言葉を忘れ，終末期が近づくと発語も少なくなる。認知症の中核症状である。

---

120 解 説　　　　　　　　　　　　　　　　　　　　　解答－3

1＝✕ 手続き記憶とは，米を研ぐ，じゃがいもの皮をむくなどのからだで覚えている記憶のことで，加齢の影響を受けにくいと考えられている。認知症（dementia）では最近の出来事を忘れることが多くなり，進行してくると，ある1つの出来事をすっかり忘れるエピソード記憶の障害が起こってくる。

2＝✕ 見当識障害は，時間や場所についての認識が障害されるほかに，目の前にいる人物は誰であるかという人物の認識も障害される。

3＝○ 失行は，運動機能は損なわれていないのに，目的に沿った適切な行為がとれなくなる症状のことである。失行には，衣服をうまく着ることができない着衣失行がある。

4＝✕ 失認は，感覚機能は保たれているにもかかわらず，見たり聞いたりしたことを脳が認識することが困難な状態をいい，脳の障害が原因で起こる。

5＝✕ 遂行機能とは作業の段取りを考え，効率よく作業をこなす能力のことである。遂行機能が障害されると，段取りがうまくできなくなるため，ADL（Activities of Daily Living：日常生活動作）に支障が出る。

---

121 解 説　　　　　　　　　　　　　　　　　　　　　解答－2

1＝✕ 選択肢の記述は，理解・判断力の障害である。いつもと違う出来事で混乱をきたしやすくなる状態である。

2＝○ 選択肢の記述は，遂行機能障害である。遂行機能障害とは，計画を立て，状況を把握して対応し，遂行するといった段取りができない状態である。

3＝✕ 選択肢の記述は，理解・判断力の障害である。例えば，人に注意を払いながら作業をすることができなくなったり，考えるスピードが遅くなったりする。

4＝✕ 選択肢の記述は，異食である。食べ物ではないものを口に入れてしまう行為である。これは，視覚認知障害（失認）から，食べられない物を食べられると誤認して起こる

場合がある。

5＝✘ 選択肢の記述は，記憶障害である。もの忘れが病的に進行した状態である。さっき聞いたことや新しい体験，自分がとった行動を思い出せない，同じ質問を何度も繰り返すなどの症状がある。

---

122 解 説　　　　　　　　　　　　　　　　　　　　　　　　解答−4

1＝✘ 発症は，急激に起こる。突然，理解できない言動を示したり，興奮しはじめたりするという形で現れることが多い。

2＝✘ せん妄（delirium）は，薬剤によって生じることがある。そのほかにも脳血管障害（cerebrovascular disorder）や感染症が原因で起こることがある。

3＝✘ 症状は，数日から数週間で改善する。

4＝○ 症状は，1日のなかで変動すること（日内変動）が特徴で，高齢者の場合は特に夕方から夜間に多くみられ，これを夜間せん妄という。対処方法として，昼夜のリズムを回復するために，昼間はできるだけ昼寝はせず起きていてもらうなどの工夫が考えられる。

5＝✘ せん妄は，幻覚を伴うことがある。急に意識の混濁が起こり，興奮し，幻覚が見えたり，つじつまの合わないことを言い出したりする。

▶**図表6−2　せん妄の主な原因と特徴**　覚えておこう！

主な原因	薬剤，脳血管障害，感染症，高熱，脱水，栄養失調など
主な特徴	・意識が混濁している（認知症は意識が清明である） ・発症が急激である（認知症は急激には起こらない） ・日内変動がみられる（特に夜間にみられる）

---

123 解 説　　　　　　　　　　　　　　　　　　　　　　　　解答−3

1＝✘ 仮性認知症（pseudodementia）は，夕方より午前中に具合が悪いことが多い。

2＝✘ うつ病（depression）により自律神経が乱れるため，頭痛，めまい，肩こり，倦怠感，食欲低下などを訴えることが多い。身体症状の訴えが強いため，うつ状態がみえにくいこともある。

3＝○ 認知症（dementia）に比べて，仮性認知症は，比較的症状の進行が速いとされている。仮性認知症では，もの忘れや能力が低下していることを自覚しているため，落ち込んでしまうこともある。

4＝✖ 仮性認知症は，食欲が減ることが多い。そのほかにもひきこもることが多くなったり，口数が少なくなり，悲観的で愚痴っぽくなったりする。

5＝✖ 仮性認知症は，抗うつ薬で改善する。一見すると認知症と似た状態を示すが，回復すると元に戻るので，真の認知症とは区別されている。

124 解説　　　　　　　　　　　　　　　　　　　　　解答－1

1＝○ もの盗られ妄想は，大切なものをなくしてしまったことへの不安感や喪失感などの感情から，引き起こされやすい。孤独感や不安感を生じない環境づくりや，ものの場所がわかりやすい環境を工夫することが大切である。

2＝✖ 身近で介護をしている家族や付き合いの長い訪問介護員（ホームヘルパー）などを犯人と疑いやすい傾向がある。疑われた側はショックや怒りを感じることもあるが，まずは，その状況を受け入れることが必要である。

3＝✖ 本人は被害者だと思い込んでいるため，「自分でなくしたんだろう」などの否定的な言葉をかけられると，より興奮が増し，混乱を助長させることになる。不安に感じる気持ちを受け止めることが必要である。

4＝✖ もの盗られ妄想は，認知症（dementia）の行動・心理症状（BPSD）である。記憶障害によりものの置き場を忘れるなどして大切なものが見つからず，誰かに盗られたと思い込む状態をいう。

5＝✖ 不安な気持ちを受け止めながら，一緒に探す姿勢が大切で，一緒に見つけることで安心感を得られることがある。タイミングをみて，関心をそらすことも時には有効である。

125 解説　　　　　　　　　　　　　　　　　　　　　解答－4

1＝✖ 血管性認知症（vascular dementia）より，アルツハイマー型認知症（dementia of the Alzheimer's type）の患者のほうが多い。「都市部における認知症有病率と認知症の生活機能障害への対応（平成23年度～平成24年度）総合研究報告書」によると，アルツハイマー型認知症が67.6％，血管性認知症が19.5％である。

2＝✖ 血管性認知症は，男性に多くみられる。アルツハイマー型認知症は，女性に多くみられる。

3＝✖ 血管性認知症は，60～70歳に多くみられる。アルツハイマー型認知症は，70歳以上に多くみられる。

4＝○ 血管性認知症は，脳梗塞（cerebral infarction）や脳出血（cerebral hemorrhage）な

どの脳血管障害（cerebrovascular disorder）によって起こる。複数の脳血管が詰まる多発性脳梗塞（multiple cerebral infarction）がみられる。

5＝✕　血管性認知症では，初期の段階に自覚症状がある。頭痛，めまい，もの忘れは最も出現頻度が高い初期症状である。

▶図表6-3　アルツハイマー型認知症と血管性認知症の違い　⚠違いを押さえよう！

	アルツハイマー型認知症	血管性認知症
発症年齢	70歳以上に多い	60〜70歳に多い
男女比	女性に多い	男性に多い
自覚症状	なし	初期の段階にある（頭痛，めまい，もの忘れなど）
合併する病気	糖尿病，高血圧，脳卒中後遺症，腰痛症など	高血圧，糖尿病，心疾患，動脈硬化など
特徴的な症状	落ち着きがない，多弁，奇異な屈託のなさ	感情失禁，うつ状態，せん妄

出典：介護福祉士養成講座編集委員会編『新・介護福祉士養成講座⑫認知症の理解（第3版）』中央法規出版，p.64，2016年を一部改変

認知症の理解

126 解説　解答-4

1＝✕　万引きなどの反社会的な行動は，前頭側頭型認知症（frontotemporal dementia）の特徴的な症状である。

2＝✕　人格変化は，前頭側頭型認知症の特徴的な症状である。

3＝✕　もの盗られ妄想は，比較的初期のアルツハイマー型認知症（dementia of the Alzheimer's type）にみられることが多い。

4＝○　レビー小体型認知症（dementia with Lewy bodies）でみられる症状としてパーキンソン症状があり，歩行に顕著な障害が現れる。筋肉や関節が固くなるとともに，身体のバランス（重心）を保つことが難しくなり，前傾姿勢や小刻み歩行となり，転倒しやすくなる。

5＝✕　常同行動は，前頭側頭型認知症の特徴の1つである。常同行動とは，同じメニューしか食べないなど一定の行動をずっと繰り返すことをいう。

127 解説　解答-3

1＝✕　レビー小体型認知症（dementia with Lewy bodies）では，覚醒レベルが低下してい

るときに幻視が出現しやすい。まずは本人の苦しさを理解し、「否定も肯定もしない」で、事情を聴くケアが大切である。

2＝✕ 実際には存在しない音や声が聞こえてくるのは、幻覚のなかの幻聴である。幻視とは、本来ないものが見えることを指し、レビー小体型認知症の人の約80％に出現する。

3＝○ レビー小体型認知症の幻視では、人や小動物、虫などの具体的なものが見えることが多い。見えているものを介護者が一緒に確認することで、実在しないことを実感できることもある。

4＝✕ レビー小体型認知症の幻視は、薄暗くなったときに出現しやすい。幻視が不安や興奮につながることもあるため、灯りのつく見通しのよい環境を整えることが必要である。

5＝✕ レビー小体型認知症では、レム睡眠時に夢をみることで恐怖や怒りを感じ、大声を出し暴れる行動がみられる。これをレム睡眠行動障害（REM sleep behavior disorder）といい、診断基準の1つでもある。

128 解 説　　解答－2

1＝✕ 前頭側頭型認知症（frontotemporal dementia）は、自分や社会に対する関心が低下し、感情の鈍麻がみられる。

2＝○ 前頭側頭型認知症は、人が変わったような奇妙な行動を繰り返す人格変化の症状がみられる。例えば、万引きや自分勝手な行動などがみられる。

3＝✕ 動作が緩慢で動きがぎこちないのは、レビー小体型認知症（dementia with Lewy bodies）でみられる症状である。

4＝✕ エピソード記憶とは、経験や出来事に関する記憶のことである。エピソード記憶の障害が認められるのは、アルツハイマー型認知症（dementia of the Alzheimer's type）である。

5＝✕ 前頭側頭型認知症は、緩やかに進行する疾患であり、全経過は6～12年といわれている。

129 解 説　　解答－4

1＝✕ 慢性硬膜下血腫（chronic subdural hematoma）は、認知症（dementia）の原因疾患の1つで、頭部外傷により、血腫ができる疾患である。頭痛やふらつき、物忘れなどが徐々に出現することがあり、異常に気づきやすい。

2＝✕ 急な意識混濁で興奮や幻覚などが起こる過活動性せん妄は、認知症で起こりやすい。慢性硬膜下血腫では、意欲の低下や思考力の低下、低活動性せん妄がみられる。

3＝✕　慢性硬膜下血腫では，受傷から数週間〜数か月経ってから症状が出現し，徐々に症状が進んでいく。一般的な認知症の進行と比較すると短期間で症状が進行しやすいといえる。

4＝◯　慢性硬膜下血腫では，脳の左右どちらかに血腫が出現し，増大することで脳を圧迫し，麻痺を引き起こすことがある。そのため，左右どちらか片方の手足が動かなくなる片麻痺を伴うことが多い。

5＝✕　慢性硬膜下血腫では，保存的な治療として経過観察することもあるが，血液を抜く手術で症状が軽減する。日常生活への影響を軽減するため，リハビリテーションが行われることもある。

130 解説　解答−3

1＝✕　レビー小体型認知症（dementia with Lewy bodies）は，パーキンソン症状として安静時振戦などもみられるが，痙攣ではないため，適切でない。

2＝✕　人格変化が特徴的な疾患は，前頭側頭型認知症（frontotemporal dementia）である。

3＝◯　慢性硬膜下血腫（chronic subdural hematoma）の特徴的な症状には，もの忘れのほか，頭痛や尿失禁などがある。

4＝✕　幻視が特徴的な疾患は，レビー小体型認知症である。

5＝✕　徘徊が特徴的な疾患は，アルツハイマー型認知症（dementia of the Alzheimer's type）である。クロイツフェルト・ヤコブ病（Creutzfeldt-Jakob disease）の特徴的な症状には認知障害と運動失調があり，筋強剛（筋固縮），運動麻痺，舞踏病様運動，幻覚，妄想など多様な症状が現れる。

131 解説　解答−2

1＝✕　アルツハイマー型認知症（dementia of the Alzheimer's type）の症状は，進行性の記憶障害が初期の特徴であり，見当識障害，遂行機能障害，思考と判断力の障害などが現れる。

2＝◯　正常圧水頭症（normal pressure hydrocephalus）は，髄液が脳室にたまりすぎて脳が圧迫されて起こる。歩行障害，認知障害，尿失禁の3つの症状がみられることが多く，Aさんの状態にあてはまる。

3＝✕　前頭側頭型認知症（frontotemporal dementia）は，人格変化，感情の不安定さに加え，社会的ルールを逸脱してしまうなどの症状がみられる。

4＝✕　血管性認知症（vascular dementia）は，脳の血管障害によって，頭痛，めまい，手

足のしびれ感，もの忘れなどの症状がみられる。障害を受けた部位により，片麻痺や言語障害が現れることもある。

5＝✕　レビー小体型認知症（dementia with Lewy bodies）は，手足のふるえ（振戦），動作が緩慢（寡動，無動）などのパーキンソン症状，実際にないものが見えてしまう幻視体験がみられる。

---

132 解 説　　　　　　　　　　解答－5

1＝✕　厚生労働省では65歳未満で発症した場合を若年性認知症（dementia with early on-set）と定義している。

2＝✕　仕事をしている年代で発症することが多いため，強い精神的・経済的負担が家族介護者に生じる。社会的支援はいまだ充実していないため，個々のニーズに合わせた支援の充実が急務である。

3＝✕　不安や抑うつを伴うことが多いので，うつ病（depression）と誤診される場合もあり診断が遅れやすい。また，若年での発症のため家族の介護体制を整える難しさや受け入れ施設の少なさなどから，早期対応の困難さがある。

4＝✕　高齢発症の場合より，進行が速い傾向にある。

5＝○　若年性アルツハイマー型認知症（dementia of the Alzheimer's type with early onset）とは，若年性認知症のうち，原因疾患がアルツハイマー病（Alzheimer's disease）と特定されたものをいう。若年性アルツハイマー型認知症では，神経症状を認めることが多いとされている。

---

133 解 説　　　　　　　　　　解答－5

1＝✕　CDR（Clinical Dementia Rating）とは，臨床認知症評価尺度のことであり，認知症（dementia）の重症度を判定する評価基準である。軽度認知障害（mild cognitive impairment）のCDRのスコアは，0.5とされている。CDRのスコア3は，重度認知症である。

2＝✕　軽度認知障害は，本人または家族による記憶低下の訴えから，認知症を疑い受診し，診断されることが多い。

3＝✕　軽度認知障害の治療は，薬物治療より，食習慣や運動習慣，人とのかかわりなどの日常生活の改善が中心になる。

4＝✕　軽度認知障害から認知症に移行する人の割合は，1年後に10％程度とされている。

5＝○　軽度認知障害では，もの忘れなど記憶の低下はみられるが，日常生活への影響はほとんどない。

134 解説　解答−3

1＝✕　過度な安静による運動不足は，認知症（dementia）の発症の危険因子とされている。運動の機会を減らし，できる限り安静に過ごすことは，適切でない。

2＝✕　抗認知症薬は，すでに発症している認知症の進行を抑制するための薬剤である。認知症の発症リスクを低減させる効果はない。

3＝○　不飽和脂肪酸の摂取は，認知症予防に効果があるといわれている。不飽和脂肪酸を多く含む魚の摂取や，野菜，ポリフェノールの摂取が認知症の予防に効果があるとされている。

4＝✕　集団での交流活動に参加することで，運動や対人交流，生活習慣の改善などにより，認知症の危険因子を減らすことが期待できる。したがって，集団での交流活動を避けることは，適切でない。

5＝✕　睡眠不足により，アルツハイマー型認知症（dementia of the Alzheimer's type）を発症するリスクが高まるといわれている。また，免疫力の低下や生活習慣病（life-style related disease）につながり，ほかの認知症の発症を招く可能性もある。

135 解説　解答−4

1＝✕　ドネペジル塩酸塩（アリセプト®），メマンチン塩酸塩（メマリー®）は，高度のアルツハイマー型認知症（dementia of the Alzheimer's type）に対しても認知機能障害の進行を抑制するとされている。

2＝✕　ドネペジル塩酸塩（アリセプト®）は，認知症（dementia）の病期によって投与量が設定されている。

3＝✕　認知機能障害の進行を一時的に遅らせるものであり，進行を完全に止めることはできない。

4＝○　副作用として，食欲不振，便秘，下痢などの消化器症状のほか，悪心，イライラ感が現れることがある。

5＝✕　認知症の中核症状である認知機能障害に対する効果が認められている。

136 解説　解答−2

1＝✕　評価的理解の段階では，介護者が感じている課題，認知症（dementia）の人になってほしい姿，取り組んでいることを記入して，介護者が自分と向き合うことを重視する。

2＝○ 分析的理解では，認知症の人の言動の背景要因を8つの項目で分析する。

3＝✖ 「ひもときシート」は，言動の背景要因を分析して認知症の人を理解するためのツールである。

4＝✖ 「ひもときシート」は，評価的理解→分析的理解→共感的理解の3段階を経て行うように構成されている。

5＝✖ 「ひもときシート」の役割は，認知症の人の言動を，介護者の視点から認知症の人の視点に切り替えることである。

137

解 説　　　　　　　　　　　　　　　　　　　　　　　解答－4

1＝✖ 終末期の認知症（dementia）の人は，食事中の話し声や足音などにより，注意が途切れ食事が進まないことがあるため，静かな環境を用意する。

2＝✖ 生活の質を考慮して，経管栄養の導入は認知症の人の自己決定のもとで慎重に判断される。終末期においても，食事の環境や姿勢，食事内容，回数などの工夫のもと，口から食べられるように支援を行うことができる。

3＝✖ 看取り経験のある介護職員に対応を限定すると，Bさんへの支援が十分に行き届かないことが考えられる。また，介護職員に限定せず，多職種で看取り支援を行う。

4＝○ 終末期を迎えると，臥床時間が長くなることで褥瘡リスクが高まる。体位変換や拘縮の予防，清潔の保持を行う。

5＝✖ 認知症が重度化する前に，本人，家族，専門職が事前に話し合い，本人の価値観を共有するプロセスであるアドバンス・ケア・プランニング（advance care planning；ACP）を行うことで，本人の望む終末期ケアが確認できる。

138

解 説　　　　　　　　　　　　　　　　　　　　　　　解答－3

1＝✖ 使い慣れた物品が施設にあることで，生活の継続性を感じ，安心して過ごすことにつながる。自宅で使用していた物などをできるだけ持ち込ませないことは，適切でない。

2＝✖ 他者との交流がなく，刺激がない生活を送ることは，認知症（dementia）の進行につながる。他者との交流を保ち，適度な刺激がある生活環境が望ましい。

3＝○ 認知症の人は，トイレや寝室の位置を忘れて，混乱することがある。大きくて見やすい表示や目印をつけることで，不安や混乱を避けることにつながる。

4＝✖ 毎日の新しい生活体験は過度な刺激を伴い，不安が生じやすい。また，施設への住み替えで，環境が変わったり，使い慣れていた物が見当たらなくなったりすることで不安感や焦燥感が起こり，リロケーションダメージ（住み替えによるショック）を引き

起こしやすいので注意が必要である。

5 ＝✕ 使い慣れたレイアウトの変更が，戸惑いや混乱を引き起こすことがある。また，物や家具の位置が変わることで生活行為の手順に適切に対応できなくなることも考えられる。

---

139 解 説　　　　　　　　　　　　　　　　　　　　　　　解答－2

1 ＝✕ 選択肢の記述は，回想法に関する内容である。

2 ＝○ リアリティ・オリエンテーション（reality orientation）は，名前，場所，時間などの基本情報を繰り返し伝えることによって，現実認識を深めることが目的である。

3 ＝✕ バリデーション（validation）は，認知症（dementia）の人の訴えを介護福祉職が現実として受け入れて共感する手法である。アルツハイマー型認知症（dementia of the Alzheimer's type）やそれと類似する認知症の人とのコミュニケーション方法である。選択肢は，タッチング（touching）の説明である。

4 ＝✕ 選択肢の記述は，動物介在療法である。ユマニチュードとは，フランスで生まれた，包括的コミュニケーションによる認知症ケアの技法である。

5 ＝✕ 回想法は，記憶力の改善を目的としない。高齢者が自分の思い出を語ることで，高齢者の人生の再評価等を図ろうとするものである。

---

140 解 説　　　　　　　　　　　　　　　　　　　　　　　解答－5

1 ＝✕ 「触れる」は，適切な強さで優しく触れることである。「広い面積で触れる」「つかまない」「ゆっくりと手を動かす」などの技術を用いて背中，肩から触れはじめ，顔や手などに移行する。

2 ＝✕ 「話す」は，低めの声・大きすぎない声・前向きな言葉で話しかけることにより，相手のことを大切に思っていると伝えることである。ケアの内容を伝えることだけではない。

3 ＝✕ 「立つ」は利用者に立位をとる機会をつくり，自立支援や心身の機能向上につながるケアを行うことである。

4 ＝✕ 「マルチモーダル・ケア」は複数（マルチ）の要素（モーダル）を使ったケアである。複数の柱を組み合わせた介護を行うことが求められるが，4つの柱を同時に行うことに限定されない。

5 ＝○ 「見る」は，「からだの部位を見る」だけでなく，「相手の目を見る」ことでメッセージを伝える。同じ目の高さで見ることで「平等な存在であること」，近くから見るこ

とで「親しい関係であること」，正面から見ることで「相手に対して正直であること」を相手に伝えることである。

141 解説 解答-4

1 ＝✕ 支援期間は，おおむね6か月とされている。

2 ＝✕ チーム員は，認知症サポート医などの資格を所持している専門医1名と，保健師，看護師，介護福祉士，社会福祉士，精神保健福祉士などの医療系や福祉系の専門職2名以上で構成される。

3 ＝✕ 支援の対象は，40歳以上で，在宅で生活しており，かつ認知症（dementia）が疑われる人または認知症の人で，一定の基準に該当する人である。

4 ＝○ 初回訪問後にチーム員会議を開催し，ケア方針を決定する。

5 ＝✕ 認知症初期集中支援チームは，自宅に訪問して，認知症が疑われる人や認知症の人，その家族の初期支援を包括的，集中的に行う。

142 解説 解答-1

1 ＝○ Cさんは大腿骨頸部を骨折（fracture）して入院しているため，入院先の医療専門職・福祉職との連携が必要である。介護福祉職が，入院先の看護師と連携し，認知症対応型共同生活介護（認知症高齢者グループホーム）におけるCさんの日常生活の状況を伝えることで，看護師はCさんの介護，生活上のニーズを把握することができる。

2 ＝✕ 成年後見制度による補助人は，認知症（dementia），知的障害，精神障害などにより判断能力が不十分な人を対象に選任される。補助人は，特定の法律行為について，被補助人に対する取消権，同意権，代理権が与えられるが，治療方法の決定は，権限に含まれない。なお，後見人・保佐人・補助人の順に，権限は弱く，行える法律行為の範囲は小さくなる。

3 ＝✕ 睡眠薬の処方は，医師が判断することであり，介護福祉職が行うことは，Cさんが夜間に騒ぐような状況にあるという情報の提供である。

4 ＝✕ Cさんのアルツハイマー型認知症（dementia of the Alzheimer's type）は軽度のため，指示が理解できない状態とは断定できない。介護福祉職は，理学療法士に対して，Cさんの指示に関する理解の状況を伝える。

5 ＝✕ 地域ケア会議とは，高齢者個人に対する支援の充実と，それを支える社会基盤の整備とを同時に進めていく，地域包括ケアシステムの実現に向けた手法である。行政職員

をはじめとする地域の関係者で構成される会議体であり，地域包括支援センターまたは市町村によって開催される。介護支援専門員（ケアマネジャー）が開催するのは，サービス担当者会議である。

143 解説　解答-3

1 ＝✗　認知症ケアパスは，認知症（dementia）の人の状態に応じた適切なサービス提供の流れをまとめたものであり，特定のサービスを指すものではない。

2 ＝✗　認知症ケアパスは，認知症の人の状態に応じた適切なサービス提供の流れをまとめたものであり，通所施設の利用を促進するものではない。

3 ＝○　地域ごとにまとめた認知症ケアパスは市町村が作成する。

4 ＝✗　認知症ケアパスは介護福祉士が中心になって作成するものではない。認知症ケアパスは，市町村が作成し，関係者が連携してサポートを行う。

5 ＝✗　パーソン・センタード・ケア（person-centred care）は，キットウッド（Kitwood, T.）が提唱した，認知症の人を「人」として尊重し，その人の立場に立って考え，ケアを行おうとする認知症ケアの考え方であり，認知症ケアパスとは異なる。

144 解説　解答-5

1 ＝✗　Dさんの最近の様子として，怒りっぽくなったこと，直前の出来事を覚えていないことが増えたことから，認知症（dementia）である可能性は考えられる。しかし，認知症の診断をするのは医師であり，介護福祉職が家族に対して「認知症でしょう」と断定的な助言をすることは，適切でない。

2 ＝✗　Dさんは，1年ほど前に車の運転をやめているため，運転を再開することは事故などのリスクがあり，家族の心配を増やすことにつながる。そのため，運転の再開を勧めるのは，適切でない。

3 ＝✗　Dさんは家族の勧めで，閉じこもりがちに対する活動としてすでに介護予防教室に参加している。さらに老人クラブへの参加を勧めることは，家族の心配に対応する助言として，適切でない。

4 ＝✗　家族の主な心配は，Dさんの最近の変化に対する対応である。音楽を流しての気分転換は，Dさんの家族の心配の内容に対応した助言とはいえないので，適切でない。

5 ＝○　認知症の診断などは医師の役割である。かかりつけ医に診てもらうよう助言することは，適切である。

145 解 説　　　　　　　　　　　　　　　　　　　　　　　　解答−4

1 ＝✕　ICF（International Classification of Functioning, Disability and Health：国際生活機能分類）の社会モデルでは，障害は，社会的環境によってつくり出された社会の問題としてとらえる。

2 ＝✕　社会モデルでは，障害は，環境および環境と個人因子の相互作用によって生じるとされる。

3 ＝✕　社会モデルでは，障害は，障害のある人が，社会生活に参加できるように環境を整えることで解決するとされる。

4 ＝○　社会モデルでは，障害への対処は，物的な環境や社会的環境を整えることが支援につながる。

5 ＝✕　社会モデルでは，障害は社会的環境によってつくり出された社会の問題であり，個人を取り巻く環境の変更が目標とされる。

146 解 説　　　　　　　　　　　　　　　　　　　　　　　　解答−5

1 ＝✕　身体障害者福祉法第 4 条において，身体障害者とは「身体上の障害がある 18 歳以上の者であって，都道府県知事から身体障害者手帳の交付を受けたものをいう」と定められている。

2 ＝✕　知的障害者福祉法には，知的障害者の定義は定められていない。一般的に用いられている定義としては，「療育手帳制度について」（昭和 48 年 9 月 27 日厚生省発児第 156 号）における「児童相談所又は知的障害者更生相談所において知的障害であると判定された者」がある。

3 ＝✕　精神保健及び精神障害者福祉に関する法律（精神保健福祉法）第 5 条第 1 項において，精神障害者とは「統合失調症，精神作用物質による急性中毒又はその依存症，知的障害その他の精神疾患を有する者をいう」と定められている。

4 ＝✕　障害者の日常生活及び社会生活を総合的に支援するための法律（障害者総合支援法）第 4 条第 1 項において，障害者は，身体障害者福祉法に規定する身体障害者，知的障害者福祉法にいう知的障害者のうち 18 歳以上である者および精神保健福祉法に規定

する精神障害者（発達障害者支援法に規定する発達障害者を含み，知的障害者福祉法にいう知的障害者を除く）のうち 18 歳以上である者ならびに治療方法が確立していない疾病その他の特殊の疾病による障害がある者であって 18 歳以上であるもの，と定められている。

5 ＝○ 児童福祉法第 4 条第 2 項において，障害児は，身体に障害のある児童，知的障害のある児童，精神に障害のある児童（発達障害者支援法に規定する発達障害児を含む）または治療方法が確立していない疾病その他の特殊の疾病による障害がある児童，と定められている。

ノーマライゼーション（normalization）は，1950 年代のデンマークで始まった障害者福祉の理念である。障害のない人が普通に生活している状態と，障害のある人が生活している状態を限りなく同じにすることであって，同じ社会の一員として当たり前の生活が送れるように条件を整えることである。

1 ＝✕ 日本の糸賀一雄は，1965 年（昭和 40 年）に『この子らを世の光に――近江学園二十年の願い』を著し，知的障害者も発達の可能性と権利をもつ主体としてとらえる人間の発達保障を唱えた。

2 ＝✕ アメリカのヴォルフェンスベルガー（Wolfensberger, W.）は，知的障害者を社会から逸脱している人とみるのではなく，知的障害者の価値を高めることや，その社会的役割の獲得を重視した。

3 ＝✕ スウェーデンのニィリエ（Nirje, B.）は，バンク-ミケルセン（Bank-Mikkelsen, N.）の考えに影響を受けながら，ノーマルな社会生活の条件をノーマライゼーションの 8 つの原理（図表 7 - 1 参照）としてまとめた。

▶図表 7 - 1　ノーマライゼーションの 8 つの原理　　覚えておこう！

①1 日のノーマルなリズム
②1 週間のノーマルなリズム
③1 年間のノーマルなリズム
④ライフサイクルにおけるノーマルな発達的経験
⑤ノーマルな個人の尊厳と自己決定権
⑥その文化におけるノーマルな性的関係
⑦その社会におけるノーマルな経済的水準とそれを得る権利
⑧その地域におけるノーマルな環境形態と水準

4 ＝✕ アメリカのメイス（Mace, R.）は，ユニバーサルデザイン（universal design）の考え

方を提唱した（図表7－2参照）。これは，「すべての人のためのデザイン」であり，バリア（障壁）を取り除いて，誰もが利用できる物や環境をつくろうとするものである。

▶図表7－2　ユニバーサルデザインの7原則 🎓覚えておこう！

①どんな人でも公平に使えること（公平性）
②柔軟に使用できること（自由度）
③使い方が簡単にわかること（単純性）
④必要な情報がすぐにわかること（わかりやすさ）
⑤うっかりミスが危険につながらないこと（安全性）
⑥少ない力で効率的に，楽に使えること（身体的負担の軽減）
⑦利用するための十分な大きさと空間を確保すること（スペースの確保）

5＝○　デンマークのバンク-ミケルセン（Bank-Mikkelsen, N.）は，ノーマライゼーションの理念を最初に理論化し，ノーマライゼーションの父と呼ばれた。

148 解説　　　　　　　　　　　　　　　　　　解答－4

1＝✕　選択肢の記述は，ノーマライゼーション（normalization）の考え方である。
2＝✕　選択肢の記述は，ストレングス（strength）の考え方である。
3＝✕　選択肢の記述は，エンパワメント（empowerment）の考え方である。
4＝○　選択肢の記述は，ソーシャルインクルージョン（social inclusion）の考え方である。
5＝✕　選択肢の記述は，リハビリテーションの考え方である。

149 解説　　　　　　　　　　　　　　　　　　解答－3

1＝✕　自立生活運動（IL運動）では日常生活動作（ADL）よりもQOL（生活の質）を重視し，生活を自分で選択できれば，介助者に介助されていても自立していることになると示された。
2＝✕　選択肢の記述は，ノーマライゼーション（normalization）の考え方であり，1950年代にデンマークから広がった。
3＝○　自立生活運動（IL運動）は「重度の障害があっても自分の人生を自立して生きる」という考えのもと，自己決定できるように必要な社会サービスの構築を求めた。
4＝✕　選択肢の記述は，ソーシャルインクルージョン（social inclusion）の考え方であり，障害者，高齢者，外国人等あらゆる人が包み込まれ共生する社会のあり方を示す。
5＝✕　自立生活運動（IL運動）の自立生活の概念においては，障害者は施設や医療機関で

はなく，地域のなかで通常に生活することを目指している。

150 解 説

1 ＝○ 障害者への意思決定支援は，本人の自己決定の尊重に基づき行うことが原則である。本人の判断能力の把握も含め，まずは A さんが，現在の自宅での生活をどのように思っているのかを確認することが必要である。

2 ＝✕ A さんの思いを理解したうえで，選択方法や選択肢を工夫する。

3 ＝✕ A さんの意思決定能力を把握したうえで，本人に生じるリスクについて，どのようなことが予測できるかを考える必要がある。

4 ＝✕ A さん本人や母親の意思を確認したうえで，サービス内容の説明をするべきであり，先に相談支援専門員から勧めることは適切でない。

5 ＝✕ A さんの思いを確認したうえで，母親の意思を A さんに伝え，お互いの意思をすり合わせる。

151 解 説

解答−4

障害者虐待の防止，障害者の養護者に対する支援等に関する法律（障害者虐待防止法）における障害者虐待の類型には，身体的虐待，性的虐待，心理的虐待，放置等による虐待，経済的虐待の5つがある。

1 ＝✕ 選択肢の記述は，身体的虐待である。身体に外傷が生じ，もしくは生じるおそれのある暴行を加えることも含まれる。

2 ＝✕ 選択肢の記述は，放置等による虐待であり，ネグレクトともいう。長時間の放置，同居人等による虐待行為の放置なども含まれる。

3 ＝✕ 選択肢の記述は，経済的虐待である。障害者から不当に財産上の利益を得ることも含まれる。

4 ＝○ 選択肢の記述は，心理的虐待である。暴言のほか，著しく拒絶的な対応も含まれる。

5 ＝✕ 選択肢の記述は，性的虐待である。わいせつな行為をさせることも含まれる。

152 解 説

解答−4

1 ＝✕ 法の対象者は手帳所持者に限定されていない。法の対象者は，身体障害，知的障害，精神障害（発達障害を含む）その他の心身の機能の障害がある者であって，障害および社会的障壁により継続的に日常生活または社会生活に相当な制限を受ける状態にあ

るものである。

2＝✗ 障害を理由とする差別の解消の推進に関する法律（障害者差別解消法）の第7条第2項および第8条第2項において，合理的配慮とは，その実施に伴う負担が過重でないときは，障害者の権利利益を侵害することとならないよう，障害者の性別，年齢および障害の状態に応じて，社会的障壁の除去の実施について必要かつ合理的な配慮を行う，とされている。

3＝✗ 行政機関等による障害者に対する合理的配慮は，法的義務とされている。なお，事業者による障害者への合理的配慮については，努力義務とされていたが，2021年（令和3年）に法律が改正され，2024年（令和6年）4月より事業者に対しても法的義務とされた。

4＝○ 障害者差別解消法第1条では，「全ての国民が，障害の有無によって分け隔てられることなく，相互に人格と個性を尊重し合いながら共生する社会の実現に資することを目的とする」と定められている。

5＝✗ 障害者差別解消法第17条第1項において，障害者差別解消支援地域協議会は，国および地方公共団体の機関によって組織されるものとされ，設置義務はない。

---

153 解 説　　　　　　　　　　　　　　　　　　　　　　解答－1

　障害受容の過程は，①ショック期，②否認期，③混乱期，④解決への努力期（適応への努力期），⑤受容期（適応期）に区分できる（図表7－3参照）。

▶**図表7－3　中途障害者の典型的障害受容過程**　 覚えておこう！

①ショック期	①受傷してすぐの段階。障害が残る可能性などがまだわかっていないことなどから，比較的平穏な心理的状態にある。
②否認期	②治療が一段落し，自分の身体状況などにも目が向くようになってくる段階。障害について気がつきはじめるが，自分に障害が残ることは認めていない。
③混乱期	③障害が残ることを告知され，混乱を示す段階。障害を受け止めることができず，他人に感情をぶつけたり，他者や自分を責めたりする。抑うつ反応や不眠，食欲不振等の症状を示したり，何かを条件に回復を期待したり，自殺を考えたりする場合もある。
④適応への努力期	④問題解決のためには不安や怒りをぶつけたり絶望したりするのではなく自らの努力が必要と気づきはじめる段階。この時期には将来について具体的展望がもてる情報提供等の支援が重要。
⑤適応期	⑤現状を受け止め，残された機能の活用や価値の転換が図られていく段階。

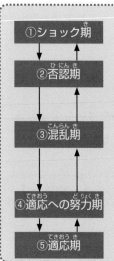

出典：介護福祉士養成講座編集委員会編『新・介護福祉士養成講座⑬障害の理解（第4版）』中央法規出版，p.91，2015年を一部改変

1 ＝○　否認ができず混乱するのは混乱期である。混乱期には，怒り，悲しみ，抑うつなどが現れる。Ｂさんは周囲に怒りをぶつけたりする行動がみられるため，混乱期と考えるのが適切である。

2 ＝✕　自分の障害から，目を背けて認めようとしない時期は否認期である。

3 ＝✕　ショックではあるが，比較的穏やかであるのはショック期である。ショック期は，自分自身に何が起こったか理解できない状態である。

4 ＝✕　障害を受け止め，新たな価値観を見出すのは受容期（適応期）である。

5 ＝✕　病気や障害に負けずに生きようと努力するのは解決への努力期（適応への努力期）である。

---

154 解 説　　　　　　　　　　　　　　　　　　　　　　　（解答−4）

1 ＝✕　筋ジストロフィー（muscular dystrophy）は，筋力の低下や筋肉の萎縮に伴って身体機能が低下していく遺伝性の病気である。デュシェンヌ型，ベッカー型，肢帯型などに分類される。

2 ＝✕　脊髄損傷（spinal cord injury）は，事故による脊椎の骨折（fracture）や脱臼，腫瘍などで脊髄が損傷されることをいう。損傷した部位によって頸髄損傷（四肢麻痺），胸髄損傷（体幹麻痺・下肢麻痺），腰髄損傷（下肢麻痺）に分けられる。

3 ＝✕　脊髄小脳変性症（spinocerebellar degeneration）は，主に小脳の神経細胞の変性によって運動失調症状をきたす病気である。孤発型と遺伝型に分けられる。

4 ＝○　脳性麻痺（cerebral palsy）は，胎生期から新生児期（生後4週まで）にかけての脳の外傷や酸素欠乏，先天的な形態異常によって運動機能障害を生じる疾患であり，痙直型，不随意運動型（アテトーゼ型（athetosis））などに分類される。

▶**図表7−4　脳性麻痺による麻痺の種類**　整理しておこう！

痙直型	強い筋緊張から，四肢の突っ張りが強い。
不随意運動型（アテトーゼ型）	運動コントロールが困難となり不随意運動が生じる。
強直型（固縮型）	関節可動域の制限を伴う。
失調型	運動バランスが悪く，歩行のふらつきなどを生じる。
混合型	さまざまな型が混じっている。

5 ＝✕　脳血管疾患（cerebrovascular disease）は，脳血管に関する病気の総称であり，脳梗塞（cerebral infarction）や脳出血（cerebral hemorrhage）等を含む。

　プッシュアップとは，座位や長座位の状態から，手のひらを床面につき，肘を伸ばしてそのまま体幹を垂直方向へ引き上げる動作訓練のことである。また，脊髄損傷（spinal cord injury）では，損傷部位より下位の神経領域の感覚と運動機能が失われるため，頭部に近い場所を損傷するほど，障害は重度となる。

1＝✕ 頸髄（C 1〜C 3）の損傷では，重度の障害（四肢麻痺など）が生じるため，プッシュアップは不可能である。

2＝○ 頸髄（C 7）の損傷では，肘を伸ばす力は残っており，寝返りや起き上がりなどが可能になる。プッシュアップが可能となる最上位のレベルとして適切である。

3＝✕ 仙髄損傷（sacral spinal cord injury）では，下肢の一部が麻痺する。上肢全体は使え，プッシュアップは可能であるが，最上位のレベルではない。

4＝✕ 胸髄損傷（thoracic spinal cord injury）では，体幹麻痺や下肢麻痺が生じる。上肢全体は使え，プッシュアップは可能であるが，最上位のレベルではない。

5＝✕ 腰髄損傷（lumbar spinal cord injury）では，下肢麻痺が生じる。上肢全体は使え，プッシュアップは可能であるが，最上位のレベルではない。

▶**図表 7 － 5　脊髄損傷**　🎓 覚えておこう!

脊髄は，頸髄，胸髄，腰髄，仙髄，尾髄からなる中枢神経である。

●損傷部位と麻痺の部位

損傷部位	麻痺の部位
頸髄損傷	四肢麻痺
胸髄損傷	体幹・下肢麻痺（上肢は正常）
腰髄損傷	下肢麻痺（対麻痺）

●脊髄損傷者の特徴

・排尿排便障害を伴う。
・損傷部位が高位であるほど褥瘡ができやすい。
・頸髄損傷，胸髄上部の損傷では起立性低血圧が起こりやすい。
・頸髄損傷では体温調節機能の障害を伴い，うつ熱になりやすい。

156 解説　かいせつ

解答－3

1＝✕　伝音性難聴（conductive hearing loss）は，外耳から中耳まで（の伝音系）の障害によって聴力が低下する。

2＝✕　感音性難聴（sensori-neural hearing loss）は，内耳から大脳皮質までの障害によって聴力が低下する。

3＝○　語音明瞭度とは，十分聞こえる音量で言葉を聞いたとき，どれだけ言葉を聞き分けられるかという聞き分け能力のことである。老人性難聴（presbycusis）では，小さな音が聞こえなくなるだけではなく，語音明瞭度も低下する。

4＝✕　老人性難聴は，感音性難聴であることが多い。

5＝✕　老人性難聴は，高音域に聴覚レベルの低下が認められることが多い。そのため，男性よりも女性の声のほうが聞き取りにくくなる。

157 解説　かいせつ

解答－2

1＝✕　黄疸がみられるのは，肝硬変（liver cirrhosis）など肝臓機能障害である。

2＝○　心拍出量の低下によって，疲労感，脱力感，倦怠感，呼吸困難，手足のむくみ，悪心，嘔吐等がみられる。

3＝✕　ウォーキングなどの有酸素運動を，心臓に負担のかからない軽く汗ばむ程度行うのが望ましい。

4＝✕　塩分は水分をからだにためる性質があり，循環血液量を増やして心臓に負担をかける。1日の摂取量は6g未満が望ましい。

5＝✕　高齢になるほど循環器疾患を複数もつことや，他疾患との合併症がみられることが多い。

158 解説　かいせつ

解答－5

1＝✕　立ち上がるときには，口すぼめ呼吸をするようにする。息を止めて力を入れるとからだに大きな負担がかかるため，呼吸をしながらゆっくり行うのがよい。

2＝✕　胸部に大きな水圧がかかると横隔膜が押し上げられ，肺が圧迫され呼吸が苦しくなる。よって，心臓の下くらいまで湯につかる半身浴を実施する。

3＝✕　喀痰のための咳は体力を消耗させるので，カロリーが高い食事が必要である。

4＝✕　食事は少量を何回かに分けて，ゆっくり摂取したほうがよい。

5＝○　息切れを起こさないように，前開きの着脱しやすい衣服を選ぶとよい。

159 解説 （かい せつ）　　　　　　　　　　　　　　　　　　　解答－3

1 ＝✕　関節を動かす筋肉が衰えたり，関節が固くなるため，安静にし過ぎることはよくない。

2 ＝✕　早朝はこわばりが現れやすいため，運動は控えたほうがよい。

3 ＝○　補高便座を使用することで立ち上がりやすくなり，関節への負担が少なくなる。

4 ＝✕　ドアの取っ手は，レバー式など，ひねる動作が少ないほうが開閉しやすくなる。

5 ＝✕　持ち手の広いかばんで，肩にかけるほうが関節への負担を軽減できる。

160 解説　　　　　　　　　　　　　　　　　　　解答－2

1 ＝✕　「知的障害児（者）基礎調査」（厚生労働省）では，「知的機能の障害が発達期（おおむね 18 歳まで）にあらわれ，日常生活に支障が生じているため，何らかの特別の援助を必要とする状態にあるもの」とされた。

2 ＝○　選択肢のとおり，重症心身障害とは，重度の知的障害と重度の肢体不自由が重複した状態をいう。

3 ＝✕　ダウン症候群（Down's syndrome）は，21 番目の染色体異常が原因である。

4 ＝✕　家族の障害受容については，乳幼児期を中心として支援が必要である。

5 ＝✕　知的障害者への支援方法として，言葉を用いて口頭で伝えるだけでなく，視覚的に伝わるように身振りや絵などを使用することが有効である。

161 解説　　　　　　　　　　　　　　　　　　　解答－3

1 ＝✕　パニック障害（panic disorder）は，心因性精神障害（性格や心理的な負担やストレスなど心理的影響によって生じるもの）である（図表7－6参照）。

2 ＝✕　認知症（dementia）は，外因性精神障害（脳への直接的・生理的影響によって生じるもの）である（図表7－6参照）。

3 ＝○　統合失調症（schizophrenia）は，内因性精神障害（外因性や心因性では明らかな原因を説明できず，遺伝的素因や身体的基盤の存在で生じると疑われているもの）である（図表7－6参照）。

4 ＝✕　薬物依存症（drug dependence）は，外因性精神障害である（図表7－6参照）。

5 ＝✕　甲状腺機能低下症（hypothyroidism）は，外因性精神障害である（図表7－6参照）。

▶図表 7 − 6　精神障害の原因についての古典的 3 分類　 整理しておこう!

成因	説明および含まれる精神障害の例
外因性精神障害	脳への直接的・生理的影響によって生じるもの（例：脳器質性疾患にともなう器質性精神障害）
器質性精神障害	脳腫瘍や脳髄膜炎，頭部外傷など脳そのものの病気によって生じるもの
症状性精神障害	脳以外の内分泌や代謝異常，感染症によって生じるもの
中毒性精神障害	体内に薬物・毒物が入り込むことで生じるもの
心因性精神障害	性格や心理的な負担やストレスなど心理的影響によって生じるもの（例：適応障害，パニック障害）
内因性精神障害	外因性や心因性では明らかな原因を説明できず，遺伝的素因や身体的基盤の存在で生じると疑われているもの（例：統合失調症，双極性障害）

出典：介護福祉士養成講座編集委員会編『最新 介護福祉士養成講座⑭障害の理解（第 2 版）』中央法規出版，p.173，2022年

162 解 説　　　　　　　　　　　　　　　　　　　　　解答 − 3

　統合失調症（schizophrenia）の症状には，主に陽性症状，陰性症状，認知機能障害の 3 つがある（図表 7 − 7 参照）。それぞれの症状を区別できるように覚えておく必要がある。

1 ＝✕　記憶力の低下は，認知機能障害の 1 つである。

2 ＝✕　状況に応じた柔軟な考えが難しくなるのは，認知機能障害の 1 つである。

3 ＝〇　ひきこもりがちになることがあるのは意欲低下である。これは陰性症状の 1 つである。

4 ＝✕　幻覚は，陽性症状の 1 つである。

5 ＝✕　させられ体験は，陽性症状の 1 つである。

▶図表 7 − 7　統合失調症の症状　整理しておこう!

陽性症状	幻覚（現実にはないものをあるように感じる），妄想（現実とは異なることを信じ込む），させられ体験（誰かに操られていると感じる），支離滅裂な言動，興奮など
陰性症状	感情が乏しくなる，意欲や気力が低下する，会話が減る，他人とかかわることを避けるなど
認知機能障害	記憶力・注意力・判断力の低下など

163 解 説　　　　　　　　　　　　　　　　　　　　　解答 − 4

　自閉症スペクトラム障害（autism spectrum disorder）（図表 7 − 8 参照）は，DSM- 5 による分類で，「スペクトラム」とは連続体・集合体という意味である。DSM- 5 では，それ以前の

障害の理解

自閉性障害，アスペルガー障害，特定不能の広汎性発達障害がまとめられて，自閉スペクトラム症／自閉症スペクトラム障害の1つの区分となった。

1＝✕　集中力がないのは，注意欠陥多動性障害（図表7−8参照）の特性である。

2＝✕　自閉症スペクトラム障害のある人は，直前のスケジュール変更で混乱することがあるため，事前に説明をしておく必要がある。

3＝✕　自閉症スペクトラム障害は，脳機能の障害であり，本人の努力不足や親の育て方によるものではない。

4＝○　自閉症スペクトラム障害の特性として社会的コミュニケーションおよび対人的相互反応における欠陥があり，対人関係の形成に障害がある。

5＝✕　選択肢の記述は，トゥレット症候群（tourette syndrome）でみられる。音声チックを伴い複数の運動チックが，1年以上持続する精神神経疾患である。

▶図表7−8　それぞれの発達障害の特性　　覚えておこう！

自閉症スペクトラム障害	・社会的なコミュニケーションの障害（会話のやりとりができない，視線が合わない，仲間をつくることができないなど） ・限定された反復的な行動（単調な常同運動，決まったやり方にこだわる，興味が限定され執着がある，感覚刺激に対して過敏または鈍感など） ・知的障害とは区別されるものであるが，併存することがある
注意欠陥多動性障害	・不注意（集中できない） ・多動・多弁（じっとしていられない） ・衝動的に行動する（考えるよりも先に動く）
学習障害	・「読む」「書く」「計算する」等が，全体的な知的発達に比べて極端に苦手

164 解説　　　　　　　　　　　　　　　　　　　　　　解答−5

学習障害は発達障害（developmental disorder）の1つである（図表7−8参照）。

1＝✕　選択肢の記述は，注意欠陥多動性障害の特徴である。不注意がみられたり，じっとしていることが苦手であったりする。

2＝✕　気分（感情）障害はみられない。

3＝✕　中枢神経系（脳など）に何らかの機能障害があると推定されるが，視覚障害，聴覚障害，知的障害，情緒障害などの障害や，環境的な要因が直接の原因となるものではない。

4＝✕　選択肢の記述は，自閉症（autism）でみられる強度行動障害のことである。

5＝○　感覚器官を通して入ってくる情報を受け止め，整理し，関係づけて表出することが難しい。そのため，学習上の基礎的能力（聞く，話す，読む，書く，計算するまたは推論する能力）のうち特定のものの習得が困難になる。

高次脳機能障害（higher brain dysfunction）の主な症状には，記憶障害，注意障害，遂行機能障害，社会的行動障害の4つがある（図表7-9参照）。

1＝✕ 記憶障害のために，物の置き場所を忘れる。半側空間無視は，損傷を受けた大脳半球の反対側の空間を認識できなくなることである。

2＝○ 注意障害のために，同時に2つ以上のことをしようとすると混乱する。

3＝✕ 社会的行動障害のために，子どもっぽい行動をとる。

4＝✕ 社会的行動障害のために，無制限にお金を使う。

5＝✕ 遂行機能障害のために，日常生活を計画的に行えない。

▶**図表7-9　高次脳機能障害の主な症状** 違いを押さえよう！

記憶障害	・新しい出来事や約束をおぼえられない。 ・自分で物を置いた場所を忘れてしまう。 ・（おぼえられないことから）同じことを何度も質問する。
注意障害	・作業をしているときでも，ぼんやりとしている。 ・ミスが多い。 ・2つのことを同時にやろうとすると，混乱する。 ・切り替えられず，なかなか次の作業に進めない。 ・何かに取り組もうとしても，すぐに疲れる。
遂行機能障害	・自分で計画を立てて実行できない。 ・人に指示されないと何もできない。 ・（逆算して準備を進められないため）約束の時間に間に合わない。
社会的行動障害	・子どもっぽくなる（依存性・退行）。 ・ある分だけ食べたり，お金を使ったりする（欲求コントロールの低下）。 ・興奮しやすく，すぐに怒りだす（感情コントロールの低下）。 ・1つのことにこだわりつづける（固執性）。 ・相手の気持ちや状況に合わせた発言や行動ができない（対人技能拙劣）。

出典：介護福祉士養成講座編集委員会編『最新　介護福祉士養成講座⑭障害の理解（第2版）』中央法規出版，p.186，2022年を一部改変

1＝✕ 後縦靱帯骨化症（ossification of posterior longitudinal ligament）は，手足のしびれや四肢麻痺がみられる。

2＝✕ クローン病（Crohn disease）の初期症状で最も多いのは下痢と腹痛で，さらに，血便，体重減少，発熱，肛門の異常（切れ痔や肛門の潰瘍，肛門の周囲に膿がたまるな

障害の理解

ど）が現れることもある。

3＝✕ 脊髄小脳変性症（spinocerebellar degeneration）は，運動失調（ふらつく，ろれつが回らないなど）がみられる。

4＝✕ 潰瘍性大腸炎（ulcerative colitis）は，大腸の粘膜に炎症が起きることによってびらんや潰瘍ができ，下痢や血便，腹痛，発熱，貧血などの症状を伴う。

5＝◯ 筋萎縮性側索硬化症（amyotrophic lateral sclerosis：ALS）は，筋肉の動きや運動神経に関する機能が失われやすいため，筋力低下，嚥下障害，構音障害などの症状がみられる。

---

167 解 説　　　　　　　　　　　　　　　　　　　解答－2

　パーキンソン病（Parkinson disease）は，振戦，筋強剛（筋固縮），無動・寡動，姿勢反射障害が四大症状である。重症度の分類として「ホーエン・ヤール重症度分類」があり，ステージⅠ～Ⅴに分類される。日常生活ではステージⅣ以上で介助が必要とされる。

1＝✕ パーキンソン病の症状に，振戦（手足のふるえ）などがあるので，転倒防止や歩行促進のためにも履物はサンダルではなく，足元がしっかりするものがよい。

2＝◯ パーキンソン病の進行により咀嚼能力が低下している場合がある。飲み込みの反射が障害されていたり，飲み込む力が弱かったり，あるいは食道を通過できないといった状態が，誤嚥を引き起こす。

3＝✕ ステージⅢでは両方の手足に症状が現れ，前屈姿勢・すり足歩行等がみられることがあるが，生活機能障害度はまだ軽度ないし中等度とされ，介助なしで自立した生活が遂行できていることが多い。

4＝✕ 薬を飲み忘れたからといって2倍の量を飲むと，薬の副作用が出ることがある。自己判断での服用量の増減は避け，1回の服用量を守ることが大切である。

5＝✕ パーキンソン病の食事で大切なのはバランスのとれた食事を摂ることである。
※パーキンソン病進行度の指標については，p.156の図表11－5参照。

---

168 解 説　　　　　　　　　　　　　　　　　　　解答－4

1＝✕ 説明はあいまいな言葉ではなく，Cさんが見てわかるように書いて説明したほうがよい。

2＝✕ 支援においては，利用者の意思に基づいて行うのが原則である。介護福祉職の希望に当てはめようとするのではなく，Cさんの希望を確認したうえで支援する。

3＝✕ サービスの手続きは，介護福祉職が代理で進めるのではなく，原則は本人が物事を決

め，実行できるように支援する。

4＝○ 介護福祉職はＣさんが物事を自己決定し，実行できるための支援内容を考えることが適切である。

5＝✕ 介護福祉職はＣさんのできることや長所に着目することにより，よい関係が築きやすくなり，より効果的に支援できるようになる。

169 解 説 解答－4

　障害者の日常生活及び社会生活を総合的に支援するための法律（障害者総合支援法）に基づいて提供されるサービスには，自立支援給付と地域生活支援事業の2つがある。この問題では，地域生活支援事業に該当するサービスが問われている。

1＝✕ 自宅において，入浴，排泄，食事の介護等を行うサービスは，居宅介護である。居宅介護は，自立支援給付である。

2＝✕ 自己判断能力が制限されている人（知的障害または精神障害により行動上著しい困難のある障害者等）の行動を支援するサービスは，行動援護である。行動援護は，自立支援給付である。障害者等が行動するときに，危険を回避するために必要な支援や外出支援を行う。

3＝✕ 自立した日常生活を営むことができるように，必要な訓練を行うサービスは，自立訓練である。自立訓練は，自立支援給付である。

4＝○ 日常生活上の便宜を図るため，障害者等に日常生活用具を給付・貸与するサービスは，地域生活支援事業の日常生活用具給付等事業である。市町村の必須事業に位置づけられている。

5＝✕ 障害者の車いすの修理費用の一部を提供するサービスは，補装具費の支給である。補装具費の支給は，自立支援給付である。

170 解 説 解答－5

1＝✕ 障害者の日常生活及び社会生活を総合的に支援するための法律（障害者総合支援法）第89条の3第1項で，地方公共団体（都道府県，市町村）は，単独でまたは共同して，協議会を置くように努めなければならないとされており，努力義務である。

2＝✕ 障害者総合支援法第89条の3第1項で，協議会は，関係機関，関係団体ならびに障害者等およびその家族ならびに福祉・医療等の専門職により構成するとされている。

3＝✕ 地域における相談支援の中核的な役割を担っているのは，基幹相談支援センターである。

4 ＝✗ 障害者や障害児，その介護を行う者からの相談に応じるのは，市町村地域生活支援事業の相談支援事業である。

5 ＝◯ 障害者総合支援法第 89 条の 3 第 2 項で，協議会は「地域の実情に応じた体制の整備について協議を行うものとする」とされている。なお，2022 年（令和 4 年）12 月の改正により，2024 年（令和 6 年）4 月より協議会の役割として，地域における障害者等への適切な支援に関する情報を共有することが規定され，情報の共有や協議を行うために関係機関に協力を求めることができることとなった。

171 解説　　　　　　　　　　　　　　　　　　　　　　　解答－3

　D さんが利用している施設入所支援とは，障害者の日常生活及び社会生活を総合的に支援するための法律（障害者総合支援法）に基づく障害福祉サービスの 1 つであり，施設に入所する者に，主に夜間，入浴，排泄，食事の介護等を行うものである。重度の知的障害のある D さんが地域移行するにあたって，夜間に利用する社会資源を探す必要がある。

1 ＝✗ 就労移行支援は，就労を希望する障害者等に対して，必要な知識および能力の向上のために必要な訓練等を行うものであり，D さんが就労を希望しているという記述はないことから適切でない。

2 ＝✗ 同行援護は，視覚障害により，移動に著しい困難を有する者が外出するとき，必要な情報提供や介護を行う。D さんには視覚障害はみられないので適切でない。

3 ＝◯ 共同生活援助（グループホーム）とは，主に夜間，共同生活を行う住居で，相談，入浴，排泄，食事の介護，日常生活上の援助を行う。D さんが地域移行するときの社会資源として最も適切である。なお，2022 年（令和 4 年）12 月の改正により，2024 年（令和 6 年）4 月より共同生活援助の支援内容として，一人暮らしを希望する者に対する支援や退居後の相談等が含まれることが規定された。

4 ＝✗ 自立支援医療には，身体障害者の更生のための更生医療，障害児の生活の能力を得るための育成医療，精神障害者の通院医療にかかる精神通院医療がある。地域移行するにあたって必要なのは，夜間に利用する社会資源であることから，適切でない。

5 ＝✗ 生活介護は，常に介護を必要とする者に，主に昼間，入浴，排泄，食事の介護等を行うとともに，創作的活動または生産活動の機会を提供する。

172 解説　　　　　　　　　　　　　　　　　　　　　　　解答－2

1 ＝✗ サービス等利用計画は，指定特定相談支援事業所の相談支援専門員が課題を分析したうえで作成する。

2＝○　個別支援計画は，サービス提供事業所のサービス管理責任者等がアセスメント（assessment）を行ったうえで作成する。

3＝✕　介護支援専門員（ケアマネジャー）が介護サービス計画を作成するのは，介護保険サービスを利用する場合である。Ｅさんは，介護保険サービスは希望していない。仕事に復帰することを希望しており，そのために障害福祉サービスを利用できるように手続きを進めている。障害福祉サービスを利用する場合は，相談支援専門員がサービス等利用計画を作成する。

4＝✕　Ｅさんは，障害福祉サービスを利用するため，障害支援区分にかかる認定調査を受ける必要がある。この調査は市町村の職員，指定一般相談支援事業者の相談支援専門員などが行う。

5＝✕　基幹相談支援センターでは成年後見制度利用支援事業を行っているが，Ｅさんは，仕事に復帰するために障害福祉サービスの利用を希望しているので，今回は成年後見制度の利用の準備は必要ない。

173 解説　　　　　　　　　　　　　　　　　　　解答－2

1＝✕　現段階では，Ｆさんは病院に入院中であり，妻からも具体的に自宅について相談されているわけではない。Ｆさんおよびその家族の意向を確認してから，住宅改修の説明を行っていく。

2＝○　家族の不安な気持ちに寄り添いつつ，Ｆさん家族の抱えている問題を整理し考えていくことで，少しずつ不安の軽減を図ることが期待できる。

3＝✕　Ｆさんおよびその家族の意向を確認して，Ｆさん家族主導で方向性を決めていくように支援する。

4＝✕　妻はパート勤務のうえ子どもの世話をしなければならないということを考えると，頻繁に様子を見に来てもらうのは難しいと思われる。妻の生活に支障のない範囲でＦさんの姿を見てもらう。

5＝✕　まずはＦさんの気持ちを尊重し，そのうえでＦさんと妻の気持ちをすり合わせながら，方向性を決めることが重要である。

174 解説　　　　　　　　　　　　　　　　　　　解答－5

　レスパイトケア（respite care）とは，「介護を担う家族」が「休養をすること」を目的とする。レスパイトとは，「ほっと一息つくこと」という意味である。

1＝✕　養護者による障害者虐待から障害者を保護するための利用は，緊急に「障害者」を

「保護すること」を目的としているため適切でない。

2＝✗ 介護福祉職が休養をとるための利用は,「介護福祉職」が「休養すること」を目的としているため適切でない。

3＝✗ 地域で一人暮らしをしている障害者の健康管理のための利用は,「障害者」の「地域生活を支援すること」を目的としているため適切でない。

4＝✗ 家族と同居する障害者が自立して地域で一人暮らしをする事前準備のための利用は,「障害者」が「自立して地域生活へ移行すること」を目的としているため適切でない。

5＝○ 障害者と同居する家族が旅行に行くための利用は,「介護を担う家族」が「休養すること」を目的としているため適切である。

解答 解説　医療的ケア

175　解 説　　　　　　　　　　　　　　　　　　　　　解答−2

　2011年（平成23年）の社会福祉士及び介護福祉士法の改正により，介護福祉士等が実施可能になった医師の指示の下に行われる行為の範囲は，図表8−1のとおりである。介護福祉士等が喀痰吸引や経管栄養の医行為を実施するには，事業者は事業所ごとに都道府県知事の登録が必要である。この登録の基準として，医師の文書による指示（介護職員等喀痰吸引等指示書），医療関係者との連携確保と役割分担，喀痰吸引等計画書・喀痰吸引等実施状況報告書の作成などの要件が設けられている。

▶**図表8−1　介護福祉士等が実施可能になった医行為の範囲**

①口腔内の喀痰吸引　　　　　　　④胃ろうまたは腸ろうによる経管栄養
②鼻腔内の喀痰吸引　　　　　　　⑤経鼻経管栄養
③気管カニューレ内部の喀痰吸引

1＝✕　喀痰吸引と経管栄養は，原則として医行為であるとされている。2011年（平成23年）の社会福祉士及び介護福祉士法の改正により，介護福祉士は医師の指示の下に，特定の医行為（同法施行規則で定められた喀痰吸引と経管栄養）を行うことが認められた。

2＝○　介護福祉士が業務として喀痰吸引等を行うには，介護福祉士養成課程において，「医療的ケア（喀痰吸引等）」に関する教育（講義・演習・実地研修）を受けることが必要である。なお，養成課程において実地研修まで修了していない場合は，就業後に実地研修を受けることが求められる。実地研修を受けていない行為は実施できない。

3＝✕　病院・診療所は，医療関係者による喀痰吸引等の実施体制が整っているため，喀痰吸引等の業務を行う事業所の登録対象とされていない。そのため，介護福祉士が病院で喀痰吸引を実施することはできない。

4＝✕　基本研修の講師は，医師，保健師，助産師，看護師である。

5＝✕　社会福祉士及び介護福祉士法施行規則により，「介護福祉士による喀痰吸引等の実施に際し，<u>医師の文書による指示</u>を受けること」と定められているので，医行為としての喀痰吸引等を行うための指示書（介護職員等喀痰吸引等指示書）は医師が作成する。

スタンダードプリコーション（standard precautions：標準予防策）とは，1996年に米国国立疾病予防センター（CDC）が設定したガイドラインであり，日本でも広く利用されている。すべての患者・医療従事者に適用され，感染症の有無にかかわらず，血液，体液，汗を除く分泌物，嘔吐物，排泄物，傷のある皮膚，粘膜等は，感染する危険性があるものとして取り扱わなければならないという考え方に基づいている。

1＝✕　汗の成分は99％が水分であり，汗から感染源となる病原菌が出ることはほとんどない。そのため，汗は感染する危険性のあるものとして取り扱う対象にはあてはまらない。

2＝✕　未開封の経管栄養剤は感染源になる可能性は低い。一方，開封した経管栄養剤は保管方法によって細菌が混入したり，繁殖したりすることがあるため，感染する危険性がある。

3＝○　唾液のなかには細菌やウイルスなども含まれる。咳やくしゃみ，接触などを通じて他人の粘膜に付着することで感染する危険性が高いため，唾液は感染する危険性のあるものとして取り扱う対象となる。

4＝✕　皮膚の表面は角質があり，細菌やウイルスが体内に侵入できない構造になっているので，傷のない皮膚から感染する危険性は低い。一方，傷がある皮膚では，粘膜が露出する。粘膜は角質がなく防御できない構造のため，傷のある皮膚には細菌等が侵入しやすく感染する危険性が高い。

5＝✕　未使用の吸引チューブは滅菌や消毒されていることが基本であるため，感染の危険性はない。しかし，開封されているものや使用期限が過ぎているものは，保管状況により細菌が付着している可能性があるため，感染する危険性がある。

1＝✕　速乾性の手指消毒液の使用は，目に見える汚れがない場合に限る。手指が汚れている場合は，速乾性の手指消毒液では汚れが落ちないため，流水と石けんでの手洗いを必ず行う。速乾性の手指消毒液には塩化ベンザルコニウム（ベンザルコニウム塩化物）という消毒薬とアルコールが含まれ，細菌叢を抑制できる。手全体に消毒液をすりこみ，よく乾燥させる。手指消毒の基本は流水と石けんによる手洗いであるが，速乾性の手指消毒液は利用者の負担を考えて時間をあまりかけずにケアを終了させたい場合や手を洗いに行くことができない場合に用いる。

2＝○　滅菌とは，すべての微生物を死滅させること，または除去することである。消毒とは，

病原性の微生物を死滅させること，または弱くすることである。つまり，消毒ではすべての微生物を死滅させることはできない。すべての微生物を死滅させる必要がある場合には，滅菌を行う。

3＝✕ アルコールは，粘膜や損傷部分には禁忌である。アルコールは皮膚消毒薬として使用する場合，70～95％の消毒用エタノールを使用する。部屋のドアノブ，吸引等のケアに必要な物品を並べる台等の清掃にも有効である。

4＝✕ 滅菌物を使用する前に，①滅菌ずみの表示，②滅菌物の有効期限（使用期限），③開封していないことの確認が必要である。万が一，使用前に封が開いていたらその滅菌物は汚染しているとみなし，使用することができない。

5＝✕ 高圧蒸気は滅菌方法の1つである。滅菌は，専用の施設・設備で，高圧蒸気や酸化エチレンガス，放射線等を用いて行う。消毒の主な方法には，熱水によるものと薬液によるものがある。

178 解説　　　　　　　　　　　　　　　　解答－3

1＝✕ 正常な呼吸の仕方は，安静時には胸部や腹部が，呼吸に合わせて比較的一定のリズムで膨らんだり縮んだりする。呼吸の仕方が胸部や腹部だけの動きでなく，肩を上下させたり，口をすぼめて呼吸したりする場合は呼吸が困難な状態であるといえる。

2＝✕ 正常な呼吸の仕方は，安静時には胸部や腹部が，呼吸に合わせて比較的一定のリズムで膨らんだり縮んだりする。このリズムが速くなったり，呼吸の間隔が不規則に長くなったり短くなったりする場合には，体内の酸素が非常に不足してきた状態を示している可能性がある。

3＝○ 正常な呼吸の音は，スースーといった空気の通るかすかな音が聞こえる程度である。空気の通り道である口腔・鼻腔・咽頭・喉頭・気管・気管支のいずれかで，空気の通りが悪くなった場合に，呼吸の音が変化する。気管支喘息（bronchial asthma）などでは気管支が細くなることで呼吸に合わせて「ヒューヒュー」「ゼーゼー」という音が聞こえたり，痰や分泌物により空気の通りが悪くなると「ゴロゴロ」という音がしたりする。

4＝✕ 成人の正常な呼吸数は1分間に約12～18回程度といわれている。何らかの呼吸器官の障害や発熱などによって，いつもより体内で酸素を必要とするときには，不足する酸素を補うために呼吸回数が増えることがある。

5＝✕ 成人の正常な呼吸状態では，パルスオキシメーター（pulse oximeter）で測定した値は，おおよそ95～100％である。換気（空気を吸って吐く）が不十分になると，肺胞から血中に入る酸素の量が減るため，低酸素状態となるが，このような状態を把握する手

段として，チアノーゼ（cyanosis）（口唇や爪床が青紫色になる）の有無を観察する方法と，パルスオキシメーターを用いて，動脈の血液中の酸素の量（動脈血酸素飽和度）を調べる方法がある。パルスオキシメーターで測定した値を経皮的動脈血酸素飽和度（SpO_2）といい，基準値はおおよそ 95〜100％である。

▶図表8－2　成人の正常な呼吸状態　🎓覚えておこう！

・呼吸の回数は，1分間に約12〜18回程度
・呼吸の音は，「スースー」といった空気の通るかすかな音が聞こえる程度
・呼吸の仕方（リズム・呼吸法）は，安静時には胸部や腹部が呼吸に合わせて比較的一定のリズムで膨らんだり縮んだりする
・呼吸器官に異常がない場合，呼吸の苦しさ（呼吸困難）を感じない

179 解 説　　　　　　　　　　　　　　解答－2

1＝✕　換気とは，空気の出し入れによって体内への酸素の取り込みと二酸化炭素の体外への吐き出しをするはたらきをいう。肺胞における空気と血液の間で，酸素や二酸化炭素の受け渡しをするはたらきは，ガス交換という。

2＝〇　呼吸運動は胸腔が運動することにより，吸気・呼気が行われる。胸腔の運動に関係するのが呼吸筋である。主な呼吸筋は，横隔膜と肋間筋である。呼吸運動は，吸息運動と呼息運動に分かれる。吸息運動は，横隔膜と外肋間筋の収縮によって横隔膜が下がり胸郭を広げ，胸腔内容積を増大することにより肺を拡張し，空気を肺内に流入させる。呼息運動は，これら吸息筋活動が停止し弛緩することによって，肺と胸郭の弾性によって元の状態に戻ることで行われる。

3＝✕　気管支喘息（bronchial asthma）や筋萎縮性側索硬化症（amyotrophic lateral sclerosis：ALS）では，換気のはたらきが低下する。気管支喘息は，気道が何らかの刺激を受けることで炎症を起こして，発作的に気道が狭くなりゼーゼー・ヒューヒューという呼吸音を伴う呼吸困難が起こる病気である。一方，ガス交換のはたらきの低下がみられる代表的な病気には，慢性閉塞性肺疾患（chronic obstructive pulmonary disease）がある。

4＝✕　ガス交換とは，肺胞における空気と血液の間で，酸素や二酸化炭素の受け渡しをするはたらきである。空気に含まれた酸素は肺胞から血液中に入り，動脈血となって全身に運ばれる。一方，肺胞では全身より運ばれてきた静脈血から二酸化炭素が取り込まれ，二酸化炭素は呼気によって排出される。

5＝✕　1回に吸い込める空気の量は，一般的に高齢者では低下する。加齢により呼吸筋の筋

力が低下し，横隔膜の収縮性の低下・平坦化，肋間筋の柔軟性の低下，肋軟骨の石灰化によって胸郭の拡張が妨げられ，そのため呼吸は浅くなり，肺活量の低下や残気量の増加がみられる。

180 解 説　　　　　　　　　　　　　　　　　　　解答－2

1＝✕　食後などは食事によって唾液の量が増えたり，少量の食物が喉にひっかかったりすることによって痰が増える。食事による痰の貯留は，痰による負担で咳き込み，嘔吐や誤嚥性肺炎（aspiration pneumonia）につながる可能性があるため，食後にも喀痰吸引を行う（図表8－3参照）。

▶図表8－3　喀痰吸引が必要な状態  覚えておこう！

> 喀痰吸引が必要な状態は，以下のとおりである。
> ①痰が増加している状態
> 　食後，入浴後，清拭等でからだを動かしたり向きを変えた後など
> ②咳をするための喉の反射や咳の力が弱くなり，痰を排出しにくい状態
> ③痰がかたくなり，排出しにくい状態
> 　①～③の状態のときに喀痰吸引を行う。痰はその日そのときの状況により，量や性状などが変わるため，喀痰吸引は決まった時間に行うものではなく，そのときの状況で判断し実施する。

2＝○　入浴によって血液循環がよくなり，肺の奥底にたまっていた痰が喉のほうに上がってきたり，湿度が上がってかたい痰が出やすくなったりするため，喀痰吸引を必要とする。機器の管理や清潔な操作が困難であるため，入浴中に吸引を行うことは難しい。そのため，入浴前後に排痰ケアや喀痰吸引を行い，入浴による痰の増加を最小限にすることが必要である。

3＝✕　喀痰吸引を必要とする人や食事が十分に摂れない人の場合，唾液の分泌が減少し口腔内が乾燥傾向にある。口腔内は，唾液の自浄作用により，常在菌が一定以上に増加しないように保たれている。乾燥することで自浄作用が低下し，細菌の感染や繁殖が起こりやすい状態になる。そのため，適度な水分補給を行い，体内の水分量のバランスをとることや，口腔ケアなどを行い乾燥を防ぐことが大切となる。

4＝✕　湿度により痰の粘性に変化がみられる。湿度が低くなることで痰の粘性が増し，気道に停滞しやすく排出しにくくなる。適度な粘性があると，気道粘膜の線毛運動で痰を外に出そうとするはたらきが生じる。スムーズな喀痰吸引を行うためには，40～60％の適度な湿度が必要となる。

5＝✕　仰臥位（背臥位）では，重力により背側に痰がたまり，排出しにくい状態となる。そのため，体位を変えることで痰を移動させ，出しやすくする。また，痰がたまってい

るほうを上にした体位に変えることで重力を利用して痰を出しやすくする体位ドレナージを行うこともある。

181 解説 　　　　　　　　　　　　　　　　　　　　　　　解答-2

1＝✕　吸引チューブの洗浄水は，少なくとも8時間おきに交換する。
2＝〇　浸漬法で用いる消毒液や吸引チューブは，少なくとも24時間おきに交換する。
3＝✕　気管カニューレ内部の喀痰吸引の場合，吸引チューブ内側の粘液の除去のため，滅菌精製水を用いる。なお，口腔内・鼻腔内の喀痰吸引の場合は，水道水でもよい。
4＝✕　吸引チューブの保管方法として，消毒液の中に保管する浸漬法と，消毒液を用いないで保管する乾燥法がある。浸漬法は消毒液を使用することから，細菌を死滅または減少させる効果がある。一方，乾燥法は，細菌の生存に必要な水分や痰が存在しなければ細菌が発育・増殖しにくいという性質に基づいた方法であり，細菌が死滅するものではない。
5＝✕　吸引物は，吸引びんの70〜80％になる前に廃棄する。

182 解説 　　　　　　　　　　　　　　　　　　　　　　　解答-1

1＝〇　上半身を10〜30度挙上した姿勢は，口が開けやすく，吸引チューブを挿入しやすい。また，この姿勢は胸郭が広がり呼吸も楽になる。口腔内に吸引チューブを挿入したときに咽頭反射や嘔吐が誘発されやすいため，顔を横に向けることで軽減することができる。
2＝✕　吸引中に注意すべきことは，吸引の時間・挿入の深さ・吸引圧である。1回の吸引で十分痰が取りきれない場合は，無理をせずにいったん休み，利用者の呼吸を整えてから実施する。
3＝✕　口腔内の喀痰吸引の場合，吸引チューブの挿入位置は咽頭の手前までである（図表8-4参照）。

▶図表8-4　喀痰吸引の吸引チューブを挿入できる範囲　覚えておこう！

口腔内の喀痰吸引	咽頭の手前までを限度とする。
鼻腔内の喀痰吸引	咽頭の手前までを限度とする。
気管カニューレ内部の喀痰吸引	気管カニューレの先端を超えない。 （吸引チューブの先端が気管カニューレ内部にある）

4＝✕　吸引チューブをとどめておくと，粘膜への吸い付きが起こり，粘膜の損傷や出血の原

因となる。吸引圧が1か所にかからないように，吸引チューブを回したり，ずらしたりしながら，まんべんなく痰を吸引する。

5＝✕　子どもの口腔内の喀痰吸引を行う場合は，吸引チューブの接続部位を指で押さえ吸引圧が加わらないようにし，口蓋垂を刺激しないように注意して口腔より吸引チューブを挿入する。吸引圧を加え吸引チューブをゆっくり回しながら，できるだけ短時間（長くても10〜15秒以内）で引き上げるように実施する。痰や分泌物が取りきれていなくても長時間継続しないように，呼吸の間隔をおいて実施する。なお，子どもの気管カニューレ内部の喀痰吸引では，吸引チューブをゆっくり回しながら，5〜10秒以内で引き上げるようにする。

183 解説　　　　　　　　　　　　　　　解答−5

1＝✕　使用する吸引チューブの太さは医師の指示に従う。通常，気管カニューレ内部の喀痰吸引の吸引チューブは，気管カニューレの内径の2分の1以下の太さのものが選択される。適切な吸引チューブを選択することで，粘膜の損傷や利用者の苦痛を最小限にすることができる。

2＝✕　気管カニューレ内部の吸引の場合は，気管カニューレ部分が見えやすく清潔にチューブが挿入でき，利用者の安楽が保てる角度にベッド挙上を調節し，吸引時は，正面を向いて頸部はまっすぐな状態が望ましい。頸部を前屈した姿勢をとると，気管カニューレ先端が気管を閉塞させてしまい，苦痛が生じ痰の排出もしにくい状態となる。そのため，効果的な吸引を行うことができない。

3＝✕　気管カニューレ内部の喀痰吸引の場合，吸引圧の確認には滅菌精製水を使用しなければならない。口腔内・鼻腔内の喀痰吸引の場合は水道水で構わない。気管カニューレ内部の喀痰吸引では，病原性の細菌等がない気管に感染の原因となるような分泌物や細菌を付着させたり落としたりしないように，清潔な吸引チューブや滅菌精製水等を用いた無菌的な操作が必要である。

4＝✕　気管カニューレ内部の喀痰吸引は，気管カニューレからはみ出さない深さまでの吸引であり（図表8−4参照），「痰が奥にある」と利用者が訴えても，気管カニューレの長さを超えて吸引することはできない。気管カニューレより先の気管の部分には迷走神経という神経があり，この部分を刺激してしまうことで心臓や呼吸のはたらきを停止させてしまう危険性がある。

5＝○　息苦しいと訴えたときは，低酸素状態が考えられるため，確認のためにパルスオキシメーター（pulse oximeter）を用いる。パルスオキシメーターで測定された経皮的動脈血酸素飽和度の基準値はおおよそ95〜100％である。なお，顔色が青白くなったり，

呼吸が速くなったりなどの異常がある場合は，直ちに吸引を中止して看護職や医師に連絡する。

184 解 説

解答ー3

1＝✕ 太い吸引チューブのほうが吸引物を多く吸引できるが，太いため粘膜を傷つけやすかったり，空気を多く吸引することで低酸素状態に陥る危険性がある。

2＝✕ 咳の力は空気の量と速さによるが，粘り気が強い場合は，咳の力があったとしても痰の排出は難しい。

3＝○ 痰の粘性には，適度な湿性（保湿性，加湿性）が関係する。そのため，水分補給が有効である。

4＝✕ 口腔ケアは，口腔内の自浄作用の低下による細菌感染，口臭，味覚の低下，誤嚥性肺炎（aspiration pneumonia）などを予防することに効果がある。痰の粘性には直接関係しない。

5＝✕ 痰のある部位を上にして重力を利用して痰を排出しやすい位置に移動させるケアは大切であるが，痰の粘性が弱くなるわけではない。

185 解 説

解答ー3

1＝✕ 注入速度が原因で下痢を起こしている場合には，滴下速度を遅くすることが一般的な対処法である。経管栄養の標準的な注入速度は1時間あたり200mlであるが，利用者の状態や栄養剤の濃度などにより医師から指示されるので，経管栄養の滴下速度には個人差がある。

2＝✕ 半固形栄養剤は，胃ろうによる経管栄養に適している。半固形栄養剤は，液状の栄養剤に比べ粘稠度が高いため，食道への逆流を改善することが期待できる。また，液状の栄養剤より注入時間が短いため，座位の時間を短縮することができる。半固形栄養剤を使用することで腸の蠕動を改善したい場合などにも用いられる。

3＝○ 栄養剤の注入時には上半身を30～45度起こして，栄養剤の逆流を防止する。経管栄養の注入時の体位は，安定して座位の保持ができる人は座位で行い，自分で寝返りできない人は30～45度起こすなど，医師や看護職の指導のもとで行う。

4＝✕ 経管栄養が必要な状態として，飲み込みのはたらきが低下している状態があげられる。飲み込みのはたらきが低下すると，口腔内の食物残渣などが気道に流れ込んだり，胃の内容物が逆流して気道に入ったりして誤嚥を起こすことがある。また経鼻経管栄養の場合，チューブが留置されるため，鼻や咽頭の粘膜からの分泌物が増加し，鼻汁

や痰が増えることで誤嚥を誘発しやすくなる。

5＝✕　体温より極端に低い温度の栄養剤を注入すると，刺激により腸蠕動が亢進し，下痢を起こす（図表8－5参照）。注入する栄養剤は，体温と栄養剤の温度差が大きいと，身体に影響を及ぼすことがあるため常温に近い状態で使用する。

▶図表8－5　経管栄養による下痢の原因

・経管栄養の注入速度が速い
・高濃度の経管栄養剤の注入
・体温より極端に低い温度の経管栄養剤の注入
・不潔な経管栄養の操作

186 解説　　　　　　　　　　　　　　　　　　　　　　解答－4

1＝✕　部屋の窓を開けるということは換気を意味している。嘔吐物によるにおいにより不快感が増す可能性があるが，Bさんは苦しそうな表情をしていることから，窓を開けることは最も優先すべきことではない。

2＝✕　Bさんは苦しそうな表情で「気分が悪い」と言っていることから，脈拍や呼吸数を測定することも重要ではあるが，最も優先すべきことではない。

3＝✕　Bさんは苦しそうな表情で「気分が悪い」と言っていることから，状態の悪化や生命の危機に至る可能性もある。嘔吐物で汚れた枕カバーを交換することは最も優先すべきことではない。

4＝○　栄養剤の注入中や直後は利用者の表情や状態の変化の観察が重要である。嘔気や嘔吐がある場合は，栄養剤の注入を一時中止して，誤嚥を防ぐために顔を横に向け，医師や看護職に連絡することが重要である。

5＝✕　上半身を下げて水平にすることにより，再び嘔吐する可能性がある。また，注入した栄養剤が食道へ逆流したり肺へ流れ込む可能性もある。

187 解説　　　　　　　　　　　　　　　　　　　　　　解答－4

　経管栄養時に想定されるリスクには，経管栄養チューブの抜去，経管栄養チューブ挿入部からの出血や嘔吐，利用者の状態の著しい変化などさまざまである。胃ろう栄養チューブが抜けかけている場合には，介護福祉士の対応として，注入せず，すぐに看護職に連絡することが重要である。

1＝✕　介護福祉士は，胃ろう栄養チューブを抜いてはいけない。胃ろう栄養チューブが抜け

かけていることを，すぐに看護職に連絡する。

2＝✕ 介護福祉士は，注入を開始せず，すぐに看護職に連絡する。

3＝✕ 介護福祉士は，抜けかけている胃ろう栄養チューブを元に戻してはいけない。すぐに看護職に連絡する。

4＝〇 胃ろう栄養チューブが抜けかけている場合には，介護福祉士の対応として，注入せず，すぐに看護職に連絡する。

5＝✕ 胃ろう栄養チューブが抜けている場合，早ければ数時間ほどでろう孔が閉じてしまう。ろう孔の確保は，看護職の対応である。

188 解 説

解答－1

1＝〇 経管栄養の準備前に手洗いを行うことは，感染予防のスタンダードプリコーション（standard precautions：標準予防策）の基本的動作である。健康な人には感染しないような細菌であっても，経管栄養を行う利用者など，抵抗力の弱い状態の利用者には感染することもある。介護福祉士が媒体にならないようにする。

2＝✕ 栄養剤は，有効期限が新しいものから使用すると，期限切れの在庫が発生する可能性があるため，有効期限や消費期限が過ぎていないことを確認すると同時に，期限が近いものから使用する。

3＝✕ 胃ろう（腸ろう）栄養チューブ挿入部の周囲から胃内容物が漏れることもあり，皮膚の炎症やびらんが生じやすい。注入開始前だけでなく，定期的に皮膚の観察と清潔の保持が重要である。通常胃ろう（腸ろう）部は消毒の必要がなく，胃ろう（腸ろう）部周辺の分泌物や汚れは，ぬるま湯で濡らしたガーゼなどの柔らかい布で拭き取ることが望ましい。

4＝✕ 口腔内にはさまざまな常在菌が存在している。常在菌は唾液の自浄作用により一定以上増加しないように保たれている。しかし，経管栄養の利用者は，唾液の分泌量が減少し，自浄作用や抗菌作用が低下して細菌の感染や繁殖が起こりやすい。これにより歯周病や誤嚥性肺炎（aspiration pneumonia）を引き起こす可能性があるため，1日3～4回程度のこまめな口腔ケアによって唾液の分泌を促す必要がある。

5＝✕ イリゲーター，栄養点滴チューブ，カテーテルチップシリンジなど経管栄養に使用した物品は，感染症などが疑われる場合を除き，一般的に再利用する。清潔保持のため使用後は毎回，食器用洗剤で洗浄し，流水でよくすすぐ。その後，決められた濃度の次亜塩素酸ナトリウム液で消毒を行い，再び流水で洗浄後乾燥させ，適切な方法で保管する。消毒用エタノールは，幅広い微生物に効果があるが，ノロウイルス（Norovirus）などには効果がなく，物品が変質することがあるため，適さない。

1 ＝✕ 栄養剤の種類，量および時間は，利用者の状態に応じて医師が決定する。

2 ＝✕ 経管栄養の実施にあたり，医師・看護職が退院時などに実施方法や中止する場合の状態，緊急時の対応などについて説明する。利用者や家族は不安や負担感を覚えている場合が多く，介護福祉士は，利用者や家族の気持ちに寄り添った対応が求められる。

3 ＝✕ 経鼻経管栄養では，看護職が，挿入されている栄養チューブが胃に到達しているかどうか確認する。例えば，カテーテルチップシリンジに空気をためない状態で，チューブ先端から吸引を行い，胃内容物を確認する。胃液が引けてこない状態があれば，カテーテルチップシリンジを利用して空気を注入し，胃内の音を確認する。いずれも看護職が実施する。

4 ＝〇 栄養剤の注入中にからだを動かしたり体位や姿勢を変えたりした場合，チューブがねじれたり折れ曲がったりして注入速度が変化することがあるため，注入中の滴下状態の確認は重要である。注入速度が速いと，下痢や血糖値の急激な変化を引き起こすことがあり，一方，注入速度が遅いと利用者の拘束時間が長くなる。

5 ＝✕ チューブを固定するテープがはずれている場合，チューブが抜けかけている可能性があるため，医師や看護職に連絡する。

医療的ケア

190 解説　　　　　　　　　　　　　　　　　　　　　解答－3

1 ＝✕　高齢者世帯とは，65歳以上の者のみで構成するか，またはこれに18歳未満の未婚の者が加わった世帯をいい，増加傾向にある。

2 ＝✕　65歳以上の者のいる世帯は，全世帯の50.6％であり，6割を超えていない。

3 ＝○　65歳以上の者のいる世帯を世帯構造別でみると，「単独世帯」が31.8％，「夫婦のみの世帯」が32.1％，合わせて63.9％と半数以上である（図表9－1参照）。

4 ＝✕　65歳以上の者のいる世帯のうち，「単独世帯」の内訳は，男性は35.9％，女性は64.1％となっており，女性のほうが多い。

5 ＝✕　65歳以上の者のいる世帯のうち，「三世代世帯」の割合は7.1％となっており，減少傾向が続いている（図表9－1参照）。

▶図表9－1　世帯構造別にみた65歳以上の者のいる世帯の構成割合の年次推移　　整理しておこう！

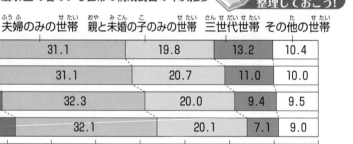

年	単独世帯	夫婦のみの世帯	親と未婚の子のみの世帯	三世代世帯	その他の世帯
2013（平成25）	25.6	31.1	19.8	13.2	10.4
2016（平成28）	27.1	31.1	20.7	11.0	10.0
2019（令和元）	28.8	32.3	20.0	9.4	9.5
2022（令和4）	31.8	32.1	20.1	7.1	9.0

0　10　20　30　40　50　60　70　80　90　100 (%)

注1：2016年（平成28年）の数値は，熊本県を除いたものである。
注2：「親と未婚の子のみの世帯」とは，「夫婦と未婚の子のみの世帯」および「ひとり親と未婚の子のみの世帯」をいう。

▶図表9－2　「国民生活基礎調査（2022年（令和4年））」（大規模調査）における介護の状況　　　覚えておこう！

・要介護者等のいる世帯は，「核家族世帯」が42.1％で最も多く，次いで「単独世帯」が30.7％，「三世代世帯」が10.9％となっている。

・要介護者等の年齢は，85〜89歳が27.1％で最も多く，次いで90歳以上が26.2％，80〜84歳が20.9％となっている。

191 解 説

解答-2

ノーマライゼーション（normalization）とは，障害のある，なしにかかわらず，すべての人が対等・平等に当たり前で健全な生活をする権利が保障される社会がノーマルであるとする考え方である。介護を必要とする人に対しても，自己決定を尊重し，可能な限りその人が望む生活を継続できるよう支援する。

1 ＝✗ 居室での生活が中心になると，他者とかかわる機会が減少してしまう。Ａさんの気持ちを受け止めながら，俳句教室に行くことを楽しみにしていたＡさんが，少しずつ他者との交流を取り戻すことができるような支援が望ましい。

2 ＝〇 「以前は，２週間に一度は美容院で長い髪をセットしてもらい，俳句教室に行くのを楽しみにしていた」ことから，Ａさんが楽しみにしていたこれまでの生活を継続する支援であり，最も適切である。

3 ＝✗ 「洗髪しやすい」という支援する側の都合で長い髪のカットを勧めることは，Ａさんの思いを尊重した支援とはいえないため適切でない。本人が望むヘアスタイルで生活できるような支援が望ましい。

4 ＝✗ 問題文には「ふらつきがみられる」とあるが，車いすの使用が必要な身体状況であるかどうかはわからないほか，車いすの使用に対するＡさんの意向も不明確なため，最も適切とはいえない。

5 ＝✗ 介護老人福祉施設は共同生活の場ではあるが，できる限り個々の要望や生活リズムに合わせた時間に食事を提供できるように支援することが望ましい。

192 解 説

解答-2

利用者の生活の質（QOL）を高めるには，多様な個性をもつ一人ひとりを理解して尊重し，人間として当たり前のその人らしい生活が送れるよう，個別ケアの提供が重要になる。

1 ＝✗ ADL（Activities of Daily Living：日常生活動作）の維持・向上も介護福祉職の重要な役割であるが，最終目標とするのは適切でない。介護福祉職には，身体的な動作の自立だけでなく，精神的なニーズや生活環境も含めた総合的な支援を行うことが求められる。

2 ＝〇 生活の質の向上のためには，その人自身の価値観や生活スタイルを尊重し，利用者自身がこうありたいと思う生活に近づけるための支援が求められる。

3 ＝✗ 施設生活においても，在宅生活の継続性を尊重し，本人の生活習慣や好みを尊重することが重要である。また，化粧をしたり，アクセサリーを身につけたりすることは，気分転換やストレス軽減等の心理的効果，対人関係に影響を及ぼす社会的効果がある。

介護の基本

4＝✕ 集団生活であっても，できる限り個々の生活スタイルを尊重し，食事の時間や摂取量なども個別に対応していく必要がある。

5＝✕ 身体的な側面に加え，利用者がどのような気持ちでいるのかという精神的な側面，他者との交流や役割の創出などの社会的な側面も含めて，総合的な支援を行うことが求められる。

---

193 解説　　　　　　　　　　　　　　　　　　　　　　　　**解答－4**

1＝✕ 社会福祉法第3条において，「その有する能力に応じ自立した日常生活を営むことができるように支援する」とある。施設での生活においても，利用者が自分でできることは自分でしてもらい，難しい部分で支援を行うようにする。したがって，応答としては適切でない。

2＝✕ 人工肛門があることが理由で，すべての施設に入所できないわけではない。したがって，応答としては適切でない。

3＝✕ 周りの人への配慮は必要であるが，気にしている本人への応答としては適切でない。

4＝〇 生活支援の方法は一人ひとりに合わせ，本人のできること，希望を尊重し，支援にかかわる人たちを含めて決めていく必要がある。したがって，この応答は適切である。

5＝✕ 施設入所の際は，適切な支援を行うためにも，介護に必要な情報を詳しく伝え，相談する必要がある。したがって，応答としては適切でない。

---

194 解説　　　　　　　　　　　　　　　　　　　　　　　　**解答－3**

1＝✕ これまでの生活スタイルを尊重し，自身がこうありたいと望む生活に近づける支援が求められる。特に，衣服，整容など個人の好みのあるものは自己決定が望ましく，介護者側の都合を優先するべきではない。

2＝✕ 施設生活においても在宅生活の継続性を尊重し，本人の生活習慣や好みを尊重することが望まれる。施設や介護者側の都合に合わせることではない。

3＝〇 利用者の意思に基づく生活支援のためには，まず個々の思いを聞き，これまでの生活スタイルを理解することが求められる。

4＝✕ 個々の生活スタイルを尊重することはもちろん，特に入浴，排泄など羞恥心が伴う支援では尊厳を重視し，それらに対する配慮が必要である。

5＝✕ 行事やレクリエーションへの参加を促すことはあっても，参加したくない気持ちのある利用者に強制するべきではない。

解 説　　　　　　　　　　　　　　　　　　　　　　　　　　**解答－3**

1 ＝✕　介護福祉士の資格は，その資格を有していなくてもその業務を行うことができるが，その名称を使用することができない名称独占の国家資格である。

2 ＝✕　2007年（平成19年）の社会福祉士及び介護福祉士法の改正では，義務規定に「誠実義務」と「資質向上の責務」が追加された。「秘密保持義務」は見直し前から規定されている。

3 ＝〇　義務規定の1つである「資質向上の責務」として，介護福祉士は，介護を取り巻く環境の変化による業務の内容の変化に適応するため，介護等に関する知識および技能の向上に努めなければならないと定められている。介護福祉士は，資格を取得した後も専門職として自己研鑽することが，法律上，明記されている。

4 ＝✕　社会福祉士及び介護福祉士法における義務規定には，「秘密保持義務」と「名称の使用制限」に対する罰則が定められているが「誠実義務」には罰則等は定められていない。なお，「信用失墜行為の禁止」に対する罰則は定められていないが，登録の取り消し，または期間を定めた介護福祉士の名称の使用の停止命令を受けることがある（図表9－3参照）。

5 ＝✕　介護福祉士の名称は，介護福祉士国家試験に合格し，登録の手続きを行った者だけが名乗ることができる。義務規定において「名称の使用制限」として定められている。

▶**図表9－3　社会福祉士及び介護福祉士法における介護福祉士の義務規定と罰則等**　覚えておこう！

	義務規定	罰則等
第44条の2	誠実義務	－
第45条	信用失墜行為の禁止	・登録の取り消し，または期間を定めた介護福祉士の名称の使用の停止
第46条	秘密保持義務	・登録の取り消し，または期間を定めた介護福祉士の名称の使用の停止 ・1年以下の懲役※または30万円以下の罰金
第47条第2項	連携	－
第47条の2	資質向上の責務	－
第48条第2項	名称の使用制限	・30万円以下の罰金

※2022年（令和4年）に社会福祉士及び介護福祉士法が改正され，「懲役」は「拘禁刑」に改められた。ただし，施行は2025年（令和7年）6月1日からである。

介護の基本

196 解説

解答－2

2017年（平成29年）に見直された「求められる介護福祉士像」には，図表9－4の10項目が示されている。

▶**図表9－4　求められる介護福祉士像**　覚えておこう！

1. 尊厳と自立を支えるケアを実践する
2. 専門職として自律的に介護過程の展開ができる
3. 身体的な支援だけでなく，心理的・社会的支援も展開できる
4. 介護ニーズの複雑化・多様化・高度化に対応し，本人や家族等のエンパワメントを重視した支援ができる
5. QOL（生活の質）の維持・向上の視点を持って，介護予防からリハビリテーション，看取りまで，対象者の状態の変化に対応できる
6. 地域の中で，施設・在宅にかかわらず，本人が望む生活を支えることができる
7. 関連領域の基本的なことを理解し，多職種協働によるチームケアを実践する
8. 本人や家族，チームに対するコミュニケーションや，的確な記録・記述ができる
9. 制度を理解しつつ，地域や社会のニーズに対応できる
10. 介護職の中で中核的な役割を担う

上記10項目に加えて，「高い倫理性の保持」がすべてに共通するものとして示されている。

1＝✗ 「求められる介護福祉士像」の項目6では，施設・在宅にかかわらず，本人が望む生活を支えることができると示されている。

2＝○ 「求められる介護福祉士像」の項目7に示されているとおりであり，最も適切である。

3＝✗ 「求められる介護福祉士像」の項目10では，多職種協働を行ううえでの中核的な役割ではなく，介護職の中で中核的な役割を担うと示されている。

4＝✗ 「求められる介護福祉士像」の項目3では，身体的な支援だけでなく，心理的・社会的支援も展開できると示されている。

5＝✗ 「求められる介護福祉士像」の項目9では，制度を理解しつつ，地域や社会のニーズに対応できると示されている。

197 解説

解答－4

1＝✗ 訪問介護員（ホームヘルパー）としての仕事と自身の私生活の部分は，明確に分ける必要がある。社会福祉士及び介護福祉士法第45条に，介護福祉士の信用を傷つけるような行為をしてはならないことが規定されている（信用失墜行為の禁止）。

2＝✗ 介護福祉士は，利用者の生活を支えることに対して最善を尽くすことを共通の価値として，ほかの介護福祉士および保健医療福祉関係者と協働することが，日本介護福祉

124

士会 倫理基準（行動規範）に明記されている（総合的サービスの提供と積極的な連携，協力）。介護福祉士自身の仕事量の軽減が協働の目的ではない。

3 ＝✕　社会福祉士及び介護福祉士法第2条第2項の介護福祉士の定義において，介護福祉士が実施できる喀痰吸引等は「医師の指示の下に行われるもの」と定められているので，医師の指示を受けずに喀痰吸引を実施することはできない。

4 ＝○　介護福祉士は，利用者の個人情報を収集または使用する場合，その都度利用者の同意を得ることが，日本介護福祉士会 倫理基準（行動規範）に明記されている（プライバシーの保護）。

5 ＝✕　介護福祉士は，自らの価値観に偏ることなく，利用者の自己決定を尊重することが，日本介護福祉士会 倫理基準（行動規範）に明記されている（利用者本位，自立支援）。

---

198 解 説　　　　　　　　　　　　　　　　　　　　　　解答－4

1 ＝✕　「身体拘束ゼロへの手引き」（2001年（平成13年）厚生労働省）において，おむつの着用に関しては，禁止行為とはされていない（図表9 – 5参照）。

2 ＝✕　「身体拘束ゼロへの手引き」において，禁止行為の具体例としてあげられている（図表9 – 5参照）。

3 ＝✕　「身体拘束ゼロへの手引き」において，禁止行為の具体例としてあげられている（図表9 – 5参照）。

4 ＝○　選択肢の記述のとおり，報告の義務はない。ただし，緊急やむを得ず身体拘束等を行

▶図表9 – 5　**介護保険指定基準において禁止の対象となる具体的な行為**

①徘徊しないように，車いすやいす，ベッドに体幹や四肢をひも等で縛る。
②転落しないように，ベッドに体幹や四肢をひも等で縛る。
③自分で降りられないように，ベッドを柵（サイドレール）で囲む。
④点滴，経管栄養等のチューブを抜かないように，四肢をひも等で縛る。
⑤点滴，経管栄養等のチューブを抜かないように，または皮膚をかきむしらないように，手指の機能を制限するミトン型の手袋等をつける。
⑥車いすやいすからずり落ちたり，立ち上がったりしないように，Y字型拘束帯や腰ベルト，車いすテーブルをつける。
⑦立ち上がる能力のある人の立ち上がりを妨げるようないすを使用する。
⑧脱衣やおむつはずしを制限するために，介護衣（つなぎ服）を着せる。
⑨他人への迷惑行為を防ぐために，ベッドなどに体幹や四肢をひも等で縛る。
⑩行動を落ち着かせるために，向精神薬を過剰に服用させる。
⑪自分の意思で開けることのできない居室等に隔離する。

出典：厚生労働省「身体拘束ゼロ作戦推進会議」「身体拘束ゼロへの手引き——高齢者ケアに関わるすべての人に」2001年

う場合には，その態様および時間，その際の利用者の心身の状況，緊急やむを得なかった理由を記録する必要がある。

5＝✗　永続性ではなく，一時性である。身体拘束が認められるのは，①切迫性，②非代替性，③一時性の3つの要件を満たし，かつ，それらの要件の確認等がきわめて慎重に実施されているケースに限られる。

⑲⑨ 解説　　　　　　　　　　　　　　　　　　　　　　　解答－3

1＝✗　養護者による虐待の相談・通報者は，「警察」が最も多く34.0％，次いで「介護支援専門員（ケアマネジャー）」が25.0％，「家族・親族」が7.5％である。

2＝✗　養護者による虐待では，虐待を行った養護者（虐待者）の続柄は「息子」が最も多く39.0％，次いで「夫」が22.7％，「娘」が19.3％である。「妻」は6.6％である。

3＝○　被虐待高齢者と虐待を行った養護者（虐待者）との同居・別居の状況は，「虐待者のみと同居」が52.8％で最も多い。「虐待者及び他家族と同居」の34.0％と合わせると86.8％の被虐待高齢者が虐待者と同居していた。

4＝✗　養介護施設従事者等による虐待の事実が認められた施設・事業所の種別で最も多いのは「特別養護老人ホーム（介護老人福祉施設）」（32.0％）で，次いで「有料老人ホーム」（25.8％），「認知症対応型共同生活介護（グループホーム）」（11.9％）の順である。

5＝✗　養介護施設従事者等による虐待では，「身体的虐待」が57.6％，「心理的虐待」が33.0％，「介護等放棄」が23.2％の順であり，養護者による虐待でも，「身体的虐待」が65.3％，「心理的虐待」が39.0％，「介護等放棄」が19.7％の順である。

▶図表9－6　養護者による高齢者虐待の状況　　📖整理しておこう！

①虐待判断件数は，1万6669件。
②被虐待高齢者は，女性が多い（75.8％）。
③被虐待高齢者は，75歳以上の後期高齢者が多い（79.0％）。
④虐待の種類は，「身体的虐待」が最も多い（65.3％）。
⑤虐待者の続柄は，「息子」が最も多い（39.0％）。

資料：厚生労働省「令和4年度『高齢者虐待の防止，高齢者の養護者に対する支援等に関する法律』に基づく対応状況等に関する調査結果」

⑳⓪ 解説　　　　　　　　　　　　　　　　　　　　　　　解答－2

社会福祉士及び介護福祉士法第46条の「秘密保持義務」や個人情報の保護に関する法律

（個人情報保護法）において，個人の情報を守ることが求められている。

1＝✕　個人が特定できる写真を，写っている人の了承なく不特定多数が見ることのできる場に掲載してはならない。

2＝○　チームアプローチ（team approach）を行っている施設介護において，必要な情報の共有は質の高い介護の提供のためにも重要である。ただし，関係者間で共有する可能性があることは情報収集の際に利用者に伝え，了承を得る。

3＝✕　個人情報保護法第2条において「個人情報」とは，「生存する個人に関する情報」と定められており，死亡した個人に関する情報は含まない。

4＝✕　個人情報取扱事業者は，本人から保有個人データの開示を求められたときは，本人または第三者の生命，身体，財産その他の権利利益を害するおそれがある場合などを除き，遅滞なく開示しなければならない。これを，保有個人情報の「開示請求」という。

5＝✕　利用者の日々の生活記録は個人情報であり，不特定の第三者は閲覧できない。利用者の情報が漏れないよう，慎重に管理する。

---

201 解説　　　　　　　　　　　　　　　　　　　　　　　解答－5

1＝✕　家族の考えを聞くことも必要であるが，利用者個々の思いを最優先するという姿勢が大切である。

2＝✕　社会福祉法第3条において「その有する能力に応じ自立した日常生活を営むことができるように支援する」とあるように，自分の力だけでできることを求めているわけではない。

3＝✕　時間をかけることによる身体的，精神的な利点・欠点を考え，生活全般の中での適正な時間配分を考え，必要があれば介助する。

4＝✕　まず，利用者の思いや希望を聞き，そのうえで介護についての情報や選択肢を提示していく。

5＝○　利用者が自己の意思による生活を営むため，自己決定の権利を行使する前提として，十分な説明を受けたうえでサービスを自己決定する権利を保障する必要がある。

---

202 解説　　　　　　　　　　　　　　　　　　　　　　　解答－3

1＝✕　絵手紙教室に通えないことは，参加の制約にあたる。

2＝✕　変形性膝関節症（knee osteoarthritis）と診断されていることは，健康状態である。

3＝○　交通手段がないことは，環境因子にあたる。

4 ＝ ✕　娘がいることは，個人因子にあたる。

5 ＝ ✕　歩行障害があることは，活動の制限にあたる。

▶ 図表 9 － 7　ICF の構成要素間の相互作用　　覚えておこう！

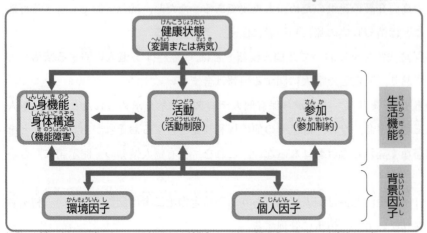

出典：障害者福祉研究会編『ICF 国際生活機能分類──国際障害分類改定版』中央法規出版，p. 17，
　　　2002年を一部改変

▶ 図表 9 － 8　ICF モデルにおける用語の定義　　覚えておこう！

心身機能	身体系の生理的機能（心理的機能を含む）である。
身体構造	器官・肢体とその構成部分などの，身体の解剖学的部分である。
機能障害	著しい変異や喪失などといった，心身機能または身体構造上の問題である。
活動	課題や行為の個人による遂行のことである。
参加	生活・人生場面へのかかわりのことである。
活動制限	個人が活動を行うときに生じる難しさのことである。
参加制約	個人が何らかの生活・人生場面にかかわるときに経験する難しさのことである。
環境因子	人々が生活し，人生を送っている物的な環境や社会的環境，人々の社会的な態度による環境を構成する因子のことである。
個人因子	個人の人生や生活の特別な背景であり，健康状態や健康状況以外のその人の特徴からなる。

出典：障害者福祉研究会編『ICF 国際生活機能分類──国際障害分類改定版』中央法規出版，p. 9，p. 16，2002年を一部改変

203　解 説　　　　　　　　　　　　　　　　　　　　解答－2

1 ＝ ✕　リハビリテーションには，理学療法士などが直接，個別に行う運動療法や物理療法の
　　　　ほかに，集団で行う体操や趣味活動なども含まれる。

2＝○　「生活を通したリハビリテーション」は，身体機能や活動意欲の維持改善を図ることを目的としたリハビリテーションである。介護福祉職には，日常での生活活動をできるだけ広げ，できることは自らの力で取り組んでもらえるような日常生活場面での支援が求められる。

3＝✕　医学的リハビリテーションでは，障害のある人々の全人間的復権に対応した医学およびサービスを提供する。急性期，回復期，生活期（維持期・慢性期）と，疾病時期によって段階に応じたリハビリテーションが行われる。

4＝✕　回復期のリハビリテーションでは，集中的リハビリテーションによる機能回復やADL（Activities of Daily Living：日常生活動作）の向上を図ることが目標となる。早期離床・早期リハビリテーションによる廃用症候群（disuse syndrome）の予防は，急性期のリハビリテーションで行われる。

5＝✕　リハビリテーションにおける介護福祉職の役割は，医師，理学療法士，作業療法士の指示・指導を受け，関節可動域保持のための他動運動や姿勢の保持と変換，移動訓練など，日常生活場面でリハビリテーションを行うことである。自らの判断で行ってはならない。

204 解説　　　　　　　　　　　　　　　　　　　　　解答－1

1＝○　利用者がこれまでの生活を継続できるような支援が介護福祉職には求められる。選択肢の対応は，利用者の生活習慣を尊重した適切な対応である。

2＝✕　長年の利用者の生活習慣を無視した不適切な対応である。施設での生活は集団生活ではあるが，介護福祉職には利用者のこれまでの暮らしを尊重した支援を行えるような工夫が求められる。

3＝✕　利用者のこれまでの生活の継続という観点から，不適切な対応である。環境が変わることによる不眠や，慣れないベッドからの転落などの可能性があるため，畳に布団を敷いて寝られるようにするなど，自宅での生活環境を考慮した居住環境の検討が必要である。

4＝✕　本が散乱しているというのは介護福祉職の主観である。利用者本人にとっては本に囲まれた環境が安心して落ち着ける場であり，本は長年大切にしてきたものであると考えると，本を捨ててもらうのは不適切な対応である。

5＝✕　シーツが汚れるから化粧をやめてもらうというのは介護福祉職の都合であり，不適切な対応である。毎日の化粧は利用者が大切にしてきた生活習慣であり，身だしなみを整えて自分らしい生活を送ることや，社会との関係性を維持するという観点から，継続できるように支援する必要がある。

205 解 説　　　　　　　　　　　　　　　　　　　　　　解答－3

問題のマークは，身体障害者標識である。

1＝✗　障害者が利用できる建物，施設であることを明確に表す世界共通のマークは，障害者のための国際シンボルマークである（図表9－9参照）。マークの使用は，国際リハビリテーション協会の使用指針により定められている。

2＝✗　国に登録された第三者認証機関によって品質が保証された福祉用具であることを表すマークは，福祉用具JISマークである（図表9－9参照）。

3＝○　身体障害者標識は，肢体不自由であることを理由に免許に条件を付されている人が運転する車に表示するマークである。表示は努力義務となっている。

4＝✗　視覚障害者の安全やバリアフリーに考慮された建物，設備，機器などを表す世界共通のマークは，盲人のための国際シンボルマークである（図表9－9参照）。

5＝✗　バリアフリー法に基づく認定を受けた特定建築物を示すマークは，バリアフリー法シンボルマークである（図表9－9参照）。

▶**図表9－9　障害者に関係するマークの一例**  覚えておこう！

障害者のための
国際シンボルマーク

福祉用具JISマーク

盲人のための
国際シンボルマーク

バリアフリー法
シンボルマーク

206 解 説　　　　　　　　　　　　　　　　　　　　　　解答－5

1＝✗　この事例で着目すべき点は，朝食の準備をしようとするものの，「ご飯の炊き方もわからなくなってしまった」と自信をなくしているDさんと，それを見ている夫のつらい思いである。選択肢の発言は炊飯器の使用の可否のみに着目したものであり，夫婦の食習慣や嗜好に対する配慮にも欠けた安易な考え方による助言といえる。

2＝✗　認知症（dementia）の症状を理解していない助言である。認知症の中核症状である遂行機能障害という観点からDさんの立場になって考えてみると，訪問介護員（ホームヘルパー）から脈絡なく炊飯器の使用方法を説明されてはかえって混乱してしまう

130

しんぱい
心配もある。

3＝✕ 長年の生活習慣の1つであったと思われる「朝食の準備」という役割をDさんから
奪ってしまうかのような，Dさんの思いを無視した不適切な助言である。また，炊飯
器が見当たらなくなったことで，Dさんが混乱する可能性もあり，朝食の準備をさせ
てあげたいという夫の思いにも沿っていない発言である。

4＝✕ 事例では，掃除と洗濯以外の家事は夫が行っており，それが困難な状況であるという
記述はない。つまり，現在は調理のサービスを追加する必要性はなく，的外れな助言
である。

5＝◯ 適切な助言である。夫婦で朝食の準備をすることで，Dさんは夫に助けてもらいなが
ら朝食の準備をすることができ，自信をなくして悲しい思いをすることもない。夫も，
悲しんでいるDさんを見ることもない。

207 解 説 　　　　　　　　　　　　　　　　　　　　　　解答－1

　社会資源は，法制度に基づき専門的な視点から提供される社会的なサービスであるフォーマ
ルサービスと，それ以外の制度化されていない私的なサービスのインフォーマルサービスに分
けることができる。

1＝◯ 介護保険サービスとして提供される訪問介護員（ホームヘルパー）が行う生活援助は，
フォーマルサービスである。

2＝✕ 家族による支援は，インフォーマルサービスにあたる。

3＝✕ 高校生による除雪ボランティア活動は，インフォーマルサービスにあたる。

4＝✕ 当事者団体が行う活動は，インフォーマルサービスにあたる。

5＝✕ 商店街の見守り活動は，インフォーマルサービスにあたる。

208 解 説 　　　　　　　　　　　　　　　　　　　　　　解答－1

1＝◯ 地域密着型介護老人福祉施設入所者生活介護とは，定員29人以下の特別養護老人ホー
ムで提供される，入浴，排泄，食事等の介護，日常生活上の世話，機能訓練，健康管
理および療養上の世話をいう。

2＝✕ 介護医療院の入所要件は，病状が安定（慢性期）しているが，医学的管理・看護・介
護が必要な者で，要介護1から要介護5に該当しており，在宅やほかの介護保険施設
では対応が難しい者となる。原則要介護3以上であることを入所要件にしているのは
介護老人福祉施設（特別養護老人ホーム）である。

3＝✕ 介護老人福祉施設は，介護保険法第48条第1項第1号において，都道府県知事が指

定すると定められている。なお，介護老人保健施設と介護医療院は，都道府県知事が許可をする。

4 ＝✕ 入所者1人あたりの床面積は，介護老人福祉施設は10.65㎡以上に対し，介護老人保健施設は8.0㎡以上であるため，異なる基準である。

5 ＝✕ 軽費老人ホームは，無料または低額な料金で高齢者を入所させ，食事の提供その他日常生活上必要な便宜を提供することを目的とする施設である。自炊ができない程度の身体機能の低下や高齢等のため独立して生活するには不安が認められる者が入所対象者となる。

---

209 解 説　　　　　　　　　　　　　　　　　　　　解答－5

1 ＝✕ 食事の準備は，訪問介護員（ホームヘルパー）の業務である。

2 ＝✕ 居宅サービス計画（ケアプラン）は，介護支援専門員（ケアマネジャー）が作成する。

3 ＝✕ 訪問介護（ホームヘルプサービス）の利用は，居宅サービス計画に基づいたものである。事例では，訪問介護員による昼食，夕食の調理等がサービスの内容として妥当であると考えられるため，配食サービスの紹介は適切でない。

4 ＝✕ サービス担当者会議は，介護支援専門員が招集する。

5 ＝◯ サービス提供責任者は，居宅サービス計画に基づき，訪問介護の目標，目標を達成するための具体的なサービスの内容等を記載した訪問介護計画を作成する。

---

210 解 説　　　　　　　　　　　　　　　　　　　　解答－4

1 ＝✕ ケアプランの作成を行うのは，介護支援専門員（ケアマネジャー）の役割である。社会福祉士は社会福祉士及び介護福祉士法に位置づけられた相談援助の専門職であり，その役割は社会福祉サービスを必要とする人に対して，権利擁護や自立支援のための相談・助言・指導を行うことである。

2 ＝✕ 日常生活での作業動作の改善や維持を支援するのは，作業療法士の役割である。理学療法士は，マッサージや温熱・寒冷・電気療法，運動療法などにより，利用者の身体機能の回復や維持をサポートする専門職である。

3 ＝✕ 口腔ケアマネジメントを行うのは，歯科衛生士の役割である。口腔ケアマネジメントでは，利用者の誤嚥性肺炎（aspiration pneumonia）の予防や摂食・嚥下機能の向上に効果的な口腔ケアの指導や評価を行う。保健師は，主に地方自治体における保健指導や健康管理を行う。

4 ＝◯ 選択肢の記述のとおりである。言語聴覚士は，コミュニケーション領域に障害がある

人（聞く，話す，理解する，読む，書くなど）の支援を行うとともに，摂食や嚥下など口腔に関する障害がある人に対して，機能回復や維持のための訓練や指導，助言などを行う。

5＝✗　自立支援のための相談等を行うのは，社会福祉士の役割である。**介護支援専門員（ケアマネジャー）**は，要支援者や要介護者が介護（予防）サービスを利用できるように，ケアプランの作成やサービス事業所等との連絡調整を行う専門職である。

211 解説　　　　　　　　　　　　　　　　　　　　　　　　　　　解答－3

1＝✗　サービス担当者会議は，介護支援専門員（ケアマネジャー）が，居宅サービス計画（ケアプラン）の作成のために，利用者の状況等に関する情報を，居宅サービス等の担当者と共有するとともに，居宅サービス計画の原案の内容について，専門的な見地からの意見を求めるために開催される。したがって，サービス提供者の実践力向上を主な目的としたものではない。

2＝✗　サービス担当者会議を開催するのは，**介護支援専門員の役割**である。

3＝◯　サービス担当者会議のメンバーは，**利用者本人とその家族，介護支援専門員，居宅サービス計画の原案に位置づけられた居宅サービス等の担当者**から構成される。

4＝✗　サービス担当者会議は，**利用者本人とその家族の参加が基本**とされており，支援のための情報共有が行われる場であるため，**匿名**での話し合いは適切でない。

5＝✗　サービス担当者会議の開催場所は，**特に定められていない**。利用者とその家族等が参加しやすい場所（自宅等）を設定する配慮が求められる。居宅介護支援事業所の会議室や市町村の役所等にある会議室を使用しても問題はない。また，テレビ電話装置等を活用して行うこともできる。

212 解説　　　　　　　　　　　　　　　　　　　　　　　　　　　解答－2

1＝✗　入浴介助中は，足が滑ることによる利用者の転倒に十分な注意が必要である。特に石けんやシャンプーの泡は滑りやすいため，見つけたらすぐにシャワーで洗い流すなどの転倒防止を意識した対応が必要となる。

2＝◯　フットサポートをまたいで立ち上がると，足が引っ掛かり，転倒の危険がある。フットサポートを上げ，安全を確保したうえで立ち上がってもらえるように支援する。

3＝✗　姿勢が傾いたままで食事介助を続けると，誤嚥の危険がある。食事介助中に利用者の姿勢が傾いてきたら，食事を急がせるのではなく，すぐに姿勢を直し，安定した座位を保持する対応が必要である。

4＝✕　杖歩行の利用者は，歩行時にバランスを崩しやすい。片手に杖を持ち，もう片手でお膳を持つことは，歩行時にバランスが取りにくく，転倒の危険も予測できるため，下膳しようとするタイミングでお膳を受け取るなどの対応が必要である。

5＝✕　車いす上で前傾姿勢になると，バランスを崩し，転倒する危険がある。自立支援の観点から，利用者が靴下を履くのを見守る際には，介護福祉職は利用者のかたわらで，すぐに安全を確保できる状態でいることが必要である。

---

213 解　説　　　　　　　　　　　　　　　　　　　　　　　解答－2

1＝✕　リスクマネジメントではリスクの予測が重要であり，事故が発生する前に事前に整備しておくものとして検討されるべきものである。

2＝〇　「ヒヤリ・ハット」事例とは，介護業務を行っているときに，事故には至らなかったが「ヒヤリ」としたり「ハッ」とした出来事のことをいう。ヒヤリ・ハット報告書は，事故に至らずにすんだ出来事を二度と繰り返さないために役立たせ，事故の予防につなげるために活用するものである。

3＝✕　利用者の心身の状況に合わせて適切な介護が行われなければならないが，それで事故が起こらなくなるわけではない。

4＝✕　事故が発生した場合は，市町村，利用者の家族等に連絡するとともに，必要な措置を講じなければならない。

5＝✕　起こってしまった事故を個人の資質に起因させるのでは，問題の解決にはつながらない。組織として対応し，事例として蓄積することによって事故の防止につなげることができる。

---

214 解　説　　　　　　　　　　　　　　　　　　　　　　　解答－3

1＝✕　トイレの数が確保できないという理由で，水分を控えるように助言するのは適切でない。水分不足によって脱水症状となり，生命維持さえ危うい状態となることもある。そのため，適度な水分摂取を促す必要がある。

2＝✕　避難行動要支援者名簿は，市町村長が作成しなければならない。避難行動要支援者名簿とは，要配慮者のうち，災害が発生，または発生のおそれがある場合に自ら避難することが困難な者に対して避難の支援や安否確認などの必要な措置を実施するために活用される名簿のことをいう。

3＝〇　長時間同じ姿勢のままでいると，静脈の血液の流れが悪くなり，血栓ができるおそれがある。深部静脈血栓症（deep vein thrombosis）（いわゆるエコノミークラス症候

群）を予防するには，適度に運動し，血液の流れをつくることが大切である。

4＝✗　消防法施行規則第3条第10項により，介護老人福祉施設では，消火訓練および避難訓練を年2回以上実施しなければならない。

5＝✗　夜間に避難訓練を行うと，利用者の混乱が生じることが予想されるが，そのような混乱しやすい状況でこそ，避難の遅れなどの大事故を招く可能性が高い。夜間を含む，混乱しやすい状況における避難訓練は，できる限り実施することが望ましい。

215 解説 解答－3

1＝✗　手洗いは，消毒液に手を浸すだけでは手指の感染源を十分除去することはできない。液体石けんと流水を使用して十分にもみ洗いをすることが望ましい。

2＝✗　ぞうきんやモップは，湿らせたままで保管しておくと雑菌が繁殖するので，使用した後は洗浄し，乾燥させたうえで保管しておくことが望ましい。

3＝○　個々の利用者を介護する前後には手洗いや手指の消毒を行うことが基本であり，このことは感染の拡大を防止する効果がある。

4＝✗　洗面所のタオルを共用にすると，感染の拡大につながりやすい。したがって，洗面所ではタオルではなく，使い捨てのペーパータオルなどを使用することが望ましい。

5＝✗　介護老人福祉施設では，感染症や食中毒が発生したり，まん延したりしないように，感染対策のための委員会をおおむね3か月に1回以上開催しなければならない。

216 解説 解答－3

1＝✗　疥癬（scabies）の原因はヒゼンダニの寄生によるものであるが，これは寝具に繁殖しやすい。寝具の日光消毒を行うことによって，その繁殖を抑えることが期待できる。

2＝✗　感染拡大防止のために，原則，個室管理の対応となる。入室の際は予防衣，使い捨て手袋などの着用が必要である。

3＝○　疥癬の主な感染経路は接触感染である。感染拡大防止対策として，身体介護を行う際の使い捨て手袋や予防衣の着用は適切である。

4＝✗　衣類や寝具を介して感染する可能性があるので，Fさんの衣類や寝具は，ほかの利用者と別にして洗濯する必要がある。

5＝✗　感染対策として，感染者の入浴の順番は最後にする。浴槽や流しは水でよく洗い流す。また，脱衣所に掃除機をかける，感染者が使ったタオル等はほかの利用者が使わないように気をつけるなどの配慮が必要である。

217 解説　　解答−4

1＝✕　労働基準法は，労働者の労働条件の最低基準を定めた法律である。

2＝✕　労働者の介護休業については，育児休業，介護休業等育児又は家族介護を行う労働者の福祉に関する法律（育児・介護休業法）に定められている。

3＝✕　労働安全衛生法では，常時50人以上の労働者を使用する事業場には，衛生管理者を配置しなければならないと定められている。

4＝○　労働基準法第75条第1項において，「労働者が業務上負傷し，又は疾病にかかった場合においては，使用者は，その費用で必要な療養を行い，又は必要な療養の費用を負担しなければならない」と規定されている。

5＝✕　法定労働時間について選択肢の内容を規定しているのは，労働基準法である。

218 解説　　解答−3

1＝✕　介護休暇は，要介護状態の家族の介護や世話をするための休暇である。通院の付き添いはこれに該当する。

2＝✕　対象家族1人につき，介護休業の期間は，通算して93日を限度とする。

3＝○　介護休業の対象家族は，配偶者（婚姻の届出をしていないが，事実上婚姻関係と同様の事情にある者を含む），父母および子（これらの者に準ずる者として，祖父母，兄弟姉妹および孫を含む），配偶者の父母と規定されている。また，祖父母，兄弟姉妹，孫については，別居であっても対象家族に含まれる。

4＝✕　小学校就学前の子を養育する労働者は，申し出により，1人の場合は年5日まで（2人以上の場合は年10日まで），病気・けがをした子の看護のために，休暇を取得することができる。

5＝✕　短時間勤務制度とは，3歳未満の子を養育する労働者を対象としたものである。希望する場合は，1日の所定労働時間を原則6時間とすることを事業主に義務づけている。

219 解説　　解答−3

1＝✕　感情労働とは，常に自分の感情を相手に合わせてコントロールすることを強いられる労働の特性をいう。選択肢の記述は傾聴の説明である。介護福祉職を含む対人援助などの職種に感情労働が必要とされている。

2＝✕　自身のストレスは軽減されるかもしれないが，介護福祉職が自分の感情を利用者に対してぶつけることは，専門職倫理の観点から許されるものではない。

3＝○ 選択肢の記述のとおりである。燃え尽き症候群（バーンアウト）は，対人援助専門職に特に現れやすく，無気力感，疲労感，無感動などの症状を伴いながら専門職の心身を消耗させる。

4＝✕ 利用者やその家族から理不尽な言葉を浴びせられたとき，介護福祉職はそれを受容し，利用者やその家族の気持ちを理解するために冷静に対応しなければならない。

5＝✕ 利用者から性的な話題を聞かされることは，性的嫌がらせ（セクシャルハラスメント）に該当する。介護福祉職は，利用者からの性的嫌がらせによって援助関係が損なわれることが想定されるとしても我慢せず，上司に報告，相談するとともに，利用者に注意を促す必要がある。

介護の基本

220 解 説 解答-2

1 ＝✕ 「○○さん」と氏名で呼びかけることで，利用者の尊厳を守ることが信頼関係の形成につながる。「○○ちゃん」と呼んで子ども扱いしたり，あだ名で呼んだりすることは適切でない。

2 ＝○ 介護福祉職が自身の感情に無自覚なままでは，利用者に対する適切な感情表出ができない。信頼関係を形成するためには，介護福祉職は自身の感情の動きを自覚しながらかかわることが大切である。

3 ＝✕ 介護福祉職は利用者を受容することが大切であるが，受容とは利用者をありのままに受け止めることであり，どのような発言や行為をしても正しいこととして認めることではない。

4 ＝✕ 利用者から信頼されるための意図的なかかわりとして，信頼感をもってもらえる範囲で自己開示を試みることがある。自己開示とは，介護福祉職が，自分自身について利用者に話をすることをいう。

5 ＝✕ 利用者は，自分の生活は自分自身で選択し，決定したいという欲求をもっている。利用者の自己決定を促し尊重することによって，信頼関係が形成される。

221 解 説 解答-1

1 ＝○ いすに座っている利用者やベッド上の利用者に声をかけるときは，介護福祉職もいすに座ったり膝を曲げたりして，利用者と視線の高さを合わせることが大切である。

2 ＝✕ うなずきやあいづちなどで反応を示しながら，積極的な姿勢で聴くことが大切である。反応を示すことで，聴き手が自分の話を聴いていることが伝わり，話し手の安心感につながる。うなずきとは首を上下に振る非言語的な反応のことであり，あいづちとは「なるほど」「そうですか」などの短い言語的な反応のことである。

3 ＝✕ 利用者との適切な距離は，その人との関係性や状況によって違ってくる。距離が近いと親密な雰囲気をつくることができる一方で，相手に緊張や不快感を与えてしまうこともあるため，できる限り近づけることが適切とはいえない。

4 ＝✕ 目を見つめ続けて会話をすると，互いの緊張を高めてしまうことがある。利用者に話

しかけるときには相手の目を見てアイコンタクトをとり，話をしている間は視線を合わせたり適度にそらしたりして，適切なアイコンタクトを心がけるとよい。

5 ＝✕　介護福祉職の声の大きさは，利用者の聴力の状態やその場の状況，話す内容に応じて調整することが必要である。

222 解説　　　　　　　　　　　　　　　　　　　　　　　解答－4

1 ＝✕　うなずきは，速度，回数，タイミングが重要である。相手の話に合わせながらうなずく，大事な話のときは深く何度もうなずくといった工夫が必要である。

2 ＝✕　解決策を提示してほしいと相手が望んでいるとは限らない。まずは，相手の感情や思いに耳を傾け，相手の言葉を妨げないで，じっくり聴くことが大切である。

3 ＝✕　利用者は，考えをまとめたり，思い出したりするのに時間がかかることもある。沈黙を避けるのではなく，利用者がいつでも話を切り出せるような温かい雰囲気をつくり，相手の言葉を待つことが大切である。

4 ＝○　利用者の言葉を繰り返すことで，相手は「受け止めてもらえた，わかってもらえた」という気持ちになる。言葉を繰り返すためには，利用者の話を集中して聴くことが大切である。

5 ＝✕　利用者の話が事実と異なるときであっても，すぐに訂正したほうがよいとは限らない。信頼関係を損ねないように，まずは，最後まで話を聴くことが重要である。

223 解説　　　　　　　　　　　　　　　　　　　　　　　解答－5

　開かれた質問とは，回答の範囲を限定せずに相手に自由に答えてもらう質問のことである。具体的には，「When? いつ」「Where? どこで」「Who? 誰が」「What? 何を」「Why? なぜ」「How? どのように」といった問いかけである。

　開かれた質問をすると，相手に自由に，自分自身の考えや気持ち，自分が選んだ結論などを話してもらうことができる。ただし，認知症（dementia）などでコミュニケーション能力が低下している利用者には，答えるときの負担を減らすために閉じられた質問を用いるほうがよい。閉じられた質問とは，相手に「はい，いいえ」，または「AかBか」のどちらかを選んで答えてもらう質問である。

　この問題の選択肢のうち，選択肢5の「今日は何をしたいですか」が開かれた質問であり，ほかの選択肢はいずれも閉じられた質問である。

　したがって，1 ＝✕，2 ＝✕，3 ＝✕，4 ＝✕，5 ＝○となる。

224 解 説　　　　　　　　　　　　　　　　　　　解答－2

1＝✕　家族の希望だけでなく，利用者本人の希望も把握して，それぞれの考えや意向を尊重することが求められる。どちらか一方の希望を優先することは適切でない。

2＝〇　家族と信頼関係を形成するためには，家族の話を丁寧に傾聴して，介護に対する考え方や気持ちを理解することが大切である。

3＝✕　家族が行う介護が間違っているときは，よりよい方法を一緒に検討していくことが大切である。すぐに指導したり，間違いを正面から否定したりすることは適切でない。

4＝✕　家族が悩みや不安を抱えているときは，温かく寄り添い，サポートしていくことが求められる。介護福祉職がサポートすることで家族に安心感が生まれると，利用者に接する態度やかかわりによい影響をもたらすことが期待できる。

5＝✕　家族が話す内容を，介護福祉職自身の価値観で判断することなく，ありのままに受け止めて理解しようとすることが大切である。介護福祉職が受容的な態度で聴くことにより，家族は安心して本音を語ることができるようになる。

225 解 説　　　　　　　　　　　　　　　　　　　解答－5

　共感的な言葉かけをするためには，相手の側に立って，相手が感じている感情を理解しようとすることが必要である。長男は「たくさんの人のなかで，母は大丈夫だろうか」とつぶやいており，その発言からAさんのことを心配している気持ちが理解できる。長男に共感していることを示すためには，介護福祉職がどのように長男の気持ちを受け止めたのかを言葉で伝えることが大切である。

　したがって，1＝✕，2＝✕，3＝✕，4＝✕，5＝〇となる。

226 解 説　　　　　　　　　　　　　　　　　　　解答－5

1＝✕　利用者と家族の双方が納得するための話し合いが重要である。どちらかの意向を優先するように説得することは適切でない。

2＝✕　利用者と家族の意向が調整できない理由や原因を明確にして，支援を続けることが必要である。介護福祉職の経験で判断することは適切でない。

3＝✕　利用者の意思を尊重することも重要である。家族の介護負担を軽減することも大切であるが，それを優先してはならない。

4＝✕　話し合いが始まらない場合，介護福祉職は利用者と家族，それぞれの意向を表明できるきっかけとなる問いかけをすることが求められる。

5＝○　利用者本人にコミュニケーションの障害がある場合や，家族関係が破滅的に壊れていて対話できない状況の場合には，双方の意向を介護福祉職が言語化して代弁する必要がある。

227 解 説

1＝✕　視覚障害のある人には，「正面に」「あなたの右側に」などの具体的な表現や，時計の文字盤をイメージして「4時の方向に」などと伝えるクロックポジションが有効である。

2＝✕　あいさつをするときは，まずその人の名前を呼び，それから自分の名前を伝えることが必要である。言葉をかける前に相手の肩をたたくなど，いきなり身体に触れる行為は，視覚障害のある人を驚かせてしまう。

3＝○　トイレなどのよく使う場所を一緒に歩きながら確認すると，位置関係を覚えることができ，視覚障害のある人が1人で行けるようになる。

4＝✕　視覚障害のある人は表情やしぐさなどの非言語を見ながら会話をすることができないため，声の強弱や高さ，抑揚などの準言語を意識的に活用して，介護福祉職が話す言葉に表情をつけることが大切である。

5＝✕　誘導するときには，その時々の状況を理解できるように，具体的にタイミングよく声かけをすることが必要である。誘導時に声かけが少ないと，視覚障害のある人は状況を理解することができず，不安になってしまう。

228 解 説

（解答－5）

1＝✕　老人性難聴（presbycusis）には，大きすぎる音には敏感になり，音が激しく響いたり，異常にうるさく感じたりする特徴がある。これを補充現象という。老人性難聴のある人とは，大きめの声で会話をすることが必要であるが，耳元で必要以上に大きな声を出さないように注意する。

2＝✕　手話は聴覚に障害のある人のコミュニケーション方法であるが，老人性難聴のある人が必ずしも手話を習得しているとは限らない。手話を習得していない人でも対応できる方法として，紙などに話の内容を書き合う筆談がある。

3＝✕　老人性難聴には，高い音から聞こえにくくなるという特徴がある。高音域の声を使って話しかけると，利用者は聞こえなかったり，聞き間違ったりすることが多くなるため，低音域の声を使って話しかけることが大切である。

4＝✕　補聴器は1対1の静かな場所で，最も効果を発揮する。騒がしいところや大人数での

コミュニケーション技術

会話には不向きである。

5＝◯ 介護福祉職の口の形や表情がわかるように，明るい場所で話すことが大切である。口の動きや表情，手のジェスチャーなどを見ることで，話の内容が理解されやすくなる。

---

229 解 説　　　　　　　　　　　　　　　　　　　　　　　　解答－5

1＝✕ 聞き取れなかったときは，「もう一度言ってください」と促したり，聞き手が聞き取れた部分を繰り返して言ったりすることで，互いのコミュニケーションの理解が進む。

2＝✕ 自由に答えてもらう開かれた質問より，「はい」「いいえ」で答えてもらう閉じられた質問を用いるほうが，回答するときの負担を軽減することができる。

3＝✕ 短い言葉に区切って言ってもらうことで，聞き手の理解が進む。また，話のキーワードがつかめるので，質問もしやすくなる。

4＝✕ 「ゆっくり」とその人のペースで話してもらうことが重要である。

5＝◯ おなかから空気をゆっくり出すような安定した姿勢で声を出すと，本人が思っている以上に声が大きくなる。

---

230 解 説　　　　　　　　　　　　　　　　　　　　　　　　解答－2

1＝✕ 運動性失語症（motor aphasia）では書字も障害されるため，言えないことを文字で書いてもらうことは難しい。

2＝◯ 運動性失語症では，相手の言っていることや書いてあることはある程度理解できるが，自分の言いたいことを言葉で伝えることが難しい。うなずきや首振りで意思を示すことができる閉じられた質問で尋ねると，答えるときの負担を軽減することができる（図表10－1参照）。

3＝✕ 運動性失語症では発話の機能が失われているが，知的な能力に低下はみられないため，年相応の言葉遣いが必要である。子ども扱いするような言葉遣いや対応はその人の尊厳を傷つけてしまう。

4＝✕ 手話は聴覚に障害のある人に有効なコミュニケーション手段である。運動性失語症では聴覚能力の低下はみられないため，手話の活用は有効ではない。

5＝✕ 運動性失語症の人が安心してコミュニケーションできるように，会話を訓練にしないことが大切である。言葉が話せない不安や焦燥などの気持ちを受け止めて，絵や写真などの言葉以外のコミュニケーション手段も活用するとよい（図表10－1参照）。

▶図表10−1　感覚性失語と運動性失語 ! 違いを押さえよう！

	特　徴	対応方法
感覚性失語 （ウェルニッケ失語）	・流暢に「話す」ことはできるが，意味を伴わない。 ・「聞く」「読む」ことによる理解ができない。 ・「復唱」ができない。 ・流暢に「書く」ことはできるが，誤りが多い。	ジェスチャー
運動性失語 （ブローカ失語）	・流暢に「話す」ことができない。 ・「聞く」「読む」ことによる理解はできる。 ・「復唱」ができない。 ・「書く」ことができない。	閉じられた質問， 絵カード，写真

231 解 説　　　　　　　　　　　　　　　　　　　　　　　　　　　　　解答−5

1＝✕　Cさんは，認知症（dementia）により，記憶の障害や場所の見当識障害があると考えられる。Cさんに施設に入所したことを説明することは，かえってCさんを不安にしたり，混乱させることにつながる。

2＝✕　「家に帰ります」という思いを伝えているCさんに，おやつの時間まで居室にいるようにお願いすることは，Cさんの意思を無視した対応である。また，「おやつの時間まで」などと，ほかのことに気をそらすことは，一時的にはできたとしても，再び，帰宅の意思を繰り返すことになりかねない。

3＝✕　娘を思って，帰る用意をしようとするCさんにコートを脱ぐように促すことは，Cさんの意思を無視した対応である。

4＝✕　娘と会うことを楽しみにしているかもしれないCさんに，娘は来ないことを伝えることは，Cさんに寂しさなどを想起させる可能性がある。

5＝◯　まず，Cさんの行動を止めない，否定しないことが重要である。Cさんのコートを着るという行動を手伝いながら，Cさんの行動を観察し，その言葉を傾聴することが必要である。

232 解 説　　　　　　　　　　　　　　　　　　　　　　　　　　　　　解答−4

1＝✕　妄想の内容について詳しく聞き出すことは，かえって不安や混乱を生じさせることが多い。妄想が顕著な場合は，介護福祉職のみで対応せずに，医療職や心理カウンセラーなどに相談することが望ましい。

2＝✕　妄想や幻覚などの陽性症状への対応としては，肯定・否定のどちらも症状を増悪させることにつながるため適切でない。肯定も否定もしないあいづち（「そうなんです

コミュニケーション技術

ね」「ええ」「なるほどね」など）を打つ程度にとどめ，中立的な態度で対応する。

3 ＝✕ 同じ話を繰り返す場合は，話の的をしぼることが重要であるため，閉じられた質問が効果的である。

4 ＝○ 医師の指示どおりに服薬しないと，症状が悪化するリスクが上がる。そのため，伝え方を工夫するなどして，医師の指示を守って服薬できるように支援することが重要である。

5 ＝✕ 介護福祉職の言葉と態度が一致していることが重要である。矛盾があると本人の混乱につながり，伝える内容が正しく伝わらない。

---

233 解 説　　　　　　　　　　　　　　　　　　　　　　　　　解答－2

1 ＝✕ 様子をみながら話しかけることが重要である。沈黙も重要なコミュニケーションとなるため，時には沈黙を大事にして，静かに温かく見守る必要がある。

2 ＝○ うつ病（depression）のある人の発言に対しては，否定せず，受容的な態度で傾聴する。話の内容を分析したり，改善するためのアドバイスをしたりすることは逆効果になることもある。

3 ＝✕ 開かれた質問で多くの言葉を促すと，うつ病のある人にとって負担になる。閉じられた質問を使って，回答する負担を少なくすることが必要である。

4 ＝✕ 「つらい」などの発言に対しては傾聴し，まずは受容することが重要である。うつ病のある人にとって，安易な励ましは，精神的に重い負担となる。

5 ＝✕ にぎやかな場所に誘うと，うつ病のある人に強いストレスを与えてしまうことがある。本人にその意思がある場合は，外出などで気晴らしをすることは有効であるが，無理をさせないように留意する必要がある。

---

234 解 説　　　　　　　　　　　　　　　　　　　　　　　　　解答－3

1 ＝✕ 報告内容が正確かつ確実に伝達されるように，結論を最初に伝えることが大切である。次に，その結論に至った経過を報告し，その後に報告者に意見や判断があれば報告する。

2 ＝✕ 起こった事実は客観的かつ具体的に伝える必要がある。抽象的な言葉で報告すると，報告をした側と，受けた側の間で内容の受け取り方にずれが生じることがあり，正しい情報が伝わらない可能性がある。

3 ＝○ 一定期間継続する業務の場合には，結果が出るまで何も報告しないのではなく，進捗状況の経過を適宜報告し，適切なリマインドやフィードバックを受けることが大切で

ある。

4＝✕　緊急性があるものは，メールや記録などの書面ではなく，口頭で報告する。緊急の場合には，口頭で確実かつ迅速に報告して，速やかに指示を仰ぐことが必要である。

5＝✕　報告を受けた人が状況を正確に把握できるように，客観的事実を優先して報告する。客観的事実とは，実際にあった出来事や，見たり，観察したりしたことであり，そのことに対する自身の解釈や主観的意見と区別して報告することが大切である。

235 解 説　　　　　　　　　　　　　　　　　　　　　　解答－4

　ケアカンファレンス（care conference）で状況報告をする際には，出席者全員が正確に情報共有できるように，実際に起きた出来事（客観的事実）を具体的に伝えることが大切である。そのためには，介護福祉職が実際に見たことや，そのときに利用者が言った言葉などを，ありのままに報告することが求められる。

　この問題の選択肢のうち，実際に起きた出来事を具体的に伝えているものは，選択肢4の「Dさんは『ベッドに赤い服を着た子どもが座っている』と私に言ってきました」である。選択肢1の「Dさんが，変なことを言っていました」は，Dさんが何を言ったのかがわからないため，具体的な報告とはいえない。また，選択肢2，3，5は，介護福祉職自身の意見や判断，推測であり，客観的な事実の報告ではない。

　したがって，1＝✕，2＝✕，3＝✕，4＝◯，5＝✕となる。

236 解 説　　　　　　　　　　　　　　　　　　　　　　解答－2

1＝✕　参加者の意見が分かれるときは，多数の意見を尊重するのではなく，あくまでも利用者にとって効果的な意見は何なのかという視点をもち，議論を重ねていくことが大切である。多数の意見が必ずしも利用者にとって適切であるとはいえない。

2＝◯　ケアカンファレンス（care conference）に参加するときは，各職種の専門性を理解しておくことで，効果的に議論を重ねることが可能となる。

3＝✕　参加者の意見が一致しない場合には，自分の考えによって行動するのではなく，ケアの視点，ケアの可能性を広げるため，ほかの人の意見も尊重することが求められる。

4＝✕　議題は司会者だけが把握しておくのではなく，事前に参加者に伝えておくことが大切である。ケアカンファレンスは限られた時間のなかで行われるため，事前に参加者が議題を把握し，必要な情報を整理するといった準備が求められる。

5＝✕　支援する関係者が全員参加した場合でも，議事録を作成し，話し合いのプロセスや結果を記録に残しておくことが必要である。

コミュニケーション技術

▶**図表 10－2　ケアカンファレンスでの留意点**

【事例報告者・出席者の共通事項】
① 他者の発言を，事例検討会が開かれた目標との関連について考えながら聴く
② 身振りや言葉遣いを意識しながら伝える
③ 事例の対象者・家族の感情，思いに参加者が配慮する
④ 具体的支援の方向性を参加者で導く
⑤ 論点がずれた場合，司会を助ける

出典：介護福祉士養成講座編集委員会編『最新 介護福祉士養成講座⑤コミュニケーション技術（第2版）』中央法規出版，p. 248，2022年

---

237 解 説

解答－1

1＝○ 客観的事実とは，観察や確認されたありのままの事実や出来事，実際に見たり聞いたりして得た情報のことである。介護記録には客観的事実を正確に記録することが求められるため，介護福祉職の解釈や推測，意見などの主観的情報は区別して書くことが重要である。

2＝✕ 介護記録には個人情報が含まれるため，自宅に持ち帰ってはならない。個人情報を含む書類は，事業所の鍵のかかる場所に保管して厳重に管理することが必要である。

3＝✕ 数日分をまとめて書くのではなく，介護を実施したその日のうちに記録する。介護記録は，介護福祉職の記憶が確かなうちに書くことが重要である。

4＝✕ ほかから得た情報は，いつ，どこで，誰から得た情報なのかなどの情報源とともに記録する。

5＝✕ 介護福祉職の意見などの主観的情報ではなく，利用者に実際に起こった出来事である客観的事実を正確に書くことが中心となる。

解答解説　生活支援技術

238　解説　　　　　　　　　　解答－3

1＝✕　Aさんの意欲を尊重し，デザインはAさんの意見を取り入れ，相談しながら決める。

2＝✕　Aさんは気分転換にポーチ作りを希望している。購入した既製品で我慢してもらうのではなく，Aさんの「自分で作りたい」という意思を尊重した支援を行うようにするべきである。

3＝○　レクリエーションの目的は，日常の生活に楽しみをもてるようにすることである。Aさんが意欲を示したポーチ作りをきっかけに，Aさんの気持ちに寄り添い，施設生活にさらに慣れていけるようにすることが最も適切である。

4＝✕　Aさんは施設での生活に慣れてきたとある一方，居室で過ごす時間が長いとあり，ほかの利用者との関係は不明である。いきなり集団での活動に参加してもらうのは負担になる場合があるため，集団でのレクリエーションにこだわる必要はない。

5＝✕　Aさんの希望は「ダイニングスペースで」ポーチ作りをすることである。居室で行うのは，Aさんの希望に沿っていない。居室以外で行えるように計画を立てるほうがよい。

239　解説　　　　　　　　　　解答－1

1＝○　選択肢のとおり，廊下の手すりの高さは，床面から 75〜80cm が望ましいため，適切である。

2＝✕　いすにキャスターをつけると，いす自体が動きやすくなる。立ったり座ったりするときにいすをつかむとキャスターが動いて不安定となり，転倒するおそれがあるため，適切ではない。

3＝✕　Bさんは杖や手すりを使用すれば何とか歩行できる状態であることから，弾力性が高い床材に変更してしまうと，杖をついたときや，手すりを使用し歩行した際に足元が安定しないため，転倒のリスクが高まり，最も適切とはいえない。

4＝✕　転倒しやすいのは，1〜2cm のわずかな段差である。床面の段差は極力なくし，平坦にすると転倒を防ぐことができる。

5＝✕　室内で起こる転倒の原因としてスリッパの使用がある。スリッパの使用を避けるか，踵のあるシューズや滑り止めが装着されている靴下を使用することが望ましい。

生活支援技術

240 解説 解答−5

1＝✗ 手すりの直径は，利用者の状態によって異なるが，28〜32mm程度である。L字型手すりは水平手すりと縦手すりが1つになった形と機能をもっており，からだを支えたり，引き上げることができる2方向への動きに対応している。

2＝✗ 介助が必要な場合には，便器側方や前方部に500mm以上のスペースがあることが望ましい。

3＝✗ 排泄に伴う立ち座りの動作は，上下動作であることから，縦手すりやL字型手すりの設置が望ましい。横手すりは，便器上での座位姿勢を保持するのに有効である。

4＝✗ トイレ内の照明は，廊下や階段より明るくし，JIS（日本産業規格）で推奨されている50〜100ルクスにすることが望ましい。

5＝○ 片麻痺がある場合は，健側に手すりを設置することが望ましい。

241 解説 解答−4

1＝✗ ヒートショックを防ぐためにも，脱衣室と浴室の温度差は小さいほうがよい。ヒートショックとは，急激な温度変化により，血圧が急変し，脳卒中（stroke）や心筋梗塞（myocardial infarction）などが引き起こされることをいい，予防のために，寒い時期には暖房機を使用して脱衣室を温めておく必要がある。

2＝✗ 浴室の扉は外開き，もしくは引き戸が望ましい。内開きでは，浴室内の扉付近で事故などがあった場合，開けることが困難になる。

3＝✗ 転倒防止のために，浴槽の側面だけでなく，洗い場や扉の脇などに手すりを設置するとよい。

4＝○ 浴室の床は，濡れると滑りやすく転倒の危険があるため，水はけがよく，滑りにくい材質のものが適している。

5＝✗ 浴槽の形態は，浴槽内で安定した姿勢で肩までつかることができ，出入りもしやすい和洋折衷式を基本とする。

242 解説 解答−2

1＝✗ 加齢により，膝関節の軟骨がすり減り，立ち上がりなどにより膝に痛みを伴う場合がある。排泄の際の座ったり，立ち上がったりする動作による膝への負担を軽減するためには，便座の座面はやや高いほうがよい。

2＝○ 加齢に伴い視覚機能が低下して，段差などが見づらくなる。天井からの照明だけでは，

足元に影ができ段差が見分けづらい。このことから，足元を照らす照明などを設置し，足元の影が分散されるように配慮することが求められる。

3＝✕ 加齢により泌尿器の機能は低下する。そのため夜間の排泄回数が増える傾向があることから，寝室からトイレまでの距離は近いほうが望ましい。寝室とトイレが隣接していれば，夜間帯のトイレまでの移動も短く，安全性が高まる。

4＝✕ 浴槽の縁の高さは，洗い場から40cm程度が適切であるとされている。しかし，シャワーチェアを使用する場合には，シャワーチェアの座面の高さに合わせて45cm程度の高さにすると移乗しやすい。

5＝✕ 夜間に明るい光を浴びると，睡眠を妨げる要因となる。そのため，夜間の照明は，室内の様子がぼんやりと確認できる程度の照度を心がける。ただし，夜間トイレなどで起きたときに，物にぶつかったり転倒したりすることを予防するため，足元灯など安眠を妨げない程度の明るさの照明を用いて安全に配慮する。

243 解 説 解答－1

1＝◯ 転倒を予防する観点から，階段には手すりを設置することが望ましい。階段の両側に手すりを設置することで安全性は高まるが，片側しか設置できない場合には，降りるときの利き手側に設置する。

2＝✕ 階段の一段の高さである蹴上げは，建築基準法上では23cm以下と定められており，実際に昇降しやすい高さは18cm以下である。

3＝✕ 住宅の階段の勾配について建築基準法上では57度以下と定められている。昇降のしやすさを考えると35度以下が望ましい。

4＝✕ 階段の足をのせる板の奥行きである踏面は，建築基準法上では15cm以上とする最低基準が定められている。実際の昇降のしやすさを考えると26cm以上が望ましい。

5＝✕ 階段の段差部分に足元灯を設置することで転倒予防につながるが，蹴こみ板に照明を設置すると，足元が明るくなりすぎて，かえって昇降の妨げとなるため，照明は階段の上下の壁に埋め込み式の足元灯を設置することが望ましい。

244 解 説 解答－3

1＝✕ 窓を開けて換気するときは，複数の窓を開けて空気の流れをつくることが大切である。できるだけ対角線上にある窓を開けるとより効果的に換気できる。

2＝✕ ダニは湿度60％以上で繁殖するため，除湿器などを使用して湿度を下げるとよい。また，晴れた日には窓を開けて換気するとよい。

3＝〇 高齢者は，まぶしさに敏感なので，シェードをつけるなど，光源が直接目に入らないようにするとよい。

4＝✕ 認知症（dementia）がある場合は，記憶障害などがあるために，環境が変化すると混乱したり不安になったりするおそれがある。

5＝✕ 皮膚感覚が鈍化している場合は，床暖房による低温やけどのリスクがあることを念頭におく必要がある。

245 解 説　　　　　　　　　　　　　　　　　　　　　　　　　解答－2

1＝✕ 洋式便器等への便器の取り替えは住宅改修の対象となるが，和式便器の上に腰掛便座を設置することは，特定福祉用具販売の給付対象となる。

2＝〇 滑りの防止および移動の円滑化等のための床または通路面の材料の変更は，住宅改修の給付対象となる（図表11－1参照）。ただし，床に滑り止め用の床材を置くのみの場合には，住宅改修の給付対象とはならない。

3＝✕ 昇降機，リフト，段差解消機など，段差を解消するために動力を使用する機器を設置する工事は，住宅改修の給付対象とはならない。

4＝✕ 工事を伴わない取りはずし可能な手すりは，福祉用具貸与の給付対象であり，住宅改修の給付対象とはならない。工事を伴う手すりの取り付けについては，住宅改修の給付対象となる（図表11－1参照）。

▶図表11－1　住宅改修の種類 覚えておこう！

種類	留意事項
①手すりの取り付け	・取り付け工事の必要のないものは「福祉用具貸与」
②段差の解消	・取り付け工事の必要のない「スロープ」は「福祉用具貸与」 ・「浴室内すのこ」による段差の解消は「特定福祉用具販売」
③滑りの防止および移動の円滑化等のための床または通路面の材料の変更	・居室，浴室，通路などの素材の滑りにくいものへの変更が想定されている
④引き戸等への扉の取り替え	・自動ドアの動力部分は対象外
⑤洋式便器等への便器の取り替え	・和式便器を洋式便器に取り替える場合や，既存の便器の位置や向きを変更する場合が一般的に想定されている ・「腰掛便座」（洋式便器の上に置いて高さを補うもの）による座面の高さの調整は「特定福祉用具販売」
⑥その他①～⑤に付帯して必要となる住宅改修	・手すりの取り付けのための壁の下地補強等が含まれる

5＝✕　住宅用火災警報器の設置については，住宅改修の給付対象とはならない。住宅用火災警報器の設置は，消防法により義務づけられているものである。

246 解説

解答－3

1＝✕　支持基底面積とは，体重を支えるために必要な床面積のことをいう。そのため介護者の支持基底面積が狭いと不安定な状態となる。立位時は両足底およびその間の部分も含めた面積が支持基底面積となり，足を広げると面積が広くなり安定した立位になる（図表11－2参照）。

▶図表11－2　支持基底面積と安定性  覚えておこう！

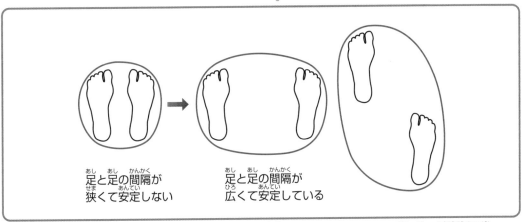

足と足の間隔が狭くて安定しない

足と足の間隔が広くて安定している

出典：介護福祉士養成講座編集委員会編『最新 介護福祉士養成講座⑪こころとからだのしくみ（第2版）』中央法規出版, p.95, 2022年

2＝✕　立位は一番重心が高く不安定な姿勢である。膝を曲げ腰部を下げると，重心が低くなり，安定した姿勢となるため力が入りやすくなる。重心が高い姿勢で介護すると，介護者は腰部を曲げなければならず，腰背部に負担がかかることになる。

3＝〇　ベッド上で利用者のからだを移動する場合は，ベッドとからだの摩擦が少ないほうがよい。ベッドに接している面積を小さくするため，利用者に腕を組んでもらうなどからだを小さくまとめると，摩擦による抵抗が少なくなるため動きやすく，介護者としても，支えやすくなる。

4＝✕　腰への負担を軽減するためには，筋肉や関節への負担を分散させるため，膝を軽く曲げ，腕の筋力だけに頼らず，背筋や大腿筋など，からだ全体の筋肉を使うようにする。

5＝✕　利用者の重心に介護者の重心を近づけることで力が伝わりやすくなり，安定感も増すため，最小限の力で介助を行うことができる。例えば，ベッド上の移動介護では，ベッ

ドの高さを上げるか，介護者が膝を落として，可能な限り重心を利用者に近い高さにする（図表 11 − 3 参照）。

▶**図表 11 − 3　ボディメカニクスの基本原則**　覚えておこう!

①支持基底面積を広くとり，重心を低くする
②介護者と利用者双方の重心を近づける
③大きな筋群を使い，水平移動を使う
④利用者のからだを小さくまとめる
⑤「押す」よりも手前に「引く」
⑥介護者の重心移動で利用者を動かす
⑦足先とからだを動かす方向に向ける
⑧てこの原理を応用する

247　解 説　解答−5

1 ＝✕　安定した歩行をするためには，着地はまず踵でつき，それからつま先に重心を移動させることが望ましい。体重は最初に着地した部分にのるため，面積の小さいつま先に体重がのるとからだのバランスを崩しやすく，転倒してしまう可能性がある。

2 ＝✕　歩行時に膝を高く上げてしまうと，体幹のバランスが崩れ転倒する可能性がある。膝を高く上げるのではなく，軽く膝が曲がる程度に歩行することが望ましい。

3 ＝✕　足元だけを気にしながら歩くと視野が狭くなり，前方の障害物に気づかずぶつかってしまいバランスを崩し転倒する危険性がある。そのため，進行方向に向かって少し遠くのほうを見ながら視野が広くなるように歩くことが望ましい。

4 ＝✕　歩行時に腕を振ることで，からだの重心移動を減少させバランスがよくなり，歩行が安定する。高齢者は加齢により腕の振りが小さくなる傾向があり，歩行時のバランスが不安定となることから，腕を軽く振り歩行するようにする。

5 ＝○　加齢による歩行の特徴として，歩幅が狭いことがあげられる。歩幅が狭くなると重心が前方にいきやすいため，前のめりの姿勢になり転倒しやすくなる。そのため，歩幅を少し広くとって歩くことが望ましい。

248　解 説　解答−2

1 ＝✕　T字杖を使用している利用者が溝をまたぐ際は，杖を溝の向こう側につき，患側→健側の順に足を出すようにする。左片麻痺の利用者の場合は，杖をついた後に左足を出して溝をまたいでもらう。

2＝○　階段を下りるときに転落する危険性が高いのは患側の前方である。介護者は利用者の患側前方（左前方）で段をまたぎ，支持基底面積を広くとった安定した姿勢で介助を行う（図表11－4参照）。また患側の上肢を支え，一方の手で腰を支えるようにする。

3＝✕　一般的に片麻痺の利用者の歩行介助を目的として使用される杖の長さは，肘関節を30度程度に曲げた状態で杖をつかんだときに，その高さが利用者の大転子部になる位置が標準である。ウエストの高さに杖を合わせると杖が長く，重心を支える目的は果たせない。

4＝✕　2動作歩行は3動作歩行に比べ，速度が速く機動性が上がるが，その分迅速に前後左右のバランスを合わせる必要がある。3動作歩行は，杖や足を1動作ずつゆっくり出して歩くため，杖と足・もしくは足2点が必ず床に接地して安定している。

5＝✕　階段を上るときは，杖，健側，患側の順，下りるときは，杖，患側，健側の順に歩く（図表11－4参照）。いずれの場合でも，介護者は利用者の患側の1段下に位置しながら介護する。

▶図表11－4　杖歩行のポイント　整理しておこう！

動作	順序	介護福祉職の立ち位置
2動作歩行	①杖＋患側の足→②健側の足	患側の後方
3動作歩行	①杖→②患側の足→③健側の足	患側の後方
階段を上る	①杖→②健側の足→③患側の足	患側の後方
階段を下りる	①杖→②患側の足→③健側の足	患側の前方
段差を越える	①杖→②患側の足→③健側の足	患側の後方

249 解説　　解答－5

1＝✕　段差を上がるときは，キャスターを斜めに向けてはいけない。段差に対して，車いすを正面に向け，直角にすることが基本となる。

2＝✕　段差を下がるときは，必ず後ろ向きで後輪から下りる。

3＝✕　急な上り坂は，ゆっくり進む。

4＝✕　急な下り坂は，必ず後ろ向きで進む。

5＝○　エレベーターへの出入りは，正面から直角方向に行うことを基本とする。

1＝✗　車いすは利用者が移乗しやすい位置に置くことが重要である。片麻痺のある利用者の場合は，健側に対して斜めに配置する。健側に配置することで，利用者は健側を使って移乗しやすくなる。

2＝○　車いすに移乗する前にベッド上で浅く座り直す際，患側を先に浅く座り直す場合は，健側に重心を移動させると，利用者自身でからだを支えることができ，次に患側に大きく重心を移動させることなく浅く座ることができる。健側から先に浅く座り直すと，患側に重心が移動するため負荷がかかりやすく皮膚障害や関節障害のリスクが高まる。

3＝✗　立ち上がる際は，患側が膝折れしやすく，また患側に重心が移動すると倒れ込みやすい。そのため，介助者は常にそのリスクを予測し，患側に立ち転倒予防に努める必要がある。

4＝✗　左片麻痺がある場合でも，座位保持が可能な場合にはスライディングボードを使用してベッドから車いすへ移乗することは可能である。スライディングボードは座ったまま滑らせ，少ない力で移乗できる福祉用具である。スライディングボードを使用する際は，車いすの座面をベッドより少し低くするほうが効果的であり，利用者の負担軽減にもつながる。

5＝✗　フットサポートに足をのせてもらう際は，患側から健側の順に行う。フットサポートに健側から足をのせると，患側に重心が移動し負荷がかかってしまう可能性がある。患側を自ら持ち上げる際に，健側の足底が床についた安定した状態であることが望ましい。

1＝✗　シルバーカーは，歩行が自立している利用者がより安定して移動できるよう補助的に使用するものである。体重を支える機能は備わっていないため，支えがなければ歩行できない利用者には適さない。シルバーカーには荷物を入れることのできるかごがついているほか，疲れたときにはいすとして腰かけられる構造にもなっている。

2＝○　前腕支持型杖（プラットホームクラッチ（Platform crutch））は，別名「リウマチ杖」と呼ばれ，腕で体重を支えるため，手指・手関節に負荷をかけられない利用者や，肘関節に伸展制限のある利用者に向いている。

3＝✗　前腕固定型杖（ロフストランドクラッチ（Lofstrand crutch））は，前腕部分のカフ（前腕を支える機構）と握りのあるグリップの2点で体重を支える。握りの高さは，

大転子部の高さに合わせると，安定した歩行となる。

4＝✕　歩行器型杖（ウォーカーケイン（Walker cane））は，自立歩行ができない利用者には適さないが，杖に比べて支持基底面積が広いため安定性がある。

5＝✕　損傷の部位によって障害の程度は異なるが，第4～6頸髄損傷の人は，胸から下を動かすことや腹筋・背筋などの麻痺によって姿勢を保持することが難しくなる。そのため，姿勢を保持しながらハンドルを操作することは困難である。

252 解説　解答－4

1＝✕　支援者は利用者の前に立ち，利用者には自分のからだの真後ろに立ってもらい，周囲にぶつからないように気をつけながら誘導する。

2＝✕　安全のために，点字ブロックの内側で待つように誘導する。

3＝✕　先に利用者がタクシーに乗るように誘導する。車のドアやシートの位置を利用者が手で触って確認して乗り込むように，利用者の後ろから誘導する。支援者は利用者が安全に乗り込んだことを確認した後に乗り込む。

4＝◯　階段の上り下り以外にも，傾斜，曲がり角，段差など状況が変わるときは，その直前で説明することが必要である。

5＝✕　歩く速度は利用者に確認しながら，利用者のペースに合わせ，常に2人分の幅を意識して歩くとよい。通常よりゆっくり歩くと，利用者のペースが崩れてしまい，歩きにくくなって利用者のストレスとなることもある。

253 解説　解答－4

1＝✕　パーキンソン病（Parkinson disease）の人の歩行の特徴として，すくみ足がある。歩き出そうとすると足が床にはりついたようになり1歩目が出にくいため，1歩目の足を高く上げたり，一度後ろへ引いたりすることで1歩目が出やすくなる。

2＝✕　骨折（fracture）などによって療養が必要にならないようにすることも大切であるが，車いすなどを活用しすぎることによって，パーキンソン病以外による筋力低下が進むため，歩行器や手引き歩行などできるだけ歩くことができる機会をつくるようにすることも大切である。

3＝✕　曲がり角では，直角に曲がるとバランスを崩しやすくなるので，大きく曲がってもらう。または手すり等につかまり，角の直前でいったん止まってから曲がるようにするのも1つの方法である。環境や状況がすくみ足の誘因になる場合があり，道路や廊下の曲がり角もその1つである。大きく曲がる場合には，あらかじめどのあたりから

徐々に方向を変えていくかを計画しておくと，うまく曲がることができる場合もある。

4＝○　歩き出すときは1歩足を引いてから歩き出すとスムーズに足が出る場合がある。

5＝✕　スロープのような斜面はバランスがとりづらく，下りでは，スピードのコントロールができず突進歩行の危険性が増す。1歩1歩昇降できる手すり等を設置した階段のほうが安全である。

▶ **図表11－5　パーキンソン病進行度の指標** 覚えておこう！

ホーエン・ヤール重症度分類		生活機能障害度	
ステージ I	一側性障害のみ，通常，機能障害は軽微，またはなし	I 度	日常生活，通院にほとんど介助を要しない
ステージ II	両側または身体中心部の障害，ただし，身体のバランスの障害は伴わない		
ステージ III	姿勢反射障害の初期兆候がみられるもの。これは，患者が歩行時に向きを変えるときの不安定や，目を閉じ足をそろえて立っている患者を押してみることで明瞭となる。身体機能はやや制限されているものの，職業の種類によっては，ある程度の仕事が可能である。身体的には独立した生活を遂行することができ，その機能障害度はまだ軽微ないし中程度にとどまる	II 度	日常生活，通院に部分介助を要する
ステージ IV	病気が完全に進行し，機能障害高度。患者はかろうじて介助なしで起立および歩行することはできるが，日常生活は高度に障害される		
ステージ V	介助がない限り寝たきり，または車いすの生活を余儀なくされる	III 度	日常生活に全面的な介助を要し，独立では歩行起立不能

254 解説　　　　　　　　　　　　　　　　　　　　　　　　　　解答－4

1＝✕　ドライシャンプーは，①湯温の刺激が利用者の状態を悪化させるおそれのある場合，②頸部の安静が必要な場合などに，水や湯を使わずに洗髪を行うために使用する。浴室での洗髪は通常のシャンプーで湯を使って行い，シャンプーは利用者の好みに合ったものを使用する。

2＝✕　高齢者の爪は，硬くて割れやすいので，急激に力を入れたりせずに少しずつ切るようにする。

3＝✕　耳垢をピンセットなどで無理にはがすと，耳の粘膜を傷つけてしまうおそれがあるため，綿棒で優しく拭き取る。

4＝○　電気かみそりを皮膚に対して直角に当ててひげを剃る。その際，皮膚を傷つけないよ

うに電気かみそりを皮膚に強く押し当てないようにする。なお，電気かみそりがひげをとらえにくくなるので，ひげを剃る前に蒸しタオル等でひげを柔らかくする必要はない。

5＝✕　目を拭く際は，目頭から目尻に向かって拭く。感染症を防ぐため，ほかの箇所を拭く前にまず目を先に拭くようにすること，右目と左目を拭く場合はタオルを替える，あるいはタオルの面を替えることが大切である。

255 解説
解答－4

　「医師法第17条，歯科医師法第17条及び保健師助産師看護師法第31条の解釈について」（平成17年7月26日医政発第0726005号）により，介護福祉職が行うことができる爪の手入れは，爪そのものやその周辺の皮膚に異常がなく，疾患に伴う専門的な管理が必要ではない場合の爪切りや爪やすりでやすりをかけることとされている。糖尿病（diabetes mellitus）や閉塞性動脈硬化症（arteriosclerosis obliterans）がある場合は，小さな傷や病変が悪化しやすいという特徴がある。そのため，爪そのものや爪の周囲に異常がある場合には，医療職が爪切りを行う。

1＝✕　糖尿病であるうえに，爪が厚く，黄色くなっていることから爪白癬の可能性があり，何を塗布するかは医療職の判断が必要である。訪問介護員（ホームヘルパー）が判断して塗るべきではない。

2＝✕　糖尿病があり，爪に異常が認められるため，訪問介護員（ホームヘルパー）はその場で爪切りは行わない。

3＝✕　親指以外の爪にも白くなるという異常が認められるため，訪問介護員（ホームヘルパー）は爪切りを行わない。

4＝○　爪に異常が見られたら，訪問介護員（ホームヘルパー）は医療職との連携が必要であると判断し，まずは状態をサービス提供責任者に報告することが適切である。

5＝✕　爪に異常が見られたら，まずは状態を報告し，医療職による適切な対応の判断が必要である。状態を正確に把握できるように，爪やすりをかけることも控える。

256 解説
解答－3

1＝✕　介護福祉職が実施できるのは耳垢塞栓の除去以外の耳垢の除去である。硬い耳垢が耳の穴を塞いでいるときには，医療職に報告して対応してもらう。

2＝✕　中耳より奥は目視で状況を確認することが難しく，鼓膜を傷つけるおそれがある。介護福祉職は，綿棒を使用し，耳垢が観察できる範囲の除去を行う。

生活支援技術

3＝〇 粘膜を傷つけることのないように，耳垢を優しく拭き取るようにする。綿棒を使用していても，奥まで入れてしまうと耳垢を奥に押し込むことになるため，注意が必要である。

4＝✕ 綿棒でも無理に汚れを取ろうとしたり，強くこすることで粘膜を傷つける可能性があるため，注意が必要である。

5＝✕ 耳介の内側や後ろ部分は汚れがたまりやすいので，しぼったタオルなどで洗顔時に拭くようにする。

---

257 解説　　　　　　　　　　　　　　　　　　　　解答－3

1＝✕ 仰臥位（背臥位）で行うと，口腔ケアにより分泌された唾液や嘔吐物で誤嚥や窒息をするおそれがある。そのため座位または半座位で行うことが望ましい。寝たきりの場合は，側臥位で行うなどして誤嚥に注意する。

2＝✕ 舌の清拭だけでなく，歯みがきなども含めて，誤嚥を防ぐため口腔の奥から手前に行うことが基本である。ただし，口腔の奥（咽頭部奥）に歯ブラシや指などを入れると嘔吐反射を起こしやすいので注意が必要である。

3＝〇 歯みがきの介助をする場合，うがいができる人は，まずうがいをして汚れや食物残渣を取り除く。歯みがき前にうがいをすることで，口の中を湿らせる効果もあり，歯みがきがしやすくなる。「ブクブクうがい」と「ガラガラうがい」があり，10～20ml くらい水を口に含み，15～30 秒ほど行うと効果的である。歯みがきができない人は，水を洗口剤に替えてうがいすることも効果がある。

4＝✕ 全部床義歯は，上から装着し，下からはずす。義歯は回転させながら脱着する。

5＝✕ 歯ブラシは，小刻みに動かしながらみがく。

---

258 解説　　　　　　　　　　　　　　　　　　　　解答－2

1＝✕ ジェルタイプの保湿剤は，前回塗ったものを拭き取ってから新たに塗るのが正しい使用方法である。

2＝〇 耳たぶの下あたり，顎の骨の内側や真下は唾液腺であり，マッサージで刺激することで唾液の分泌を促し，口腔内の乾燥を緩和することができる。

3＝✕ 唾液の分泌を促進するのは，酸味の強い食べ物である。

4＝✕ 仰臥位（背臥位）で枕を使用しない姿勢は，口呼吸になりやすく，口腔乾燥の原因となる。また，誤嚥を防ぐという視点でも，仰臥位（背臥位）の際には枕を使用し顎を引く姿勢にすることが望ましく，枕を使用しないのは適切でない。

5＝✕　口腔内が乾燥したまま食事をすることは，喉詰まりや誤嚥の原因になるため，必ず食前に水分補給し，口の中を潤してから食事をするように勧める。食前に限らず，常時十分に水分摂取することを勧める。

259 解説　　　　　　　　　　　　　　　　　　　　　　解答－1

1＝〇　指先の細かい動きが困難になると，小さなボタンをかけたりはずしたりすることが難しくなる。ボタンエイドを使用することで，ボタンエイドをボタン穴に差し込み，ボタンを引き出すことでボタンかけができるため，自力で衣服を着ることができる。

2＝✕　遂行機能障害のある利用者は，紙に書いてある「着る順番」を見たときには手順はわかるが，着脱動作を始めると手順を忘れてしまう，または，どこまで手順が進んだのかがわからなくなることが考えられる。着る順番に衣服を渡したり，利用者の動作を引き出すような声かけを行う。

3＝✕　片麻痺のある利用者の衣服を購入する際は，介助のしやすさを優先するのではなく，片麻痺のある利用者本人の着脱のしやすさや好みを尊重する必要がある。

4＝✕　ソックスエイドとは，紐つきの器具に靴下をかぶせ，その中に足先を挿入し，紐を引くことによって靴下を履くことができる自助具である。靴下を器具にかぶせるなどの細かな動作が必要なため，視覚障害のある利用者には適していない。

5＝✕　寝たきりの利用者の場合は，前開きで，袖ぐりが大きくゆったりしているものが着脱しやすい。

260 解説　　　　　　　　　　　　　　　　　　　　　　解答－2

1＝✕　介護福祉職は利用者の健側（左側）に立つ。衣服着脱に伴う体位変換では，健側（左側）を下にして側臥位にする（左側臥位）にするため，介護福祉職が利用者の健側（左側）に立つことで，利用者も安楽に体位変換を行うことができる。

2＝〇　脱健着患の原則により，患側（右側）から着ることから，適切である。新しい上着は広げた状態で患側（右側）に置く。

3＝✕　脱健着患の原則により，上着の袖は健側（左側）から脱ぐため適切でない。

4＝✕　脱健着患の原則により，まずは健側（左側）の袖から脱ぎ，脱いだ衣類は内側へ丸めながらからだの下に入れておく。健側を下にして側臥位にするため，この場合は左側臥位にして背面を脱ぐ。

5＝✕　左側臥位で背面を脱いだときに，新しい上着の前身頃部分をかけて，肌の露出を最小限にする。

生活支援技術

261 解説

1＝✕ 左手でつかまって立位保持が可能であるため，残存機能を維持するためにも座位でズボンの着替えを行うのが望ましい。

2＝✕ 右上肢は麻痺しており力が入らないことから，右前腕を下から支えた状態で右肘に袖を通すのが望ましい。

3＝✕ 利用者が好みの衣類を選べる環境を整える。介助者が前開きの上着が着脱しやすいことを助言することはあっても，最終的には自分で選ぶことができるように支援する。

4＝✕ 関節可動域に制限があり，痛みも訴えているため，加える力を加減しながら，可能な範囲でゆっくり伸展させて袖を通すようにする。急激に力を加えることで痛みが強くなったり，関節に余計な負荷をかけてしまうことになる。

5＝〇 麻痺がある場合には，脱健着患の原則を守り，患側（右側）から着ることで利用者の負担を最小限にする。

---

262 解説

1＝✕ 靴底が薄い靴は，疲れやすいといわれている。また，靴底が硬く屈曲性が悪いと，すり足になりやすく，つまずきやすくなる。靴底にある程度の厚みと屈曲性のある靴がよい。

2＝✕ 間違いを指摘しても，今の季節が認識できていないことが考えられる。認知症（dementia）の人への対応では，介護福祉職の価値観で善悪の判断をしないことが基本である。衣服には体温調節の役割もあるため，間違いを指摘するのではなく，プライドを傷つけないように状況を改善することが必要である。

3＝〇 柄が長いブラシを使うことで肩や腕の関節可動域に制限がある人も自分で整髪することができるようになる。また，柄が太いほうが握りやすく使いやすい。整容における動作は，座位姿勢で上肢を使って行うものがほとんどで，肩・肘・手・手指関節の痛み・変形・拘縮などによる，運動・感覚機能の低下によって整容がおろそかになってしまう場合もある。自助具の活用によって身じたくを整えた姿を確認することで自信がもて，社会参加へつながることへの効果も大きい。

4＝✕ 「整髪しやすいように」というのは介助の効率を優先した介助者本位の考え方である。利用者主体の視点をもち，個人の意向や好みを尊重した髪型を選べることが求められる。

5＝✕ 歯ブラシは，ブラシの部分が小さく丸いもので頬の内側と歯の間に入りやすいものを選ぶとよい。特に高齢者では，口腔内の粘膜が薄く傷つきやすいので，ブラシの硬さ

は普通から柔らかめのものを選ぶ。

263 解説　　　　　　　　　　　　　　　　　　　　　　　　解答－1

1 ＝○　肘が楽にのせられ，腕が自由に動かせる高さのテーブルが望ましい。片麻痺がある場合，患側の腕をテーブルにのせることで姿勢が安定しやすい。

2 ＝✕　体幹がまっすぐになるようにいすに深く座り，姿勢を安定させることが望ましい。浅めに座ると体幹を後方に傾けて背もたれに寄りかかることになり，食事摂取にふさわしい前傾姿勢になることが困難になる。

3 ＝✕　車いすを使用している利用者は，食事の良肢位を保つためにも，可能な限りいすに移乗して食事をすることが望ましい。そのために，足底が床にしっかりつく高さのいすを選ぶ。移乗することが難しく，車いすのまま食事をする場合には，フットサポートから足を下ろし，足底が床にしっかりついているか確認する。

4 ＝✕　楽しく食事ができる雰囲気づくりは重要であり，明るさや装飾で楽しい雰囲気をつくり，清潔な空間に整え，リラックスできる雰囲気づくりのために適度な音量で音楽を流すなどの工夫は必要である。しかし，大きい音やテレビの画像は，食事中の談笑や食事に集中することの妨げになる可能性があるため，適切でない。

5 ＝✕　嚥下するには顎を軽く引く姿勢が適切である。顎を上げて食事を行うと気管の入り口が開きやすく，誤嚥の原因となるおそれがあるため危険である。

264 解説　　　　　　　　　　　　　　　　　　　　　　　　解答－4

1 ＝✕　よくかむことで唾液分泌が促されるため，ドライマウス（dry mouth）の予防には，歯ごたえがあり，よくかむ必要のある食物を勧める。柔らかい食物は容易にかめてしまうため，適切でない。

2 ＝✕　逆流性食道炎（reflux esophagitis）は，胃酸が食道に逆流して起こる食道粘膜の炎症である。食後はすぐに横にならず，からだを起こして過ごすことが望ましい。また，胃酸の分泌を促進させる甘味・酸味の強い食品や香辛料の多量摂取は控える。

3 ＝✕　高血圧症（hypertension）の予防には，塩分の摂取を控えることが必要である。大豆はカリウム（K）を多く含んでおり，血圧を下げる効果があるため，摂取することが望ましい。

4 ＝○　骨や歯の構成成分であるカルシウム（Ca）の吸収を促進する効果のあるビタミンD（vitamin D）を摂取することは，骨粗鬆症（osteoporosis）の予防として適切である。

5 ＝✕　便秘の予防として，食物繊維の多いものを摂取することが望ましい。柑橘類などの果

物は食物繊維が多い食物であり，摂取することが望ましい。

265 解 説

解答−4

1＝✗ みそを多く入れると塩分の摂りすぎになるおそれがある。だしを濃くとる，香りのあるものを入れるなど，塩分を多く摂らずに味を感じられるように工夫して調理する。また，具材を多く入れるとだしが出て，栄養も摂れる。

2＝✗ パンは水分が少なく，誤嚥しやすい食品であるため，唾液の分泌が低下している人の主食をパンにすることは，適切でない。唾液の分泌が低下している人には，水分を多く含んだ食べ物を提供する。パンの場合は，牛乳やスープにひたすなどの工夫が必要である。

3＝✗ 酸味の強い食べ物はむせやすいため，水分の摂取を目的とした献立には適切でない。口渇感が低下している人には，飲み物以外からも水分摂取できるように，水分を多く含んだ食べ物を提供する。

4＝○ 腸の蠕動運動が低下すると，便秘になりやすい。野菜・いも類・海藻類などの食物繊維が多いものを摂取すると，腸壁の神経を刺激することにより蠕動運動が活発になり，便通が促進される。また，腸のはたらきを高める乳酸菌を含む食品も効果がある。

5＝✗ 肉は良質なたんぱく質を摂取できる食材である。咀嚼力が低下しているからといって肉料理を控えるのではなく，咀嚼しやすいように工夫することが大切である。例えば，咀嚼の負担を軽減するために刻み食にする，咀嚼しやすい柔らかい料理にするために，硬い肉は長時間煮込むなどがある。

266 解 説

解答−5

1＝✗ 食事のテーブルは，利用者が肘を楽に置けるように，腹部の高さに設定する。テーブルが高いと食事を食べるときに顎が上がりやすくなり，誤嚥の原因になる。

2＝✗ 刻み食は，咀嚼機能が低下した人や歯がない人が，かまなくてもすむように刻んだ食事である。刻んだ食事は口腔内でパラパラしてしまうため，唾液の分泌が悪い人では，まとまりづらく，食塊形成が困難な場合は誤嚥の原因となる。片麻痺であっても，咀嚼機能に問題がなければ刻み食を提供する必要はない。

3＝✗ スプーンを使う場合，角度やタイミングに注意する必要がある。上からスプーンを近づけると顎が上に向き，誤嚥する危険があるため，下から口へ近づける。

4＝✗ 安定した食事の姿勢になるように，患側の上肢はテーブルにのせ，足は床につけて背筋を伸ばして座る。

5＝○　片麻痺のある人は，咀嚼・嚥下機能が低下しており，患側の口腔内に食べ物がたまりやすい。そのため，患側を観察する。なお，介助をする場合は，患側の口腔内を確認できるよう健側から行う。

267 解説　　　　　　　　　　　　　　　　　　　　解答－5

半側空間無視とは，片側半分からの刺激を認識できなくなることである。半側空間無視のある利用者は，患側（左半側空間無視の場合は，左側）の見落としが多くなる。食事の際は，食器や食膳の位置を認識できる側に移動するなどの支援が大切である。

1＝✗　クロックポジションは，視覚障害者に対して，食卓の上の食器（料理）の位置を時計の文字盤にたとえて説明するものである。半側空間無視のある利用者には，気づきやすい健側を活用した支援を行う。

2＝✗　半側空間無視のある利用者は，患側の見落としが多くなるため，気づきやすい健側にトレー（tray）を置くとよい。

3＝✗　トレーに目印をつける場合は，気づきにくい患側につける。

4＝✗　気づきやすい健側にあるラジオをつけておくと，注意がそちらに集中して，気づきにくい患側にさらに注意が向かなくなってしまうため，適切でない。

5＝○　患側の食事を食べ残している場合には，健側の食器と位置を変えるなど，食べる様子を観察して，適宜食器の位置を変えることが必要である。

268 解説　　　　　　　　　　　　　　　　　　　　解答－3

1＝✗　介護福祉職は，Eさんと目線の高さが同じくらいになるように座って，食事の介助を行う。立って介助をすると，Eさんが見上げる形になり，頸部が後屈して誤嚥の原因になることがある。

2＝✗　嚥下体操は，顔，首，肩の緊張を和らげ，口腔周囲の筋肉を動かして鍛える目的で行う。食事の前に行ったほうが，食事時の嚥下の準備運動となるため，効果的である。

3＝○　嚥下機能の低下している人では，誤嚥を予防するために，安全で安定した姿勢で食事ができるように，姿勢を整える必要がある。頸部はやや前傾になるように枕を調整し，からだが滑り落ちないように膝の下にクッションを入れ，傾きやすい患側にもクッションを入れて安定させるとよい。

4＝✗　初めに水分を摂って口の中を湿らせ，嚥下しやすい状態で食事を開始する。また，固形の食事と水分を交互に摂ることで，口内の残渣物による誤嚥が起こりにくくなる。

5＝✗　食事後すぐにギャッチアップを戻して，仰臥位（背臥位）の姿勢になると，胃から食べ物

生活支援技術

が逆流し，嘔吐や誤嚥の原因になる。食後は 30 分程度ギャッチアップの姿勢を保つ。

▶ **図表 11－6　誤嚥しやすい食べ物**　覚えておこう！

状態	食べ物の例
水分が少なくぱさぱさしている（口の中の水分を吸収する）	カステラ，パン，高野豆腐など
硬くてかみにくく，口の中でまとまりにくい	こんにゃく，いか，かまぼこなど
口の中に張りつく	ほうれんそう，わかめ，のりなど
さらっとした液体（むせやすい）	お茶，みそ汁，お茶漬けなど
酸味が強い（むせやすい）	レモン，酢のものなど

269 解 説　　　　　　　　　　　　　　　解答－4

1 ＝✗　回腸ストーマ（イレオストミー）を造設している人は，水分を吸収するはたらきのある大腸を消化物が通らないため，水様便が持続的に排出される。そのため，脱水状態や電解質異常を起こしやすい。スポーツ飲料，みそ汁，スープ等で十分に水分と電解質を摂るように心がける必要がある。

2 ＝✗　心臓機能障害のある人は，心臓のポンプ作用の機能低下などにより，からだがむくみやすくなる。塩分は，むくみの原因である水分をたまりやすくしたり，動脈硬化を進行させたりする作用があり，心臓機能への負担軽減のために，制限は必要である。

3 ＝✗　肝臓機能障害の食事療法は，全身の栄養状態をよくするために吸収のよい高カロリー，良質な高たんぱく食を摂取することが必要である。良質なたんぱく質は，植物性たんぱく質である豆類，大豆加工品の豆腐等，また，動物性たんぱく質を摂取する場合は魚，鶏肉などが望ましい。各栄養素をバランスよく摂ることが必要である。

4 ＝◯　呼吸機能障害のある人は，排痰のため咳をすることが多く，体力を消耗しやすい。そのため，水分，たんぱく質，高カロリーの食事を摂るようにする。

5 ＝✗　魚や肉にはたんぱく質が多く含まれている。血液透析をしている人はたんぱく質が制限されるため，適切でない。

270 解 説　　　　　　　　　　　　　　　解答－3

慢性閉塞性肺疾患（chronic obstructive pulmonary disease）は，肺胞でのガス交換の障害や，気管・気管支で慢性的な炎症が起こる疾患で，痰を伴う咳や息切れなどの症状が出る。

胃を膨らませる食品は、呼吸が苦しくなる。また痰には、たんぱく質・水分が含まれており、咳はエネルギーを消耗するため、これらを食事で補う必要がある。食事の注意点は次のようになる。①食物繊維など、胃を膨らませる食品は控える。②1回の食事量を減らし、食事の回数を多くする。③たんぱく質、水分、カロリーを多く摂る。

したがって、1＝✕、2＝✕、3＝○、4＝✕、5＝✕となる。

271 解 説
解答－3

1＝✕ 慢性腎不全（chronic renal failure）の食事の基本は、①たんぱく質の制限、②十分なエネルギー摂取、③塩分の制限である。たんぱく質を制限することによるエネルギー不足を、糖質（砂糖やでんぷん）や油脂を上手に使って補う必要がある。

2＝✕ エネルギーが不足すると体内のたんぱく質が分解され、老廃物が増えるため、腎臓に負担がかかる。たんぱく質を制限しつつエネルギーを産生するために糖質と脂質を摂取する必要があり、サラダ油やマヨネーズは少量でもしっかりエネルギーが摂れる。1日1回は油を使った料理を取り入れるとよい。

3＝○ 腎臓でたんぱく質が代謝されると、血液中に窒素化合物が老廃物として残る。この老廃物は腎臓でろ過されて尿中に排泄される。このため、腎機能が低下しているときは、腎臓への負担を抑えるため、肉や魚などのたんぱく質の多い食品の摂取量を控える。

4＝✕ 腎機能の低下により、リン（P）の排出が難しくなるため、高リン血症（hyperphosphatemia）に注意が必要である。リンは、乳製品やチーズのほか、加工食品に多く含まれているため、摂りすぎに注意する。

5＝✕ 腎機能の低下により、カリウム（K）の排出が難しくなるため、高カリウム血症（hyperkalemia）に注意が必要である。カリウムは、果物、野菜、いも類に多く、バナナは最も多い食品の1つである。肉、魚、麺、海藻などにも多く含まれているため、摂取量に注意する。

272 解 説
解答－2

1＝✕ 着替えの衣服は、利用者に選択してもらう。そのときの状況や場面、好みに合った衣服を選択してもらうことは、自分らしい快適な生活につながるため大切である。

2＝○ 低血圧にならないように空腹時の入浴は避けるようにする。

3＝✕ 入浴前には、湯温を確認する必要がある。お湯を実際に出して、介護福祉職の手で温度の確認を行い、その後、利用者が健側の手で確認する。心臓から遠い足元からお湯をかけることで、温熱刺激を最小にする。

4＝✕　入浴介護は，利用者の全身状態を観察することができる場である。介護福祉職は利用者の皮膚状態の観察を行い，異常があるときは医療職に報告し連携していく。ただし，利用者の羞恥心に配慮し，尊厳の保持やプライバシーの保護に努めなければならない。

5＝✕　浴槽の湯の温度は，38〜41℃程度に設定する。副交感神経が優位になりリラックスできる。42℃以上の高温の湯は，ヒートショックの原因になるため，注意する。

---

273 解説　　　　　　　　　　　　　　　　　　　　　　　　　解答－4

　ヒートショックとは，急激な温度変化によってからだが対応できない状態に陥ることをいう。

1＝✕　脱衣所の照明を明るくしても室温は上がらない。暖房設備を設置し，温度をコントロールすることが必要である。

2＝✕　湯の温度が高いと血管は収縮し血圧は上昇するため，高めの温度設定は適切とはいえない。個人の好みはあるが，38〜41℃程度が望ましい。

3＝✕　急激な血圧の変動が心臓に負担をかけることから，高血圧の人がヒートショックを起こしやすい。

4＝○　ヒートショックは，冬場の冷え込んだトイレや洗面所，浴室など，温度差が大きい場所で起こりやすい。極端な温度差が生じやすい冬場には，特に注意したい。

5＝✕　ヒートショックは，入浴前よりも心臓への負担が積み重なった頃に起こりやすい。また，水分の不足は，血液をドロドロの状態にし，血管を閉塞させる要因になる。入浴前後の水分補給もヒートショックを予防する対策の1つである。

---

274 解説　　　　　　　　　　　　　　　　　　　　　　　　　解答－3

1＝✕　心臓に遠い足元から湯をかける。

2＝✕　シャンプーを十分に泡立ててから洗う。泡立てることで，髪と髪がこすれあってキューティクルが傷むのを避ける。

3＝○　体温を奪われるときの冷感や，水滴で床が濡れることによる転倒のリスクを予防する。

4＝✕　シャワー浴は入浴に比べ，体力の消耗は少ない。

5＝✕　水分を拭き取り，皮膚が湿っているうちに塗布する。保湿剤を塗ることで，入浴により皮脂膜が失われ，乾燥するのを防ぐ。

---

275 解説　　　　　　　　　　　　　　　　　　　　　　　　　解答－5

1＝✕　手指の拘縮などがある場合には汚れもたまりやすいため，こまめに手浴で清潔保持に

努める。また，温めて手指を動かすことで拘縮の予防につながる。

2＝✕　座位が可能な場合は，いすやベッド脇に座り，端座位で手浴や足浴を行う。座位がとれない場合や，立位や座位がとれる人でも病気や体調の状況によってはベッド上で，仰臥位（背臥位）の姿勢で行う場合もある。

3＝✕　四肢麻痺のある利用者は，手指が拘縮して指間の通気性が悪いことがある。手浴後は指間の水分を残さないようにしっかり拭くことが必要である。

4＝✕　ベッド上で臥位のまま足浴を行う場合，膝下にクッション等を挿入し，下肢の位置を安定させる。

5＝○　足浴を行い足を温めることでからだが温まり，リラックスした状態になり眠気を誘う。

276 解説 解答－2

1＝✕　入浴時の湯温は40℃前後が適しているが，清拭タオルを使用してケアする場合は，タオルの温度が適温になるように50〜55℃程度のお湯を準備することが望ましい。

2＝○　清拭は，からだの末梢から中枢に向かって拭く。

3＝✕　目の周りの清拭は，目頭から目尻に向かって拭く。

▶**図表11－7　目の周りの清拭**

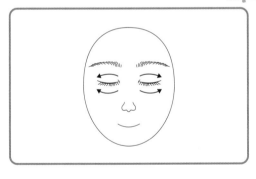

4＝✕　皮膚についた水分は，そのつど拭き取る。濡れたままにすると，気化熱により体温が下がってしまう。

5＝✕　患側を下にすると，負担がかかってしまい好ましくないため，健側を下にして拭く。

277 解説 解答－5

1＝✕　陰部が見やすいように両下肢を広げることは必要である。ただし，両下肢を広げるときには，羞恥心に配慮して行う。「足を開いて」などの直接的な言葉をかけないようにする。

2 ＝✕ 女性の場合，感染予防のため会陰から肛門（前から後ろ）に向かって洗う。反対方向に洗うと，肛門部の大腸菌が尿道口に付着し，尿路感染の原因となる。

3 ＝✕ 陰部洗浄後は，乾いたタオルやガーゼで水分を優しく拭き取る。陰部は高温多湿となりやすい部位のため，洗浄後は水分を十分に拭き取り，乾燥させる必要がある。

4 ＝✕ 本人の希望がないからといって実施しないのではなく，利用者の尊厳の保持やプライバシーを守り，羞恥心に配慮して言葉，視線，手技に十分気をつけて支援することが必要である。

5 ＝○ 陰部は皮膚や粘膜が薄く柔らかいので，力が入らないように，こすらないで，優しく洗う。

278 解説 解答－4

1 ＝✕ 膝を軽く立てて膝の下にクッションを入れる。そうすることで，腹部の緊張を和らげられる。

2 ＝✕ 浴室での洗髪では，通常のシャンプーを優先して使用する。ドライシャンプーは，水がいらない泡タイプのものであり，浴室以外での洗髪方法として使用される。

3 ＝✕ 洗髪する際は，髪に湯をかけ，シャンプーを泡立ててから指の腹で頭皮をもむように洗う。

4 ＝○ すすぐ前にタオルでシャンプーの泡を取り除くとすすぎやすくなるため，泡をタオルで拭き取ってから，かけ湯で洗い流す。

5 ＝✕ ベッド上で後頭部を洗う場合は，頭部全体を支え，頸部に負担をかけないようにして洗う。

279 解説 解答－5

1 ＝✕ 浴室内では，介護福祉職は利用者の患側（右側）につき，腕と腰を支えながら移動する。

2 ＝✕ 浴槽に入るときは，健側の左足から浴槽に入り，次に患側の右足を入れるように介助する。

3 ＝✕ シャワーの湯温は，やけどを防ぐため，利用者よりも先に介護福祉職が確認する。利用者に片麻痺がある場合には，健側の手で確認してもらい，心臓に遠い足元から湯をかける。

4 ＝✕ 麻痺がある場合でも，全介助で入浴介助を行うのではなく，必要なところは介助しながらも，利用者の残存能力を活用する方法を検討する。

5 ＝○ 片麻痺のある利用者が浴槽から出る場合には，浴槽の縁やバスボードにいったん座

り，上体を安定させてから次の動作に移ることが望ましい。

280 解説
解答—3

1 ＝✕ 胃ろうを造設していても入浴することができる。入浴後はカテーテル挿入部周囲の水分をよく拭き取る必要がある。

2 ＝✕ 老人性掻痒症（pruritus senilis）がある人は，皮膚を乾燥させないことが大切である。入浴後の皮膚が潤っている状態のうちに保湿剤を塗布するほうが効果的である。

3 ＝○ 入浴では，水圧によって血液循環が促進され，心臓のはたらきが活発になる。そのため，心疾患（heart disease）のある人は，心臓に負担がかからないように，浴槽内の水位を心臓よりも低くする必要がある。

4 ＝✕ 入浴中はより多くの酸素を消費する。酸素療法を行っている場合は，呼吸困難のおそれもあるので，カニューレはつけて入浴する。

5 ＝✕ 腹水とは，腹腔内に多量の体液が貯留した状態のことである。腹水が貯留すると，横隔膜が押し上げられ，呼吸がしにくい状態になる。洋式タイプの浴槽に横たわると胸郭および腹部に水圧を受けることになり，苦痛が増すことにつながる。腹水がある場合は，呼吸を圧迫しないよう，水圧がかからないようにして入浴する。

281 解説
解答—3

1 ＝✕ かゆみのある部位をブラシでこすると皮膚を傷つけ感染の原因になるので，ブラシやナイロン製のタオルなどで皮膚をこすらない。老人性掻痒症（pruritus senilis）がある人の入浴では，熱い湯に入らない，保湿効果のある入浴剤を利用する，石けんは弱酸性のものを使う，手や柔らかい布で皮膚をこすらないように洗う，などの配慮が必要である。

2 ＝✕ 入浴は直接ペースメーカーに影響を及ぼすことはないため，シャワー浴にする必要はない。ただし，電気風呂はペースメーカーに影響を与えるおそれがあるため利用を避けるようにする。また，熱い湯や長時間の入浴は心臓に負担をかけるため，控えたほうがよい。

3 ＝○ 血液透析直後の入浴は，針穴から感染を起こす危険や出血する危険があるため，控えるほうがよい。

4 ＝✕ 湯温が42℃以上になると血圧の上昇がみられ，血圧や呼吸・心拍数が増加するため，心疾患（heart disease）がある人は湯温を42℃以上に設定するのは望ましくない。

5 ＝✕ 食後は腸の動きにより便が出ることがあるため，食後1時間は入浴を避けることが望

ましい。

282 解説 解答-5

1＝✗ 乾燥性皮膚疾患がある場合，39℃程度のぬるめの湯にして入浴介助を行う。42℃以上の湯温では皮脂が必要以上に失われ，乾燥を悪化させる。

2＝✗ 褥瘡がある場合でも，感染の徴候やポケットがなければ入浴できる。ポケットとは，褥瘡周囲の皮下にできた皮膚欠損部より広い創腔のことである。

3＝✗ 浮腫がある場合，皮膚が薄く傷つきやすいため，こすらずに泡で優しく洗う。

4＝✗ 人工透析をしている場合，皮膚が非常に乾燥していて，強いかゆみがある。かゆみを軽減するために皮膚の清潔と保湿が重要となるので，保湿剤を塗布する。

5＝◯ 糖尿病性神経障害（diabetic neuropathy）がある場合，刺激に対する感覚が低下し，けがややけどなどに気づかないことがある。足の状態を観察して，けがややけどに気をつける。

283 解説 解答-1

1＝◯ 腹部マッサージは，大腸の蠕動運動を促進させる効果がある。小腸から運ばれた消化物は，「上行結腸→横行結腸→下行結腸→S状結腸」の順に進んでいくため，それに沿って行うと便秘の予防に有効である。

2＝✗ くしゃみや重い物を持とうと力を入れたときなど，腹圧が急にかかったときに漏れるのが腹圧性尿失禁の特徴である。腹圧のかかる活動をする場合は，事前にトイレをすませておく。また，尿意を感じたら早めにトイレに行くようにする。

3＝✗ 前傾した座位姿勢では，直腸と肛門の角度（直腸肛門角）が直線に近くなり，排便しやすくなる。

4＝✗ トイレの立ち座りは上下動作なので，L字型手すりが有効である。横手すり部分は，便器の座面の高さから20〜25cm程度上が目安になる。また，縦手すり部分は，便器の先端から20〜30cm程度前方が使いやすい位置である。

5＝✗ 失禁がみられたからといってすぐにおむつを着用すれば，利用者はからだを動かす気力を失ってしまい，廃用症候群（disuse syndrome）を誘発することにもなりかねず，利用者の生活の質（QOL）の低下につながってしまう。失禁の原因が身体の機能低下によるものなのか，または疾患，障害，薬物によるものなのかなど，十分にアセスメント（assessment）し，支援方法を考えることが大切である。

解説

1＝✕　採尿バッグは，尿の逆流を防ぎ，スムーズな流出を促すため，腰（膀胱）よりも低い位置に固定する。

2＝✕　尿路感染を防ぐためには，水分を多く摂取して尿量を多くし，自浄作用を促すことが大切である。

3＝✕　留置カテーテルの挿入中でも入浴はできる。浴槽に入っても尿道口から湯が侵入することはないが，採尿バッグが膀胱より高くならないように注意する。

4＝✕　導尿は，医行為であるため，介護福祉職は行うことができない。介護福祉職は，自己導尿を補助するために，カテーテルの準備や体位保持の支援を行う。

5＝○　選択肢4の解説にあるように，介護福祉職が行うことのできる行為は，カテーテルの準備や体位保持の支援である。また，排尿量，尿の色・性状などの尿の観察を行い，異常があれば医療職に報告する。

---

285 **解説**

解答－4

1＝✕　ポータブルトイレは，麻痺がある場合，原則として利用者が仰臥位（背臥位）のときの健側の足元に置く。この問題の場合は，Hさんの左側の足元に置くことが望ましい。

2＝✕　ベッドの高さもポータブルトイレの座面の高さも，Hさんの座位姿勢が安定し，立ち上がり動作がスムーズにできる高さが望ましい。したがって，ベッドの高さと同じくらいの座面のポータブルトイレを選ぶ。

3＝✕　ポータブルトイレは滑らないようにし，安全を確保することが大切である。ポータブルトイレの足元には滑り止めマットを敷く。

4＝○　患側には力が入らないため，長く立位保持することは難しい。排泄終了後は，座位のまま下着やズボンを大腿部まで上げておくことで，立位後，スムーズに下衣を身につけることができる。

5＝✕　排泄物が悪臭の原因になりかねないため，ポータブルトイレを使用した場合は，そのつど速やかに片づけを行う。

---

286 **解説**

解答－4

1＝✕　差し込み便器と尿器を併用するのは男性である。排便時には排尿も伴うため，男性の場合は尿器を併用する。女性の場合はトイレットペーパーを恥骨部から会陰部に掛け，尿の飛び散りを防ぐ。

生活支援技術

2＝✕　差し込み便器を使用する際は，便器の開口部の中央に肛門がくるようにする。仙骨部が便器の縁に当たる状態では，肛門が便器の端に近くなり，便が漏れるおそれがある。差し込み便器の素材には，プラスチック，ゴム，金属などがあるが，直接肌に触れるものであるため，冷たく感じるときには，温めたり保護材を使用したりする。

3＝✕　気兼ねなく１人で排泄できるように，排泄中は室外にいることを伝え，排泄終了後に合図してもらうように説明する。

4＝○　便器の中にあらかじめトイレットペーパーを敷いておくことで，排泄物の水分がトイレットペーパーに吸収され，殿部への跳ね返りを防ぐことができる。また，汚れも落ちやすくなる。特に女性の排便時は，同時に排尿されることが多いため，あらかじめ便器の中にトイレットペーパーを敷いておくことが必要である。

5＝✕　便器の位置を確認したらベッドをギャッチアップする。上体を起こした姿勢にすることで，腹部の緊張がとれ腹圧をかけやすくなる。その際，ふらつき等がないかを確認する。

---

287 解 説　　　　　　　　　　　　　　　　　　　　　解答－2

1＝✕　利用者におむつをつける場合，おむつの上端は腸骨部に合わせる。

2＝○　感染予防の視点から，排泄物は感染源になるおそれが高いため，必ず使い捨て手袋を着用して介助を行うとともに，手洗いを確実に行う。汚れたおむつを汚物入れに入れた後で手袋をはずし，清潔なおむつを装着する。

3＝✕　おむつと腹部の間に隙間がなく，腹部が圧迫されると，下肢のむくみやかゆみの原因になる。身体とおむつの間には指１本分程度の隙間をつくると，座位の姿勢の際など腹部圧迫が少なくなる。

4＝✕　手洗いは，流水で行うことが原則である。洗面器にためた水では雑菌が繁殖し，感染源となる可能性が高い。日常の手洗いから正しい手順を習慣づけておくことが感染予防のポイントである。

5＝✕　紙おむつの腹部のテープは，下側のテープは斜め上向きに，上側のテープは斜め下向きに留める。

---

288 解 説　　　　　　　　　　　　　　　　　　　　　解答－3

1＝✕　便座が低いと膝折れして尻もちをつくおそれがあるため，便座の高さを利用者の膝よりも少し高めに調整する。

2＝✕　急に立ち上がると起立性低血圧を起こしやすいため，利用者が立ち上がった時点で利

用者のめまいやふらつきなどの気分の確認をする。

3 =○ 利用者が安心して，両足をついて着座できるようにするとともに，前傾姿勢で着座してもらうことで腹圧をかけやすくなる。

4 =✕ 排泄後は，車いすに深く腰かけることで座位が安定する。車いすに腰かけるときに，大腿部が端にくる状態は，浅く腰かけている状態であり不安定である。

5 =✕ 便座から車いすに移乗するときは，利用者の体幹を支える。利用者の上半身を前傾させたまま，重心を近づけるようにし，利用者と一緒に身体を回転させて，車いすに座ってもらう。車いすは，事故防止のためブレーキをかける。

289 解 説　　　　　　　　　　　　　　　　　　　解答－4

1 =✕ 事例のJさんは，脳梗塞（cerebral infarction）で入院した後，杖歩行で移動していることから，麻痺等の機能障害があることが読み取れる。しかし，麻痺等の機能障害がある状態でも，トイレへは杖歩行で移動が可能であり，トイレ動作は自立していることから，最も必要な情報とはいえない。

2 =✕ 家族の介助が必要な場合には，同居家族の有無は必要な情報となるが，Jさんはトイレへは杖歩行で移動が可能であり，トイレ動作は自立していることから，最も必要な情報とはいえない。

3 =✕ トイレ誘導の支援などが必要な場合には，ふだんの排泄のタイミングは必要な情報となるが，Jさんはトイレへは杖歩行で移動が可能であり，トイレ動作は自立していることから，最も必要な情報とはいえない。

4 =○ Jさんはトイレへは杖歩行で移動が可能であり，トイレ動作は自立しているとあることから，杖歩行で居室からトイレまで移動が可能かどうかを確認する必要があるため，最も必要な情報といえる。

5 =✕ Jさんはトイレ動作は自立しているとあることから，座位保持の筋力はあると判断できるため，最も必要な情報とはいえない。

290 解 説　　　　　　　　　　　　　　　　　　　解答－1

1 =○ 認知症（dementia）の高齢者の場合，トイレの場所がわからないなど，排尿動作が適切に行われないために失禁してしまうことがある。こうした失禁（機能性尿失禁）では，排泄パターンを把握し，トイレ誘導を行う。

2 =✕ 膀胱内に残尿がたまり，あふれ出るタイプの失禁（溢流性尿失禁）では，清潔間欠導尿や留置カテーテルを用いる。

3 ＝✗　失禁は，心理的な面では自尊心が傷ついたり罪悪感を感じたりする。その結果，外出頻度が低下し，閉じこもりがちになるなど，生活の質（QOL）が低下するおそれがあるため配慮が必要である。

4 ＝✗　咳やくしゃみなど，腹圧がかかったときに漏れるタイプの失禁（腹圧性尿失禁）では，骨盤底筋訓練を行う。

5 ＝✗　急に強い尿意があり，トイレに行くのが間に合わないタイプの失禁（切迫性尿失禁）では，排泄時刻を把握し定期的にトイレに行ったり，脱ぎやすい衣服にする，トイレに近い居室にするなど生活環境を見直したり，骨盤底筋訓練をしたりする。

▶図表 11 − 8　尿失禁の種類・特徴・主な対応法　⚠違いを押さえよう！

種類	特徴	主な対応法
機能性尿失禁	・認知症の人に多い	トイレ誘導
	・運動機能の低下でも起こる	機能訓練
溢流性尿失禁	・前立腺肥大症の男性に多い	自己導尿（清潔間欠導尿），膀胱留置カテーテル
腹圧性尿失禁	・骨盤底筋の緩みが原因 ・女性に多い	骨盤底筋訓練
切迫性尿失禁	・脳血管障害や膀胱炎などの疾患が主な原因	定期的にトイレへ行く，生活環境の見直し，骨盤底筋訓練

291 解 説　　　　解答−3

1 ＝✗　排便の際には，前傾姿勢になるように勧める。前かがみになることで，直腸肛門角が鈍角になり排便しやすくなるほか，腹圧もかけやすくなる。

2 ＝✗　便秘は，環境や心身の変化によりみられることが多い。まずは，自然排便を促すため，生活のなかに運動を取り入れ，食習慣の改善を促す援助を行う。そのうえで排便が誘発されない場合，薬剤の使用を医療職と相談する。

3 ＝○　適度に運動することで，大腸の蠕動運動が活発になり，便秘解消にも効果がある。また，適度な運動はからだ全体の筋力の維持・向上にも役立ち，排便時にも力が入れられるようになる。

4 ＝✗　適切な食事量を維持し，特に食物繊維の摂取を心がけるとよい。食物繊維の摂取不足は大腸の蠕動運動の低下につながるため，弛緩性便秘の原因となる。

5 ＝✗　腹部を冷やすのではなく，温める温罨法が効果的である。温める部位は腹部，腰部，腰背部にする。温めることで，大腸の蠕動運動が活発になり，便秘解消にも効果がある。

※便秘の種類については，p.60の図表4－16参照。

292 解説

1＝○ 坐薬（座薬）の挿入時は，バスタオル等を使って露出を最小限にし，肛門部を露出させる。体位は側臥位とし，軽く膝を曲げる。

2＝✕ 挿入時には座薬の先端に潤滑剤をつけて挿入する。潤滑剤をつけることで座薬が挿入しやすくなる。なお，座薬は体温で溶解しやすいため，ガーゼやトイレットペーパーで直接触れないようにして持つ。

3＝✕ 挿入時は腹圧がかかって座薬が排出されないように，口呼吸をして腹部の力を抜くように声かけをする。腹部に力が入ると挿入しにくいため，腹式呼吸はしないようにする。

4＝✕ 座薬の挿入が浅いと自然に排出されてしまうため，座薬はできるだけ深く挿入する。

5＝✕ 座薬の挿入後は，ガーゼやトイレットペーパーの上から，1～2分押さえておく。座薬が完全に入り，出てこないことを確認してから手袋をはずす。

293 解説

解答－4

1＝✕ 下痢症状の対応としては，下腹部を温める，腹巻を使用する，腰湯につかるほか，低温やけどに注意してカイロの使用も検討する。

2＝✕ 下痢の水様便は消化酵素を含み，皮膚に炎症を起こしやすい。頻回に消毒液や石けんを使った陰部洗浄を行うと，からだが必要とする皮脂も除去してしまう。また，清拭等の刺激により，発赤や掻痒感を招き，皮膚トラブルの原因にもなる。ぬるま湯による洗い流し，ガーゼなどの柔らかい素材の布を押し当てる押さえ拭きなどで，優しく拭いて，皮膚トラブルを回避するようにする。

3＝✕ 下痢をしている状態で水分摂取を控えると，脱水を引き起こす誘因になるので，胃腸への刺激がなく吸収のよい水分を摂ることが必要である。適温で刺激の少ない白湯，電解質のバランスのとれたスポーツ飲料などを少しずつ頻回に補給する。

4＝○ 一般的に「便」には大腸菌も含め常在菌が混入しているので，取り扱いには注意が必要である。また，下痢が続くという状態では，何らかの感染症に罹患している可能性が考えられる。そのため，排泄物は感染源として厳重に取り扱わなければならない。汚れたおむつが入ったビニール袋は口をしっかり結び，感染源にならないように，必ず手袋を着用し，1回ごとに廃棄するなどの対応が必要である。

5＝✕ トイレットペーパーでの清拭は皮膚に対する刺激が強いため，適切でない。排便後は洗浄または肛門清拭剤をつけて清潔にする。

生活支援技術

解説　　　　　　　　　　　　　　　　　　　　　　　　　　　　　　　　解答－**4**

1＝✕　司法書士は，他人の依頼を受け，不動産や会社の登記の手続きの代理や簡易裁判所の訴訟手続きの代理などができる法律手続きの専門家である。クーリング・オフの手続きや代理を依頼できるため，相談者としては適切である。しかし，依頼するにあたっては費用がかかることなどをKさんに説明して同意を得る必要があるため，相談までに時間を要する。迅速に相談する相手としては，適切とはいえない。

2＝✕　地域活動支援センターは，障害者の日常生活及び社会生活を総合的に支援するための法律（障害者総合支援法）に基づき，障害者や障害児を通わせ，創作的活動または生産活動の機会の提供，社会との交流の促進などの便宜を供与する施設である。

3＝✕　家庭裁判所は，家庭に関する事件の審判および調停や，少年の保護事件の審判などの権限を有する裁判所である。

4＝〇　消費生活センターは，消費者安全法に基づき，消費者情報の提供，商品テスト，悪質商法等に関する苦情処理等にあたっている地方公共団体が設置している行政機関である。都道府県には設置の義務が，市町村には設置の努力義務が課されている。そのため，設問のような消費者被害に対して，迅速にクーリング・オフの手続きを相談する窓口としては最も適切である。

5＝✕　国民生活センターは，独立行政法人国民生活センター法に基づき，国民生活の安定・向上のため情報提供や調査研究を行っている。また，消費者基本法に基づき，国や全国の消費生活センター等と連携して，危害情報の収集・原因分析・評価，教育研修等を行っている機関である。迅速に相談する相手としては，適切とはいえない。

解説　　　　　　　　　　　　　　　　　　　　　　　　　　　　　　　　解答－**3**

　洗濯表示については，2016年（平成28年）12月の改正以降のものを覚えるようにする（図表11－9参照）。

1＝✕　「日当たりのよい場所」「平干し乾燥」を意味する記号ではない。

2＝✕　「ぬれつり干し乾燥」を意味する記号ではない。

3＝〇　「日陰でのつり干し乾燥がよい」ことを示す記号である。

4＝✕　「日当たりのよい場所」を意味する記号ではない。

5＝✕　「平干し乾燥」を意味する記号ではない。

記号	記号の意味	記号	記号の意味	記号	記号の意味
40	液温は40℃を限度とし，洗濯機で洗濯ができる		つり干しがよい	Ⓟ	パークロロエチレンおよび石油系溶剤によるドライクリーニングができる
40	液温は40℃を限度とし，洗濯機で弱い洗濯ができる		日陰のつり干しがよい	Ⓟ	パークロロエチレンおよび石油系溶剤による弱いドライクリーニングができる
40	液温は40℃を限度とし，洗濯機で非常に弱い洗濯ができる		ぬれつり干しがよい	Ⓕ	石油系溶剤によるドライクリーニングができる
	液温は40℃を限度とし，手洗いができる		平干しがよい	Ⓕ	石油系溶剤による弱いドライクリーニングができる
	家庭での洗濯禁止				ドライクリーニング禁止

296 解説　　　解答−4

1 ＝✘　定められた量以上の洗剤を使用しても，汚れがよく落ちるということはない。むしろ，余分な洗剤が衣類に付着して皮膚障害の原因にもなりかねない。

2 ＝✘　絹 100 ％の衣類に塩素系漂白剤を使用すると，生地が傷んだり，黄ばんだりしてしまう（図表 11 − 10 参照）。

3 ＝✘　マジックテープははずしたままだと，ほかの洗濯物に引っかかるため，留めて洗濯するようにする。

4 ＝○　しみとなった血液の成分は主にたんぱく質なので，湯で洗うと硬化して，余計に落ちにくくなる（図表 11 − 11 参照）。

5 ＝✘　ドライクリーニングは，主に油性の汚れは落とすが，汗じみなどの水性の汚れは落ちにくい。

種類		特徴
酸化漂白剤	塩素系	綿・麻・アクリル・レーヨン・ポリエステル・キュプラの白物衣料に使える。酸性タイプのものと混ぜると有害な塩素ガスが発生するので危険である。
	酸素系	水洗いできる白物，色物，柄物の繊維製品（木綿，麻，毛，絹）に使える。冷水より温水のほうが早く効果が出る。衣類の除菌・抗菌・除臭やしみ・部分汚れの漂白（食べこぼし，調味料，えり・袖口，血液など）にも使える。赤ちゃんの衣料の漂白にも使える。※毛・絹の衣料の場合は中性洗剤を使う。
還元漂白剤		すべての白物衣料に使える。酸化型の漂白剤で落ちないしみが落とせる。

出典：介護福祉士養成講座編集委員会編『最新 介護福祉士養成講座⑥生活支援技術Ⅰ（第2版）』中央法規出版，p. 236，2022年を一部改変

▶図表 11 − 11　しみ抜きの方法の一例　覚えておこう！

しみの種類		しみ抜きの方法
水溶性	しょうゆ，ソース，紅茶，果汁，コーヒー，お茶，ジュース	水をつけた綿棒や歯ブラシで，しみの周辺から中心に向けてたたく。
	血液	台所用洗剤を水に溶かし，しみの周辺から中心に向けてたたく。
水油混合	ドレッシング，カレー，ミートソース，アイスクリーム，マヨネーズ，（焼肉用）たれ	台所用洗剤を水に溶かし，しみの周辺から中心に向けてたたく。
油性	えり垢，口紅，クレヨン，ボールペン，チョコレート	ベンジンを使った後，洗剤を使う。
	朱肉	エタノールをつけたブラシでたたく。
不溶性	墨汁	歯みがき粉をつけてもみ洗いしたり，ご飯粒をすりこんでもよい。
	泥はね	まず，泥を乾かす。表面をたたいたり，もんだり，ブラシをかけたりしながら落とす。
その他	ガム	氷で冷やして，ヘラなどではがす。

出典：介護福祉士養成講座編集委員会編『最新 介護福祉士養成講座⑥生活支援技術Ⅰ（第2版）』中央法規出版，p. 236，2022年を一部改変

ノロウイルス（Norovirus）の感染経路は，基本的に経口感染である。感染には，ウイルスに汚染されたカキなどの二枚貝を加熱処理が不十分なまま食べたり，感染者の糞便や嘔吐物から人の手を介しての二次感染があり，家庭や施設などでは飛沫感染もみられる。

1＝○ 嘔吐物の処理中に口や手指から二次感染する危険性があるため，処理には必ずマスク，ガウン，手袋を着用し，使用後はビニール袋に入れて破棄する。

2＝✕ 嘔吐物には大量のウイルスが含まれ，二次感染を起こす危険性があるため，速やかに処理する。ペーパータオルや布などで，外側から内側に向けて静かに拭き取り，最後に次亜塩素酸ナトリウム液で浸すように拭き取り，その後に水拭きする。

3＝✕ ベッド柵（サイドレール）やドアノブなど手を触れる場所の拭き取り消毒を行う場合は，薄めた次亜塩素酸ナトリウム液と使い捨ての布などを使用する。

4＝✕ 衣服に付着した嘔吐物を軽く洗い流し，次亜塩素酸ナトリウム液に10分程度つける，もしくは85℃以上で1分間以上熱湯消毒し，洗濯機で洗濯して乾燥させる。

5＝✕ カキなどの食品を十分に加熱しないと，食中毒になる可能性が高い。一般にウイルスは熱に弱いことから，食品は中心部温度85℃以上で1分間以上の加熱が必要である。

1＝✕ ぐし縫いは，縫い目が表から見える縫い方である。なみ縫いと同じ縫い方で，細かい針目で縫ったものをいう。

2＝○ まつり縫いは，縫い目が表から目立たない縫い方である。袖口のほつれ直しやズボンの裾上げに向いている。

3＝✕ 半返し縫いは，縫い目が表から見える縫い方である。

4＝✕ 本返し縫いは，縫い目が表から見える縫い方である。

5＝✕ コの字縫い（コの字とじ）は，縫い目は見えないが，布同士をとじ合わせる縫い方のことである。袖口や裾に手足を通せなくなるため適切でない。

食中毒の予防のためには，①食品に表示されている消費期限や賞味期限を確認して購入する，②冷凍や冷蔵など温度管理の必要なものは購入後，できるだけ早く冷凍庫や冷蔵庫にしまう，③調理や食事の際には，手洗いを欠かさないようにするなどがポイントとなる。

1＝✕ 水に浸しておくと，余計に細菌が繁殖してしまうため，できるだけ早く洗う。

2 ＝✕　一度開封，開栓した食品は，表示されている期限に関係なく，早めに使い切る。

3 ＝✕　肉入りのカレーを常温のまま置いておくと菌が増え，食中毒の原因となる。また，加熱調理後，ウエルシュ菌が急激に増える。この菌は熱に強く，死滅しない。食べ物は作り置きせずに，当日食べられる分を作るようにする。調理後はすぐに食べ，やむを得ず保管する場合は冷凍保存する。

4 ＝◯　選択肢の記述のとおりである。素早く確実に冷やすためにも，浅い容器に小分けにするとよい。

5 ＝✕　傷口にいる黄色ブドウ球菌が食中毒を起こすので，手に切り傷があるときは，調理しないようにする。ほかに調理できる人がいない場合は，手袋等をする。

▶図表 11 － 12　食中毒の原因となる菌　　整理しておこう！

菌	主な原因食品	予防方法
サルモネラ菌	生卵，自家製マヨネーズなど	加熱調理
腸炎ビブリオ	生の魚介類など	真水で洗浄後，加熱調理
ウエルシュ菌	シチュー，カレーなど	調理後の常温放置を避け，冷凍保存 ※加熱調理では予防できない
カンピロバクター	鶏肉	加熱調理
黄色ブドウ球菌	おにぎり，シュークリーム	手にけがをしているときは，調理しない
ノロウイルス	生カキなどの二枚貝	十分な加熱，手洗いの励行

300 解説　　　　　　　　　　　　　　　　　　　　解答－4

　弱視の人は，目から情報を入手することが難しい。そのため生活におけるさまざまな不安を抱えている。介護福祉職は，本人の希望や状況を踏まえ，必要な情報の提供と，不安や不便の解消に努めるように支援することが大切である。

1 ＝✕　商品を選択してもらう自己決定こそが，自立支援と買い物の楽しみを得ることにつながる。介護福祉職は売り場に同行し，利用者が買いたい物を購入できるように支援する。

2 ＝✕　財布は，貨幣や紙幣を種類ごとに分けて収納できるものを勧める。種類ごとに分けて収納することで，貨幣や紙幣の種類の区別がつきやすくなる。

3 ＝✕　調理中の包丁は，安全のために，刃先を外に向け，調理台（まな板）の外の同じ場所に置くとよい。

4 ＝◯　よく使う調理器具は，いつも同じ場所に置くことで，なくすこともなく，次に使用す

る際に探さなくてよくなる。使用したものは同じ場所に戻すことが大切である。

5＝✕　ご飯茶碗は，濃い色合いのものを勧める。濃い色合いの茶碗にご飯を盛り付けることで，コントラストがついて見やすくなる。

301 解 説　　　　　　　　　　　　　　　　　　　　　　　　　解答－5

　関節リウマチ（rheumatoid arthritis）は，関節の炎症が持続する病気である。滑膜の炎症によって関節の痛みや腫れが起こり，軟骨がすり減って関節の変形や機能障害がみられるようになる。

1＝✕　鍋を片手で持って調理すると，持ったほうの手の関節に負担がかかるため，両手で持つなど，負担の少ない方法を助言する。

2＝✕　食べ終わった食器を重ねてまとめて運ぶと，食器が不安定になり重くなり，関節への負担がかかる。少しずつ運ぶことで，関節への負担を減らすことができる。

3＝✕　水を使って食器を洗うと，手指全体が水で冷やされ血行が悪くなることにより，関節の動きも悪くなる。食器を洗うときは，適温のお湯を使うように勧める。

4＝✕　関節リウマチは，早朝に手指の関節の痛みや腫れが強い，いわゆる朝のこわばりが特徴である。朝起きてすぐに掃除をすることは，関節への負担が大きいため，早朝以外の活動しやすい時間帯に無理のない程度に行うように助言する。

5＝○　調理をするときは立ち仕事が続くことから，関節に痛みや負担がかかりやすい。高めの腰掛けいすを利用するなどして，下肢関節に負担をかけないように助言する。

302 解 説　　　　　　　　　　　　　　　　　　　　　　　　　解答－3

1＝✕　家具の下から掃除を始めても，その後に高いところを掃除した際の埃によって汚れる。埃は浮遊するため，はじめに掃除した家具の下も再び汚れ非効率である。掃除は高い所から低い所へ進める。

2＝✕　床の塵や埃が舞い上がらないように，拭き掃除をしてから掃除機をかける。先に掃除機をかけてしまうと，掃除機から出る排気によって床の塵や埃を巻き上げることになる。

3＝○　掃除機をかけた場所を通って汚すことがないように，掃除は部屋の奥から出入口に向かって進める。

4＝✕　干した布団をたたくと，ダニの死骸が砕かれ吸い込みやすくなる。布団を干した後は，ダニアレルゲンを除去するために掃除機で吸い取るようにする。

5＝✕　浴室の掃除をするときには，かび取り剤などの有害成分を吸い込むことがないように

窓を開けて換気し，マスクやタオルで口を覆いながら行う。

303 解説

解答−2

1＝✕　マットレスの硬さは本人の好みも重要だが，硬すぎず柔らかすぎず，筋肉の緊張を取り除き，寝心地がよく，体位が保持でき寝返りしやすいものが適している。

2＝◯　睡眠中はコップ1〜2杯程度の汗をかくことで体熱の放出をしている。快適な眠りのためには，寝具は吸湿性に優れ，保温性に配慮したものを選び，清潔で乾燥したものを整える。

3＝✕　朝，太陽の光を浴びることで覚醒が促され，光を浴びてから14〜16時間後に，脳の松果体から睡眠ホルモンと呼ばれるメラトニン（melatonin）という物質が分泌されると，からだは睡眠に適した状態になる。そのため，カーテンやブラインドは朝には開けて太陽の光を浴びることができるようにする。

4＝✕　寝室の温度は，20℃前後（冬は15℃前後，夏は25℃前後）に設定することが望ましい。

5＝✕　冬季には，電気毛布で寝具内を温めておくことで良好な睡眠環境となる。しかし，就寝中，常時通電しておくことは低温やけどや脱水のおそれがあり，注意が必要である。

304 解説

解答−3

1＝✕　手のひらでしわを伸ばすことは，衛生面から避けたほうがよい。シーツの角を対角線の方向に伸ばして整えるようにする。

2＝✕　ベッドに入ったときに，足元がきつくならないように，掛け毛布の足元はゆるみをつくる。

3＝◯　枕カバーに枕を入れる際には，ラベルなどをカバーの中に入れて，利用者の頸部に当たらないようにする。

4＝✕　感染予防や埃を舞い上げないようにするため，シーツの汚れた面を内側にして，丸めながらはずす。

5＝✕　ベッドメイキングの際のベッドの高さは，介助者の身長に合わせる。介助者にとって負担の少ない高さに調整することで，腰痛を予防する。

305 解説

解答−4

1＝✕　就寝直前に入浴すると，体温が高い状態のままとなって安眠効果を下げてしまうため，適切でない。38〜40℃程度のぬるめのお湯に，就寝の1〜2時間前にリラックス

してつかることで，副交感神経を活発化させ，末梢血管の拡張による熱放散で，徐々に体温が下がって安眠することができる。

2＝✗ 緑茶や紅茶は，カフェイン（caffeine）の作用により覚醒してしまうため，就寝前に飲むものとしては適さない。心地よい睡眠のためには，1杯の温かいスープや牛乳がよい。

3＝✗ 食事の時間が遅いと，眠る時間も遅くなる。また，就寝直前に食事を摂ると，胃や腸が活発にはたらいて眠れなくなるうえ，朝食が食べられない原因にもなり，生活リズムを乱すことになる。夕食は，就寝する3時間前までにはすませておくとよい。また，低脂肪で消化のよいものを中心にするとよい。

4＝◯ 概日リズム（サーカディアンリズム（circadian rhythm））を回復させるためには，起床後に日光を浴びることが効果的である。規則正しい生活を送り，睡眠・覚醒リズムを整えることが，質のよい睡眠につながる。

5＝✗ 質のよい睡眠につなげるため，昼間に適度な運動をするなど，生活のリズムを整えるように促すとよい。

---

306 解説　　　　　　　　　　　　　　　　　　　解答－2

1＝✗ 関節リウマチ（rheumatoid arthritis）の利用者にとって，頸部が前屈するような姿勢は負担となるため，高めの枕の使用は避けるようにする。

2＝◯ 睡眠薬の効果が出てから活動していると，ふらつきや転倒につながり，危険である。そのため，服薬後は早めに床についてもらうとよい。

3＝✗ 特殊寝台（介護ベッド）には背上げなどの機能があり，起き上がりやベッドからの立ち上がり動作が困難な人が利用するとよい。利用者の残存機能を活かすという視点からも，杖歩行をしている利用者に特殊寝台（介護ベッド）を導入することは適切とはいえない。

4＝✗ 深夜に1人で歩くことは危険であり，足音や物音がほかの利用者の睡眠を妨げる一因にもなり得る。認知機能の低下があり，深夜に徘徊している場合は，介護福祉職が話を聞くなどして，利用者に安心してもらえる環境を整えることが大切である。

5＝✗ 呼吸の苦しさを伴う場合は，頭部を少し上げるようにベッドの高さを調整するとよい。

---

307 解説　　　　　　　　　　　　　　　　　　　解答－3

1＝✗ 床からの音や振動が直接伝わらないのは，ベッドの利点である。

2＝✗ 介助者が体位変換を行いやすいのは，ベッドの利点である。

生活支援技術

3 ＝○　転落の危険性や不安がないのは，布団の利点である。

4 ＝✗　布団に湿気がこもらないのは，ベッドの利点である。

5 ＝✗　利用者が起き上がりや立ち上がりの動作がしやすいのは，ベッドの利点である。

▶図表11－13　ベッドと布団の利点　📖整理しておこう！

ベッド	布団
・床との空間があるため，湿気がこもらない。 ・音や振動が直接伝わらない。 ・埃などが直接顔にかかりにくい。 ・起き上がりや立ち上がりの動作がしやすい。 ・車いすやポータブルトイレへの移乗が行いやすい。 ・体位変換を行いやすい。	・折りたたんで収納できるため，部屋を広く使用できる。 ・転落の危険性や不安がない。

出典：介護福祉士養成講座編集委員会編『最新 介護福祉士養成講座⑦生活支援技術Ⅱ（第２版）』中央法規出版，p.231，2022年を一部改変

308 解説　　　　　　　　　　　　　　　　　　　　解答－1

1 ＝○　就寝前の習慣である入眠儀式は人によってさまざまである。まずは，自宅での利用者の入眠儀式を把握したうえで，入眠を促す具体的な支援を考える。

2 ＝✗　心配事やストレスが眠れない原因となっていることもある。そばに寄り添い，話を聞くなどの姿勢は，利用者に安心感を与え，睡眠を促すことにもつながる。

3 ＝✗　日中の睡眠は生体に備わっている生体時計（サーカディアンリズム（circadian rhythm：概日リズム））を乱すことにつながるので，活動と休息・睡眠等の１日の生活リズムを調整できるように工夫することが必要である。

4 ＝✗　カフェイン（caffeine）を含む飲み物は，不眠の原因になるため控える。

5 ＝✗　夜，眠れなくて困っているＬさんにとって，施設の起床時間や消灯時間を意識させることは，ストレスとなりかねない。Ｌさんの自宅での生活リズムを把握して，これまでの生活リズムを継続できるように支援することが，安眠への支援となる。

309 解説　　　　　　　　　　　　　　　　　　　　解答－1

1 ＝○　チームケアで行うことから，話し合った内容はそのつど，文書にまとめておくことが必要である。本人や家族，多職種連携のために，情報の共有，報告，連絡，相談を密に行うことが重要である。

2 ＝✗　家族等（法的な意味での家族だけでなく，親しい友人も含む）が意思を推定できると

きは，推定意思を尊重し，本人にとって最善の方針をとる。

3＝✗ 医療・ケアチームから，適切で十分な情報提供と説明がなされたうえで本人が決定するが，本人の意思は変化する可能性があるため，医療・ケアチームの専門職と家族等も含めて繰り返し話し合いを行う。

4＝✗ 家庭裁判所ではなく，医療・ケアチームが医療・ケアの妥当性・適切性を判断する。医療・ケアチームに家族等から判断をゆだねられた場合，その決定内容を説明し，十分に理解してもらうように努める必要がある。

5＝✗ アドバンス・ケア・プランニング（advance care planning：ACP）では，気管切開を行う場合や人工呼吸器の使用等の医療処置の決定であっても，本人，家族等，医療・ケアチームが十分な情報提供のもと，話し合いを繰り返しもち，本人が意思決定を行う。

310 解説　　　　　　　　　　　　　　　　　　　　　解答－4

1＝✗ 終末期に喘鳴がみられる場合には，吸引をすることで呼吸状態を不安定にさせることもある。そのため，「痰の吸引をすると楽になる」と伝えることは適切でない。また，家族が痰の吸引を希望した場合には，状況を説明したうえで，家族の気持ちを尊重して対応する。

2＝✗ 励ますように促すのではなく，家族の訴えを傾聴し，思いを汲み取ったうえで，家族が納得できるようなかかわりができるように支援する。

3＝✗ たとえ意識がなかったとしても，呼吸が苦しそうなMさんを前にした家族は心配である。家族の感情を理解し，常に寄り添い共感する姿勢が求められる。家族が思うほど本人は苦痛を感じていないことを伝え，安心できるように伝えるのが適切である。

4＝○ 死が近づいたときの身体の変化の1つに喘鳴がある。それが自然な経過であることを家族に伝え，体位の工夫などのケアを行い，一緒に見守ることは適切である。

5＝✗ 本人も家族も，最期はこの施設で迎えることを希望している。救急車を呼ぶことは，その意思に反することになる。

311 解説　　　　　　　　　　　　　　　　　　　　　解答－3

1＝✗ 肩までお湯につかることで，全身が温まるが，終末期で終日臥床している利用者にとっては，身体にかかる負担が大きい。利用者の状態に合わせて，全身清拭や部分清拭，ベッド上での洗髪で身体を清潔に保つほうがよい。また手足が冷えているような場合は手浴や足浴も効果的である。

2＝✕　水分を摂取する際は，さらさらとした液体だと誤嚥しやすいため，とろみをつけたもので補給するようにする。口渇があるときには，小さな氷を口に含むことで改善する。

3＝○　苦痛がある場合は，定期的に体位変換するとともに，手足のマッサージなどを行い，倦怠感の除去を考える。下肢に冷感がある場合は，湯たんぽやゴムが緩い靴下などを利用して保温する。同一体位を避け，痛みのある部位は上にするなど，安楽な体位を保持する。さらに，身体的なものにとどまらず，不安や孤独など精神的なものや，死の恐怖などについてもこころの痛みとして援助することが必要である。

4＝✕　死への恐怖を感じているNさんの気持ちや思いを受け止めることが重要である。死の恐怖を否定せず傾聴し，優しく声をかけ，手足をさすることも苦痛の緩和になる。

5＝✕　居室の窓を終日閉めたままにすると，さまざまな臭気がこもってくる。換気を適切に行うことが望ましい。

312 解 説
解答－2

1＝✕　死期が近づいたときには，全身倦怠感が強いなど，全身清拭は負担が大きくなる場合もある。そのような場合は，全身清拭から部分清拭に切り替えて行う。

2＝○　からだの清潔を保つことは，気分のリフレッシュ，爽快感を得る，感染予防，褥瘡予防などの意義がある。利用者の苦痛がなく，バイタルサイン（vital signs）も安定していれば入浴を行う。

3＝✕　口渇がある場合，少量の水や小さな氷を口に含むことで改善する。

4＝✕　食事量が減少したときは，利用者の食べたいものを無理のない範囲で摂取してもらう。この時期に過剰な栄養や水分を補給することは，心臓に負担をかけたり，痰の増加や浮腫につながる。

5＝✕　家族がいないときに急な状態の変化があった場合に備えて，家族の連絡先や連絡方法を把握しておく。

313 解 説
解答－4

1＝✕　呼吸のリズムや深さが乱れてくる。

2＝✕　体温が低下することが多い。

3＝✕　尿や便の量が減る。

4＝○　血圧は徐々に低下する。

5＝✕　意識レベルは低下する。

▶図表11－14　死が近づいたときの身体の変化  覚えておこう！

項目	状態の変化
意識	意識レベルが低下し，ウトウトしている時間が長くなる。
呼吸	リズムや深さが乱れてくる。 下咽頭に分泌物がたまり，喘鳴が聞かれる。 チェーンストークス呼吸※1，肩呼吸※2，下顎呼吸※3がみられる。
体温	低下することが多い。
脈拍	リズムが乱れ微弱となる。 橈骨動脈は，触れにくくなる。
血圧	徐々に低下する。
皮膚	四肢末梢が冷たくなる。 チアノーゼ※4が出現する。 背部や四肢に浮腫が生じる。
尿・便	尿や便の量が減る。 肛門や尿道の括約筋の低下により失禁がみられる。

※1：浅い呼吸から深い呼吸となっていったん呼吸が止まる（10～20秒程度の無呼吸）。この周期をくり返す呼吸。
※2：呼吸をするときに肩が上下に動く呼吸。
※3：下顎を動かして，口をパクパクさせるような呼吸。死が時間単位でせまっていることを示す。
※4：口唇や爪，皮膚が青紫色になること。呼吸状態の悪化を示す。

出典：介護福祉士養成講座編集委員会編『最新 介護福祉士養成講座⑦生活支援技術Ⅱ（第2版）』中央法規出版，p.276，2022年

314 解説　　　　　　　　　　　　　　　　　　　解答－5

1＝✕　死後のケアでは，着物は左前にする。紐は縦結びにし，手を組み，顔には白い布をかける。

2＝✕　家族への支援の1つとして，生前の様子を思い出として語ることは，グリーフケア（grief care）につながる。

3＝✕　利用者が自分自身の死に際して実施されるケアや医療についてあらかじめ書面で指示しておくことをリビングウィル（living will）という。デスカンファレンス（death conference）は，死後に，介護福祉職や他職種などがかかわった利用者について振り返り，経験をケアの向上につなげることが目的である。

4＝✕　医師による死亡診断がされた後，死後硬直が起こる1～2時間までに死後の処置を行う。家族がお別れの時間をもった後，一緒に行うかどうか家族の意向を確認してから

生活支援技術

行う。

5 ＝〇 グリーフケアとは，利用者の死亡に伴う悲嘆や喪失感に対して，遺族を支援すること
である。介護福祉職は，ねぎらい，悲しみを共有して，悲嘆感情を受け止めて支援す
ることが大切である。

315 解説　　　　　　　　　　　　　　　　　　　　　　　　　解答－4

1 ＝✗　段差解消機は，車いすを使用している身体障害のある利用者が，越えることが難しい
段差を車いすごと昇降し，移動できるようにするものである。視覚障害のある利用者
が移動時に利用する福祉用具としては，視覚障害者安全杖がある。

2 ＝✗　交互型歩行器は，移動に困難があるが，両手の機能には障害のない利用者が，左右の
フレームを交互に動かして前に進むものである。片麻痺のある利用者が移動時に利用
する福祉用具としては，片手で利用できる杖がある。

3 ＝✗　重度障害者用意思伝達装置は，重度の両上下肢および言語機能障害があり，重度障害
者用意思伝達装置によらなければ意思の伝達が困難な利用者が，意思を伝達するため
に利用するものである。

4 ＝〇　ロフストランドクラッチ（Lofstrand crutch）は，握りと前腕の2点で体重を支える
歩行補助杖である。手指や手首に支障があり，握力が弱く握りだけで身体を支えるこ
とが難しい利用者に適している。

5 ＝✗　拡大読書器は，ロービジョン（低視力）の人や視覚障害のある人が，文字を読むため
に利用するものである。

解答 解説　かいご かてい　介護過程

316 解説

1 ＝✕　介護過程は，一人ひとりの利用者の生活課題を明らかにし，目標を立てて立案した計画を実践し評価するという一連の過程であり，個別ケアを実践するためのものである。

2 ＝○　介護過程は，利用者が望む「よりよい生活」「よりよい人生」を実現するために，専門知識・技術を活用した客観的で科学的な思考過程である。

3 ＝✕　介護過程は，利用者が望む「よりよい生活」「よりよい人生」の実現を目指して実践されるものである。介護福祉職の業務負担を軽減することが目的ではない。

4 ＝✕　介護過程は，利用者の自己実現を図るために展開するものである。家族介護者の意向を汲む必要はあるが，家族介護者の自己実現を図ることが目的ではない。

5 ＝✕　ケアプラン（居宅サービス計画または施設サービス計画）は，介護支援専門員（ケアマネジャー）が作成するものである。介護過程は，このケアプランを踏まえて，介護福祉職の視点からアセスメント（assessment）を行い，利用者の希望する生活の実現のために介護計画を立案し，介護を実施し，評価するというプロセスを繰り返すものである。

▶**図表 12 − 1　介護過程の意義と目的**

●介護過程は，利用者が望む「よりよい生活」「よりよい人生」を実現するという，介護の目的を達成するために行う専門知識・技術を活用した客観的で科学的な思考過程である。
●介護過程は，以下の実現を目指して展開する。

①尊厳を守るケアの実践
②個別ケアの実践→利用者の自己実現を目指す
③日常生活の自立支援
④多職種協働・連携による適切な支援の提供→利用者の QOL（生活の質）の向上を目指す
⑤根拠に基づく介護の実践

317 解説

介護過程における情報収集とは，意図的な観察により利用者の生活の全体像をとらえること

である。情報収集は，介護過程の展開のアセスメント（assessment）に含まれる。

1＝✕　利用者の日常生活の困難な部分（できないこと（マイナス面））だけでなく，できていることや潜在能力，利用者の「何かに取り組もう」とする意欲，その人を取り巻く人や物的環境の強み（プラス面）など，幅広い視点から情報を収集する。介護過程では，ICF（International Classification of Functioning, Disability and Health：国際生活機能分類）の視点に基づいて情報を収集することで，利用者の生活の全体像を客観的かつ全人的にとらえることが可能となる。

2＝✕　介護福祉職の興味のある情報だけを集めると，偏った情報を集めることとなる。先入観や偏見などをもたずに，利用者のありのままの姿を理解できるように情報を集めることが大切である。

3＝○　利用者の望む生活を実現することは介護過程の目的の1つである。利用者の希望や思いを理解しながら，実現するにはどのような課題があるのかを正しく把握するために情報を収集する。

4＝✕　初対面のときは利用者との信頼関係の構築が優先される。利用者の話に耳を傾け（傾聴），利用者が安心できる環境のなかで，多くのことを聞き出そうとせずに，必要最低限の情報の収集にとどめる。

5＝✕　情報は主観的情報にとどまらず客観的情報も収集する（図表12−2参照）。利用者自身や家族が発する言葉，介護福祉職が観察した内容，他職種から得た情報など，必要な情報を多角的に収集する。

▶図表12−2　利用者の主観的情報と客観的情報  違いを押さえよう！

主観的情報	・利用者が思っていることや考えていること ・利用者が発した言葉から得られる情報
客観的情報	・介護福祉職等が観察した利用者のありのままの事実（表情・行動等） ・利用者を取り巻く家族，友人，知人からの聞き取りによって得られる情報 ・検査，測定等によって出された結果の情報

注：介護福祉職等が利用者を観察したときに生じる自身の思いや感情は，客観的情報には含まれない。

▶図表12−3　情報を収集する際の留意点 覚えておこう！

・観察力を身につける。
・先入観や偏見をもたない。
・情報の取捨選択をする。

318 解説 (かいせつ)　　　　　　　　　　　　　　　　　　　　　　　　　　　　　　解答－3

1＝✕　他の専門職が記載した記録は，間接的な情報として扱う。アセスメント (assessment) における情報収集には，直接的な情報収集と間接的な情報収集がある。

▶図表 12－4　**直接的な情報収集と間接的な情報収集** ⚠️ 違いを押さえよう！

直接的な情報収集	介護福祉職が利用者と直接的にかかわり合いをもちながら，自分の五感を使った観察により情報を収集する方法
間接的な情報収集	各専門職などが書いた記録やチームメンバー，他職種，家族などからの情報提供によって情報を収集する方法

2＝✕　実践したい支援に沿った情報だけでは，情報不足になる可能性がある。利用者の全体像を把握するためにも，**多角的な視点で複数の情報を収集して取捨選択する必要がある。**

3＝○　アセスメントでは，専門的知識や今までの経験を活用して情報を解釈し，多くの情報を整理したり関連づけたりして課題を明確化する。

4＝✕　情報収集により得られた情報は，一つひとつ解釈し，それらを相互に関連づける必要がある。それにより，利用者にとっての課題（必要な支援）を明らかにすることができる。

5＝✕　介護過程のアセスメントにおいては「できている活動」についても分析を行い，課題を抽出していく必要がある。この「できている活動」に継続的に取り組むことが，利用者の残存能力の活用と自立支援につながる。

319 解説 (かいせつ)　　　　　　　　　　　　　　　　　　　　　　　　　　　　　　解答－4

　介護過程は，①アセスメント（assessment），②介護計画の立案，③介護の実施，④評価の4つの過程を繰り返す（図表 12－5 参照）。

1＝✕　具体的な支援計画を検討することは，介護計画の立案の過程で行う。

2＝✕　達成できる目標を設定することは，介護計画の立案の過程で行う。なお，目標は，達成できる内容とすること，評価ができる内容とすることが重要である。

3＝✕　支援の経過を評価することは，評価の過程で行う。

4＝○　利用者の生活課題を明確にすることは，アセスメントの過程で行う。

5＝✕　支援内容を説明して同意を得ることは，介護の実施の過程で行う。

320 解説 (かいせつ)　　　　　　　　　　　　　　　　　　　　　　　　　　　　　　解答－1

1＝○　利用者が望む生活を実現するために介護過程はある。生活課題とは，まさに利用者が

介護過程

▶図表 12 － 5　介護過程の展開イメージ　覚えておこう!

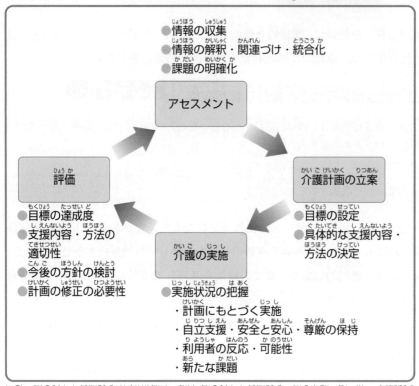

●情報の収集
●情報の解釈・関連づけ・統合化
●課題の明確化

アセスメント

評価

●目標の達成度
●支援内容・方法の
　適切性
●今後の方針の検討
●計画の修正の必要性

介護計画の立案

●目標の設定
●具体的な支援内容・
　方法の決定

介護の実施

●実施状況の把握
　・計画にもとづく実施
　・自立支援・安全と安心・尊厳の保持
　・利用者の反応・可能性
　・新たな課題

出典：介護福祉士養成講座編集委員会編『最新　介護福祉士養成講座⑨介護過程（第 2 版）』中央法規
出版，p. 4，2022年

望む生活を実現するために解決すべきことである。

2 ＝ ✕　表面に表れている生活上の課題だけに着目するのではなく，表面に表れない，潜在化
している生活課題にも着目する必要がある。

3 ＝ ✕　複数ある生活課題の優先順位の決定は，利用者本人の意向に配慮しながらも，生命に
かかわるような緊急性の高いものや，マズロー（Maslow, A. H.）の欲求階層説など
の専門的な見地によって決定されるものである。

4 ＝ ✕　介護福祉職が評価しやすい生活課題を優先するのではなく，専門的判断基準によって
優先順位を判断したうえで，利用者にとって解決すべき生活課題を優先する。

5 ＝ ✕　生活課題を明確化するうえで，ICF（International Classification of Functioning, Dis-
ability and Health：国際生活機能分類）の視点から生活機能，特に活動や参加の状況
を把握することは大切であるが，心身機能や健康状態のほか背景因子である環境因
子・個人因子を適切に把握することが必要である。

321 解説 かいせつ

解答－4

　主観的記録とは，記録した介護福祉職が感じたことや推測したことを記録したものである。客観的記録とは，事実をありのままに記録したものである。

1＝✕　Aさんが外出時には杖を使用して歩行していることは事実であり，介護福祉職の感じたことや推測したことは記録されていないので，客観的記録である。

2＝✕　Aさんが週3回，通所介護（デイサービス）を利用していることは事実であり，介護福祉職の感じたことや推測したことは記録されていないので，客観的記録である。

3＝✕　Aさんが変形性膝関節症（knee osteoarthritis）と診断されていることは事実であり，介護福祉職の感じたことや推測したことは含まれていないため，客観的記録である。

4＝〇　Aさんが「早く家に帰りたい」と訴える理由として，トイレに間に合わないことがあり，パッドを汚してしまうことがあるというAさんの状態からトイレのことが気になるからなのだろうと介護福祉職の推測を含めて記録しているので，主観的記録である。

5＝✕　Aさんの息子に伝えた内容をそのまま記録しており，事実が記録されている。介護福祉職の感じたことや推測したことは記録されていないので，客観的記録である。

322 解説 かいせつ

解答－2

　生活課題とは，利用者が望む生活を実現するために解決すべきことである。この問題では，短期入所生活介護（ショートステイ）を利用している間の生活課題を優先順位も踏まえて抽出できるかが問われている。

1＝✕　Aさんが短期入所生活介護（ショートステイ）を利用している間に気の合う仲間ができることはよいことであるが，自宅に戻ったときにその仲間との付き合いが継続できるかはわからない。最も優先すべき生活課題とはいえない。

2＝〇　通所介護（デイサービス）では，トイレに間に合わないことがあり，パッドを汚してしまうことがあること，午後になると「早く家に帰りたい」と落ち着かない様子があることから，トイレに間に合い失敗なく排泄できることは，Aさんにとって望む生活の1つと考えられる。そのため，短期入所生活介護（ショートステイ）におけるAさんの生活課題として最も優先すべきことである。

3＝✕　短期入所生活介護（ショートステイ）を利用している間も，自宅に戻った後も，歩行の際に杖を使用することは，痛みの軽減や不安なく安定した歩行をするために必要なことである。杖がなくても歩行できるようになることは，現在のAさんの生活課題とはいえない。

4＝✕　入浴が1人でできるようになることはよいことであるが，現在は通所介護（デイサー

介護過程

ビス）を利用して，介助してもらいながら入浴ができており，短期入所生活介護（ショートステイ）でも介助によって入浴できればよい。1人で入浴ができることは，現在のAさんの生活課題とはいえない。

5＝✕　自宅では服薬の管理は息子が行っており正しく服薬できている。短期入所生活介護（ショートステイ）利用中は職員が服薬の管理を行うことができるため，Aさん自身で服薬の管理ができることは最も優先すべき生活課題とはいえない。

323 解 説　　　　　　　　　　　　　　　　　　　　　　解答－4

1＝✕　「短期目標の達成＝長期目標の状態に近づくこと」であり，長期目標と切り離して設定することは適切でない。長期目標と短期目標は整合性があり，連動していることが重要である。

2＝✕　介護過程の短期目標・長期目標は，利用者が達成する目標を設定する。

3＝✕　介護過程の短期目標・長期目標は，理想を目指すものではなく，現実的に達成可能な目標を設定する。

4＝○　介護過程は，利用者によりよい介護を提供するためのものであるため，目標の設定においても個別性に配慮することが大切である。

5＝✕　目標の達成状況や適切性の評価を可能にするため，目標を達成するまでの期間を設定する必要がある。目標達成の期間を設定することにより，利用者も取り組みの成果を実感し，意欲の向上につながる。

▶**図表12－6　介護過程の目標**　覚えておこう！

●利用者を中心とする目標設定の留意点

①個別的である（一人ひとりの生活習慣や価値観を尊重する）
②利用者の自己実現を目指す
③利用者自身が取り組むことができる

●目標の表現の仕方

①主語は利用者であること
②設定した期間において，現実的で達成可能であること
③観察または測定可能であること
④何を目指しているかが明確であること
⑤利用者が読んで不快な表現は避けること

出典：介護福祉士養成講座編集委員会編『新・介護福祉士養成講座⑨介護過程（第3版）』中央法規出版，p.56，p.59，2015年を一部改変

194

324 解説
かい せつ

解答-5
かいとう

1＝✗ 介護計画の立案にあたっては，利用者の生活習慣等を十分に考慮し，利用者が望んで
いる暮らしが実現できるようにすべきである。

2＝✗ 表現内容は介護チームと利用者の共通理解ができるものであることが重要である。で
きる限り専門用語は使用せず，利用者や家族など，専門職以外の人が読んでも正しく
理解できるような表現で介護計画を作成する。

3＝✗ 介護計画の立案にあたっては，家族の意向も考慮する必要があるが，優先するのは利
用者の意向である。

4＝✗ 介護過程のプロセスでは，計画を実施した後に評価をすることが求められる。評価は，目
標の達成度や利用者の満足度を測るものであるが，計画の妥当性も評価の対象となる。
したがって，計画の内容を見直す時期（評価時期）は，最初に定めておく必要がある。
また，計画の見直しは予定の時期の前であっても，必要に応じてなされるべきである。

5＝○ 介護計画は，利用者，介護福祉職，その他の支援者全員が理解でき実施できるもので
なくてはならない。抽象的な表現などは避け，より具体的に記載する必要がある。

▶**図表 12 － 7　介護計画を立案する際の留意点**　覚えておこう！

```
・利用者一人ひとりの価値観，生活習慣を尊重する。
・利用者の同意を得る。
・利用者と家族の意向を反映する。
・介護計画は現実的で実践可能な内容にする。
・介護計画は具体的な内容にする。
・計画の見直しの時期を決めて，定期的に見直しを行う。
・計画した内容は状況に応じて変更，修正する。
・介護計画はケアプランに連動させる。
・長期目標と短期目標は連動させる。
・利用者に及ぼす効果を予測する。
・介護するときの注意点について，記載する。
```

325 解説
かい せつ

解答-1
かいとう

1＝○ 利用者の身体状況，感じていること，考え，思いなどは刻々と変化するが，支援の内
容や方法に対する不安や違和感，要求などをそのつど言葉で表現できる人ばかりでは
ない。そのため，介護福祉職は，利用者の言葉のニュアンスや表情，身体の動き，し
ぐさなどを細かく観察し，利用者の思いを汲み取りながら，常に，今実施している介
護は利用者に適しているのかを判断していくことが求められる。

介護過程
かいごかてい

［解答編］介護過程　195

2 ＝ ✘　介護計画の実施においては，他職種への経過報告は定期的に行い，チームのメンバーで情報を共有することが必要である。

3 ＝ ✘　介護計画の実施においては，利用者の満足度よりも目標の達成を優先するわけではない。利用者の満足度は，介護計画の目標を達成するうえで大切な1つの要素となる。計画した支援の内容・方法・頻度等が適切で利用者が満足していれば，利用者の表情や行動にプラスの変化をもたらし，利用者の状態は目標達成に近づいていく。反対に，利用者が計画した内容に満足していない場合は，マイナスの変化が起こり，目標達成に近づくことができない。

4 ＝ ✘　介護計画は，利用者の価値観に沿って実施する。その際に，利用者の尊厳を保持することが大切である。そのために，介護福祉職は，関心をもって利用者をよく観察し，コミュニケーションなどによってその価値観を理解していく努力が必要となる。

5 ＝ ✘　介護計画の援助内容の変更や修正は，評価日の前であっても利用者の状態に応じて行うことが望ましい。

326 解説　　　　　　　　　　　　　　　　　　　解答−4

1 ＝ ✘　SOAP方式では，主観的情報をS，客観的情報をO，解釈したり判断した内容をA，計画をPとして書く（図表12−8参照）。観察したことはOに該当する。

▶図表12−8　SOAP方式　整理しておこう！

S（Subjective Data）	利用者の発言などの主観的情報
O（Objective Data）	観察などで得られた客観的情報
A（Assessment）	SとOから解釈・判断した内容
P（Plan）	S・O・Aから導いた計画

2 ＝ ✘　正確で客観的な記録にするために，事実を書くことが重要である。根拠のない記録にならないように，介護計画に示された観察項目の観察方法や判断基準などに沿って事実をとらえ，それに対する介護福祉職の評価と考察を記録する。

3 ＝ ✘　介護福祉職がどのような情報からどのように判断したのかを記録しておくことはとても重要である。

4 ＝ ○　介護過程の展開では，介護福祉職だけではなく，さまざまな職種との連携が必要となる。他職種が提供するサービスの実施状況やその効果などの情報も，他職種間で共有されるべき大切な情報である。職種間の情報伝達を確かなものにするためにも，他職種とのかかわりも含めて記録する必要がある。

5＝✗　意図的な改ざんなどが行われる可能性があるため，記録には鉛筆や消せるペンの使用は避けなければならない。また，訂正する際は，修正液や修正テープを使用してはならない。訂正は二重線を引き訂正印を押し，日時を記載するのが正しい方法である。

327 解説　解答－3

1＝✗　Bさんは尿意を感じ自らトイレに行くことができているので，排尿誘導が必要と解釈するのは適切でない。

2＝✗　昼間は失禁はしていないことなどから，切迫性尿失禁の状態であるとは考えにくい。多くの情報を統合し多角的に分析して解釈することが大切である。

3＝○　パジャマや肌着を汚していることや「脱ぎにくくて」と言っていることから，着脱がうまくいかずに汚してしまっているのではないかと予測し，それを確認するための情報収集や分析を行うことは適切である。

4＝✗　排泄の失敗を恥ずかしいと感じ，人には迷惑をかけたくないという思いがあることはすでにわかっていることであり，ここで改めて思いを聞くことは適切でない。

5＝✗　「どうせ汚すならおむつをつけたほうがよいのかしら」という発言は，汚したくないという思いの表れである。トイレで排泄することが可能であるBさんにおむつの着用を検討するのは適切でない。

328 解説　解答－5

1＝✗　人に迷惑をかけたくないという思いがBさんにはあること，自らトイレに行けていることなどから，トイレに誘導することは適切でない。Bさんの思いやできることを大切にした支援が必要である。

2＝✗　トイレで排泄がうまくできれば失禁はしないので，尿取りパッドの使用は必要ない。失敗しても肌着を汚さない安心感を得るために尿取りパッドを着用することもあるが，Bさんの自尊心を大切にして自信を失わないように支援することが求められる。

3＝✗　「トイレで安心して排泄ができる」を短期目標としていること，トイレに行くことが可能であることからポータブルトイレの使用は適切でない。

4＝✗　トイレの場所がわからずに失禁していると解釈することは適切でなく，わかりやすい表示をつけても失禁は解決できないと思われる。トイレの場所がわからないための失禁と判断して電灯をつけてドアを開けておくようにしたがそれでも排泄の失敗があったことから，失禁の原因は別にあるものと考えられる。

5＝○　夜はぼんやりとしてしまい衣服がうまく脱げないために失禁していると判断し，ぼん

やりしていても着脱しやすい衣服を着用できるように支援することは適切である。認知症（dementia）であるからトイレの場所がわからないのではないかという先入観を排除し，何が本当の課題なのかを明らかにするために，新しく得た情報をもとに分析し提案していくことが大切である。

329 解説

1＝✕　利用者や家族の反応も評価の対象である。設定した目標や実施した支援内容・支援方法に対して利用者や家族がどのように感じているか，また，支援を実施した結果どのように変化があったかは，評価するうえで重要な指標となる。

2＝✕　目標を達成するための介護計画なので，支援方法が適切であったかどうかを評価しなくてはならない。支援内容・支援方法が適切であるのに目標が達成できていないとしたら，目標そのものを再検討することにもなる。

3＝✕　介護過程のプロセスの1つである「評価」の責任者は，ケアプラン（居宅サービス計画または施設サービス計画）を立案する介護支援専門員（ケアマネジャー）ではなく，担当の介護福祉職である。

4＝○　評価は，原則として介護計画に定めた時期に行う。ただし，定めた時期以外にも利用者の状態が変化した場合などにも評価を行う。

5＝✕　実施した支援内容・支援方法だけでなく，計画どおりに実施されたかどうか，実施しなかった計画についても評価を行う必要がある。そのほかにも目標に対する到達度はどうか，実施上の新たな課題や可能性はないかなどを評価する。

330 解説

1＝✕　居宅サービス計画（ケアプラン）は，介護支援専門員（ケアマネジャー）が利用者および家族の状況や希望を踏まえて，目標や必要なサービスを相談・検討して作成する。

2＝✕　居宅サービス計画（ケアプラン）に基づいて各サービス事業所が個別サービス計画を作成する。よって，訪問介護（ホームヘルプサービス）の個別サービス計画である訪問介護計画（介護計画）は，居宅サービス計画（ケアプラン）に基づいて作成する。

3＝✕　介護支援専門員（ケアマネジャー）が居宅サービス計画（ケアプラン）を作成し，各サービス事業所へ示す。なお，訪問介護計画は，サービス提供責任者が作成する。

4＝✕　訪問介護計画は，居宅サービス計画（ケアプラン）の目標を達成するために，訪問介護（ホームヘルプサービス）におけるより具体的な支援内容が記される。双方の内容が異なるので同じ内容を転記するのは適切でない。

5＝○ 居宅サービス計画（ケアプラン）と訪問介護計画は，共通の目標のもとに作成され，連動しながら支援を実施することになる。

▶**図表 12－9　介護保険制度におけるサービス計画の位置づけ**

出典：介護福祉士養成講座編集委員会編『新・介護福祉士養成講座⑨介護過程（第 3 版）』中央法規出版，p.54，2015年を一部改変

331 解 説　　　　　　　　　　　　　　　　　　　　　　　解答－4

1＝✕ チームアプローチ（team approach）は，施設入所か否かを問わず，利用者本位の生活を実現するために，各専門職が連携して支援することである。

2＝✕ チームアプローチは，利用者の望む生活を実現するために行われるものであり，生活の主体は利用者であることから，チームアプローチの中心は利用者である。介護福祉職ではない。

3＝✕ ボランティアもチームの一員である。利用者の生活は，各専門職のサービスだけでなく，家族やボランティア，近隣住民等も含めた多くの関係者によって支えられている。ボランティア等の住民による活動は，利用者が住み慣れた地域で安心した生活の継続を実現するために重要な支援である。

4＝○ 専門職がそれぞれの役割を果たしていたとしても，各専門職間の連携がとれていなければ，利用者の生活はよりよい状態にならない。チームアプローチにおいては，専門職の間で目的などの情報を十分に共有し，それぞれの専門性を発揮することが重要となる。

5＝✕ それぞれの課題解決に対応できる関係者によりチームを編成する必要があるため，人数は決まっていない。

332 解 説　　　　　　　　　　　　　　　　　　　　　　　解答－3

1＝✕ 腰痛や眠気を理由にリハビリテーションを休んでいるが，「リハビリをしても仕方がない」という言動からは，在宅復帰を目標にしていた思いの変化が考えられる。今

後，様子をみることは必要だが，腰痛などの改善が最も適切な対応とはいえない。

2＝✕　この時点でリハビリテーションの評価や成果を家族に伝えることが最も適切な対応とはいえない。

3＝○　「リハビリをしても仕方がない」という言動からは，在宅復帰を目標にしていた思いの変化が考えられる。傾聴ボランティアからの情報を共有し，生活のニーズを抽出するとともに，リハビリテーションの目標を確認，または，再設定し，多職種のチームで把握することが重要になる。

4＝✕　栄養指導は，管理栄養士の役割である。介護福祉職は，まず，傾聴ボランティアからの情報を整理する必要がある。

5＝✕　介護保険制度のケアマネジメント（care management）の流れ（図表12 − 10 参照）にサービス担当者会議が含まれているが，サービス担当者会議を主催するのは介護支援専門員（ケアマネジャー）であることから，介護福祉職とリハビリテーション担当者での開催は適切でない。

▶**図表 12 − 10　介護保険制度のケアマネジメントの流れ**  覚えておこう！

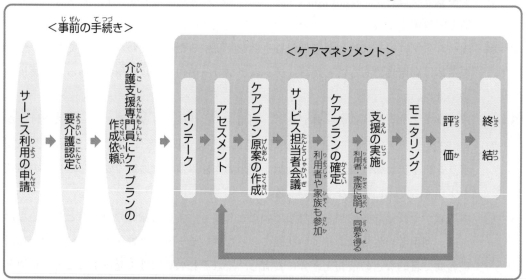

出典：介護福祉士養成講座編集委員会編『最新 介護福祉士養成講座⑨介護過程（第2版）』中央法規出版，p. 147, 2022年を一部改変

333　解 説　　　　　　　　　　　　　　　　　　解答−3

1＝✕　介護の方向性であるサービス等利用計画の総合目標は「外出の機会を増やして生活をより充実させる」である。Dさんは電動車いすサッカーを見てみたいと言っており，Dさんのボールを扱う動作はそのような見学への思いとは関係しないため適切でない。

2＝✕　個別性に合った個別支援計画にするためにDさんの意思や希望に沿った立案が望ましい。兄とDさんのサッカー経験は，電動車いすサッカーを見学するには優先順位の高い情報ではない。

3＝○　電動車いすサッカーの話題は**外出支援**につながると考えられる。「おもしろそうだから見てみたい」と思ったきっかけを知ることは，外出の機会を有意義にできる情報となるため，優先順位が高いと考えられる。

4＝✕　介護福祉職の感想は，Dさんの個別支援計画の立案に向けて収集する情報として優先順位が低い。

5＝✕　電動車いすサッカーができる近隣の施設の情報を収集することより，まずは，Dさんが電動車いすサッカーを見たいと思ったきっかけを知ることが大切である。

---

334 解説　　　　　　　　　　　　　　　　　　　　　　　　解答－4

1＝✕　見学が目的のため，練習に参加する訓練を行う必要はない。

2＝✕　Dさんは，電動車いすサッカーを見たいという希望はあるが，母親も同席する希望は事例からは読み取れない。

3＝✕　個別支援計画の実施に相談支援専門員の許可を得る必要はない。

4＝○　サービス等利用計画の総合目標の「外出の機会を増やして生活をより充実させる」に向けて，再度訪れたいと思うような外出支援の計画・実施が望ましい。そのために練習の見学に向けてDさんの希望を聞くことは，最も適切な対応である。

5＝✕　軽度の知的障害があるDさんにとって，ルールブックを読み，ルールを覚えるのは難しい可能性がある。また，ルールの理解が見学を楽しいものにできるとは限らないので適切でない。

---

335 解説　　　　　　　　　　　　　　　　　　　　　　　　解答－4

1＝✕　息子とは音信不通なので情報収集は困難と予測できる。時々面会に来ている娘から入所前の情報を収集する。

2＝✕　退所後の住居環境の情報収集を優先することは適切でない。現状を再アセスメントして，生活課題を抽出することが優先される。

3＝✕　介護計画の立案に数か月かけることは望ましくない。

4＝○　Eさんは当初，杖で歩けることを喜び，杖でゆっくり歩行したり，レクリエーションに楽しそうに参加していた。しかしその後，歩行状態が安定しないことにより，杖で歩くことに不安を抱き，歩行訓練やレクリエーションにも参加しなくなり，居室の

ベッドで寝過ごすようになり，ほかの入所者とも交流しなくなった。このようにEさんの状態に変化がみられるため，介護計画の修正を行う必要がある。そのため，現状を再アセスメントして，生活課題を抽出する。

5＝✕　転倒を前提にせずに転倒を予防することが大切である。

---

336 解説　　　　　　　　　　　　　　　　　　　　　　　　　解答－5

1＝✕　ベッドでの安静は，さらなる身体機能の低下を招くおそれがある。

2＝✕　居室でのレクリエーション活動はEさんの活動低下につながりかねない。

3＝✕　Eさんが歩行訓練の必要性を理解していないとは考えにくい。

4＝✕　Eさんは杖歩行が可能であり，「車いすには乗りたくない」と言っているので，車いすの操作方法の習得を短期目標とすることは適切でない。

5＝〇　Eさんは「歩行訓練は緊張して焦ってしまう」と言っているので，歩行訓練で緊張していることがわかる。その緊張を緩和して歩行訓練に参加できると身体機能の低下の予防やレクリエーション活動への参加につながると考えられる。

---

337 解説　　　　　　　　　　　　　　　　　　　　　　　　　解答－2

1＝✕　長期目標は，利用者の理想として目指す最終的なゴールを指す。Fさんの入所する介護老人保健施設は入所期間を3～6か月ほどとしているので，退所時の目標を長期目標として設定することが一般的であるが，それにはあたらない。

2＝〇　Fさんの農業が好きという思いを汲んで，長期目標の方向性として考えることが適切である。

3＝✕　自宅に帰る目的をもって入所してきたFさんにとって，最も適切な長期目標の方向性ではない。

4＝✕　もともと歩行は可能で，自宅に帰る目的をもって入所してきたFさんにとって，最も適切な長期目標の方向性ではない。

5＝✕　リハビリテーションを目的に入所してきたFさんだが，介護福祉職が立案する介護計画の長期目標をリハビリテーションの目標と同じにすることは適切でない。また，介護保険制度におけるサービス計画の位置づけ（図表12－9参照）から，介護計画とリハビリテーション計画があり，多職種が多角的にサービスを提供し，より利用者の生活を支援することが望ましく，長期目標を同じにすることは適切でない。

338 解説　　　　　　　　　　　　　　　　　　　　　　　　　　解答－3

1＝✖ 長期目標の達成に向けて段階的に設定するものが短期目標であり，現実的に達成しやすいものを設定することで，利用者の意欲の維持・向上につながるとともに支援する介護者のモチベーションを保つことができる。短期目標の「外出することができる」の支援として，まずはベッド上で過ごしているFさんをベッドから離れさせるための支援が必要であるため，適切でない。

2＝✖ 短期目標の「外出することができる」の支援として，まずはベッド上で過ごしているFさんをベッドから離れさせるための支援が必要である。ベッド上での生活を促すような支援は，適切でない。

3＝○ リハビリテーションを休みがちでベッド上で過ごすことが多いFさんは，外出に向けて車いすで過ごす時間を増やすことが必要である。そのため，最も適切な支援内容である。

4＝✖ 短期目標の「外出することができる」の支援として，まずはベッド上で過ごしているFさんをベッドから離れさせるための支援が必要であるため，適切でない。

5＝✖ 短期目標の「外出することができる」の支援として，まずはベッド上で過ごしているFさんをベッドから離れさせるための支援が必要である。トイレ付き個室へ移動すると，自室から移動することが減ることになるため，適切でない。

339 解説　　　　　　　　　　　　　　　　　　　　　　　　　　解答－4

　事例検討の目的は，図表12－11のとおりである。事例をまとめながら自らの実践を客観的に振り返る。それをチームで共有することで，ケアの質の向上につながる。他職種と共同で行うことで，それぞれの専門的な視点から議論ができ，利用者の生活を包括的・継続的にとらえられる。なお，事例提供者の実践を責めるのは，有意義な意見を得られなくなるおそれがあるので望ましくない。

　したがって，1＝✖，2＝✖，3＝✖，4＝○，5＝✖となる。

▶**図表12－11　事例検討の目的** 覚えておこう！

┌─────────────────────────────────────┐
│ ①よりよい介護実践のための気づきを得ること │
│ ②よりよい介護実践のために利用者への理解を深めること │
│ ③よりよい介護実践のためにどうすればよいのかを明らかにすること │
└─────────────────────────────────────┘

出典：介護福祉士養成講座編集委員会編『最新 介護福祉士養成講座⑨介護過程（第2版）』
中央法規出版，p.26，2022年を一部改変

介護過程

解答解説 そうごうもんだい 総合問題

340 解説　　　　　　　　　　　　　　　　　　　　　　　　解答−2

　アルツハイマー型認知症（dementia of the Alzheimer's type）の人に起こりやすい障害と，具体的な症状を理解する必要がある。

1＝✖　見当識障害は，自分の状況がわからなくなる障害で，事例中のAさんの道に迷う症状がこれにあたる。アルツハイマー型認知症の場合，①時間，②場所，③人物の順番に見当識障害が進行する。

2＝〇　遂行機能障害は，効率を考えて順番に作業することが難しくなる障害で，Aさんの調理の途中で次の作業がわからなくなる症状がこれにあたる。

3＝✖　視覚認知障害は，後頭葉の機能低下によって起こり，実在するものを別の物と見間違えやすくなる障害である。レビー小体型認知症（dementia with Lewy bodies）の人に多い。

4＝✖　空間認知障害は，自分のからだの位置や動きといった空間認知の把握が難しくなる障害である。着方がわからない着衣失行がこれによって起こる。

5＝✖　観念失行は，複雑な一連の運動が難しくなる症状である。急須でお茶を入れる，歯ブラシで歯を磨くなど，道具の使用が難しくなる。

341 解説　　　　　　　　　　　　　　　　　　　　　　　　解答−5

1＝✖　介護過程の展開において，利用者の残存機能に着目することは重要な視点であるが，「できること」という表現が具体的でないため，短期目標として適切でない。短期目標は，具体的に生活課題が改善された状況をイメージして記述されることが必要である。Aさんを主語にした具体的な内容が求められる。

2＝✖　Aさんはアルツハイマー型認知症（dementia of the Alzheimer's type）で，買い物の途中で道に迷うことが増えている状態である。選択肢の内容を短期間で達成することは難しいため，短期目標として適切でない。

3＝✖　今後，配食サービスを利用することも考えられるが，前提として長期目標の内容と合っていないため適切でない。短期目標は，長期目標を達成するための段階的な目標になっていることが必要である。

4 ＝ ✕ 　短期目標は利用者を主語にする必要がある。選択肢の内容は長期目標に沿っていないうえ，娘が主語になっているため，短期目標として適切でない。また，事例文中に娘は仕事をしているとあり，選択肢の内容は現実的に難しいと思われる。

5 ＝ ◯ 　訪問介護員（ホームヘルパー）の見守りと補助を受けながら，調理ができるようになることで，長期目標を目指すことが可能になる。よって，選択肢の記述は短期目標として適切である。

342 解説　　解答－4

　バイタルサイン（vital signs）は異常の早期発見につながる重要な観察項目にあたるため，正しい測定方法を知っておく必要がある。

1 ＝ ✕ 　手のひらを上に向けて測定する。

2 ＝ ✕ 　上腕動脈で測定するときのマンシェットの端は，肘関節の内側から1～2cm上の位置にくるように当てる。

3 ＝ ✕ 　マンシェットは，指が2～3本入るくらいのゆるさで巻く。

4 ＝ ◯ 　血圧は1日のなかで変動するため，その人の正常値を知ることが重要である。緊張すると血圧が高くなるため，不用意な言葉かけをしないようにし，落ち着いた状態で測定するようにする。

5 ＝ ✕ 　自動血圧計で血圧測定をする行為は，原則として医行為に該当しないため，Aさんの娘と訪問介護員（ホームヘルパー）は行うことができる。

343 解説　　解答－2

　脳性麻痺（cerebral palsy）は，痙直型・固縮型，アテトーゼ型（athetosis），運動失調型，混合型などの種類に分けられる。Bさんはアテトーゼ型の脳性麻痺であるが，アテトーゼ型は，四肢麻痺が出現し，運動機能障害が生じる脳性麻痺である。具体的には，過緊張と低緊張を繰り返す，協調運動が妨げられる，音や刺激で筋緊張が強くなる，重度の発語困難を伴うなどの特徴がある。

1 ＝ ✕ 　重度の知的障害がみられるのは，混合型の脳性麻痺である。

2 ＝ ◯ 　選択肢の記述のとおりである。アテトーゼ型は不随意運動が生じ，筋緊張の変動があることが特徴で，運動コントロールが困難になる。

3 ＝ ✕ 　嚥下障害や斜視などの視覚障害を伴うことがあるのは，痙直型・固縮型の脳性麻痺である。

4 ＝ ✕ 　強い筋緊張から，四肢の突っ張りが強くなることが特徴の脳性麻痺は，痙直型・固縮

型の脳性麻痺である。

5＝✕　両足を広げた不安定な歩行になるのは，運動失調型の脳性麻痺である。

344 解 説
解答－3

1＝✕　人と交流をすることは，長期目標である「多様な生活体験を積む」の実現において望ましい。感染対策を適切にとった方法で行う。

2＝✕　Bさんはアテトーゼ型（athetosis）の脳性麻痺（cerebral palsy）であり，協調運動が妨げられている。治療やリハビリテーションによる機能回復や正常化は難しく，Bさん自身が取り組むことはできない内容のため，適切でない。

3＝◯　多様な世代との交流は，Bさんの体験や経験の可能性が広がる。日中活動を通して，長期目標の「多様な生活体験を積む」ことを可能にするため，短期目標として適切である。

4＝✕　口腔の食事摂取や嚥下機能が保たれている人への経管栄養は不要である。Bさんの嚥下機能を踏まえ，工夫を行うことで経口摂取が可能であると考えられるため，適切でない。

5＝✕　Bさんは自宅（室内）での移動は自分で車いすを動かして行えているため，室内での移動に介助は必要ない。介護目標を設定する際は，本人の残存機能に着目し，それをどう活用するかの視点が重要である。

345 解 説
解答－3

1＝✕　介護保険制度は，市町村が保険者となり，介護が必要になった高齢者を社会全体で支えるしくみである。

2＝✕　傷病手当金は，医療保険制度の保険給付であり，病気休業中に被保険者とその家族の生活を保障するために設けられた制度である。

3＝◯　日常生活自立支援事業は，都道府県社会福祉協議会または指定都市社会福祉協議会が実施主体となり，日常的な金銭管理を行う事業である。事業の対象は判断能力が不十分な人（認知症高齢者・知的障害者・精神障害者等）で，この事業の契約内容について判断し得る能力をもっている人である。Bさんの症状であるアテトーゼ型（athetosis）の脳性麻痺（cerebral palsy）は，知的発達が比較的保たれるという特徴があるため，この事業を活用するのは適切である。

4＝✕　生活福祉資金は，低所得者や高齢者，障害者の生活を経済的に支えるとともに，在宅福祉および社会参加の促進を図ることを目的とした貸付制度である。実施主体は，都

道府県社会福祉協議会である。

5 ＝✕　成年後見制度とは，認知症（dementia）や知的障害，精神障害などにより，判断能力が不十分な人の生活と財産を守るために，家庭裁判所により成年後見人等を選任し，法律的に支援する制度である。日常生活自立支援事業と同じく権利擁護制度であるが，前提として社会福祉協議会が行う金銭管理ではないため，適切でない。

346 解説　　　　　　　　　　　　　　　　　　　　　　　　　　（解答－3）

　レビー小体型認知症（dementia with Lewy bodies）の幻視症状に対する対応としては，傾聴と共感が大切である。具体的には，否定しない，幻視の見えやすい環境を減らす，視覚以外へ注意をそらすなどの対応が適切である。

1 ＝✕　Cさんには男の人が見えており，それを否定するような対応は，適切でない。

2 ＝✕　Cさんの訴えを無視した対応であるため，適切でない。また，事例文に「興奮して急に立ち上がろうとし，バランスを崩すことがしばしばみられる」とあり，この問題においても同様の状況に陥ることが考えられるため，すぐに対応できる位置で見守ることが求められる。

3 ＝○　幻視や見間違いを減らすために，壁に洋服をかけないようにしておくことや，壁紙をシンプルなものにするなどの工夫は適切である。

4 ＝✕　幻視や見間違いは暗い場所で起こりやすいため，部屋は明るくしておくことが大切である。

5 ＝✕　Cさんの訴えを無視した対応であり，かつ身体拘束にあたるため，適切でない。また，からだを押さえつけて行動を制限することで，Cさんをさらに混乱させてしまう可能性がある。

347 解説　　　　　　　　　　　　　　　　　　　　　　　　　　（解答－4）

　この問題のポイントは，「Cさんを家に置いて出かけることができない状況が続いて疲弊している」という夫の状況を踏まえ，レスパイトケア（respite care）を考慮しながら，「介護保険サービスを利用しながら自宅での二人暮らしを続けたい」というCさん夫婦の希望に沿った介護保険サービスを選択することである。

1 ＝✕　認知症対応型共同生活介護（認知症高齢者グループホーム）は，認知症（dementia）である要介護者に対して，共同生活を営むべき住居においてサービスを提供するものである。「自宅での二人暮らしを続けたい」というCさん夫婦の意向には沿わないため，適切でない。

2＝✗　認知症カフェは，認知症の人やその家族等に対する支援の1つであり，認知症の人と家族，地域住民，専門家の誰もが参加でき，集う場所である。レスパイトケアという観点においては該当せず，また介護保険サービスではないため，適切でない。

3＝✗　夜間対応型訪問介護は，居宅要介護者について，夜間においてサービスを提供するものである。事例文に「Cさんを家に置いて出かけることができない状況が続いて疲弊している」とあり，日中のサービスについても検討する必要があるため，最も適切とはいえない。

4＝○　小規模多機能型居宅介護は，通い，訪問，宿泊といったさまざまな機能をもつサービスを組み合わせて提供するサービスであり，利用者や介護者の状況に合わせて柔軟に利用できるため，最も適切である。

5＝✗　特定施設入居者生活介護は，特定施設に入居している要介護者について，サービスを提供するものである。「自宅での二人暮らしを続けたい」というCさん夫婦の意向には沿わないため，適切でない。

348 解説　　　　　　　　　　　　　　　　　　　　　解答－5

1＝✗　もの盗られ妄想が現れるのは，アルツハイマー型認知症（dementia of the Alzheimer's type）に多い。

2＝✗　同じ行動を繰り返す常同行動は，前頭側頭型認知症（frontotemporal dementia）の特徴の1つである。

3＝✗　我慢が苦手で，話の途中で不意に席を立つなどの脱抑制が現れるのは，前頭側頭型認知症の特徴の1つである。

4＝✗　感情失禁は，血管性認知症（vascular dementia）に多くみられる特徴であり，さまざまな感情をコントロールしにくくなり，悲しみや怒りなどが表出しやすくなる。

5＝○　レム睡眠行動障害（REM sleep behavior disorder）とは，睡眠中に見る夢の内容を行動化する睡眠障害である。睡眠中に夢を見て，「逃げろー」と大声を出したり，立ち上がったり，隣の人を蹴飛ばしたりするなどの動作を行う症状が，レビー小体型認知症（dementia with Lewy bodies）の初発症状として生じることが多い（図表13－1参照）。

349 解説　　　　　　　　　　　　　　　　　　　　　解答－1

1＝○　Dさんは脳梗塞（cerebral infarction）の後遺症により，麻痺性構音障害（図表13－2参照）があるため，発声や発音に困難を抱えていると考えられる。そのため，Dさ

▶図表 13 − 1　レビー小体型認知症の主な症状

- 認知機能の変動
- リアルな幻視
- レム睡眠行動障害
- パーキンソン症状
  （筋固縮・動作緩慢，小刻み歩行，バランス不良，転倒）
- うつ
- 嗅覚低下
- 自律神経症状
  （起立性低血圧（立ちくらみ），失神，便秘，頻尿，尿意切迫，残尿感，尿失禁）
- 嚥下障害
- 薬剤過敏性

んが自らの意思を周囲に伝達するときには，五十音表を活用することが効果的である。

2＝✕　Ｄさんは相手の話を理解することはできるが，うまく発音や発声ができないので，「はい」「いいえ」で答えられるような，いわゆる閉じられた質問（クローズドクエスチョン）を使うと，会話がうまくいく。

3＝✕　筆談は，主に聴覚障害のある人とのコミュニケーション場面で用いられることがあるが，麻痺性構音障害では文字を書くことができるので，Ｄさんの利き手が麻痺していない限りは，筆談を活用することによって意思を周囲に伝達することも効果的である。

4＝✕　Ｄさんの話が聞き取れなかったときは，わかったふりをせず，「もう1回言ってください」と促す。それでもわからないときは，聞き取れた部分をこちらが繰り返して言ってみると，Ｄさんはわからなかったところだけを言い足してくれるようになるので，お互いの理解が進む。

5＝✕　Ｄさんには麻痺性構音障害があるが，聴覚障害はないので相手の音声は聞き取ることができる。そのため，Ｄさんに対して大きな声で話すことは効果的であるとはいえない。

▶図表 13- 2　麻痺性構音障害　覚えておこう！

麻痺性構音障害とは，構音障害の1つで，脳卒中（脳梗塞・脳出血・くも膜下出血など）などによる脳の損傷の後遺症により，発声発語器官（口唇・舌・顎・軟口蓋・声帯・口蓋垂など）に麻痺などの障害が生じ，うまく発音することができない状態をいう。麻痺性構音障害では，相手の話を理解することはできるが，うまく発音や発声ができないため，自分の言いたいことを，迅速に，正確に，相手に伝えられない。文字を読んだり，書いたりすることはできる。

350 **解 説**　　　　　　　　　　　　　　　　　　　　　　　　　　　 解答－3

1＝✕　片麻痺のある人が歩行時に杖を持つ場合，杖は健側の手で持つ。したがって，Dさんには左片麻痺があるため，杖は右手で持つ。

2＝✕　片麻痺のある人が杖歩行を行う場合，介助者は患側の後方に位置して見守ることが原則である。したがって，Dさんには左片麻痺があるため，妻はDさんの左後方に立ちながら歩行を見守る。

3＝○　片麻痺のある人が杖歩行を行う場合，杖→患側の足→健側の足の順で前に進むのが原則である。したがって，Dさんは左片麻痺があるため，杖→左足→右足の順で前に進む。

4＝✕　片麻痺のある人が階段を上る場合は，手すりがある場合は健側の足から，手すりがない場合は杖→健側の足→患側の足の順に上ることが安全である。したがって，左片麻痺のあるDさんが階段を上るときは，健側である右足から出す。

5＝✕　片麻痺のある人が階段を下りる場合，手すりがある場合は患側の足から，手すりがない場合は杖→患側の足→健側の足の順に下りることが安全である。したがって，左片麻痺のあるDさんは患側である左足から出す。

※杖歩行のポイントについては，p.153の図表11－4参照。

---

351 **解 説**　　　　　　　　　　　　　　　　　　　　　　　　　　　 解答－2

1＝✕　Dさんの状態は常時変化する可能性があり，その時点でのDさんの状態に対応した介護目標に沿って介護計画が立案されなければならない。そのため，介護目標は決して固定的なものではなく，介護計画の見直しにあたって変更されることがある。

2＝○　介護計画は，利用者の状態に即した，具体的で実行できるものでなければならない。Dさんの状態に見合わないような，要求水準が高すぎる介護計画を立案すると，介護目標を達成できないだけでなく，Dさんのリハビリテーションに対する意欲を減退させてしまう可能性がある。

3＝✕　介護計画は，Dさん夫妻の意向を最優先して立案されなければならない。たとえ両者の意向が異なり，E介護福祉士の意向のほうが客観的には正しくても，それをDさん夫妻に説明して同意を得て立案するべきである。E介護福祉士の意向が優先されるべきでない。

4＝✕　期間を設定することによってDさんが介護目標に対して取り組みやすくなることや，一定期間内における介護目標の達成度合いを評価しやすくなることから，介護計画の見直し時期はあらかじめ決めておく必要がある。

5＝✕　Dさんの介護計画の内容においては，杖歩行時の転倒がリスクの1つである。効果を急ぐあまり，安全性を損ねるような介護計画を立案して，Dさんに事故が生じると，結果として介護目標は達成されなくなる。利用者に無理のない安全な範囲で効果を求めるような介護計画を立案する必要がある。

352 解説　　　　　　　　　　　　　　　　　　　　　　解答－5

　糖尿病（diabetes mellitus）でインスリン療法を受けている人は，インスリン注射量や食事量，運動量が不適切な場合や，体調がよくない状態（糖尿病のある人が風邪をひいたり，具合が悪くて食事が食べられなかったりして血糖値が乱れやすくなる状態）のときに，低血糖が起こることがある。冷や汗，ふらつき，動悸，手指のふるえ，頭痛などの症状がある場合は，低血糖を疑う。

　低血糖が疑われる状態で意識がある場合は，まず血糖値を測定し，低血糖である場合にはブドウ糖を摂り，症状が改善したら食事を摂るという対応が一般的である。

1＝✕　低血糖が疑われるため，様子をみるだけで何も行動しないという対応は，適切でない。

2＝✕　低血糖が疑われるため，昼食を摂らず，ベッドで休んでもらうという対応は，適切でない。

3＝✕　低血糖が疑われるため，血糖値を下げる効果があるインスリン（insulin）の自己注射をしてもらうことは，状態を悪化させることが考えられ，非常に危険である。

4＝✕　低血糖が疑われる状態で意識がはっきりしない場合には，救急車を呼ぶという対応は適切であるが，Fさんは意識がある状態なので，すぐに救急車を呼ぶという対応は適切とはいえない。

5＝〇　低血糖が疑われるため，すぐに看護師に血糖値を測定してもらうという対応は，適切である。

353 解説　　　　　　　　　　　　　　　　　　　　　　解答－4

1＝✕　選択肢は，白内障（cataract）の症状である。目がかすんだり，光をまぶしく感じたりする。手術により視力の改善が期待できる。

2＝✕　選択肢は，緑内障（glaucoma）の症状である。視神経が圧迫されるために視野が狭くなる。また，突発性緑内障（idiopathic glaucoma）は，完全失明する危険性がある。

3＝✕　目やには，眼の代謝活動で生じる場合と，ウイルスや細菌の感染等で生じる場合がある。

4＝〇　糖尿病性網膜症（diabetic retinopathy）は，網膜の毛細血管に異常が起こる。初期に

は自覚症状があまりないが，進行すると目の前に蚊のような小さな虫が飛んでいるように見える飛蚊症や，視力の低下が生じる。糖尿病（diabetes mellitus）の合併症の1つであり，中途失明の主な原因の1つである。

5＝✕　口内炎（stomatitis）を主症状とする疾患には，ベーチェット病（Behçet's disease）がある。原因不明の指定難病で，ぶどう膜炎を頻繁に起こし，口内炎のほか，陰部潰瘍などの症状がある。また，網膜の出血や浮腫が現れると，網膜剥離を引き起こして失明することがある。発作が起こると視力が低下するので，発作時には眼科医と相談して支援を進める必要がある。

354 解説　　　　　　　　　　　　　　　　　　　　解答－2

障害受容の段階は，①ショック期，②否認期，③混乱期，④適応への努力期（解決への努力期），⑤適応期（受容期）に区分できる。

1＝✕　ショック期は，受傷直後でショックを受けているが，治療をすれば回復するだろうと思っている段階である。

2＝○　否認期は，自分の障害についての不安が出てくるが，「自分には障害が残らない」と思うなど，認めようとしない段階である。Fさんは介護福祉職に，「失明などするはずがない」と言っているので，否認期の段階にあると考えられる。

3＝✕　混乱期は，障害を負うことになった現実を受け入れることができず，他者に感情をぶつけたり，他者や自分を責めたりする段階である。

4＝✕　適応への努力期（解決への努力期）は，障害があってもできることがあることに気づき，価値の転換を図り，前向きな努力をはじめる段階である。

5＝✕　適応期（受容期）は，現状を受け止め，障害を自分の一部として受容し，新しい価値観をもって生きていく段階である。

※中途障害者の典型的障害受容過程については，p.96の図表7－3参照。

355 解説　　　　　　　　　　　　　　　　　　　　解答－4

1＝✕　小刻み歩行や筋固縮などのパーキンソン症状がみられることが多いのは，レビー小体型認知症（dementia with Lewy bodies）の特徴である。

2＝✕　嚥下障害がみられることが多いのは，レビー小体型認知症である。

3＝✕　アルツハイマー型認知症（dementia of the Alzheimer's type）は，原因がよくわかっていないため，現状では改善の可能性はないとされている。

4＝○　アルツハイマー型認知症は，女性に多くみられる。

5＝✕　レビー小体型認知症では症状の日内変動が特徴としてあげられるが，アルツハイマー型認知症では症状の日内変動はみられないことが多い。

356 解説　　　　　　　　　　　　　　　　　　　　　　　　　　解答−4

1＝✕　Gさんは認知症（dementia）の記憶障害に伴い，やかんを火にかけたまま忘れたり，自宅の鍵をかけ忘れたりしている。今後の生活場面でもさまざまな事故を引き起こす可能性があるため，安全な生活環境の整備について検討する必要がある。

2＝✕　Gさんが息子夫婦のさらなる訪問を望んでいるという情報は確認できない。息子夫婦には訪問を増やしてもらうのではなく，まずはGさんの状況を説明し，ケアの方向性を一緒に話し合えるよう情報共有を図る。

3＝✕　生活課題とは，利用者が望む暮らしを実現するために解決しなければならないことである。「居室から出ないこと」によってGさんの生活のニーズが満たされるわけではないため，適切でない。また，居室の鍵をかけ，内側から開かないようにすることは身体拘束にあたる。

4＝○　Gさんの徘徊の理由や背景を分析することは，生活課題を明確化するうえで重要である。

5＝✕　近隣住民に協力を依頼する前に，認知症対応型共同生活介護（認知症高齢者グループホーム）内でのGさんのケアを検討する必要がある。

357 解説　　　　　　　　　　　　　　　　　　　　　　　　　　解答−5

1＝✕　説得することは，Gさんにとってストレスになるため，適切でない。

2＝✕　徘徊を厳しく注意し，反省を促すことは，Gさんにとってストレスになるため，適切でない。

3＝✕　徘徊を防ぐための施錠は，利用者の人権を保護するうえで慎むべきである。

4＝✕　徘徊に伴う精神安定剤等の服用は，利用者の人権を保護するうえで慎むべきである。

5＝○　できる限り徘徊の理由を利用者の生活史や行動パターンなどから理解するように努めるのがよい。

358 解説　　　　　　　　　　　　　　　　　　　　　　　　　　解答−4

1＝✕　自立生活援助は，居宅において単身等で生活する障害者につき，一人暮らしの継続ができるよう，定期的な巡回訪問や随時通報を受けて行う訪問，相談対応等により，生

活上の課題を把握して必要な支援を行うものである。Ｈさんは一般企業への就労に向けた訓練を行っているため，適切でない。

2＝✕ 自立訓練（機能訓練）は，自立した日常生活または社会生活を営むことができるよう，身体機能訓練を行うものである。Ｈさんは一般企業への就労に向けた訓練を行っているため，適切でない。

3＝✕ 就労定着支援は，一般企業に雇用された人を対象に，就労の継続を支援するもので，日常生活面や社会生活上の課題について指導，助言を行うサービスである。Ｈさんは，一般企業に雇用されていないため，適切でない。

4＝○ 就労移行支援は，一般企業への就労に向けて，必要な知識および能力の向上のために必要な訓練を行うものである。Ｈさんは，生産活動，職場体験，求職活動を行い，就職後はフォローアップを受けることができる。なお，2024 年（令和 6 年）4 月からは，一般企業に雇用されている障害者であっても，一時的に利用することができることとなった。

5＝✕ 就労継続支援Ａ型は，一般企業での就労が困難な人に，雇用契約に基づく就労や生産活動の機会を提供し，必要な知識および能力の向上のために必要な訓練を行うサービスである。Ｈさんは，一般企業への就労に向けて訓練をしているため，適切でない。なお，2024 年（令和 6 年）4 月からは，一般企業に雇用されている障害者であっても，一時的に利用することができることとなった。

---

359 解 説

解答－4

1＝✕ 記憶障害は，物の置き場所や新しい出来事を忘れてしまう症状である。そのため，同じミスを繰り返すことが多くなる。

2＝✕ 注意障害は，ぼんやりしていて，注意を集中することができない症状である。同時に複数のことをすると混乱する。

3＝✕ 遂行機能障害では，自分で計画を立てて，物事を実行することができなくなり，行動に要する時間の見当がつかず，時間に間に合わなくなる。計画の変更や優先順位をつけることができない症状である。

4＝○ 社会的行動障害は，感情や欲求のコントロールができなくなり，すぐに怒ったり，感情を爆発させたりする。事例のＨさんの症状はこれに該当する。相手の立場や気持ちを思いやることができず，よい人間関係を築くことが難しくなりやすく，周囲の理解が必要である。

5＝✕ 失語症（aphasia）は大脳の言語野の障害により起こる。感覚性失語症（sensory aphasia）は言葉の理解が難しくなり，運動性失語症（motor aphasia）は言葉を話す

ことが難しくなる。言語機能は低下するが，人の顔の識別や状況判断はできる。Hさんの症状ではない。

360 解 説

1 ＝✗ Hさんは，作業手順書を確認することで記憶障害などの症状によるミスが少なくなってきた。ここでは，感情のコントロールが難しくなってミスをしたと考えられるため，この指摘は適切でない。

2 ＝✗ 「どうして」という質問は，相手に責められている印象を与える質問であり，適切でない。

3 ＝✗ Hさんは，高次脳機能障害（higher brain dysfunction）の症状のために作業を間違えることがある。「仕事への意識が低い」という指摘は的外れであり，人格を否定する言葉はHさんのこころを傷つける。安心できる関係をつくるよう心がける。

4 ＝✗ Hさんの人格の否定ではなく，行動について注意している点はよいが，イライラした気分を改善する対応ではない。最も適切であるとはいえない。

5 ＝○ Hさんが，イライラして感情のコントロールができなくなっていることを理解し，気分を変えるようにアドバイスをしているため，最も適切である。気分転換後は感情が安定することが期待できる。

361 解 説

解答－3

1 ＝✗ 現実にはない幻の音や声が聞こえてくる幻聴は，統合失調症（schizophrenia）に多くみられる陽性症状の1つである。

2 ＝✗ 妄想は，事実でないことを事実と確信し，訂正ができない状態をいう。統合失調症にみられる陽性症状の1つで，関係妄想や被害妄想が多い。

3 ＝○ 事例文にある「喜怒哀楽の表現が乏しく，周囲に無関心となる」状態を感情の平板化といい，統合失調症にみられる陰性症状の1つである。陰性症状はほかに，意欲の低下などがある。

4 ＝✗ 思考障害とは，思考が混乱してしまい，話の内容にまとまりがなくなってしまうことである。統合失調症にみられる陽性症状の1つである。

5 ＝✗ 見当識障害は認知症（dementia）の中核症状の1つであり，統合失調症ではみられない。

※統合失調症の症状については，p.101 の図表 7－7 参照。

362 解説

　精神科病院の入院制度には，任意入院，医療保護入院，措置入院，緊急措置入院，応急入院の5つがある。こうした入院制度は精神保健及び精神障害者福祉に関する法律（精神保健福祉法）で定められている。

1＝✕　任意入院は精神保健福祉法第20条に規定されており，その対象は，入院を必要とする精神障害者で，入院について，本人の同意がある者である。入院にあたり，精神保健指定医の診察は不要である。

2＝✕　措置入院は精神保健福祉法第29条に規定されており，その対象は，入院させなければ自傷他害のおそれのある精神障害者で，本人の入院への同意がない者である。精神保健指定医2人の診断の結果，自傷他害のおそれがあると一致した場合に都道府県知事が措置を行う。

3＝✕　緊急措置入院は精神保健福祉法第29条の2に規定されており，その対象は，入院させなければ自傷他害のおそれのある精神障害者で，本人の入院への同意がない者である。緊急措置入院は，急速な入院の必要性があることが条件で，精神保健指定医の診察は1人で足りるが，入院期間は72時間以内に制限される。

4＝○　医療保護入院は精神保健福祉法第33条に規定されており，その対象は，入院を必要とする精神障害者で，自傷他害のおそれはないが，任意入院を行う状態にない者である。医療保護入院開始から6か月が経過するまでの間は3か月以内，6か月を経過した後は6か月以内の入院期間を定める必要があり，精神保健指定医（または特定医師）の診察および家族等の同意（家族等がいない場合等は市町村長による同意）が必要である（ただし，特定医師による診察の場合は，入院期間は12時間まで）。

5＝✕　応急入院は精神保健福祉法第33条の6に規定されており，その対象者は，入院を必要とする精神障害者で，任意入院を行う状態になく，急速を要し，家族等の同意が得られない者である。入院にあたり，精神保健指定医（または特定医師）の診察が必要であり，入院期間は72時間以内に制限される（ただし，特定医師による診察の場合は12時間まで）。

363 解説

1＝✕　行動援護は，障害支援区分3以上が対象となるため適切でない。行動援護は，行動上著しい困難を有する知的障害者（児）・精神障害者（児）を対象として，行動の際に生じ得る危険を回避するための援護や外出時における介護を行うものである。

2＝✕　重度訪問介護は，障害支援区分4以上が対象となるため適切でない。重度訪問介護は，

重度の肢体不自由者や重度の知的障害・精神障害により行動上著しい困難を有する障害者に対して，居宅において入浴，排泄，食事の介護や外出時の移動中の介護を総合的に行うものである。

3＝✗　就労移行支援は，通常の事業所に雇用されることが可能と見込まれる障害者を対象とするものである。いずれは仕事に就きたいが，薬の副作用もあり，一般企業への就職は難しいと考えているJさんには適切でない。なお，2024年（令和6年）4月からは，一般企業に雇用されている障害者であっても，一時的に利用することができることとなった。

4＝〇　日常生活自立支援事業は，認知症高齢者・知的障害者・精神障害者などで，判断力が低下しているが，この事業の契約内容については判断し得る能力をもつ人が対象となる。援助内容には日常的金銭管理があり，退院後の不安として金銭管理をあげているJさんが利用するものとして適切である。

5＝✗　同行援護は，移動に著しい困難を有する視覚障害者（児）を対象とするため適切でない。同行援護は，外出時に同行して移動に必要な情報の提供や移動の援護を行うものである。

---

364 解説　　　　　　　　　　　　　　　　　解答−1

　ストレングス（strength）とは，「強さ，力，能力，精神的な強さ」等の意味をもつ。本問題では，Kさんがもっている強みや能力，長所について問われている。自閉症スペクトラム障害（autism spectrum disorder）の特性を踏まえて解くとよい。

1＝〇　自閉症スペクトラム障害の特性として，強いこだわり行動があげられる。そのため，興味のあることには高い集中力を発揮し，成し遂げることができる。事例文からKさんはたくさんの資料の数字の入力作業は長時間集中して正確に行うことができるという強み（ストレングス）がある。

2＝✗　自閉症スペクトラム障害の特性として，特有の対人関係やコミュニケーションの症状があり，相手の表情や言動から相手の気持ちを理解することなどが苦手である。事例文からKさんは周りの人や物事に関心が向かず，人とのやりとりが難しいためコミュニケーションがとりづらいとあるので，コミュニケーション能力は高くない。

3＝✗　自閉症スペクトラム障害の特性として，強いこだわり行動があげられる。そのため，興味や関心をもつ幅が狭く，1つのことに熱中しやすい。事例文からもKさんは周りの人や物事に関心が向かないとあるように，さまざまなことに興味や関心をもつことができない。

4＝✗　自閉症スペクトラム障害の特性である強いこだわり行動により，手順どおりに1つの

ことを終わらせてから次に進みたがったり，急な予定変更が苦手であることから作業内容が変わったり新しい予定が突然入ったりすると対応できずにパニックになったりする。事例文にもあるとおり，Kさんは複数の作業を同時に行うことは苦手である。

5＝✕　自閉症スペクトラム障害の特性として，想像力における困難さがみられる。そのため，自分が見たり予想したりしていた以外の出来事や，先の見通しを想像するのは難しい。

365 解 説　　　　　　　　　　　　　　　　　　　　　　　　　解答－2

　自閉症スペクトラム障害（autism spectrum disorder）のある人のコミュニケーションの特徴として，抽象的な表現の理解が難しい，言われたことをそのまま受け止め，言葉の裏にある心理を想像するのが難しい点がある。

1＝✕　「終わるまで」や「ちゃんとする」という抽象的な表現は伝わりにくいので避ける。

2＝〇　自閉症スペクトラム障害のある人は先の見通しが立つと安心できるため，「12時15分まで」と外出が可能となる具体的な時間を伝えているので，Kさんに対する声かけとして適切である。

3＝✕　「何度言ったらわかるの」という言葉に含まれている可能性が高い，「これ以上注意させないでほしい」という介護福祉職の気持ちを想像して行動を控えるということは，Kさんにとっては難しい。

4＝✕　「もう少し」という抽象的な表現を理解することは難しい。具体的な伝え方をすることが望ましい。

5＝✕　自閉症スペクトラム障害のある人は，自分が脅かされているという不安感が強く，指示されることに抵抗を感じる場合が多い。自分が非難されているととらえられてしまう。否定的，禁止的な表現は避けることが望ましい。

366 解 説　　　　　　　　　　　　　　　　　　　　　　　　　解答－3

　災害時は，自閉症スペクトラム障害（autism spectrum disorder）のある人が苦手とする「環境の変化」が非常に大きい状態である。とても強いストレスを感じるため，支援をする際は可能な限り，いつもの生活を送れるように配慮する必要がある。

1＝✕　事例文からKさんは集団行動がとりづらいので，集団での避難訓練は苦手だと考えられるが，災害が起こったときのための避難訓練であるので，事前に避難訓練があることを伝えることや避難訓練で必要な具体的行動を確認することによって，Kさんの不安を少しでも解消するように努めることが望ましい。

2＝✕　自閉症スペクトラム障害のある人にとって，環境の変化は大きなストレスとなる。災

害時という日常と違う状況で知らない人と行動するのはストレスが増大するため，可能な限りKさんがよく知っている人が避難の支援を行うのが望ましい。

3＝○　自閉症スペクトラム障害のある人の特性として，感覚の過敏さがあり，事例文からKさんも大きな音がするとパニックになるとある。避難所などでは知らない乳幼児の泣き声や，体育館などの反響音が刺激となり，苦痛を感じる可能性があるため，音を遮断する耳栓を防災リュック等に入れておくとよい。

4＝✕　自閉症スペクトラム障害のある人の特性として，コミュニケーションに困難がみられ，困っていることを言葉で伝えられない場合があるので，意思伝達の図解やメモ，写真等，ヘルプカードを事前に用意しておくと，周囲の配慮や手助けをお願いしやすくなる。

5＝✕　いつもと環境が大きく変化する災害時は，Kさんにとって大きなストレスとなる。普段から防災について話をすることで，いざというときに行動の見通しを立てやすくなるため，防災についての話をするほうがよい。

③⑥⑦ 解 説　　　　　　　　　　　　　　　　　　　　　　解答－2

1＝✕　療養介護は，医療を必要とする障害者で常時介護を必要とするものにつき，主に昼間，病院などで，機能訓練，療養上の管理，看護，医学的管理下での介護や日常生活上の世話を行うサービスである。出かけるときの見守りを行うサービスではないため，適切でない。

2＝○　行動援護は，知的障害または精神障害によって行動上著しい困難があって，常時介護を必要とする障害者等に対して，行動する際に生じ得る危険を回避するために必要な援護や外出時の移動中の介護等を行うサービスである。知的障害のあるLさんが出かけるときの見守りを行うサービスとして，適切である。

3＝✕　居宅介護は，障害者等に対して，居宅で入浴，排泄，食事の介護等を行うサービスである。出かけるときの見守りを行うサービスではないため，適切でない。

4＝✕　短期入所（ショートステイ）は，居宅においてその介護を行う者の疾病その他の理由により，障害者支援施設などの施設への短期間の入所を必要とする障害者等につき，施設に短期間の入所をさせ，入浴，排泄または食事の介護等を行うサービスである。出かけるときの見守りを行うサービスではないため，適切でない。

5＝✕　自立訓練は，障害者につき，自立した日常生活または社会生活を営むことができるよう，一定の期間にわたり，身体機能または生活能力の向上のために必要な訓練を行うサービスである。出かけるときの見守りを行うサービスではないため，適切でない。

総合問題

368 解 説　　　　　　　　　　　　　　　　　　　**解答−2**

　介護福祉職は，排泄の支援にあたっては，利用者の有する能力に応じ自立した日常生活を営むことができるように支援を行う必要がある。事例中に「介護福祉職の見守りがあれば，食事および排泄は1人でできる」とあることから，Lさんの自立を支援するためにも，介護福祉職が代行するのではなく，Lさんの安全を確保しつつ常時介助できる状態で見守ることが求められる。

1＝✖　Lさんが自分でお尻をきれいに拭くのを見守るほうが望ましい。

2＝〇　介護福祉職は，側面的支援の観点からLさんの排泄を直接支援するのではなく，Lさんが自分で排泄できたかどうかを確認するにとどめておくことが望ましい。

3＝✖　Lさんが自分で使用する1回分のトイレットペーパーを切り，介護福祉職がそれを確認するほうが望ましい。

4＝✖　介護福祉職が代わって行うのではなく，Lさんが自分でズボンの着脱を行うのを見守るほうが望ましい。

5＝✖　Lさんが自分で手を洗うのを見守るほうが望ましい。

369 解 説　　　　　　　　　　　　　　　　　　　**解答−1**

1＝〇　Lさんと介護福祉職との適切な関係を保つために，年齢相応のかかわり方として「Lさん」と呼ぶことは適切である。

2＝✖　失敗しないように先回りして指示をすることは，Lさんが自己決定をして主体的に行動することを妨げるため適切でない。失敗しても受け入れられる環境をつくること，自信を失くさないように支援することが大切である。

3＝✖　知的障害のある人は，全体的に，抽象的な表現の理解が苦手である。そのため，「少し」といった抽象的な表現ではなく，「5分」などの具体的な表現で伝えることが望ましい。

4＝✖　なぜ途中で食事を止めたのか，その理由を確認するほうが望ましい。

5＝✖　介護福祉職は，Lさんの能力をアセスメント（assessment）したうえで，Lさんができることはできるだけ本人にしてもらい，見守るほうが望ましい。

370 解 説　　　　　　　　　　　　　　　　　　　**解答−5**

1＝✖　球麻痺による嚥下障害や舌の動きが悪くなることにより，言葉が不明瞭になることが予測されるが，言語中枢の障害による症状は現れない。

2＝✖　間欠性跛行は，閉塞性動脈硬化症（arteriosclerosis obliterans）や脊柱管狭窄症（spinal

220

stenosis）などにみられる症状である。筋萎縮性側索硬化症（amyotrophic lateral sclerosis：ALS）は運動神経の変性によって起こり，運動の指令がうまくいかず，徐々に筋肉の萎縮や筋力の低下により歩行が困難となる。

3＝✕ 進行しても知的障害が生じることはない。自ら病気の進行状況や予後について理解でき，さまざまなことを判断できる。

4＝✕ 感覚神経の異常はなく，尿意や便意を感じる。膀胱や直腸の機能低下もみられず，適切な介助があれば失禁することは少ない。

5＝◯ 呼吸に関係する筋肉の萎縮や筋力の低下のために，進行とともに呼吸不全が生じる可能性が高い。いずれ人工呼吸器の導入などを検討しなければならなくなる。

---

371 解説　　　　　　　　　　　　　　　　　　　　　　　解答－3

1＝✕ 嚥下障害が出はじめているが，すぐに流動食にするように勧めることは適切でない。顎を引いた姿勢で飲み込めるような食事の姿勢とする，誤嚥しにくい食物とする，一口あたりの摂取量を少なくするなど，誤嚥しないような工夫をし，できるだけ普通の食事を摂りつづけられるように援助することが大切である。

2＝✕ 衣服はそれを着る本人の個性を表すものでもあり，状況によるが，基本的にはどのような服を選ぶかは本人の趣味やこだわりを優先すべきである。

3＝◯ 病状の進行とともに，家族とコミュニケーションがとりにくくなることを心配しているMさんに対して，どのような方法でコミュニケーションをとっていくか今から検討しておくことは大切である。重度障害者用意思伝達装置を活用することも1つの方法であり，情報提供は適切である。

4＝✕ 尿意や便意を感じるため，トイレで排泄することができるように支援するのが基本となる。家族の介護力などを考慮して，尿器を使用することも選択肢の1つとなるが，おむつの使用を勧めるのは適切でない。

5＝✕ 事例からは，Mさんはまだ人工呼吸器が必要な状態にあるとは読み取れない。また，人工呼吸器の装着は医師の指示のもとに行われるため，介護福祉職が人工呼吸器の装着を促すことは適切でない。

---

372 解説　　　　　　　　　　　　　　　　　　　　　　　解答－3

1＝✕ 難病の患者に対する医療等に関する法律（難病法）は，難病の患者に対する良質かつ適切な医療の確保および難病の患者の療養生活の質の維持向上を図ることを目的とする法律である。特定医療費の支給などについて規定している法律であり，訪問系サー

総合問題

ビスなどの具体的なサービスについては規定していない。

2＝✕ 生活保護法は，国が生活に困窮するすべての国民に対し，その困窮の程度に応じ，必要な保護を行い，その最低限度の生活を保障するとともに，その自立を助長することを目的とする法律である。医療扶助や介護扶助などの保護について規定している法律であり，訪問系サービスなどの具体的なサービスについては規定していない。

3＝〇 障害者の日常生活及び社会生活を総合的に支援するための法律（障害者総合支援法）は，必要な障害福祉サービスにかかる給付，地域生活支援事業その他の支援を総合的に行い，障害者および障害児の福祉の増進を図ることを目的とする法律である。障害者総合支援法は，難病の患者を対象としており，訪問系サービスについても規定していることから，Mさんが使用するサービスを規定している法律として正しい。

4＝✕ 障害者基本法は，障害者の自立および社会参加の支援等のための施策に関し，基本原則や基本となる事項を定める法律である。障害者の自立および社会参加の支援等のための基本的施策などについて規定している法律であり，訪問系サービスなどの具体的なサービスについては規定していない。

5＝✕ 介護保険法は，要介護者等が尊厳を保持し，その有する能力に応じ自立した日常生活を営むことができるよう，必要な保健医療サービスおよび福祉サービスにかかる給付を行い，国民の保健医療の向上および福祉の増進を図ることを目的とする法律である。訪問系サービスなどの具体的なサービスを規定している法律であるが，対象となるのは，40歳以上65歳未満で医療保険に加入している第2号被保険者と，65歳以上の第1号被保険者である。現在38歳のMさんは，介護保険法の対象とはならない。

---

373 解 説

解答－4

1＝✕ 居宅介護支援事業所は，居宅要介護者が居宅サービスや地域密着型サービスなどを適切に利用することができるよう，居宅サービス計画を作成する事業所である。妻がNさんについて相談する機関として適切でない。

2＝✕ 認知症介護研究・研修センターは，認知症介護に関する研究，認知症介護に関する研修システムの整備，認知症介護の専門職員を育成して全国の高齢者施設や在宅サービスの現場にその成果を普及することを目的とする機関である。妻がNさんについて相談する機関として適切でない。

3＝✕ 福祉事務所は，福祉六法（生活保護法，児童福祉法，母子及び父子並びに寡婦福祉法，老人福祉法，身体障害者福祉法，知的障害者福祉法）に定める援護，育成または更生の措置に関する事務をつかさどる社会福祉行政機関である。認知症（dementia）が疑われる人に関することを相談する機関として適切でない。

222

4＝○ 地域包括支援センターは，包括的支援事業を行う機関である。包括的支援事業の１つ
として行われる総合相談支援業務では，高齢者の心身の状況や生活の実態，必要な支
援等を幅広く把握し，相談を受け，地域における適切なサービスや機関の利用につな
げるなどの支援を行うことを目的としている。そのため，妻がＮさんについて相談す
る機関として最も適切である。

5＝✕ 地域活動支援センターは，障害者もしくは障害児を通わせ，創作的活動または生産活
動の機会の提供，社会との交流の促進などを提供する施設である。妻がＮさんについ
て相談する機関として適切でない。

---

374 解 説 　　　　　　　　　　　　　　　　　　　　　　　解答－1

1＝○ 同じコースを繰り返し歩き回る，同じ場所に座るなどの常同行動は，前頭側頭型認知
症（frontotemporal dementia）の特徴である。その他，身だしなみに無頓着になる，
万引きをしたり，怒りっぽくなるなどの反社会的行動，強迫行動，他者への共感性を
失う，人格の変化などがある。

2＝✕ 過度に感情が表れてしまう感情失禁は，血管性認知症（vascular dementia）の特徴
である。

3＝✕ もの盗られ妄想は，アルツハイマー型認知症（dementia of the Alzheimer's type）の
特徴である。

4＝✕ 前頭側頭型認知症では見当識や記憶が保たれやすく，１人で外出しても道に迷うこと
は少ない。

5＝✕ 現実的で具体的な幻視は，レビー小体型認知症（dementia with Lewy bodies）の特
徴である。

---

375 解 説 　　　　　　　　　　　　　　　　　　　　　　　解答－3

1＝✕ 夜間対応型訪問介護は，要介護者に対し，夜間に訪問介護員（ホームヘルパー）が定
期的に居宅を巡回し，または随時通報を受けて，居宅において入浴，排泄，食事等の
介護，生活などに関する相談・助言，その他の日常生活上の世話等を行うサービスで
ある。居宅におけるサービスであり，施設等での生活を考えているＮさんに最も適切
な施設とはいえない。

2＝✕ 介護医療院は，長期療養が必要な人に，療養上の管理，看護，医学的管理下での介
護，機能訓練，その他必要な医療ならびに日常生活上の世話を行う施設である。Ｎさ
んは認知症（dementia）ではあるが，長期の療養が必要なわけではないので，最も

適切な施設とはいえない。

3 ＝○　認知症対応型共同生活介護（認知症高齢者グループホーム）は，認知症の高齢者に対して，共同生活住居で家庭的な環境と地域住民との交流の下，介護や機能訓練を提供し，利用者が自立した日常生活を営むサービスであり，Nさんが利用するサービスとして適切である。

4 ＝✕　小規模多機能型居宅介護は，通いサービスを中心に訪問サービスや宿泊サービスを心身状態や希望に応じて適切に組み合わせて提供するサービスである。短期間の宿泊はできるが，施設等で生活できるサービスではないため，Nさんには適していない。

5 ＝✕　通所リハビリテーションは，できる限り居宅において自立した生活を送れるように，理学療法や作業療法などの必要なリハビリテーションを行い，心身機能の維持・回復を図るサービスである。通所サービスであるため，Nさんには適していない。